The Principle and Legal System of Intellectual Property Analysis and Appraisal

知识产权评议的原理与制度研究

朱一飞 著

法律出版社
LAW PRESS · CHINA

目　　录

导论 …………………………………………………………………… 001

一、问题的提出 …………………………………………………………… 001

（一）知识产权评议的理论研究综述 ……………………………… 001

（二）知识产权评议在我国的实践与问题 ………………………… 004

二、研究的思路与方法 …………………………………………………… 008

（一）研究思路 ………………………………………………………… 008

（二）研究内容 ………………………………………………………… 009

（三）研究方法 ………………………………………………………… 010

三、研究的意义 …………………………………………………………… 010

第一章　知识产权评议的原理 ………………………………………… 012

一、知识产权评议及相关概念界定 ……………………………………… 012

（一）与知识产权评议有关的若干概念界定 ……………………… 012

（二）知识产权评议的概念界定 …………………………………… 018

二、知识产权评议的理论基础与主要方法 ……………………………… 022

（一）专利分析 ………………………………………………………… 022

（二）知识产权价值评估 ……………………………………………… 032

（三）政策分析 ………………………………………………………… 037

第二章　知识产权评议的政策功能与制度定位 ……………………… 052

一、知识产权评议的发展历程 …………………………………………… 052

（一）建立知识产权评议机制的时代背景 ………………………… 052

（二）知识产权评议机制的建立与完善 …… 058
二、知识产权评议的政策功能 …… 068
（一）知识产权评议在国家知识产权战略中的功能定位 …… 068
（二）知识产权评议在公共政策体系中的功能定位 …… 075
三、知识产权评议在法律中的定位 …… 086
（一）法与政策的关系 …… 086
（二）知识产权评议法律化的必要性 …… 089
（三）知识产权评议法律化的模式与路径 …… 099

第三章　产业法中的知识产权评议 …… 103
一、产业发展与知识产权评议 …… 103
（一）产业政策的渊源与嬗变 …… 103
（二）我国产业政策的演进与转型 …… 106
（三）产业政策转型背景下的知识产权评议 …… 109
二、知识产权评议在投资项目管理法律制度中的运用 …… 110
（一）投资与政府投资 …… 110
（二）投资项目管理法律制度的基本框架 …… 112
（三）知识产权评议与投资项目管理的功能融合 …… 119
（四）知识产权评议与投资项目管理的制度衔接 …… 121
三、知识产权评议在产业政策法中的运用：基于政策工具的视角 …… 130
（一）产业政策的政策工具 …… 130
（二）政策工具的演变：以我国汽车产业政策为例 …… 132
（三）作为产业政策工具的知识产权评议 …… 145

第四章　科技法中的知识产权评议 …… 149
一、科技法的体系结构与知识产权评议的融入 …… 149
（一）科技法的定义与调整对象 …… 149
（二）科技法的体系与结构 …… 151
（三）知识产权评议与科技法的契合：科技评价 …… 156
二、知识产权评议在科学技术进步法中的运用 …… 162

(一)科技计划与科技项目决策 …… 162
(二)促进科技进步的金融法律制度 …… 163
(三)科技奖励制度 …… 166
(四)科技设施与科技成果的管理运营 …… 168
三、知识产权评议在促进科技成果转化法中的运用 …… 170
(一)科技成果转化项目和应用类科技项目管理 …… 170
(二)促进高校、科研机构科技成果转化的体制机制 …… 171
(三)标准制/修订的审查机制 …… 173

第五章 涉外经济法中的知识产权评议 …… 176
一、涉外经济法的体系结构与知识产权评议的融入 …… 176
(一)涉外经济法的定义与调整对象 …… 176
(二)涉外经济法的体系与结构 …… 178
(三)知识产权评议与涉外经济法的契合:知识产权风险控制 …… 180
二、知识产权评议在外商投资法律制度中的运用 …… 187
(一)外商投资法律制度的体系结构及其中的知识产权因素 …… 187
(二)外商投资知识产权风险的法律应对:以国家安全审查制度为核心 …… 196
(三)美国国家安全审查制度及其借鉴 …… 201
(四)我国国家安全审查制度之完善与知识产权评议的运用 …… 207
三、知识产权评议在对外贸易法律制度中的运用 …… 211
(一)对外贸易法律制度的体系架构及其中的知识产权因素 …… 211
(二)国际技术贸易法律制度与知识产权评议 …… 215
(三)与对外贸易有关的知识产权保护与知识产权评议 …… 224

第六章 知识产权评议法律制度的构建 …… 238
一、知识产权评议制度的整体性构造 …… 238
(一)知识产权评议的适用范围 …… 238
(二)知识产权评议的评议内容 …… 242
(三)知识产权评议的评议主体 …… 244

(四)知识产权评议的程序 …… 247
(五)知识产权评议的法律性质 …… 253
(六)知识产权评议的法律效果 …… 254
(七)知识产权评议的救济机制 …… 262
(八)知识产权评议的法律责任 …… 266
二、知识产权评议法律体系之构造 …… 268
(一)建立健全知识产权评议制度的立法策略 …… 268
(二)知识产权评议专项立法之构思 …… 271
(三)知识产权评议专项立法与相关立法之协调:以外资并购知识产权评议制度为例 …… 273
三、建立健全知识产权评议制度的配套措施 …… 279
(一)建立知识产权基础信息库和信息共享平台 …… 279
(二)加强知识产权人才队伍建设 …… 280
(三)发展知识产权中介服务与交易平台 …… 281
(四)提升知识产权评议的业务能力与技术水平 …… 281
(五)完善知识产权评议工作的保障机制 …… 282

附录:知识产权评议的实际运用 …… 284
浙江、江苏、广东三省技术创新发展态势比较研究——基于近30年的专利分析 …… 284
一、研究思路与研究方法 …… 284
二、三省技术创新的总体状况 …… 287
(一)三省专利申请总量与结构 …… 287
(二)三省专利申请的演变趋势 …… 289
三、各领域技术创新的发展态势 …… 291
(一)近30年各领域技术创新的发展态势 …… 291
(二)近5年各领域技术创新的发展态势 …… 294
四、三省技术创新的主要特征及其形成机理 …… 296
(一)三省技术创新的主要特征 …… 296
(二)三省技术创新模式的形成机理 …… 301
五、三省技术创新的主要问题及对策 …… 302

(一)三省技术创新所面临的主要问题 …… 302
(二)进一步发挥三省科创优势、提升三省技术创新能力的对策建议 …… 305
附件 …… 308

后记 …… 334

导　　论

一、问题的提出

（一）知识产权评议的理论研究综述

在知识经济和经济全球化的时代背景下，重大经济科技活动中的知识产权风险和纠纷日趋增多，并因此对国家安全（包括产业安全、国防安全、国有资产安全、财政资金安全、公共安全等）构成严重威胁：有学者认为，外资企业积极参与我国国有企业并购重组的重要诱因之一，是获取目标企业的无形资产。而我国转型期的制度和政策漏洞，又使外资企业在并购中有机会操控无形资产交易，获取投机收益，从而造成国有企业无形资产的流失。[①] 有学者指出，我国企业与国外公司的合作创新日趋增多，但是在国际技术合作与转让中，我国企业也面临着许多知识产权风险。[②] 也有学者指出，外国企业常常利用专利占领高新技术产业，打击国内竞争对手，控制我国企业的技术实施和产品销售，从而对国家经济安全和国内企业发展造成严重威胁。[③] 还有学者揭示了政府投资或资助类项目中潜藏着巨大的知识产权风险。由于政府投资或资助类项目往往规模大、影响广、管理复杂，在缺乏科学周密的知识产权评议的前提下，项目上马后很可能面临知识产权纠纷，轻则须上缴高额的知识产权许可费，重则导致

---

① 参见汪海粟、文豪：《外资并购中的国有无形资产资本化研究》，载《中国工业经济》2006 年第 9 期。

② 参见汪忠、黄瑞华：《合作创新的知识产权风险与防范研究》，载《科学学研究》2005 年第 3 期。

③ 参见余翔、武兰芬、姜军：《国家经济安全与知识产权危机预警和管理机制的构建》，载《科学学与科学技术管理》2004 年第 3 期。

项目下马，前期巨额投入“打水漂”。④

相应地，作为防范知识产权风险、维护自身经济安全和竞争优势的一项重要举措，知识产权评议已在各类重大经济科技活动中得到广泛运用：在企业经营决策层面，跨国公司在新产品研发之前先要进行知识产权调查，以确定该产品是否侵犯他人的知识产权。在实施并购以前，也要对目标企业的知识产权状况进行“审慎调查”。⑤ 在公共管理层面，政府职能部门对于某些重大经济科技活动也要进行知识产权评议。例如，美国2007年《外国投资与国家安全法》将涉及“重要基础设施”和“关键技术”的交易纳入审查范围，从而通过国家安全审查的形式对于涉外经济活动中的知识产权问题予以重点关注。⑥ 又如，日本企业在向国外企业转让专利及其垄断使用权时，需要接受主管部门的审查，这是涉外经济领域中的知识产权审查。⑦

如果说知识产权评议的提出与实施，最早是因应于重大经济科技活动（主要是涉外经济活动和政府投资或资助的重大项目）中的知识产权风险；那么，随着科技与经济社会发展的联系日趋紧密，知识产权逐渐渗透到各种经济科技活动之中，并且贯穿于经济科技活动的全过程，而知识产权评议在理论和技术层面也在快速发展，种种因素的叠加，使得知识产权评议的运用领域不断拓展。

例如，有学者论述了知识产权评议在科技计划制定与科技项目管理中的重要作用：一是通过检索分析科技政策、科技计划和科技项目相关的专利信息，确定该领域的技术现状、发展重点和可能的创新点，从而提高决策和立项精准度；二是通过分析相关领域主要技术拥有者及核心专利，避免科技计划和重大科技项目出现低水平重复立项；三是分析科技计划

---

④ 参见贺化主编：《评议护航——经济科技活动知识产权分析评议案例启示录》，知识产权出版社2014年版，第10页。

⑤ 参见金玉成、唐恒：《重大经济活动知识产权审查机制的现状与对策研究》，载《科技与法律》2009年第4期。

⑥ 参见刘凤朝、姜滨滨：《中国企业跨国并购的国家安全审查：以美国为例》，载《科学学与科学技术管理》2010年第3期。

⑦ 参见金玉成、唐恒、朱宇：《建立国家重大经济活动知识产权审查机制研究》，载《中国软科学》2009年第10期。

和科技项目中的关键技术、核心技术是否存在专利侵权风险,避免项目立项后因知识产权问题导致重大损失。⑧

有学者基于促进产业发展的视角,提出在产业集群的各种经济科技活动(甚至是经济科技活动的各个环节)中,都应引入知识产权评议,包括科技创新活动的知识产权评议、技术产业化活动的知识产权评议、技术贸易活动的知识产权评议、投融资活动的知识产权评议以及企业竞争战略与政策管理中的知识产权评议等。而知识产权评议的主要内容,则包括知识产权确权、知识产权价值判断和知识产权风险控制等。⑨

还有学者将知识产权评议与宏观层面经济政策、产业政策的制定与绩效评估结合起来,指出随着科技活动与经济活动的联系日趋紧密,专利与经济发展的联系也在不断加强。专利的应用不仅会改变某个企业的生产活动,而且有可能促进整个行业的变革,带来生产活动的改革与经济效益的提高。因此,通过科学利用专利信息,设计出一整套专利评价指标体系,可以有效地进行产业评价(包括产业规模评价、产业发展水平评价、产业结构合理化评价、产业技术发展评价等)、区域评价(包括区域规模评价、区域发展水平评价、区域技术发展评价、区域竞争力评价等)、企业评价(包括企业规模评价、企业技术创新水平评价、企业技术发展方向评价、企业竞争力评价等)和创新能力评价(包括产业创新能力评价、区域创新能力评价、企业创新能力评价等)。⑩

然而需要看到的是,在我国,知识产权评议无论在理论或是实践层面均仍处于探索与初创阶段。由于重大经济科技活动知识产权评议机制的缺位和不健全,已经导致一些重大经济项目由于知识产权纠纷而失败或搁置、重大科研项目低水平重复研究、重大并购中自主知识产权大量流失等严重后果,给国家造成了巨大的经济损失,产生了严重不利的影响。⑪因此,建立重大经济科技活动知识产权评议制度,能够满足保障重大经济

---

⑧ 参见香小敏、侯小星、涉薇:《科技计划项目立项评审环节建立知识产权分析评议机制研究》,载《科技管理研究》2017 年第 14 期。

⑨ 参见邱洪华:《产业集群知识产权评议机制研究:基于专利技术的视角》,载《西北大学学报》(哲学社会科学版)2017 年第 1 期。

⑩ 参见贺化主编:《专利与产业发展系列研究报告》,知识产权出版社 2013 年版,第 146 ~ 196 页。

⑪ 参见何炼红:《论我国重大经济活动知识产权审议机制的建构》,载《知识产权》2010 年第 1 期。

活动安全、防止国外知识产权伏击、防止自主知识产权流失和维护国家安全的迫切需要。⑫

不仅如此,从公共政策和公共服务的角度上看,相比于国外,我国的知识产权评议有着特殊的运用背景和更为广阔的作用空间:首先,我国政府常常对具有战略意义的产业发展进行指导和规划,并综合运用财政、税收、金融等手段进行宏观调控,甚至有时政府会直接投入财政资金用于支持技术创新或产业化活动;其次,我国拥有大量的国有企业,而国有企业的投资行为涉及国有资产的保值增值问题;再次,我国的创新能力和水平与发达国家相比仍有较大差距——现阶段主要还处于跟随型创新,技术创新和技术研发往往需要借鉴已有技术;最后,我国中小企业数量众多,但大多数企业的知识产权创造和管理能力较弱,知识产权积累较少,国际竞争能力和经验不足,需要政府从促进产业发展、维护群体利益的角度予以引导和扶持。⑬ 也正是从这个意义上讲,知识产权评议制度不仅具有"识别风险、保障安全"的作用,还具有"辅助规划、整合资源",以及"梳理技术、助力创新"的重要作用。知识产权评议体系以规避专利风险为出发点,以应对专利危机为支撑点,形成一个螺旋式上升的闭环反馈系统,最终以促进技术创新为落脚点,实现了从"从管控风险到决胜创新"的整体跃升。⑭

(二)知识产权评议在我国的实践与问题

1. 知识产权评议的实施状况

2008 年 6 月 5 日印发的《国家知识产权战略纲要》明确提出"建立健全重大经济活动知识产权审议制度"的要求,并将其作为"加强知识产权行政管理"的一项战略措施。2015 年 12 月 18 日,国务院《关于新形势下加快知识产权强国建设的若干意见》正式发布。该意见第二部分(推进知识产权管理体制机制改革)第 6 项专门提出"建立重大经济活动知识产权评议制度",并做了详细论述和布置。

但是,迄今为止,我国尚未出台专门规范重大经济科技活动知识产权

---

⑫ 参见王春业:《论建立重大经济活动的知识产权审查制度》,载《北华大学学报》(社会科学版)2010 年第 3 期。

⑬ 参见孟海燕:《知识产权分析评议基本问题研究》,载《中国科学院院刊》2013 年第 4 期。

⑭ 参见张勇:《专利预警——从管控风险到决胜创新》,知识产权出版社 2015 年版,第 38 ~ 40 页。

评议制度的单行法规，也未在国家层面建立起统一和完善的知识产权评议制度。仅有上海市、江苏省、贵州省、武汉市、济南市、重庆市、潍坊市、郑州市、天津市、泉州市、南阳市、深圳市、嘉兴市、浙江省、南通市、淄博市、福建省等部分省市先后建立了地方性的知识产权评议制度（或称知识产权审议、审查、分析预警制度等，本书第二章将对“知识产权评议机制的建立与完善”进行详细介绍，故而在此不做展开）。

综观我国知识产权评议的地方性法规与政策，不难发现，各省市知识产权评议制度的建立，主要是因应重大经济科技活动中知识产权风险日益增多的客观趋势以及由此给政府性投资所造成的风险与压力。然而，由于缺乏国家层面统一的法律规定和完善的顶层设计，各省市现行的知识产权评议在制度设计和实施重点上具有明显的差异性，对于知识产权评议的评议对象、评议内容、评议的法律性质和法律效力等关键问题，实践中还存在明显的分歧与争议：

（1）知识产权评议的评议对象（或称审查对象）具有多样性和差异性，主要包括以下四类经济科技活动：一是使用财政性资金或国有及国有控股企业的重大投资行为；二是重大科技研发项目及产业化项目的立项；三是各类涉外经济活动，包括重大技术引进项目、重大合资合作项目、涉及重要专利权的技术出口项目、外资企业并购重组具有重要专利权的国内企业等；四是境外人才引进和各类人才资助的项目评审。

（2）重大经济科技活动的知识产权评议实际上并不是专门针对某一类知识产权问题所进行的，而是涵盖了以下四类不同的评议内容：一是所涉知识产权的权利合法性；二是所涉项目的知识产权法律风险，主要是指在项目实施过程中及完成以后，与他人知识产权或国外知识产权发生权利冲突或者侵权的可能性；三是从知识产权的角度评估所涉项目的投资价值和科技价值；四是所涉知识产权与国家安全的关联性，主要分析外资并购及其他涉外经济活动所导致的知识产权转让或许可使用，是否可能损害国家安全。

（3）关于知识产权评议的法律性质和法律效力存在很大争议：有学者认为，在重大经济活动审批程序中，知识产权评议应当是一个公共服务程序,而不是行政审批。[15] 相应地,评议机关出具的评议结论,实际上只是为相关项目管理部门提供参考和建议,并不具有强制性的法律约束力。但也有学者认为,重大经济活动知识产权审查机制是一个"公共决策系统",其中包含着知识产权信息子系统、专家咨询子系统、领导决策子系统、执行子系统、监控子系统。[16] 在实践中,有的地方则将知识产权评议作为相关项目审批的前置程序,不通过知识产权评议,则项目申报者就无法获得相关的项目审批。

2. 知识产权评议在实践中面临的问题

如前所述,迄今为止,知识产权评议在我国尚处于初创阶段,不仅缺乏准确明晰的法律规定与国家层面完善的顶层设计,而且各省市现行的知识产权评议在功能定位和制度设计上也具有明显的差异性,且或多或少地存在一些不足之处。而要解决知识产权评议在实践中面临的诸多问题,进一步完善和建立起科学合理的知识产权评议制度,则需要对以下几个方面的问题进行深入研究。

(1)知识产权评议的功能定位

所谓功能定位,就是要研究知识产权评议在国家知识产权战略中的价值与作用,在公共政策体系与各部门法中的功能定位与运用方法。简言之,亦即知识产权评议应当在哪些方面发挥作用、发挥何种作用、如何发挥作用。

(2)知识产权评议的制度设计

在深入研究知识产权评议在各个部门法中的功能定位与运用方法、比较分析国内各省市现行知识产权评议制度的基础之上,需要对重大经济科技活动知识产权评议进行整体性的制度构建。主要包括以下几个方面:

一是合理界定评议对象。对于前述"使用财政性资金或国有企业的重大投资行为"等四类具体的经济科技活动,以及重大经济、科技和产业

---

[15] 参见何炼红:《知识产权领域如何提供公共服务——以重大经济活动知识产权审议机制的构建为视角》,载《人民论坛》2010年第11期。

[16] 参见金玉成、唐恒、朱宇:《建立国家重大经济活动知识产权审查机制研究》,载《中国软科学》2009年第10期。

政策,区域、城市和行业发展规划等宏观层面的经济科技决策,是否应当纳入知识产权评议的评议范围,须分别予以论证。对于各类评议对象的范围界定,应当综合考虑其实施的“强度”和“影响力”,从而分别给出具体的“认定标准”。

二是有针对性地设置评议内容。对于纳入评议范围的各类重大经济科技活动(亦即各类评议对象),应当根据其重要性、对经济社会的影响方式和影响程度以及其中所蕴含的知识产权问题,来研究是否需要评议其“知识产权的权利合法性”“知识产权法律风险”“知识产权价值评估”“所涉知识产权与国家安全的关联性”四个方面的内容(或者需要评议哪几项内容)。

三是对评议的法律性质和法律效力予以类型化分析。应当根据各类知识产权评议的评议对象和评议内容,来分别研究和确定其法律性质和法律效力。

四是构建评议的体制机制。对于知识产权评议的评议主体、评议程序、评议的监督检查机制等,应当提出具体化的制度设计方案。

(3)知识产权评议与相关法律制度的关系

一是知识产权评议与产业政策法、科技法、涉外经济法等部门法中相关法律制度的关系。例如,知识产权评议与《反垄断法》的经营者集中控制制度在功能定位、评议对象、评议内容、审查标准等方面是否具有联系与区别。又如,知识产权评议与国家安全审查制度在规制各类涉外经济活动方面是否具有交叉或重合关系,是否可以将涉外经济活动中的知识产权评议纳入国家安全审查的制度框架之中,等等。

二是知识产权评议与其他知识产权管理和科技管理制度的关系。例如,《国家知识产权战略纲要》明确提出的“知识产权预警应急机制”便与知识产权评议存在紧密关联,因此,应当研究二者的联系与区别,以及如何使二者之间形成良性互动。

(4)建立健全重大经济科技活动知识产权评议制度的立法策略

一是知识产权评议专项立法与相关立法的协调配合。由于重大经济科技活动知识产权评议实际上并不是具有准确制度内涵的“一种评议”,而是“与知识产权有关的多种评议”,因此,我们既要研究知识产权评议的专门性立法所应当采用的立法例与具体内容，也要研究如何在相关法律法规（相关项目管理和行政审批制度）之中，增加关于知识产权的评议内容及评议的体制机制。

二是中央层面立法与地方立法的分工协作。在我国，各地区的经济社会发展水平差距巨大，因此有必要赋予地方政府以适当的立法权，使其能够针对本地区的实际情况来构建差异化的知识产权评议制度。为此，我们应当研究中央与地方立法的分工协作，即哪些类型的知识产权评议应当通过中央层面的立法予以规定，并在全国范围内统一实施，又有哪些知识产权评议可以由地方政府自行规定，以尊重和体现地区间的差异性。

综上所述，通过对于知识产权评议的理论研究进展及实践状况的梳理与概括，笔者认为，现有研究是比较初步而缺乏系统性的：对于知识产权评议的内涵及基本原理，尚缺乏统一的认识；对于知识产权评议在国家公共政策体系与法律体系中的功能定位、知识产权评议在若干部门法中的融入及运用方法、知识产权评议与相关法律制度的关系等一系列重要的理论问题，均缺乏全面深入的研究；而在知识产权评议的制度设计方面，虽然地方性立法与政策已经进行了有益的尝试，但对于知识产权评议制度的整体性构建与法律体系构造，尚无完整的构思与方案。毫无疑问，理论研究的滞后，是导致知识产权评议在实践中一直处于艰难探索阶段的重要原因（当然并非是全部原因）。

为此，本书拟以现有研究成果为出发点，进一步就以下问题展开深入研究：(1)什么是规范意义上的知识产权评议？(2)知识产权评议在公共政策体系与法律体系中的功能定位与运用方法是什么？亦即知识产权评议应当在哪些政策和部门法中发挥作用、发挥何种作用、如何发挥作用。(3)如何进行知识产权评议的制度构建？亦即如何对多种类型的知识产权评议进行整体性的制度设计，又应当通过哪些法律法规来予以规定。笔者将以上一系列问题概括为“知识产权评议的原理与制度研究”。

二、研究的思路与方法

（一）研究思路

本书的研究思路是，基于我国经济由高速增长阶段转向高质量发展阶段的时代背景，站在创新驱动发展战略、国家知识产权战略的高度，全面分析和深入研究知识产权评议在我国经济社会发展全局中的重要意义、作用领域、运用方法及其制度化。通过分析知识产权评议的内涵与原理，研究知识产权评议在国家公共政策体系与法律体系中的功能定位，论述知识产权评议在各个部门法中的融入及运用方法，进而对重大经济科技活动知识产权评议制度进行整体性制度构建。

(二)研究内容

按照上述研究思路，本书通过以下六章来展开论述：

第一章研究知识产权评议的原理。本章对知识产权评议的概念进行界定，并论述知识产权评议的主要工具与方法。本章对于知识产权评议内涵及原理的界定与梳理，为全书的研究奠定基础。

第二章研究知识产权评议的政策功能与制度定位。本章首先从历史的维度阐释知识产权评议的发展历程，在此基础上，论述知识产权评议的政策功能(包括知识产权评议在国家知识产权战略中的功能及其在公共政策体系中的功能)，论述知识产权评议在我国法律体系中的功能定位与作用领域。

第三章至第六章分别就知识产权评议在各部门法(包括产业法、科技法、涉外经济法)中的功能定位与运用方法进行论述。

其中，第三章研究产业法中的知识产权评议。本章首先论述产业政策转型背景下知识产权评议在产业发展中的意义与作用空间，继而论述知识产权评议与政府投资项目管理的功能融合与制度衔接，之后，基于政策工具的视角，分析知识产权评议在产业政策法中的运用。

第四章研究科技法中的知识产权评议。本章首先分析论证科技法的体系结构与知识产权评议的融入(知识产权评议与科技法的契合性)，继而分别论述知识产权评议在科技法的两大子部门法(科学技术进步法与促进科技成果转化法)中的运用。

第五章研究涉外经济法中的知识产权评议。本章首先分析论证涉外经济法的体系结构与知识产权评议的融入(知识产权评议与涉外经济法的契合性)，继而分别论述知识产权评议在涉外经济法的两大子部门法(外商投资法与对外贸易法)中的运用。

第六章研究知识产权评议法律制度的构建。包括三个层面的问题：一是知识产权评议制度的整体性构造，包括知识产权评议的适用范围、评议内容、评议主体、评议程序、法律性质、法律效力、法律责任等；二是知识产权评议法律体系之构造，即通过哪些法律法规来规定知识产权评议制度；三是建立健全知识产权评议制度的配套措施。

（三）研究方法

本书综合运用了以下几种研究方法：

一是运用管制经济学、产业经济学和知识产权战略学的理论与研究方法，来论证建立健全重大经济科技活动知识产权评议制度的必要性与紧迫性，以及知识产权评议在公共政策体系与法律体系中的功能定位与运用方法。

二是运用问卷调查和案例研究的方法，通过在政府部门、高校、科研机构、企业和知识产权中介服务机构等相关单位开展问卷调查、实地调研和典型性案例研究，来分析各类重大经济科技活动中的知识产权风险，知识产权评议的实施状况、实际效果与难点问题，以及地方性知识产权评议立法的成功经验、不足之处与改进空间。

三是运用法律解释学的方法，论述知识产权评议与相关法律制度（如国家安全审查制度、经营者集中控制制度等）之间的关系，论述在相关法律制度中融入知识产权评议的合理性与制度空间，以及对相关法律条款进行解释或更新的方法。

四是运用比较法的方法，比较分析各个国家与知识产权评议相关的法律制度（如国家安全审查制度、经营者集中控制制度等），以及各项法律制度与知识产权评议的对接，从而为我国立法提供借鉴。

三、研究的意义

在当前及今后一个时期，我国经济正由高速增长阶段转向高质量发展阶段，处于创新驱动发展战略和国家知识产权战略深入实施、经济发展方式加速转变、经济结构转型升级的关键时期。时代发展的潮流与主动变革的要求，一方面，强烈地呼唤着自主创新和科技进步，使经济发展对于创新要素的倚重度不断提升，知识产权与经济建设、科技研发、投资贸易越发紧密地联系在一起，从而对知识产权的创造、运用、保护和管理工作提出了更高的要求；另一方面，也在客观上使得重大经济科技活动中的知识产权风险更趋增多，自主知识产权流失和各类知识产权纠纷出现的可能性不断加大。因此，深入研究重大经济科技活动知识产权评议的原理与制度，不仅是实施和保障创新驱动发展战略、国家知识产权战略的迫切需要，而且对于推动我国经济高质量发展，促进经济发展方式转变和经济结构转型升级，亦具有十分重要的支撑作用。

本书在理论层面的贡献主要在于以下三个方面：一是明确界定了规范意义上的知识产权评议，廓清了知识产权评议的基本原理；二是全面论述了知识产权评议在国家公共政策体系与法律体系中的功能定位与运用方法；三是通过研究重大经济科技活动知识产权评议的原理与制度，充实和丰富了国家知识产权战略的内涵，为国家知识产权战略的实施提供了有效保障；充实和发展了产业政策法、科技法、涉外经济法等部门法的理论与制度，为产业政策的转型实施、科技评价、涉外经济活动的知识产权风险控制等提供了新的政策工具与制度设计。

本书在研究内容和具体结论上的创新之处主要有：一是分别论述了知识产权评议与若干部门法（包括产业政策法、科技法、涉外经济法）的契合性，及其在各个部门法中的运用方法；二是系统论述了知识产权评议与相关法律制度（如国家安全审查制度和经营者集中控制制度）在功能定位、适用范围、审查标准和体制机制等方面的关系；三是对重大经济科技活动知识产权评议制度进行了整体性构建，并提出了完整的制度设计方案；四是系统论述了知识产权评议法律体系之构造，包括建立健全知识产权评议制度的立法策略、知识产权评议专项立法的必要性与内容、知识产权评议专项立法与相关立法之协调等。

第一章　知识产权评议的原理

一、知识产权评议及相关概念界定

（一）与知识产权评议有关的若干概念界定

1. 专利文献

“以公开换保护”是现代专利制度的基本理念，即发明人必须按照法律法规的要求，履行相关程序，完整准确地公开技术方案，进而才能就该发明创造获得专利权。从本质上说，这体现了专利法对于“激励技术创新”与“促进技术创新扩散”这两种终极价值追求的兼顾与平衡。

专利文献是专利公开的制度与信息载体。世界知识产权组织将“专利文献”定义为“包含已经申请并被确认为发现、发明、实用新型和工业品外观设计的研究、设计、开发和试验成果的有关资料，以及保护发明人、专利所有人及工业品外观设计和实用新型注册证书持有人权利的有关资料的、已出版或未出版的文件（或其摘要）的总称”。[①] 而根据中国专利局的定义，专利文献是指实行专利制度的国家及国际性组织在审批专利过程中产生的官方文件及其出版物的总称。[②] 本书尝试从更为学理化、规范化的角度对专利文献作出定义，即专利文献是专利申请、授权和变更过程中依法产生的各种正式文件及其出版物的总称。

从专利文献的内容上看，世界知识产权组织提出，专利文献按一般的理解主要是指各国专利局的正式出版物：发明申请说明书、发明说明书和

---

① 世界知识产权组织编：《知识产权法教程》，高卢麟、汤宗舜等译，专利文献出版社 1990 年版，第 95 页。

② 中国专利局文献馆编：《专利文献基本知识问答（修订版）》，专利文献出版社 1990 年版，第 1 页。

官方的专利通报或公报。具体来说,专利文献可以分为下列几大类:官方的专利通报(公报),发明申请说明书,发明说明书,实用新型说明书,实用证书说明书(法国),工业品外观设计说明书,官方有关法律保护状态变更的出版物,官方的专利索引。[③] 也有学者从学理归纳的角度指出,世界各国、各地区及各国际组织的专利文献通常包括:(1)各工业产权局公开出版的描述发明创造内容和限定专利保护范围的专利文件,如专利申请说明书,专利说明书,实用新型说明书,外观设计说明书等;(2)各工业产权局出版的公告性定期连续出版物,如专利公报,专利文摘,专利索引等;(3)上述文献的电子形式出版物。[④] 在我国,根据现行《专利法》及相关法律法规,[⑤]专利文献主要包括:(1)发明专利公报、实用新型专利公报和外观设计专利公报;(2)发明专利申请公开说明书、发明专利说明书;(3)实用新型专利说明书;(4)专利年度索引。在专利文献中,最重要的文献是专利说明书和权利要求书,这两者构成狭义上的专利文献。[⑥]

从性质上看,专利文献兼具法律文献和技术文献的双重属性:一方面,根据《专利法》第59条,发明或者实用新型专利权的保护范围以其权利要求的内容为准,说明书及附图可以用于解释权利要求的内容。外观设计专利权的保护范围以表示在图片或者照片中的该产品的外观设计为准,简要说明可以用于解释图片或者照片所表示的该产品的外观设计。由此可见,专利文献(主要指权利要求书)是划定专利权权利范围的主要

③ 参见世界知识产权组织编:《知识产权法教程》,高卢麟、汤宗舜等译,专利文献出版社1990年版,第95页。

④ 参见杨铁军主编:《专利信息利用导引》,知识产权出版社2011年版,第69页。

⑤ 由于专利文献的内容与形式都要严格依据法律法规,并经由法定程序产生,因此,专利制度和相关法律法规的变动,会导致专利文献的内容与形式发生变化。例如,1985年4月1日,新中国第一部专利法——《中华人民共和国专利法》正式实施,对发明、实用新型、外观设计实行专利保护。相应地,我国第一件专利文献(第一件发明专利申请审定说明书)于1985年9月10日出版。其后的各类专利说明书,随专利审批程序的变化不断推陈出新:主要有发明专利申请公开说明书(2007年1月改称发明专利申请公布说明书,2010年4月改称发明专利申请)、发明专利申请审定说明书(1993年1月改称发明专利说明书,2010年4月改称发明专利)、实用新型专利申请说明书(1993年1月改称实用新型专利说明书,2010年4月改称实用新型专利)、外观设计申请公告(1993年改称为外观设计授权公告,2006年1月开始出版外观设计专利单行本)。参见李建蓉主编:《专利信息与利用》,知识产权出版社2011年版,第3页。

⑥ 参见梁志文:《论专利公开》,知识产权出版社2012年版,第178页。

依据。另一方面,根据《专利法实施细则》第 17 条第 1 款,发明或者实用新型专利申请的说明书应当包括下列内容:(1)技术领域:写明要求保护的技术方案所属的技术领域。(2)背景技术:写明对发明或者实用新型的理解、检索、审查有用的背景技术;有可能的,并引证反映这些背景技术的文件。(3)发明内容:写明发明或者实用新型所要解决的技术问题以及解决其技术问题采用的技术方案,并对照现有技术写明发明或者实用新型的有益效果。(4)附图说明:说明书有附图的,对各幅附图作简略说明。(5)具体实施方式:详细写明申请人认为实现发明或者实用新型的优选方式;必要时,举例说明;有附图的,对照附图。从这个意义上说,专利文献(主要指专利说明书)向社会公众完整准确地披露了发明创造的技术信息,从而极大地便利了社会公众获取和利用技术信息,促进了技术创新的扩散与运用。

2. 专利信息

"专利"一词,兼具三种含义:一是指专利文献,二是指专利技术,三是指专利权。[7] 而无论是专利文献、专利技术或是专利权,乃至与之相关的各种信息,都是由人类的专利活动所产生的。因此,所谓"专利信息",乃是泛指一切专利活动所产生的相关信息的总和。[8] 当然,我们可以根据不同的标准,对专利信息进行分类:

首先,根据信息载体的不同,专利信息可以分为专利文献信息和非专利文献信息:专利文献信息是指专利文献直接记载或通过专利文献所表达和反映的专利信息。由于专利实行严格和完善的公开制度,故而,专利文献构成了专利信息的主要载体,专利文献信息则是专利信息的主要组成部分;非专利文献信息则是指通过专利文献之外的其他载体来表达、反映和传播的专利信息。例如,专利产品以实物样态表达了专利信息,专利诉讼及诉讼结果反映了专利的法律状态和实际利用状况等专利信息,而专利许可证贸易则直接反映了专利的商业价值。由此可见,"专利信息"与"专利文献"这两个概念既有着紧密联系,又有着明显的区别,不可混为

---

⑦ 参见徐棣枫等:《知识产权法——制度·理论·案例·问题》,科学出版社 2005 年版,第 6 页。

⑧ 参见肖沪卫主编:《专利地图方法与应用》,上海交通大学出版社 2011 年版,第 5 页。

一谈——专利文献是专利信息的主要载体（但并非是唯一载体），而专利文献所记载的、或者通过分析专利文献所获得的信息，则是重要的（但并非全部的）专利信息。

其次，根据信息获取的层次，专利信息可以分为一次信息、二次信息和三次信息：一次信息是指以专利技术为直接对象和依据而形成的原始信息，例如，专利说明书和涉及专利内容的期刊论文、研究报告、会议论文等；二次信息是指通过对一次信息的加工、提炼和浓缩而形成的专利信息，例如有关专利内容的书目、题录、简介、文摘等检索工具；三次信息是在一、二次信息的基础上，经过综合、分析、详述等深度加工而形成的专利信息，例如有关专利内容的综述、专题述评、进展报告、年鉴、数据手册等（这类专利信息通常也被称为"专利情报研究"）。从一次信息、二次信息到三次信息的加工反映了信息的集中和有序化过程，而用户对原始信息的索求则往往是一个逆向的过程。⑨

最后，根据信息内容的属性，专利信息可以分为技术信息、法律信息和经济信息：技术信息是指能够揭示发明创造的技术方案或者反映相关领域技术研发与运用的现状与趋势的专利信息；法律信息是指反映专利及专利活动的法律状态的专利信息，包括专利的权利保护范围、专利权生效日期和保护期限、优先权及其保护的地域范围、专利权是否有效、获得许可证情况等；经济信息是指能够反映国家、行业或企业经济活动状况的专利信息。经济信息除了在专利文献中直接记载的信息以外，更多的是通过对专利技术信息和法律信息的综合分析而得出的。例如，专利文献中的同族专利就是重要的经济情报，它反映了专利潜在的技术市场和经济势力范围。通过对同族专利的专利申请量、分布情况的定量分析，可以明确该领域内活跃企业市场占有情况，专利技术生产覆盖面以及企业在产品和市场上的战略意图。⑩ 又如，一个国家的专利申请量反映该国的技术水平及动态；各个行业中专利申请量的改变，可以指示工业生产的变化，预测未来经济活动；而通过对专利申请人或专利权人申请专利的信息

---

⑨ 参见肖沪卫主编：《专利地图方法与应用》，上海交通大学出版社 2011 年版，第 5 页。

⑩ 同上书，第 6 页。

进行分析,可以发现他们从事的经营活动以及正在开拓的新市场。[11]

3. 专利检索

专利检索,亦可称为专利信息检索,是指使用者根据需要,借助一定的检索工具,从专利信息集合中找出符合特定要求的专利信息的过程和技术。简单地说,专利检索是以专利文献(包括著录项目、摘要或全文)所承载的信息为检索对象的文献信息检索。[12]

根据国家知识产权局印发的《专利文献信息服务指引(2016)》,在现实应用层面,专利检索主要包括法律状态检索、专利性检索、稳定性检索、侵权检索和竞争情报检索等类型:

(1)专利法律状态检索

服务方检索某专利或专利申请在某国家/地区的专利法律状态,为后续开展专利侵权风险判断、核心技术跟踪等提供法律状态信息。(专利法律状态包括如下情形:专利是否有效,包括是否授权、是否维持有效、是否存在无效审查历史等;专利申请是否有效,包括是否在审、是否撤回是否被视为撤回、是否被驳回、是否处于复审等;专利权的法律权属,包括专利申请权、专利权是否转移、是否质押、是否经历诉讼等)

(2)专利性检索

为获取可能影响技术方案新颖性、创造性的专利文献和/或非专利文献进行检索,查找与发明创造相同或相近的现有技术、抵触申请、优先权文件、相关的背景技术文件等,为后续开展专利性分析提供证据支持。

(3)专利稳定性检索

为判断一项已授权的专利权是否全部无效或者部分无效进行检索,找出对专利权的稳定性构成威胁的相关专利或非专利文献,为后续开展专利稳定性分析提供证据支持。

(4)专利侵权检索

针对委托方提供的所生产的产品或者所使用的工艺进行检索,判断技术方案是否落入专利权的保护范围或落入尚处申请阶段的专利请求保

---

[11] 参见李建蓉主编:《专利信息与利用》,知识产权出版社 2011 年版,第 8 页。

[12] 参见杨铁军主编:《专利信息利用导引》,知识产权出版社 2011 年版,第 204 页。

护范围内，从而获得可能被侵权的专利或专利申请的相关文献，为后续开展排除专利侵权分析服务提供证据支持。

(5)专利竞争情报检索

竞争情报检索是指针对委托方的具体情况和需求对委托方所在行业的竞争环境、竞争对手和竞争策略进行专利信息检索以获得相关信息。根据委托方的需求，竞争情报检索主要从技术属性、经济属性和法律属性三个方面开展。

4. 专利分析

专利分析，是指对专利信息进行科学的加工、整理与分析，经过深度挖掘与缜密剖析，转化为具有较高技术与商业价值的可利用信息的过程。[13]

具体来说，从专利分析的对象和目的来看，专利分析是以某一技术领域的专利文献信息为分析样本，结合网络、报纸、期刊、学位论文等各类非专利文献信息，对该技术领域的专利技术的整体概况、发展态势、分布状况、竞争力量等内容进行多维度分析，以获取技术情报、法律情报、商业情报。从专利分析与专利信息的关系来看，信息经过分析处理，转化为互相关联的、准确的、可使用的知识才是情报。也就是说，专利信息是原料，而专利情报是产品，专利分析可以理解为由专利信息获得专利情报的理论和方法。[14] 从专利分析与专利检索的关系来看，专利检索是专利分析的初始步骤，并且为后续的分析提供信息和材料，同时，专利检索也可以被认为是一种初级的、较为简易的专利分析。

在实践中，专利导航、专利分析评议、专利预警分析、行业专利趋势分析、产业专利分析等都与专利分析有着紧密的联系，或是专利分析的下位概念。[15] 关于专利分析的方法与应用，下文还要做专门的阐述，此不赘述。

---

⑬ 参见杨铁军主编：《专利分析实务手册》，知识产权出版社2012年版，第3页。

⑭ 同上。

⑮ 参见马天旗主编：《专利分析——方法、图表解读与情报挖掘》，知识产权出版社2015年版，第1页。

(二)知识产权评议的概念界定

1. 概念的沿革:从知识产权审查到知识产权评议

近年来,在知识产权的工作实践和相关立法及政策中,先后出现了"知识产权审查""知识产权审议""知识产权评议""知识产权分析评议"等一系列不同的概念,这些概念都是由国家的政策文件率先提出,而后学者们从理论角度对其进行概括和提炼。以下对这些概念予以梳理和比较:

2005 年 12 月 26 日,国务院发布《国家中长期科学和技术发展规划纲要(2006—2020 年)》(以下简称《科技发展规划纲要》)。《科技发展规划纲要》提出:"实施知识产权战略和技术标准战略",其中包括"要建立对企业并购、技术交易等重大经济活动的知识产权特别审查机制,避免自主知识产权流失"。据此,"知识产权审查"的概念应运而生。在当时条件下,学者研究指出,知识产权审查是在经济活动决策中对与其关联的知识产权因素进行分析评价,并提出对策建议的活动。它是长期进行知识产权活动的实践中发展出来的一种科学方法或者说是一种技术手段,通过这种方法或者手段来预防或者缓解知识产权对经济和社会发展的不良影响,如损害产业发展、威胁国家经济安全等。它是指对经济和社会发展有影响的知识产权因素进行预先评估,或者对拟议中的知识产权活动可能产生的后果进行分析,即对于拟议中可能对经济和社会发展产生不良影响的活动进行知识产权因素影响评价。[16]

2008 年 6 月 5 日出台的《国家知识产权战略纲要》明确提出:"制定并实施地区和行业知识产权战略。建立健全重大经济活动知识产权审议制度。扶持符合经济社会发展需要的自主知识产权创造与产业化项目。"这是国家层面的政策文件中首次提出"知识产权审议"的概念。按照学者的论述,重大经济活动知识产权审议,是指有关行政审批部门在审定重大经济活动时,应当要求申报单位对承担的重大经济活动进行知识产权评价,有关部门和专家应当予以审查论证并提出合理的对策和建议。它的理论内核就在于强调公共协商与理性论辩,是审议民主理念在我国政府决策

---

[16] 参见金玉成、唐恒、朱宇:《建立国家重大经济活动知识产权审查机制研究》,载《中国软科学》2009 年第 10 期。

领域的具体体现。[17]

2015 年 12 月 18 日，国务院《关于新形势下加快知识产权强国建设的若干意见》正式发布。该意见第二部分（推进知识产权管理体制机制改革）第 6 项专门提出“建立重大经济活动知识产权评议制度”，并做了详细论述和布置：“研究制定知识产权评议政策。完善知识产权评议工作指南，规范评议范围和程序。围绕国家重大产业规划、高技术领域重大投资项目等开展知识产权评议，建立国家科技计划知识产权目标评估制度，积极探索重大科技活动知识产权评议试点，建立重点领域知识产权评议报告发布制度，提高创新效率，降低产业发展风险。”该意见第五部分（加强重点产业知识产权海外布局和风险防控）第 23 项“提升海外知识产权风险防控能力”中还提出：“推动企业建立知识产权分析评议机制，重点针对人才引进、国际参展、产品和技术进出口等活动开展知识产权风险评估，提高企业应对知识产权国际纠纷能力。”此后，“知识产权评议”和“知识产权分析评议”的概念开始被广泛接受和频繁使用，相应地，“知识产权审查”与“知识产权审议”的概念在最近几年已经很少使用。

有学者认为，知识产权评议是指通过情报分析工具，对经济活动或科技创新当中所涉及的知识产权进行审查和评价，对可能面临的知识产权问题提出可供选择的解决方案，从而为政府的宏观决策或企业经营活动提供参考和借鉴，以避免知识产权所带来的风险或导致的损失。[18]

亦有学者对知识产权分析评议作出定义：所谓知识产权分析评议，主要是指综合运用情报分析手段，对重大经济科技活动所涉及的知识产权竞争状况进行评估、评价和审查，针对潜在问题提出解决建议，依据技术趋势分析预测创新方向，以便为政府决策和企业参与市场竞争提供咨询，避免经济科技活动因知识产权导致重大损失。在国外，一般称为知识产权分析、评估或审计。[19] 或者说，知识产权分析评议，主要是指综合运用情报分析手段，对重大经济科技活动所涉及的包括专利在内的知识产权整

---

⑰ 参见何炼红：《论我国重大经济活动知识产权审议机制的建构》，载《知识产权》2010 年第 1 期。

⑱ 参见邱洪华：《产业集群知识产权评议机制研究：基于专利技术的视角》，载《西北大学学报》（哲学社会科学版）2017 年第 1 期。

⑲ 参见孟海燕：《知识产权分析评议基本问题研究》，载《中国科学院院刊》2013 年第 4 期。

体情况和竞争状况进行综合分析、评估、评价和审查,从规避风险、提高管理效率的角度为政府管理决策和企业参与市场竞争提供咨询参考;或依据产业技术发展趋势的判断预测市场和技术的创新空间,并提供研发创新和市场开拓方面的指导。对于企业而言,知识产权分析评议是竞争情报分析的重要组成部分,对于政府决策部门而言,是其作出经济科技重大决策之前的必要风险控制程序。[20] 以上两种关于知识产权分析评议的定义是非常相似的,并且与知识产权评议的概念趋同。

由此可见,“知识产权审查”“知识产权审议”“知识产权评议”“知识产权分析评议”等概念虽然在内涵、外延和侧重点等方面有所不同,但实质上具有高度的相似性,都是强调在重大经济科技活动中要对所涉及的知识产权问题进行分析评估,从而优化政府决策。而无论从适用领域、适用对象、实施方式或者发挥的作用来看,“知识产权评议”的概念都要比“知识产权审查”“知识产权审议”更为广义,而“知识产权分析评议”则基本上是“知识产权评议”的同义词。从政策演进和概念沿革的角度来看,知识产权评议可以被认为是知识产权审查和知识产权审议经过不断发展、丰富和强化的结果,知识产权评议的概念可以统合涵盖知识产权审查和知识产权审议。因此,本书不再对“知识产权审查”“知识产权审议”“知识产权分析评议”分别展开研究,而将其统一纳入“知识产权评议”的概念范畴之中。

2. 知识产权评议的定义及其与相关概念的比较

关于知识产权评议,至今尚未有法律定义,目前最全面、最准确的定义来自于国家标准《知识产权分析评议服务规范(征求意见稿)》。[21] 根据《知识产权分析评议服务规范(征求意见稿)》第三部分“术语和定义”,知识产权分析评议(intellectual property analysis and appraisal),是指在公共管理活动和工商管理活动中,对相关信息情报进行综合研究,分析技术发

---

⑳ 参见贺化主编:《评议护航——经济科技活动知识产权分析评议案例启示录》,知识产权出版社2014年版,第4页。

㉑ 《知识产权分析评议服务规范》是国家标准化管理委员会2011年第2批国家标准制修订计划项目,由国家知识产权局提出,全国服务标准化技术委员会归口,由中国标准化研究院等单位起草,并于2017年4月和7月两次公开征求意见。但截至本书完稿时,尚未正式发布。

展热点和趋势、评估知识产权保护方案科学性、判断知识产权风险、论证知识产权商业化运用合理性以及相关政策和计划项目可行性等内容,进而针对性地提出对策建议的活动。本书赞同并采用知识产权评议的此种定义。

《知识产权分析评议服务规范(征求意见稿)》还就“公共管理活动”和“工商管理活动”分别作出注释:公共管理活动包括科技创新计划管理、科技创业计划管理、科技奖励评审认定、高新技术企业及新产品认定、技术标准制修订审批、国有资产重组与剥离审批、重大投资项目审批、重大技术项目引进、企业上市监管、技术创新人才引进、科技创业人才引进、技术进出口管理、产业战略规划及产业政策制定。工商管理活动包括研发项目管理、创新人才引进及管理、技术标准制修订或技术标准采用、技术/知识产权许可或转让、企业供应链构建、产品上市及出口、工业展会参展、企业无形资产管理、企业上市辅导、企业兼并活动、企业资产重组与剥离、企业破产清算、企业战略规划编制、商业融资投资活动、知识产权维权、知识产权侵权应对等。上述关于“公共管理活动”和“工商管理活动”的注释实际上清晰准确地概括了知识产权评议的适用范围,其中,公共管理活动中的知识产权评议主要适用于政府决策,而工商管理活动中的知识产权评议则适用于企业经营决策。

基于对知识产权评议的此种定义,笔者认为,“知识产权评议”与前文所述的“专利检索”“专利分析”“专利价值评估”等相关概念既有联系,又存在本质的区别:

一方面,专利检索、专利分析、专利价值评估等都是为了获取某种专利信息而采取的科学方法和技术手段,质言之,其目的就是获取某种有价值的专利信息(当然包括技术信息、法律信息和经济信息),而知识产权评议则不仅要获取专利信息,其根本目的,是利用专利信息为某种经济科技活动提供决策参考或对策建议。诚如学者所言,“评议”的本质是对将要最终表决或作出决定的事项进行周到而全面的分析研究,发表观点意见、提供咨询建议,代表了通过开放而审慎的程序达成决策的理性共识。[22] 从这个意义上说,专利检索、专利分析、专利价值评估是知识产权评议整个

---

[22] 参见孟海燕:《知识产权分析评议基本问题研究》,载《中国科学院院刊》2013 年第 4 期。

程序中的前端部分。

另一方面，知识产权评议往往需要综合考虑多种信息和因素、综合运用多种方法和技术手段，才能得出最终的评议结论。知识产权评议最重要和最常用的方法固然是专利分析和专利价值评估，但除此之外，还包括商标的评估、商业秘密的评估、公共政策分析、知识产权战略分析等方法；而除了经由专利检索、专利分析和专利价值评估而得到的专利信息之外，知识产权评议可能还要综合考虑其他经济指标和科技指标，甚至还需要与产业政策、科技政策、外资政策等结合在一起，才能得出最终的评议结论。因此，从分析对象、分析方法等层面上看，知识产权评议的内涵要比专利检索、专利分析、专利价值评估更加丰富。

二、知识产权评议的理论基础与主要方法

（一）专利分析

1. 专利分析的历史发展

学界普遍认为，专利分析起源于"专利引文分析"——所谓专利引文分析，即是利用各种数学与统计学的方法及比较、归纳、抽象、概括等逻辑方法，对专利文献引用参考文献的现象进行分析研究，从而揭示其数量特征和内在规律，并据此进行技术发展趋势的评价及预测。[23] 1949 年，Seidel 首次系统提出专利引文分析，他指出，专利引文是后继专利基于相似的科学观点而对先前专利的引证。专利引文分析的意义在于，通过分析专利引文量和引文分析指标，结合专利引用关系的时间序列，可以确定某一技术领域内的核心技术，分析技术发展过程及其中的关键点，从而对技术发

㉓ 专利引文分析的对象是大量的专利引文数据，专利文件中所附的引文包括其他专利、科学论文、专业技术论文、书籍、文摘、学位论文等。严格地讲，专利引文由两部分组成：一部分是由申请人撰写专利说明书时，为了说明某项技术的发展历史及现状给出的参考引文，这部分引文嵌在说明书原文之中，不易摘取。另一部分是由审查员在对该发明进行三性审查时，检索出来的与本发明有关的关键文献，它们被清晰明确地著录在说明书的扉页上。国外的研究资料表明，专利引文分析一般是以审查员给出的参考引文为基础。审查员参考引文与申请人参考引文具有很大的重复性。而且，审查员参考引文的数量远远大于申请人参考引文数量（前者是后者的 2 倍），由此可见，以审查员参考引文作为专利引文分析的基础，不论从质量上还是从数量上都可以保证分析结果的可靠性。参见赵黎明、高杨、韩宇：《专利引文分析在知识转移机制研究中的应用》，载《科学学研究》2002 年第 3 期。

展趋势和创新技术做出预测。[24]

此后,专利分析的方法与应用不断拓展。1971 年,美国专利商标局(United States Patent and Trademark Office,USPTO)设立技术评估及预测处(OTAF),并开始不惜成本地对专利信息进行统计研究,他们定期出版的 Technology Assessment and Forecast,得到各个专业部门和企业技术评估和预测部门的器重,并把它作为企业专利战略的重要参考信息。

1985 年,美国摩根研究与分析协会(Mogen Research & Analysis Association)开始持续为美国《财富》杂志评选的五百强企业提供专利信息定量研究和分析,其分析报告对企业技术许可、市场竞争、研究与开发管理、专利投资及经济发展提供了很好的帮助。[25]

20 世纪 90 年代以后,随着信息技术、网络技术与专利数据库的迅速普及与发展,专利分析的分析体系逐步建立和不断完善。国外许多知识产权咨询机构分别提出和定义了不同的专利分析指标,比如美国摩根研究与分析协会(Mogen Research & Analysis Association)、美国知识产权咨询公司(CHI Research)、汤森·路透(Thomson Reuters)等。专利分析从手工处理逐步过渡到了以计算机为工具的时代,各种专业的专利分析工具,如 TI(Thomson Innovation)、Innography、WPIS 等开始出现,这就为专利分析提供了极大的便利,促进了专利分析方法的研究和拓展应用,而且也促使专利分析方法向自动化、智能化、网络化和可视化方向发展。[26]

可见,专利分析从其诞生之日起,就与评估技术研发能力和技术发展态势、预测科技创新趋势和技术突破口等紧密联系在一起,并且日益广泛地应用于企业战略和竞争政策,以及企业、区域与国家科技政策的制定和实施。

与此同时,理论界和实务界还对专利与经济活动的关系进行了大量有益的研究探索,并且尝试将专利分析运用于经济政策和产业政策。例

㉔ 参见旷景明、兰小筠:《基于专利信息分析的创新技术预测方法综述》,载《情报杂志》2014 年第 9 期。

㉕ 参见李建蓉主编:《专利信息与利用》,知识产权出版社 2011 年版,第 373 页。

㉖ 参见马天旗主编:《专利分析——方法、图表解读与情报挖掘》,知识产权出版社 2015 年版,第 1~2 页。

如，早在20世纪60年代，国际经济合作与发展组织（Organization for Economic Co-operation and Development，OECD）就开始探究生产率要素与专利质量的内在联系。1983年，美国加州大学伯克利分校教授保罗·罗默提出生产四要素的理论，认为经济的长期增长取决于资本、非技术劳力、人力资本（按接受教育时间的长短衡量）和创新思想（可按专利数量衡量），而专利数量是经济生产的衡量指标之一。1990年，哈佛大学教授、当代权威的专利数据研究专家Griliches在"Patent Statistics As Economic Indicators：A Survey"一文中探讨了专利数据的重要价值和意义，对专利总量的波动与投资增长的关系进行了精辟的分析。[27] 联合国教科文组织发表的《1998年世界科学报告》指出，"技术活动可以通过专利局公布的专利数描述，这里不把专利看作一种工业手段，而是看做处于知识前沿的技术能力的标志"，该报告阐述了专利与研究开发成果、国内生产总值的关系。[28]

2012年3月，美国商务部发布《知识产权与美国经济：聚焦产业》的报告，该报告将知识产权密集型企业（产业）划分为三类，即专利密集型、商标密集型和版权密集型。以专利密集型产业为例，2010年，美国专利强度（专利强度是某一行业专利量与就业量的比值）的均值已达到27.3，即每1000个岗位拥有27.3个专利。而专利强度排名前四的行业都集中于计算机和电子产品制造业这一高新技术产业。报告对知识产权密集型产业对美国经济和创造就业所带来的直接和重大影响进行了阐述，并清楚地提出了应对措施——美国需要进一步增强对知识产权的保护，鼓励创新，为赢得未来夯实基础。（欧盟知识产权密集型产业的认定方法与美国的认定方法基本一致）[29]

随着知识经济时代的到来，越来越多的研究试图从统计学的角度对国家或区域自主创新情况进行测度，包括知识产权密集型产业的统计、研发强度的统计、知识产权对经济的贡献率的统计、创新指数（创新能力）的

---

[27] 参见李建蓉主编：《专利信息与利用》，知识产权出版社2011年版，第373页。

[28] 同上。

[29] 参见汤湘希、陈金勇等：《知识产权与经济增长统计指标设定与赋值问题研究》，经济科学出版社2016年版，第187～188页。

统计、知识产权指数(知识产权战略实施绩效)的统计等。[30] 但需要说明的是,这些统计都需要建立立体完整、科学合理的统计指标体系,其中既包括专利指标,也包括人均 GDP、R & D 经费、技术市场成交额、科技论文数量等其他一系列经济科技指标。因此,以上这些统计虽然与专利分析具有一定的关联性,但并不等同于专利分析。换言之,我们需要保持警醒,不能过分夸大专利分析的作用,专利分析固然是衡量国家或区域自主创新情况的重要方法,但其往往需要与其他经济科技指标和统计方法结合起来,方能承担此方面的重任。

2. 专利分析的主要方法

根据分析对象的不同,专利分析方法可以划分为定量分析、定性分析和拟定量分析三种类型,以下分别简要述之:

定性分析也称技术分析,是以专利的技术内容或专利的“质”为分析对象,并按技术特征来归并有关专利使其有序化的分析方法。换言之,是运用归纳、演绎、分析与综合以及抽象与概括等方法,对专利内容进行考察。这种专利分析方法与统计分析仅仅依靠专利文献外表特征是有很大区别的。[31]

定性分析方法的主要分析手段和分析内容有:技术功效矩阵分析、核心专利分析、权利要求分析、技术发展路线分析等。[32] 定性分析方法一般用来分析技术动向、企业动向、特定权利状况等方面的情况,例如,如果专利内容以原理为序,说明这项技术尚未成熟;如果专利内容以用途的多样性为主,则说明技术已能实用;将某技术领域各主要公司的专利按专利内容列表分析可以看出各公司的技术特色及开发重点;将有关专利按技术内容的异同分成各个专利群,对某一公司拥有的不同专利群或对不同时期专利群变化情况进行分析,可以对某项技术或产品发展过程中的关键问题、今后发展趋势及应用动向、与其他技术的关系等进行分析与预测。[33]

㉚ 参见汤湘希、陈金勇等:《知识产权与经济增长统计指标设定与赋值问题研究》,经济科学出版社 2016 年版,第 186 ~ 215 页。

㉛ 参见陈仲伯主编:《专利信息分析利用与创新》,知识产权出版社 2012 年版,第 262 页。

㉜ 参见马天旗主编:《专利分析——方法、图表解读与情报挖掘》,知识产权出版社 2015 年版,第 3 页。

㉝ 参见陈仲伯主编:《专利信息分析利用与创新》,知识产权出版社 2012 年版,第 262 页。

定量分析是对专利文献的外部特征(专利文献的各种著录项目)按照一定的指标进行统计,并对有关的数据进行解释和分析的专利分析方法。[34] 专利定量分析重在统计和分析各种专利信息的数量,并且通过数量的变化,反映事物之间的相互关系——在对大量专利信息进行加工整理的基础上,对专利信息中的专利分类、申请人、发明人、申请人所在国家、专利引文等某些特征进行科学计量,从中提取有用的、有意义的信息,并将个别零碎的信息转化成系统的、完整的有价情报。[35]

定量分析方法的主要分析手段和分析内容有:技术生命周期分析,分类号、关键词等技术主体的聚类分析,时间序列分析,地域分布和技术构成分析,技术实施情况统计分析等。[36] 定量分析方法的优势在于:能够很好地分析和预测技术发展趋势,科学地反映发明创造所具有的技术水平和商业价值,同时科学地评估某一国家或地区的技术研究与发展重点,用量化的形式揭示国家或地区在某一技术领域中的实力,从而可以获得认识市场热点及技术竞争领域等经济信息,及时发现潜在的竞争对手,判断竞争对手的技术开发动态,及时获得相关产品、技术和竞争策略等方面的信息。[37]

由于定量分析和定性分析之间既有区别,又有必然的联系,故而在实际工作中将二者结合起来应用,可以更好地揭示事物的本质。而根据不同的分析目的,专利分析有时采用定量与定性相结合的分析方法,即拟定量分析方法。专利拟定量分析通常由数理统计入手,然后进行全面、系统的技术分类和比较研究,再进行有针对性的量化分析,最后进行高度科学抽象的定性描述,使整个分析过程由宏观到微观,逐步深入进行。它是对专利信息进行深层次分析的方法。[38] 拟定量分析方法的主要分析手段和

---

[34] 参见陈仲伯主编:《专利信息分析利用与创新》,知识产权出版社 2012 年版,第 262 页。

[35] 参见李建蓉主编:《专利信息与利用》,知识产权出版社 2011 年版,第 378 ~ 379 页。

[36] 参见马天旗主编:《专利分析——方法、图表解读与情报挖掘》,知识产权出版社 2015 年版,第 3 页。

[37] 参见李建蓉主编:《专利信息与利用》,知识产权出版社 2011 年版,第 378 ~ 379 页。

[38] 同上书,第 379 页。

分析内容有:专利文本数据挖掘、专利价值评估分析、专利引文分析等。[39]

除了定量分析、定性分析、拟定量分析的分类之外,专利分析方法还可以根据其他的标准来进行学理上的分类与研究。例如,根据专利分析所运用的分析素材(或称分析维度)的多少,专利分析方法可以划分为一维分析方法、二维分析方法与综合分析方法。[40] 而随着信息技术、大数据和人工智能技术的突飞猛进,专利分析方法目前正处于不断演进和快速发展的过程之中,囿于论题,本书不就此问题展开详细论述。

3. 专利分析的应用

专利分析在许多方面有着重要的应用,并且由于大数据和信息技术的快速发展,其运用的广度和深度还在不断拓展和深化。虽然无法穷尽专利分析的具体应用,但笔者认为,根据专利分析的分析对象(或称分析目的)的不同,专利分析的应用可以划分为四种类型——"专利价值分析"、"专利风险分析"、"技术创新预测"和"技术创新能力分析"(当然,四种类型的专利分析也可以综合运用)。以下分别述之:

(1)基于专利价值分析的应用

专利分析可用于评估某一专利或者一系列专利在技术和商业层面的价值,从而为企业或者政府部门在科技研发、技术引进和投资等方面的具体决策提供依据。这里所谓的专利价值,并不等同于资产评估意义上的专利价格,而是一个更为广义的概念——有学者认为,专利价值是指由市场决定的、专利为专利权人带来的(潜在的)经济回报。专利价值决定模式越来越复杂,受到专利特性、技术特性、专利权人特性和研发活动特征等多种因素的共同作用和影响。实证研究支持了专利生命周期、保护范围、创新性、专利权人规模、研发投入、行业、区域、法律风险等因素对专利价值的正向作用,而企业的年龄、研发的方式、专利的功能等对专利价值的影响也初步得到验证。[41]

---

[39] 参见马天旗主编:《专利分析——方法、图表解读与情报挖掘》,知识产权出版社 2015 年版,第 3 页。

[40] 关于这方面的研究,可参见蔡爽、黄鲁成:《专利分析方法评述及层次分析》,载《科学学研究》2008 年 S2 期。

[41] 参见郑素丽、宋明顺:《专利价值由何决定?——基于文献综述的整合性框架》,载《科学学研究》2012 年第 9 期。

单个或者一系列专利价值的分析，可以直接应用于企业或者政府的许多经营决策和科技决策之中。例如，有学者提出，应将知识产权分析评议作为一项嵌入式的支撑性工作纳入科技计划项目立项评审过程，并建议从设置相对独立的知识产权评审模块、起评标准应具备条件以及有针对性的评审侧重点等三个方面建立科技计划项目评审的知识产权分析评议机制。[42] 而科技计划项目评审中知识产权分析评议的核心，就是专利价值分析。

（2）基于专利风险分析的应用

专利分析能够对技术创新、企业经营和产业发展中各种类型的专利风险进行识别、揭示和预警，进而就如何预防、规避和妥善处理专利风险提出对策。如学者所言，专利风险存在于技术创新周期的各个阶段（包括研发创新、成果保护、市场运用、综合管理等）：研发创新的专利风险，一是不了解技术的整体发展情况，二是不了解主要竞争对手情况，三是不了解专利布局态势，四是不了解核心专利情况。例如，某高端装备制造技术在技术研发阶段所面临的主要专利风险在于重复研发风险、竞争对手已有密集专利布局而难以有所突破的风险等。成果保护专利风险，一是没有对成果进行充分的专利挖掘，导致应当保护的技术方案未申请专利，二是个案申请不当所带来的风险，例如，核心技术方案由于专利申请权利要求撰写的失误而导致成果未得到有效保护，三是整体布局策略不当使未通过系列的专利申请形成有效的专利攻防体系，削弱了专利布局防御和进攻的力量。市场运用专利风险，一是产品在市场交易中的专利风险，包括采购他人可能侵权的产品、自身产品侵犯他人专利权以及自身专利权被他人市场交易活动侵犯的风险。二是专利运营风险，即专利交易流转等运营活动过程中产生的各类风险。例如，购买他人专利时，可能对技术的先进性、可替代性、专利权的法律状态、专利权的稳定性评估不足；在转让、许可专利权时，可能对自身专利技术价值评估不足。三是在与专利相关的其他市场活动中面临的专利风险。例如，企业兼并重组等商业活动

---

[42] 参见香小敏、侯小星、莎薇：《科技计划项目立项评审环节建立知识产权分析评议机制研究》，载《科技管理研究》2017 年第 14 期。

中，对双方专利价值的评估不充分所带来的风险。[43]

近年来，由于知识产权业已成为企业、区域乃至国家间竞争的主要工具，经济科技活动中的专利风险日益增多，故而，专利风险分析越来越得到重视，其应用的领域与方法也越来越多样化。例如，有学者指出，建立行业专利预警机制具有重要意义：首先，它可以为我国出口企业提供相关信息，以保证我国出口产品不会在进口国遭受到专利诉讼；其次，它可以在我国企业进口相关行业设备时通过提供出口企业的专利信息，保证我国企业进口的是世界先进技术而不是即将解除专利保护的过时技术；最后，它还可以通过提供某行业的现有国际专利授予情况，保证我国企业在投资研发时不会投资于已有技术，避免重复研发。因此，建立专利预警机制是我国国际贸易发展的重要保障，是保障我国产业安全的需要，也是促进我国科技发展水平不断提高的重要动因。[44]

又如，有学者通过对我国战略性新兴企业专利风险影响因素的分析和系统归纳，基于专利形成和运用过程设计了战略性新兴企业专利风险评价指标体系，并结合典型实例进行企业专利风险评价的应用研究，从而为我国战略性新兴企业专利风险评价和管理提供了借鉴和参考。[45]

还有学者以中国企业在美国市场的专利侵权诉讼风险为研究对象，将企业专利侵权纠纷划分为默认、协商、诉讼和禁止四阶段，构建了企业专利纠纷发展动态模型。通过对中国企业在美国市场专利侵权案件实证研究，证明当两家企业处于同一、相似技术领域，发生专利侵权诉讼的可能性增加；伴随企业雇员增加、规模扩大，企业之间发生专利侵权诉讼的可能性也显著增加；而主要作为被告的中资企业，R & D 投入增强可能提升专利侵权诉讼发生的概率。进而提醒企业开展专利清查和专利侵权诉讼预警的重要性。[46]

㊸ 参见张勇：《专利预警——从管控风险到决胜创新》，知识产权出版社 2015 年版，第 15 ~ 16 页。

㊹ 参见戚淳：《论建立专利预警机制的必要性和预警模型的构建》，载《科学学与科学技术管理》2008 年第 1 期。

㊺ 参见王宏起、郭雨、武建龙：《战略性新兴企业专利风险评价研究》，载《科技管理研究》2016 年第 1 期。

㊻ 参见漆苏：《企业国际化经营的专利风险识别——基于企业行为的实证研究》，载《科学学研究》2013 年第 8 期。

(3)基于技术创新预测的应用

专利分析可用于评估某一项技术或者某一技术领域研究开发的总体态势、关键技术和技术发展路线,预测可能的技术创新,从而帮助企业发现商业机会、制定创新政策和知识产权战略,[47]同时也为产业政策层面制定创新战略和产业技术政策提供支撑。[48]

例如,有学者提出,完整的创新技术预测包括对现有技术的成熟度评估和技术进化发展方向的预测,进而提出基于专利分析的产品技术成熟度预测技术,并且运用此种产品技术成熟度预测技术评价了蝶阀密封技术的成熟度。[49]

又如,有学者运用专利分析方法,对国内外3D打印快速成型技术的专利申请趋势、区域分布、主要专利权人、IPC等因素进行分析,并通过专利组合、专利权人合作、IPC关联、专利地图等方法深入剖析了3D打印快速成型技术的重要专利权人及专利影响力、识别该领域核心技术及技术空白点、重点技术发展趋势及开发应用情况,进而对我国3D打印产业的未来发展提出了建议。[50]

(4)基于技术创新能力分析的应用

专利分析可以为评价某一创新主体(包括国家、地区、企业、高校或科研机构)的创新能力和研发产出能力提供关键性指标,能够反映一个创新主体在创新能力和研发产出能力方面的特征与比较优势,从而为完善区域或企业创新系统,提高区域或企业创新能力或者政府层面制定相应的科技政策提供指引。[51] 例如,有学者从专利信息分析的角度出发,构建了

---

[47] Bernd Fabry, Holger Ernst, Jens Langholz, Martin Ko, "Ster. Patent Portfolio Analysis as a Useful Tool for Identifying R&D and Business Opportunities-an Empirical Application in the Nutrition and Health Industry", *World Patent Information*, 2006, 28(03): pp. 215 – 225.

[48] GODIN R, "Research and the Practice of Publication in Industries", *Research Policy*, 1996(25): pp. 587 – 606.

[49] 参见张换高、赵文燕、檀润华:《基于专利分析的产品技术成熟度预测技术及其软件开发》,载《中国机械工程》2006年第8期。

[50] 参见刘红光等:《国内外3D打印快速成型技术的专利情报分析》,载《情报杂志》2013年第6期。

[51] Griliches Z, "Patent Statistics as Economic Indicators: A Survey", *Journal of Economic Literature*, 1990, 28(4): pp. 1661 – 1707.

多维度的区域技术创新能力测度模型。[52] 有学者指出，区域专利分析可以反映一个国家或地区的技术研发实力、技术发展态势、重点发展技术领域、区域领先企业，也可以反映国际上对该区域的关注程度、对该区域的专利圈地情况等。[53]

就具体应用而言，在针对创新主体(高校科研机构或企业)的技术创新能力分析方面，有学者选取北京中医药大学等6所高校作为研究对象，利用中国知识产权网专利信息服务平台，从专利申请的数量与类型、专利有效情况、专利技术方向分布等角度对各院校公开的专利数据进行统计和数据分析，了解与掌握各院校科研水平、创新能力及科技发展动向，并针对存在的问题提出了一些建议，为各院校制定知识产权战略提供依据和参考。[54]

在区域技术创新能力分析方面，有学者选取新疆地区2000～2007年间的发明专利数据，结合多种专利指标，来分析新疆的整体技术创新能力，挖掘新疆的优势技术领域，从而对新疆地区的科技发展提供了一些有针对性的政策建议。[55]

在国家层面技术创新能力的分析方面，有学者使用专利产出数据分析了美国技术创新领域的结构演变(1963～2008年)：首先，运用排序—频度和集中度方法分析技术创新领域分布结构演变，结果显示美国技术领域分布逐步向少数技术领域集中，近年来维持“5－55”的基本格局，即排序前5位的技术领域发明专利授权量约占美国所有发明专利授权量的55%左右；其次，根据专利总量和相对增长率等指标分析技术创新领域时间分布结构，将技术领域划为主导—成长型、新兴—成长型、主导—成熟型、萌芽(衰退)—滞长型四种发展模式，其中主导—成长型和新兴—成长型的技术领域发展不稳定，主导—成熟型技术领域发展相对稳定。[56]

---

[52] 参见陈荣等：《基于专利信息分析的区域技术创新能力研究》，载《科技与经济》2013年第2期。

[53] 参见顾震宇：《基于案例分析的区域专利分析方法应用研究》，载《情报杂志》2010年第8期。

[54] 参见王硕、何俗非、任明：《基于专利分析的中医药高等院校科技创新能力》，载《中华医学图书情报杂志》2014年第10期。

[55] 参见王坤、曹燕、于洁：《新疆技术创新产出的专利分析》，载《科技管理研究》2011年第17期。

[56] 参见刘凤朝、傅瑶、孙玉涛：《基于专利的美国技术创新领域分布结构演变》，载《科学学研究》2013年第7期。

（二）知识产权价值评估

1. 知识产权价值评估的历史发展

知识产权价值评估的兴起与发展，源于当代社会中无形资产的重要性提升。根据 Ocean Tomo 公司对美国最大型企业进行的分析，标准普尔 500 指数中企业的专利、商标、著作权及其他无形资产，已经从 1975 年占其整个市场价值的 16.8%，爆炸式地增长到了 2005 年的 79.7%。这就表明，30 年内，知识产权与无形资产已经成为大部分企业的主导资产，企业的市场价值不再依赖于资产负债表中的现金与固定资产。[57]

与经济社会的发展趋势相适应，美国最大的评估协会——美国评估师协会（The American Society of Appraisers，ASA）早在 20 世纪 60 年代就设立了无形资产评估委员会，作为协会的专业委员会对无形资产评估进行指导。由于无形资产评估与企业价值评估在评估方法、程序、理念上都存在很大的相似性，美国评估师协会后来将无形资产评估委员会改为企业价值委员会，负责指导企业价值评估和无形资产评估；美国的《专业评估执业统一准则》中虽然没有专门的无形资产评估准则，但"准则九"和"准则十"关于企业价值评估的具体条文都是规范企业价值和无形资产价值评估的内容。[58]

在我国，无形资产评估诞生于 20 世纪 90 年代初，并且有一些代表性的案例：1993 年，因青岛啤酒股份有限公司香港上市的需要而进行的青岛啤酒商标权的价值评估开始了无形资产评估的实务操作。[59] 1995 年 4 月 12 日的《中国专利报》报道："杭州东宝电器公司在与美资中国制冷控股有限公司的合资中，成功地对'东宝'商标和 19 件专利评估作价 1000 万元人民币入股。"1996 年 9 月 3 日《光明日报》报道："今年 6 月，浙江省品牌无形资产评估中……东宝等知名品牌的价值超过亿元。"[60]

此后，我国陆续出台了一系列规范知识产权价值评估的法规和政策

---

[57] 参见[美]罗素·帕尔、戈登·史密斯：《知识产权价值评估、开发与侵权赔偿（增补本）》，周叔敏译，电子工业出版社 2012 年版，第 2 页。

[58] 参见魏玮：《知识产权价值评估研究》，厦门大学出版社 2015 年版，第 18 ~ 19 页。

[59] 参见崔劲：《我国无形资产评估发展的回顾与启示》，载马维野、刘玉萍主编：《知识产权价值评估能力建设研究》，知识产权出版社 2011 年版，第 11 页。

[60] 参见郑成思：《知识产权论》，法律出版社 2003 年版，第 384 页。

文件，为知识产权价值评估创造了更好的政策环境和更大的适用空间，促进了知识产权评估的迅猛发展：

2006年1月，修订后的《公司法》正式实施，新《公司法》允许知识产权出资比例占到公司注册资本的70%，这就为知识产权资产评估创造了基础条件。

2006年4月，财政部和国家知识产权局联合颁布《关于加强知识产权资产评估管理工作若干问题的通知》，明确了应当进行资产评估的情形。该通知同时规定，非国有单位发生合并、分立、清算、投资、转让、置换、偿还债务等经济行为涉及知识产权的，可以参照国有企业进行资产评估。

2008年6月5日，国务院正式发布《国家知识产权战略纲要》。该纲要在“发展知识产权中介服务”部分特别提出：“规范知识产权评估工作，提高评估公信度。”为此，中国资产评估协会相继于2008年11月28日发布《资产评估准则——无形资产》《专利资产评估指导意见》，于2010年12月18日发布《著作权资产评估指导意见》，从而落实了《国家知识产权战略纲要》所提出的要求，详尽规范了知识产权价值评估的相关工作。[61]

2. 知识产权价值评估的主要方法

在知识产权（无形资产）价值评估中，有四种方法最为重要——成本法、市场法、收益法、许可费免除法，以下分别简述之。[62]

（1）成本法

成本法通过衡量被评估的资产重置所需的支出来评估价值。成本法中最常用的两种类型是“历史成本法”和“重置或再造成本法”——使用历史成本法评估资产是指用历史成本并按照合理使用期限进行适当折旧来评估资产；而重置成本法是指按当前的价格计算复制现有资产所需的成本。以上这两种评估方法的区别主要在于是否根据市场效率、竞争或技术改进进行的调整以反映通货膨胀（某些情况下是通货紧缩）。

在知识产权价值评估中，相关的成本种类可包括法律费用、注册费、广告费、进行再创造研究所付出的时间和成本、需要的雇员数量、成功的

---

[61] 参见魏玮：《知识产权价值评估研究》，厦门大学出版社2015年版，第11～12页。

[62] 除有特别说明以外，本部分内容主要参考了［美］韦斯顿·安森编著：《知识产权价值评估基础》，李艳译，知识产权出版社2009年版，第34～38页。

概率、现有专利权剩余的期限、技术开发的专用设备等。当然,并非每种发生的成本都被包含在成本法的评估中。许多与资产开发相关的因素以前是专有的,如今已经进入公有领域了。并且,用这种方法计算价值的时候,必须根据现有的经济环境考虑需要包括的成本种类,很重要的一点是由于进入市场的延误所生成的机会成本也应包含在成本中。

由于成本法不反映从资产的所有和使用中带来的经济利益(资产的潜在收益),故而该方法经常适用于技术使用的萌芽期,没有适用市场或没有获得收益的资产。一般情形下,成本方法经常(但并非总是如此)为无形资产评估提供"最小价值"。

(2)市场法

市场法通过观察在面对面的、开放的市场交易中,他人对所涉的类似主题资产达成共识的市场价格,从而提供一个价值的示值。[63] 换言之,市场法利用相似资产的销售或许可而获得实际资产交易价值。这种方法如果在一个活跃的市场环境中是最适宜的,所谓活跃的市场环境是指具有一些面对面交易的实例并且对交易拥有充分的信息。

对于无形资产价值评估而言,如果能够找到所需的资料,市场法可以成为无形资产价值评估的首选方法。与其他方法相比,市场法的优势在于它依赖于市场销售、租赁和许可。实践中,如果所需的资料充分,市场法对于所有类型的无形资产来说都具有可操作性、逻辑性和适用性,是最直接和最体系化的价值评估方法,而且评估的结果可以在任何时间进行必要的调整。但是问题在于,大多数无形资产的交易不够频繁,无法建立以市场为评估基础并可与其他资产比较的价值评估,而且,想要得到相似交易的足够细节以确定可以使资产进行比较的各种因素往往是非常困难的。

(3)收益法

收益法是以从被评估的资产中确定未来的收益流为基础的。根据收益法,一项资产的价值是指给资产所有者带来的未来经济收益的现有价值。收益法使用的参数包括以下几种:①未来的收益流;②收益流的期

---

[63] 参见[美]戈登·史密斯、罗素·帕尔:《知识产权价值评估、开发与侵权赔偿》,夏玮、周叔敏、杨蓬等译,电子工业出版社2012年版,第180页。

限;③收益流相关风险。

在知识产权价值评估中,收益法要求对由于知识产权而产生的未来收益流进行预测、对未来收益流期限进行预测,以及对收益流相关风险进行评估。虽然收益法包含多项评估,看起来没有成本法精确,但是由于使用这种方法进行价值评估所必需的信息通常相对精确并且容易确定和获取,故而收益法是目前应用最广泛的价值评估方法——根据学者所做的抽样调查,我国的知识产权价值评估中,66%采用了收益法,20%为重置成本法,11%采用了市场法,还有3%采用了其他方法。[64]

在使用这种方法时最容易出现的问题是难以区分企业业务的价值和支持该企业业务的知识产权的价值。当评估知识产权价值时,关键是区分知识产权的收益流价值与企业作为整体的收益流价值。

(4)许可费免除法

许可费免除法是收益法的特别类型。根据这种评估方法,无形资产的价值可用由于拥有资产的所有权而免于支付许可使用费的现值来计算。这种方法常常用于诉讼案件中的损失赔偿。换言之,这种方法通过对所规避成本的计算来评估知识产权的价值——假设企业不拥有商标或专利等知识产权,必须支付许可使用费获得使用的权利。价值是以节省成本或节省许可使用费来计算的。

以上四种评估方法可以适用于很多情形。在对知识产权进行价值评估时,应当根据可以得到的信息和当时的形势考虑采用不同的评估方法。这样便可以在每种情形下选择最优的评估方法。

3. 知识产权价值评估的应用

作为一种无形资产,知识产权的价值具有动态性和不确定性,这往往成为制约知识产权交易和运用的最大障碍。而资产评估所要实现的一般目的是资产在评估时点的公允价值,[65]因此,知识产权价值评估在促进知识产权交易、知识产权运营和资本化、知识产权保护等方面发挥着不可或缺的作用。具体来说,知识产权价值评估主要有以下用途:

---

[64] 参见魏玮:《知识产权价值评估研究》,厦门大学出版社2015年版,第14页。

[65] 参见刘伍堂:《专利资产评估》,知识产权出版社2011年版,第41页。

(1)知识产权转让或许可。在许多情况下,知识产权是作为独立资产进行交易的,例如个人将发明卖给企业、大学将发明卖给企业、企业互相出售商标与专利,都必须确定价格,从而必须进行价值评估。相应地,知识产权的所有者考虑授予他人知识产权许可时,也需要分析许可的价值。

(2)基于担保的融资(知识产权质押融资)。在知识产权成为企业中占支配地位的资产之后,其也成为银行贷款时的质押品,银行因而需要了解专利、商标和版权作为其贷款质押品时的价值评估结论。

(3)无形财产的征税。财产税征收在惯例中仅限于对固定资产价值的计税,但其也应用某些价值评估技术确定无形资产的价值。例如,由于专利、商标和版权都可能是遗产,也可能成为赠与物(接受赠与的专利还将享有专利未来的许可使用费收入)。这些遗产和赠与都存在价值,因此就需要进行价值评定。

(4)企业清算。企业清算包括破产清算、终止清算和结业清算,尤其是在企业破产清算中,知识产权是一个重要的角色。当债权人争夺能够弥补其损失的资产时,就需要提供知识产权的价值评估结论。[66]

(5)知识产权出资入股。根据我国《公司法》,有限责任公司的注册资本中,最高可有70%的非货币出资。因此,在权利人用专利等知识产权作价出资时,如何计算知识产权的价值、确定知识产权出资所占比例,就需要进行知识产权价值评估。同理,企业、其他经济组织和单位以知识产权作价出资,与其他企业进行各种形式的合资合作(包括中外合资、合作经营)时,也需要进行知识产权价值评估。

(6)企业兼并。企业兼并是指一个企业以承担债务、购买、股份化和控股等形式有偿接收其他企业产权,使被兼并方丧失法人资格或改变法人实体的经济行为。企业兼并中除了要评估企业整体价值,还要分析企业是否存在专利资产,将专利资产作为企业整体价值中的一项重要资产来评估,特别是对于高新技术企业。[67]

(7)知识产权损害赔偿(评估知识产权侵权损失)。近年来,专利、商

---

[66] 以上参见[美]戈登·史密斯、罗素·帕尔:《知识产权价值评估、开发与侵权赔偿》,夏玮、周叔敏、杨蓬等译,电子工业出版社2012年版,第6~7页。

[67] 参见刘伍堂:《专利资产评估》,知识产权出版社2011年版,第41~42页。

标的侵权诉讼迅速增长，侵权所导致的损害的确定以及进一步的损害赔偿，将需要进行知识产权价值评估。

(8)法律法规要求的其他事项。例如，企业首次公开募股(IPO)的文件，经常需要说明上市公司知识产权的重要程度。由于知识产权常常在这些上市公司中处于重要的地位，所以，IPO 文件中应当包括知识产权价值评估的意见。[68]

(三)政策分析

1.政策分析的理论基础：政策科学

政策是一个十分古老的话题，并且早已作为社会科学的一个研究领域而存在，但是严格来说，现代政策科学(policy science)则是 20 世纪 50 年代以后才形成和逐步发展起来的一门社会科学。

作为一门社会科学的政策科学的建立，是与拉斯韦尔(Harold D. Lasswell)的巨大贡献分不开的。早在 1943 年，拉斯韦尔就在一份备忘录中提到“政策科学”这一概念。1950 年，他与卡普兰合著了《权力和社会政治研究的框架》一书，书中正式使用了“政策科学”这一术语。1950 年，在劳纳与拉斯韦尔主编的《政策科学范围与方法的新近发展》(以下简称《政策科学》)一书中，拉斯韦尔第一次对政策科学的学科性质、研究内容、发展方向作了详细论述。西方学术界普遍认为，《政策科学》这一重要著作的问世，是政策科学诞生的标志。在《政策科学》中，尤其是在其中的《政策方向》一文中，拉斯韦尔的论述奠定了政策科学发展的基础。他认为，政策科学或社会科学中的政策方向可以超越社会科学的零碎的专门化，确立起一种全新的、统一的社会科学；局部的问题并不是政策科学所关心的，政策科学将致力于一般选择理论的研究；政策科学是某种不同于应用社会科学的东西，因为它主要关心“社会中人的基本问题”，同时关心“解释政策制定和政策执行过程，关心收集数据并提供对特定时期政策问题的解释”。[69]

一般认为，由拉斯韦尔所开创的政策科学的突出特点，在于其应用

---

[68] 参见[美]戈登·史密斯、罗素·帕尔：《知识产权价值评估、开发与侵权赔偿》，夏玮、周叔敏、杨蓬等译，电子工业出版社 2012 年版，第 6～7 页。

[69] 参见陶学荣主编：《公共政策学》，东北财经大学出版社 2012 年版，第 3～4 页。

性。《政策科学》一书中明确指出,政策科学是用于解决社会问题,特别是解决那些结构和关系都很复杂的社会问题的工具。政策科学是一门行动取向的学科,在理论与实践、知识与权力之间架起了一座桥梁。它不是一种纯理论、基础性的研究,而是一种干涉性的研究,要求政策学者应用知识和创造力更好地制定政策,干涉社会生活。任何国家的政策,都是为了解决实际问题而产生、存在和发展的;与之相应的政策科学也是以运用各种科学理论和方法解决实际政策问题为己任的,这种很强的应用性特点,成为政策科学必要的指导思想和基本依据。

与此同时,政策科学还具有跨学科的综合性。由于政策科学研究的对象——政策,是一个多层次、多侧面的综合体,是一种复杂的社会现象,从而决定了政策科学不是现有的某一学科的更新,而是一个全新的跨学科的研究领域,具备综合、交叉的特点。可以说,迄今为止,人类所创造的许多科学知识和方法都可以运用到政策科学的研究之中,其中,与政策科学联系比较紧密的学科有哲学、经济学、政治学、社会学、管理学、心理学、伦理学、法学、历史学、统计学、数学、运筹学、决策学、系统论、信息论、控制论、预测学、未来学等。当然,政策科学的这种跨学科的综合性,并不是将上述学科知识及其方法拼凑堆积而成,而是要对它们进行整合,使之有机地结合起来。因此,政策科学在与其他学科有机结合的过程中,产生了一系列的新范式,形成了一个以改进政策制定系统为核心的全新的综合的知识体系。[70]

经过半个多世纪的发展,以美国政策科学为代表的西方公共政策学目前已经成为一个独立而又颇具影响力的学术领域。有学者将政策科学定义为"一门综合地运用各种知识和方法来研究政策系统、政策过程及其运动规律的新兴学科"。[71] 与之相关的,所谓"公共政策学",即是指权威的国家机构及公共团体为了实现特定的公共目的,对社会价值进行合理配置的决定与实施过程。[72]

虽然迄今为止,关于政策科学的研究对象,学者的观点并不完全一

---

[70] 参见梁平主编:《政策科学与中国公共政策》,重庆大学出版社 2009 年版,第 18 ~ 19 页。

[71] 同上书,第 17 页。

[72] 参见陶学荣主编:《公共政策学》,东北财经大学出版社 2012 年版,第 3 页。

致，但综合来看，政策科学的研究范围应当主要包括以下几个方面：

一是政策系统，主要研究政策的环境与资源系统、主体与客体系统、组织与体制系统、咨询与信息系统以及政策的运行轨迹与周期等；

二是政策过程，主要包括政策的议程、政策的规划、政策法律地位的明确、政策的实施、政策的调控、政策的评估、政策的终止；

三是政策分析，主要研究政策分析的基础理论、政策分析的类型和模式、政策问题分析、政策制定分析、政策行动前景预测分析、政策执行分析、政策评估；

四是政策结构，主要研究政策的层次结构，不同性质和功能的政策，政治、经济、社会、文化领域的政策、风险型和过渡型政策，以及政策结构的方式和模式；

五是政策价值观，主要研究政策中的利益不均和价值冲突、价值观与政策的关系、政策的价值评判等；

六是政策的发展研究，主要包括国内外政策研究的现状与发展趋势、逆境中的政策研究、政策的历史与比较研究、政策的多维研究以及政策研究的体制等。[73]

2. 政策分析的理论内涵与主要方法

（1）政策分析的历史发展

20 世纪 40 年代末和 50 年代初，一些政治学家把微观经济学多年来对效率（O/I）问题进行分析研究的方法运用到社会政治领域，建立了政策分析的基本框架，并在此基础上创立政策科学。这种理性的分析方法主要是指为了解决社会生活中存在的问题，根据掌握的事实和数据，运用科学的方法与手段，寻求最佳的对策。经济学的分析方法具有这样一个假设前提，即固定的资源或投入，经由增加效益的有效途径，能够获得最高的产出；政治学家以此为依据，先设定明确的目标或产出，然后寻求如何可以增加效率，即以最低的投入或最少的资源达到事先确立的目标。从这个意义上来看，政策分析最初实际上只是一种效率研究，它仅限于有助于决策的分析工作。政策分析的前期准备要涉及问题的确认和资料的收

---

[73] 参见梁平主编：《政策科学与中国公共政策》，重庆大学出版社 2009 年版，第 21～22 页。

集，政策分析的最终目的是为决策者提供决策的依据。这种基于理性原则的政策分析（投入—产出分析）在政策分析领域影响很大，它构筑了现代政策分析的基础架构。[74]

然而，随着时代的发展和社会科学的进步，在实际操作过程中，人们很难把政策分析仅限于政策方案的选择过程，而不考虑政策过程的其他环节。随着政策科学的不断发展，对“政策分析”一词的解释出现了多种不同的版本，各个学派所强调的研究重点也存在很大的差异。政策分析的范围目前看似已扩展到影响政策制定和执行过程的诸多因素，人们视其为“在政策领域创造、沟通和应用社会知识的复杂过程”。[75]

可以想见，由于公共政策关注社会和公众的问题，而政策分析与公共政策如影相随，政府和公众所关心的问题几乎都是政策分析所要涉及的领域，这样一来，政策分析便具有十分广阔的研究领域和应用范围。一般而言，公共政策分析所涉及的问题或领域主要包括能源与环境、卫生与健康、科学与技术、劳动与就业、经济与社会发展以及外交、教育、市政、交通、通讯、刑事审判、社会福利等。[76]

（2）政策分析的含义

尽管政策分析在当代社会得到了快速发展与广泛运用，但是，对于“政策分析”的定义与内涵，学界却远未达成一致。概括起来，主要有以下几种代表性观点：

以内格尔和戴伊为代表的学者对政策分析做了最广义的理解，将它等同于政策科学，认为政策分析是为解决各种社会问题而对不同的公共政策的性质、原因及效果的研究。他们的定义明显地反映了拉斯韦尔和德罗尔所提倡的政策科学传统。拉斯韦尔和德罗尔提倡一门以人类社会的政策系统及政策过程为研究对象，以改进公共决策系统、提高公共政策质量和端正社会发展方向为目标的新学科即政策科学。他们力图创立一种新的知识框架，以便综合地运用迄今为止人类所创造的各种知识和方

---

[74] 参见谢明主编：《公共政策分析》，首都经济贸易大学出版社2010年版，第5～6页。

[75] 同上书，第6页。

[76] 参见朱春奎主编：《公共政策学》，清华大学出版社2016年版，第198页。

法去为公共政策的制定与执行服务,使社会科学更好地解决社会问题。[77]

奎德和邓恩等人对政策分析作了次广义的理解,将政策分析看作一种应用性的(社会科学)学科,强调使用科学研究方法去解决社会问题,产生政策相关知识与信息,其范围包括从问题发现到问题解决的整个过程。正如邓恩在《公共政策分析导论》一书中所总结的:政策分析是针对整个政策制定过程并在政策制定的各个环节中创造知识的一项活动。为创造和获得这种知识,政策分析必须对公共政策的产生原因、结果及其执行情况展开认真的分析和调查。国家的行政、立法和司法三大权力主体,以及公共决策的目标群体才能够利用政策分析的成果来改善政策制定过程及其政策执行结果。[78]

小麦克雷和帕顿等人对政策分析作了较狭义的理解,认为政策分析主要研究备选方案的评估和选择,韦默等人还强调政策分析的职业化方向,并突出政策分析与价值观的相关性。韦默在《公共政策分析:理论与实践》一书中对政策分析给出了一个比较简洁的定义:即政策分析是关于公共决策的、以客户为导向(client-oriented)的活动,并反映了社会价值。[79]

在国内,一些学者倾向于从理论角度来看待政策分析,认为政策分析的目的是要发展出一套能够适用于所有政策的理论体系。他们认为,政策分析者所希望发展的理论,绝非仅适用于对某一项政策、某个政策领域或一些个案进行具体解释,而是要能够对不同时间、不同空间的政策进行比较全面的解释。总之,政策分析是运用科学理论解决政策选择和实施过程的问题,这些政策可能涉及国内、国际等多方面的事务。

另有一些学者更多地从技术角度看待政策分析,认为政策分析的目的是为了对具体的政策制定和实施提出合理的解释和建议。政策分析只是一种分析的形态,其功用在于产生和提出有价值的信息,用以改良决策者进行判断的基础。重视政策分析中技术因素的学者,常常对政策分析作较为严格的限定,从狭义上进行理解,他们只将政策分析限定在政策制

---

[77] 参见朱春奎主编:《公共政策学》,清华大学出版社 2016 年版,第 197 页。

[78] 参见谢明主编:《公共政策分析》,首都经济贸易大学出版社 2010 年版,第 5 ~ 6 页。

[79] 参见[美]戴维 · L. 韦默、[加]艾丹 · R. 瓦伊宁:《公共政策分析:理论与实践》,刘伟译校,中国人民大学出版社 2013 年版,第 30 页。

定的环节中。[80]

由于政策分析的复杂性、综合性及应用领域的广泛性，学界对其的认识存在差异与分歧是完全可以理解的，但为了本书研究的需要，笔者还是希望能够对政策分析作出一个明确而有说服力的定义。为此，我们可以回到政策科学的一般理论，并通过对政策科学的体系性认识来定义政策分析：拉斯韦尔将政策科学定义为关注政策过程本身与内部的知识，因此，从学理上讲，政策科学的研究范围包括政策过程本身的知识和政策过程内部的知识两大类，前者应属于"政策研究"的范围，其目的是为了政策本身的性质而进行研究，关注政策形成过程；后者则属于"政策分析"的范围，目的在于制定一项周全的政策，关注达成上级交付的使命，解决社会问题。更具体地说，"政策研究"指的是对政策本身的研究，主要由学术社群所发动，目的在于了解公共政策过程与公共政策本身，最终目标是建构政策理论，呈现政策的描述性与诠释性趋向；[81]而"政策分析"则是指为了政策而研究，是政府部门或民间智库所发动，目的在于设计实际的政策蓝图，最终目标是解决社会问题，呈现出政策的规范性与理想性倾向。[82] 当然，除了政策研究和政策分析以外，政策科学还有其他的应用领域，例如有学者认为，从大的方面划分，政策科学可以分为政策理论领域和政策实践领域；进一步划分，政策科学可以分为政策研究、政策分析、政策管理和政策操作四大领域。[83]

综上所述，基于对政策科学的体系性认识，我们认为，政策分析应当是政策科学的一个重要组成部分，是政策科学中"为了政策"而进行的研

---

[80] 参见荆玲玲主编：《公共政策分析——理论与案例》，哈尔滨工程大学出版社 2014 年版，第 33 页。

[81] 霍格伍德和冈恩（Hogwood & Gunn，1981）进一步提出，政策研究的范围主要包括政策内容研究、政策过程研究和政策产出研究三项。其中，政策内容的研究主要描述并解释特定政策的起因和发展，常采用个案研究法，以了解政策如何出现、如何执行、结果如何。政策过程的研究中，重点则在于议题所经过的阶段，以及何种因素影响不同议题的不同发展情况，亦即影响政策形成的因素。政策产出的研究主要探讨不同地区或国家的公共经费或公共服务水平等政策产出受哪些因素的影响，亦即政策决定因素的研究，将政策视作因变量，以研究社会、经济、科技和其他因素如何影响不同政策的发生，例如，为何不同国家有不同的社会福利政策。参见朱春奎主编：《公共政策学》，清华大学出版社 2016 年版，第 17 页。

[82] 参见朱春奎主编：《公共政策学》，清华大学出版社 2016 年版，第 16 页。

[83] 参见严强主编：《公共政策学基础》，高等教育出版社 2016 年版，第 22 页。

究,并且在政策制定、执行、评估乃至终结的整个过程中,从始至终都有着政策分析的运用空间。因此,对于政策分析,本书将采用如下定义:政策分析是指政策分析师在一定的理论和方法的指导下对政策过程的主要阶段进行分析、研究,并做出规划预测和行动建议的智力活动。[84]

根据政策分析的此种定义,进一步而言,政策分析的焦点(或者说主要内容),主要是回答以下五个问题:(1)寻求方案是为了解决什么样的问题?(2)选择什么样的行动方案去解决这个问题?(3)选择了这个行动方案会有什么样的结果?(4)达到这些结果有助于解决这个问题吗?(5)如果选择了其他的行动方案,能够期待出现什么样的结果?

这些问题的答案涉及五类信息(或称五种政策信息元素)的收集、处理、分析和传递。这些信息元素将提供有关政策问题、政策执行、政策预期、政策偏好、政策绩效方面的信息。具体来说,政策问题(policy problems)是指一种能够通过采取公共行动达到改善目的的还未实现的价值和机会;政策预期(expected policy outcomes)是指政策可选方案的预期结果;政策偏好(preferred policies)是指一个问题的潜在解决方法;政策绩效(observed policy outcomes)是指政策行动实施后得到的结果(过去的或现在的结果);政策执行(policy performance)是指政策绩效实际的贡献程度,主要是把政策行动与还未实现的价值和机会作出衡量。以上五种与政策相关的信息相互联系、相互依存,构成政策信息系统。一种形式的信息通过一定的政策分析程序被转换成另一种形式的信息,信息的层层递进,便构成了政策分析的逻辑框架。[85]

(3)政策分析的类型

政策分析在实践中有许多应用方法和具体表现形式,可以根据不同的标准来进行分类。例如,邓恩教授以政策信息的组成部分、政策分析方法和政策信息转化之间的关系等作为分类标准,将政策分析划分为回溯性分析与前瞻性分析、描述性分析与规范性分析、问题发现与问题解决、局部分析与整体分析。以下分别简要述之:

---

[84] 参见朱春奎主编:《公共政策学》,清华大学出版社 2016 年版,第 197 页。

[85] 参见谢明主编:《公共政策分析》,首都经济贸易大学出版社 2010 年版,第 7 ~ 9 页。

前瞻性政策分析，又称预测性政策分析，是在政策行动开始和执行之前提供和转化政策信息，其主要任务是分析特定政策方案的可能性的政策结果，侧重于回答该做什么和会发生什么，目的在于提供预测性的信息，澄清政策偏好，为决策者作出决策提供依据（寻找最有效的政策方案）。回溯性政策分析，也可称事后的政策分析，是在政策执行之后提供和转化政策信息，其主要任务是通过监测到的政策信息，分析政策执行过程中发生了什么，产生了哪些实际结果，其目的在于对以往的政策进行描述和阐释，为政策评估和政策改进提供依据。

描述性政策分析和描述性决策理论相对应，是指一组用以描述行动的在逻辑上一致的命题和主张。它针对事实，描述特定政策的原因和结果，通过识别因果关系，解释、理解和预测政策。描述性政策分析通过预测和监测到的信息资料，可以检验描述性决策理论。描述性政策分析的理论模型和概念框架大多来源于政治学、社会学、社会心理学等学科。规范性政策分析和规范性决策理论相对应，是指一组用以评价行动的在逻辑上一致的命题和主张。规范性政策分析涉及的是政策的价值问题，关注决策者的政策偏好。因此，规范性政策分析的一个重要特征是，其主张依赖于效率、平等、回应性、自由和安全等价值观念。

问题发现就是发现界定问题的因素，而不是解决问题；问题解决则是为了提供解决问题的方案。与发现问题相比，问题解决在本质上主要是技术性的，而问题发现是概念性的。

而所谓整体政策分析，则是把回溯性政策分析和前瞻性政策分析、描述性政策分析和规范性政策分析、发现问题和解决问题的方法连接起来。[86]

3. 政策分析在知识产权领域的应用

如果说政策分析本身就是一个新兴与快速发展中的研究领域，那么，政策分析在知识产权领域的应用，无论就其目的和方法而言，更是处于不断丰富与完善的过程之中。虽然目前尚难以构建完整的理论体系，但从政策分析的基本原理出发，笔者将政策分析在知识产权领域的应用划分

---

[86] 参见朱春奎主编：《公共政策学》，清华大学出版社 2016 年版，第 200 页。

为回溯性、前瞻性和综合性三种类型。不同类型的政策分析虽然各有侧重，但都为知识产权评议提供了重要的理论依据与研究方法。

(1)回溯性政策分析

根据政策分析的理论，回溯性政策分析主要涉及政策落实后相关信息的获取及其转换，回答“发生了什么”“政策有何作用”这类问题。[87] 回溯性政策分析在知识产权领域的应用，又主要包括两种类型：一是对于已经实施的知识产权政策予以描述性的统计和分析，阐明政策的特点、结构、优势与不足；二是对于知识产权政策的实施绩效进行分析，尤其是对于各种不同类型的知识产权政策所产生的影响（例如，不同政策目标、政策措施、政策力度所产生的影响方向、影响程度等）进行分析，实质在于描述政策实施中的因果关系。回溯性政策分析既可以针对某一项政策，也可以针对一类或一系列政策来展开分析，其在知识产权评议中的落脚点，是通过对已有政策进行分析评估，为后续的政策制定与改进提供参考依据。

例如，有学者构建了战略性新兴产业知识产权政策的三维分析框架，即创新政策工具维度（包括供给、需求、环境面政策工具）、知识产权政策功能维度（包括知识产权创造、保护、管理、运用）、产业生命周期维度（包括初创、成长、成熟、衰退 4 个阶段），并以 2012 年发布的《关于加强战略性新兴产业知识产权工作的若干意见》为例，运用政策分析框架进行了描述性统计和分析。[88]

有学者采用内容分析法，对实施知识产权战略以来中央政府颁布的政策进行量化分析，探究中国政府在知识产权创造、运用、保护、管理及服务领域的政策工具选择。研究发现：知识产权保护法律体系、公共服务体系建设和管理体制机制改革是当前中国知识产权政策关注的重点；公共服务类供给型政策工具以及法律规制类、策略性措施类环境型政策工具应用过溢；融资支持、财税优惠等经济激励类政策工具、需求型政策工具

---

[87] 参见荆玲玲主编：《公共政策分析——理论与案例》，哈尔滨工程大学出版社 2014 年版，第 34 页。

[88] 参见李良成、高畅：《战略性新兴产业知识产权政策分析框架研究》，载《科技进步与对策》2014 年第 12 期。

应用存在缺失;知识产权政策工具在知识产权创造、运用活动领域应用不足。[89]

有学者通过综合考察知识产权政策内容,建立知识产权政策量化标准,从政策力度、政策目标、政策措施三个方面对知识产权政策进行量化并建立经典的计量模型对中国知识产权政策的影响进行评估。结果发现:政策力度能显著促进新产品销售率,但会限制专利授权量;权利界定目标显著促进了技术创新绩效,但侵权惩戒目标却显著限制了技术创新绩效;最主要的行政措施对技术创新绩效的影响很小,而真正起作用的财税措施没有得到足够的重视。[90]

有学者从促进自主创新能力的视角,运用柯布—道格拉斯生产函数,对中国现行知识产权政策体系的经济绩效进行评估。研究表明:政策数量和政策力度对于发明专利授权量有着微弱的负面影响,但能促进技术市场成交金额;政策相关度对于发明专利授权量的积极影响较为微弱,但对提高技术市场成交合同金额的影响比较显著;不同政策目标和政策措施对于经济绩效的影响方向和影响力度呈现出差异性。[91]

(2)前瞻性政策分析

从学理上讲,前瞻性政策分析主要涉及政策行为启动和实施之前信息的提供与转换,回答"会发生什么""应该干什么"这类问题。[92] 目前来看,知识产权领域的前瞻性政策分析主要有三种类型:一是通过专利分析等方法,分析技术发展的现状与趋势、区域或产业的技术创新能力与特点等,从而为相关的战略决策、发展规划和政策制定提供信息情报;二是在产业政策、科技政策、外贸政策等公共政策(或战略、规划等)正式实施之前,提前预判在知识产权方面可能出现的后果与问题,并且有针对性地提

---

[89] 参见李方、张胜:《基于文本分析的中国知识产权政策工具选择研究》,载《中国科技论坛》2017年第8期。

[90] 参见盛亚、孔莎莎:《中国知识产权政策对技术创新绩效影响的实证研究》,载《科学学研究》2012年第11期。

[91] 参见刘雪凤、高兴:《促进自主创新能力建设的知识产权政策体系绩效研究》,载《中国科技论坛》2015年第7期。

[92] 参见荆玲玲主编:《公共政策分析——理论与案例》,哈尔滨工程大学出版社2014年版,第34页。

出对策建议；三是基于可能对本方知识产权政策产生重大影响的新形势、新情况，提出具有应对性的政策方案和政策建议。这三种类型的前瞻性政策分析在知识产权评议中的作用，主要体现在政策实施之前的谋划、论证与风险预警。以下分别对三种类型的前瞻性政策分析予以举例说明：

例如，有学者以专利信息为视角，检索了我国生物医药产业从 1993 年到 2016 年的专利，并以专利累积申请数量代表技术发展水平，从专利申请数量年度趋势、主要申请人、技术生命周期、重要区域分布、专利 IPC 和专利法律状态等方面展开专利分析，以此把握生物医药产业发展现状及趋势，探究技术发展重点和热点。旨在为促进我国生物医药产业技术创新提供专利信息方面的依据，为生物医药产业制定产业技术创新政策提供参考意见。[93]

有学者通过对我国高铁“走出国门”战略进行 SWOT 分析，得出我国高铁的自身劣势和外部威胁都与专利息息相关。针对我国高铁所面临的“己方专利数量不足、技术保护存在风险”“他方专利布局严密、技术存在侵权风险”“缺乏专利战略思维、运用专利能力不足”等专利风险，从技术发展、专利布局、信息分析、战略运用、人才培养、政策利用六个方面给出了我国高铁的海外专利战略建议。[94]

有学者分析了“特朗普时代”开启后美国知识产权政策的走向，包括：退出 TPP 协定，国际贸易机制从复边机制向双边机制转化；贸易保护主义抬头，强化知识产权贸易壁垒；制造业回归，增强知识产权活力；关注版权改革法案，促进版权产业发展；紧缩移民政策，影响知识产权人才流动；运用金融杠杆，间接挤压他国知识产权发展空间六个方面。进而提出我国的应对之策，应当是：竖起全球化的大旗；善用美国司法制度和国际争端解决机制解决知识产权及其相关的贸易纠纷；加快推动中国知识产权体制改革，及时编制和实施国家知识产权强国战略；进一步推动产学研结合和军民融合发展，通过知识产权机制激励保障创新成果；推动商业模式创新，在内容创新方面强化知识产权保护；及时提出“引智计划”，吸引知识

---

[93] 参见潘红玉等：《专利视角的我国生物医药产业的技术创新》，载《科学决策》2017 年第 4 期。

[94] 参见李昱晓、黄玉烨：《中国高铁驶出国门的专利战略研究》，载《科技管理研究》2015 年第 22 期。

产权人才向中国聚集。[95]

(3)综合性政策分析

所谓综合性政策分析,顾名思义,是一种更为全面的政策分析形式,即将多种政策分析方法予以综合运用,主要回答"应该解决什么样的问题"(问题发现阶段)、"解决方法是什么"(问题解决阶段)这类问题。[96] 在知识产权领域,综合性政策分析实际上有两种表现形式:较为常见的一种综合性政策分析,是结合前瞻性政策分析与回溯性政策分析的特点,即通过对既有某项政策的描述与分析,发现其中存在的问题与缺陷,进而提出解决问题的政策方案。此种政策分析立足于对某项(或某方面)政策的回溯性分析,因而可以确保信息的真实性与可靠性,对于发现问题乃至于进一步解决问题具有较强的说服力和参考价值,与此同时,又不仅仅停留于对既有政策的分析,而是以现存的问题为导引,综合运用各种社会科学理论与研究方法,进一步提出解决问题的政策方案。

另一种综合性政策分析,则是将描述性政策分析与规范性政策分析连接起来,并予以综合运用。此种政策分析首先对某种(或某方面)现有政策予以描述,分析其内在逻辑与结构,政策的关键点、执行情况与实施效果等,而在此基础之上,还要进一步根据一定的价值取向与判断标准,对政策予以评价并给出一定的结论。而这种带有明显价值判断的结论,也将为后续政策或对应性措施的出台提供重要依据。

由于综合性政策分析能够聚合多种政策分析方法的功能与优势,故而其在知识产权评议中有着十分重要的应用:在实践中,政策分析者首先立足于对知识产权政策及相关产业政策、科技政策、贸易政策的动态跟踪与监测,并通过获取政策制定与执行中的信息和及时的信息转换,来"发现问题",进而根据社会科学理论或特定的价值判断,来提出"解决问题"的方案。总之,综合性政策分析集政策信息的收集、分析、预测(包括风险预警)与对策建议于一身,形成了政策信息的动态更新与政策分析的完整

---

[95] 参见易继明、孙那:《美国知识产权政策走向及其对中国的影响——从美国总统特朗普执政角度的一个初步分析》,载《国际贸易》2017年第3期。

[96] 参见荆玲玲主编:《公共政策分析——理论与案例》,哈尔滨工程大学出版社2014年版,第34页。

闭环,从而可以融入多层次、多样态的知识产权评议机制。下面分别就前述两种类型的综合性政策分析各举一例:

例如,有学者研究指出,我国于2016年10月出台了《制造业创新中心知识产权指南》,但在创新中心知识产权管理、知识产权保护和知识产权转移三个方面还存在不尽如人意之处,无法达到预期的目的。其制度根源在于政策与法律之间关系的认识出现偏差,传统私权思维模式限制了政策的灵活性和政策本身制定的不完备。结合美国国家先进制造办公室知识产权小组制定的《国家制造业创新中心网络知识产权指南》和欧盟针对"Horizon 2020"项目所制定的知识产权政策的经验,建议:平衡协同创新各方利益,强化制造业创新中心知识产权政策的社会性;充分发挥政策的灵活性,完善制造业创新中心协同创新生态环境;依据产业发展需求,提升制造业创新中心层面的成果转化。[97]

又如,美国的"301调查"也可谓是综合性政策分析的典型例证——2018年3月22日,美国贸易代表办公室发布《在301条款下对于中国与技术贸易、知识产权和创新有关的法律、政策与实践的调查报告》,为规模空前的"中美贸易战"拉开了序幕。这份长达200余页的报告将调查重点聚焦于中国的"不公平技术转让制度"、"歧视性的许可限制"、"境外投资"以及"非法入侵美国商业计算机网络窃取知识产权和敏感商业信息"四个方面。

以所谓"中国的不公平技术转让制度"为例,调查报告首先分析了"中国技术转让制度的关键要素":首先,中国政府利用外资所有权限制(如正式或非正式的合资企业要求)和外商投资限制,要求或迫使美国公司向中国公司转让技术。这些要求禁止外国投资者从事特定行业的经营,除非外国投资者与中国公司合资,甚至在中国合作方是控股股东的情况下才可以进行。其次,中国政府利用行政许可和审批程序,强制美国公司以转让技术来换取在华设立和运营公司所需的大量行政审批。报告继而用了很大的篇幅,具体罗列中国在以上两个方面的政策和具体

---

[97] 参见张晓龙:《中国制造业创新中心知识产权政策研究》,载《河南师范大学学报》(哲学社会科学版)2018年第3期。

做法。

在此基础之上，报告论述了“中国的法规、政策和实践是不合理的”：中国的管理体制本质上是不公正、不公平的，因为它极大地限制了美国公司部署以及充分保护其宝贵的、来之不易的技术以在中国进行竞争的自由。中国并未建立一个公平的竞争环境，而是为中国公司从美国和其他国家的竞争者那里获取技术提供系统性的和结构性的支持。面对中国的体制，美国公司要么放弃对其宝贵技术的实质性控制，要么被世界上规模最大、发展速度最快的经济体拒之门外。在美国公司面临限制性政策的领域，形成了极度不公正的竞争环境，然而中国公司在美国却未受到此种限制。

最后，报告认为“中国的法律、政策和行为阻碍、限制了美国商业”：无论美国公司采取何种应对措施，中国政府的技术转让制度都会剥夺美国公司在中国市场获得合理投资回报的能力，妨碍其利用合法取得的知识产权，阻止他们进行投资，从而对竞争产生重大的负面影响。考虑到庞大且日益增长的中国市场的重要战略性地位，公平竞争机会的缺失极其不利于美国公司。此外，美国公司无法独享其宝贵的技术，因此无法在中国公平竞争，长远看来会削弱其全球竞争力。当美国公司无法从知识产权的投资中获得公平的回报时，他们无法实现对创新再投资的必要增长。在这个意义上，中国的技术转让制度直接干扰了作为美国及类似经济体经济发展引擎的创新生态系统。事实上，取代包括美国公司在内的全球工业领导者，以便中国可以实现全球市场的支配性地位，是中国政府明确的政策目标。根据“中国制造 2025”计划，中国政府试图获取外国技术，吸收这些技术以促进本国创新，并在国内、国际市场同时取代外国竞争者。而中国的技术转让制度是实现这一目标的关键。[98]

特别需要说明的是，笔者完全不赞同美国“301 调查”的分析逻辑及结论，但是我们也应当看到，此种对别国（特别是主要竞争对手）产业政策、外资政策和科技政策予以全方位跟踪调查和深入剖析、并以维护本国

[98] Office of the United States Trade Representative, “Findings of the Investigation into China's Acts, Policies, and Practices Related to Technology Transfer, Intellectual Property, and Innovation under Section 301 of the Trade Act of 1974”.

利益为出发点进行系统性评价的综合性政策分析方法,是值得我国借鉴的。在必要时,此种政策分析可以为我国维护自身贸易利益提供重要的依据。

第二章　知识产权评议的政策功能与制度定位

一、知识产权评议的发展历程

（一）建立知识产权评议机制的时代背景

知识产权评议机制作为一个新生事物，近年来受到高度重视并且迅速在各个层面得到运用，这种情况绝非偶然，而是有其深刻的时代背景：在世界范围内，知识经济的浪潮以排山倒海之势席卷全球，经济全球化虽偶有波折但仍在不断推进。我国则已经进入经济社会转型升级、经济发展方式加速转变的关键时期[①]和"创新型国家"建设的攻坚时期——2005年12月26日，国务院发布《科学技术发展规划纲要》，作出"建设创新型国家"的重大战略决策，即"把科技进步作为经济社会发展的首要推动力量，把提高自主创新能力作为调整经济结构、转变增长方式、提高国家竞争力的中心环节，把建设创新型国家作为面向未来的重大战略选择"。也正是在《科学技术发展规划纲要》中，首次提出了"建立知识产权特别审查机制"。[②]

可以预见，在当前和今后较长时期内，经济发展对于创新要素的倚重度必将不断提升，知识产权与经济建设、科技研发、投资贸易空前紧密地联系在一起。这就在客观上使得各类重大经济科技活动中的知识产权风

---

① 2011年3月14日发布的《国民经济和社会发展第十二个五年规划纲要》开宗明义地将"加快转变经济发展方式"作为"十二五"时期经济社会发展的主线。同时明确提出："坚持把经济结构战略性调整作为加快转变经济发展方式的主攻方向。""坚持把科技进步和创新作为加快转变经济发展方式的重要支撑。"

② 该纲要提出"实施知识产权战略和技术标准战略"，其中，便包括了"要建立对企业并购、技术交易等重大经济活动的知识产权特别审查机制，避免自主知识产权流失"。

险日趋增多，自主知识产权流失和各类知识产权纠纷出现的可能性不断加大；与此同时，知识产权已经成为各个国家、地区和企业参与竞争的基本手段与核心要素，其对于经济科技活动和重要决策的支撑作用日趋显著。此种宏大壮阔的时代背景便是知识产权评议机制建立的根本原因及其必然性所在。

具体来说，我国知识产权评议机制的建立，主要是对应于以下几个方面的突出问题与需求。

1. 重大经济科技活动中的知识产权风险日趋增多

所谓重大经济科技活动，一般是指对一定区域内的经济社会发展有较大影响的决策活动，以及使用财政资金、公共资源、国有资本或者涉及国有资产数量较大的经济科技活动。由于重大经济科技活动中投入或涉及的财政资金、公共资源、国有资产数量巨大，其不仅关系到国有资产的安全、财政资金的使用效率以及一定区域内经济和产业发展，甚至还关系到社会稳定。

对重大经济科技活动构成威胁的因素固然是多方面的，而其中知识产权问题已越来越成为一个重大风险。近年来，以“贵州微硬盘项目”为代表，[③]我国有许多颇具规模的投资项目，由于涉及知识产权（主要是专利）的权属纠纷或侵权纠纷，而被迫中途停产或下马，造成了严重的经济损失。与此同时，在政府主导的科技项目立项、高层次人才引进和评审、技术引进、技术改造、科技奖励等重大经济科技活动中，各种知识产权问题与纠纷也屡屡出现，有些知识产权问题甚至直接导致相关科技项目和技术方案无法实施，从而不仅使政府的财政资助和政策支持完全落空，而

③ “微硬盘”曾经是贵州省极力扶持的一个高新技术产业，政府通过其所属的国有企业投资、财政或国有企业担保的银行贷款以及地方各级政府的扶持资金等方式，对“微硬盘”项目投入巨资。但由于项目前期没有进行严格的知识产权审查，企业投产后，发现日本企业拥有微硬盘方面的5000余项专利，覆盖了微硬盘的关键技术。最终，迫于巨大的知识产权诉讼压力，贵州微硬盘项目被迫停产，造成了数以十亿计的巨额经济损失。具体可参见赵剑飞、历志刚：《兵败微硬盘》，载《财经》2006年第19期。

且有可能使政府行为陷入合法性危机。[④]

2. 知识产权成为企业竞争与产业发展的关键因素

目前,发达国家已纷纷把知识产权提升到振兴国家经济的战略高度,将其作为继人力、物力、财力三大经营资源后的"第四大经营资源",作为国家、地区发展的战略性资源和核心竞争力要素。[⑤] 知识产权业已成为我国企业与跨国公司展开争夺与竞争的首要资源,乃至于成为决定产业生存与发展的关键因素。

近年来,跨国公司在我国实施了多种专利战略:一是跑马圈地战略。跨国公司通过大量申请专利,建立或维持在相关领域的垄断地位。据国家知识产权局统计,在高新技术领域,跨国公司的专利申请量远高于国内企业的申请量,前者在70%以上,后者在30%以下。其中,韩国公司的专利主要集中在无线通讯、光电、IT和冷冻空调,日本公司主要集中在无线通讯、光电、IT,美国公司则集中在生物科技、无线通讯等领域。二是专利布阵战略。即中国企业把市场培育发展起来之后,跨国公司通过专利一举收割。例如,"中国制造"的DVD曾经占全球的2/3,国产品牌的覆盖率具有绝对优势。此时,国外拥有DVD核心技术的厂商即6C联盟成员(东芝、日立、三菱、时代华纳、松下、JVC)联合向我国国内的DVD整机生产厂家征收净售价的4%或每台4美元的技术使用费。而在我国企业早期生产DVD时,跨国公司并未提此要求,而是等我国企业把产业做大后才开始出手。我国的彩电生产企业及数码相机生产企业也面临类似的问题。三是私有协议或行业标准战略。跨国公司通过交叉许可专利,形成企业联盟,构成对整个行业的技术控制。上述6C联盟联合向我国DVD收取专利费即是其中的典型案例,六大技术开发商强强联手,组成DVD

---

④ 例如,海归博士苏某由于其出色的学习工作履历及其在医疗器械领域"拥有多项植入式电刺激方面的发明专利",于2010年获评为A地的"科技创新领军人才"并获得了当地政府诸多的财政资助和政策支持。但事实上,苏某所宣称"拥有多项发明专利"的情况并不属实,而且早在2009年,苏某曾经的雇主SDK公司就向美国法院起诉其窃取商业秘密,美国法院于2011年4月判决苏某承担23亿美元的天价赔偿。在此案中,由于A地相关部门在科技人才引进和评审过程中未对知识产权问题进行审查,而造成了不可挽回的损失。参见贺化主编:《评议护航——经济科技活动知识产权分析评议案例启示录》,知识产权出版社2014年版,第54~58页。

⑤ 参见王春业:《论建立重大经济活动的知识产权审查制度》,载《北华大学学报》(社会科学版)2010年第3期。

企业联盟,将1500多项专利捆绑于一体,构筑了坚固的技术壁垒,在联盟内相互优惠使用彼此的专利技术,但对外统一收取专利使用费。据统计,全球500强企业有60个主要的战略联盟,通过联盟在群体内优势互补,取得行业中的垄断地位是联盟企业的最终目的。⑥

通过这样一系列的专利战略,跨国公司有效地制约和打击了国内企业的发展,抢占或夺取了相关产业的控制权,最终希望达到垄断高新技术和市场的目的。近年来,许多关系到我国未来发展的主导产业和新兴高科技产业,受到了来自国外专利方面的威胁,从打火机、摩托车到DVD,从西药到中药等,不仅规模越来越大,而且涉及的领域也越来越广,已严重制约了我国某些行业的发展。⑦

不仅如此,近年来,大规模的外资并购浪潮席卷国内许多产业,外资并购完成以后,随之而来的常常是外资方对于品牌和技术的严密控制,而外资的品牌控制和技术控制则可能会进一步威胁我国产业安全。有学者研究发现,跨国公司在取得国内企业的品牌控制权以后,往往会封存或消灭国内企业已有的知名品牌——或将原有品牌束之高阁,以自有的国外品牌取而代之,或将原有商标定位于低档产品,造成该商标价值下降。⑧近年来,我国消费者曾经耳熟能详的"活力28"(洗衣粉)、"美加净"(护肤品)、"熊猫"(洗衣粉)、"扬子"(冰箱)、"孔雀"(电视机)和"香雪海"(冰箱)等许多知名品牌纷纷销声匿迹,就是外资品牌控制的后果。由此就为外资企业和跨国公司占领国内市场扫除了主要竞争对手,国内企业的产业竞争力和控制力显著下降。而在外资企业和跨国公司实施技术控制的背景下,即使中方拥有合资企业的控股权,但由于关键技术、核心技术或者技术研发和利用的决策权掌握在外方手中,最终可能使得整个产业的发展都受制于人。以中国汽车产业为例,自1986年被确立为支柱产业以来,中国汽车产业大量引进外来合作者。虽然中方在合资企业中的股份占多数,但外方一直拒绝转让核心技术。作为中国汽车产业主体的东风、

---

⑥ 参见张国平:《外商直接投资的理论与实践》,法律出版社2009年版,第349～350页。

⑦ 参见陈荣、唐永林、严素梅:《建立专利预警机制　减少知识产权纠纷》,载《科技情报开发与经济》2006年第6期。

⑧ 乔颖、彭纪生、孙文祥:《FDI对我国产业风险的实证分析》,载《当代经济研究》2005年第9期。

一汽和上汽三大汽车集团，在合资后的20余年时间里不但没有承担起振兴中国汽车产业的责任，还把巨大的市场空间让给了外资厂商。[⑨] 相反，作为汽车产业中坚持自主技术创新的代表，奇瑞和吉利两家“小企业”却能够在与外资企业激烈竞争的环境中逐渐发展起来，这是值得深思的。

3. 涉外经济活动中知识产权纠纷频发

随着我国加入WTO和经济全球化的迅猛发展，涉外经济活动中的知识权问题愈加凸显，无论是外资并购、对外贸易抑或是与贸易有关的知识产权保护都蕴含着许多知识产权风险。由此产生的涉外经济活动中的知识产权纠纷，大致可划分为以下三种类型：

一是外资并购或者技术贸易、技术合作导致我国自主知识产权（包括某些涉及国家重大利益和国家安全的知识产权）流失。主要表现为在企业改制、兼并、出售过程中，专利、商标、商号、商誉、商业秘密等重要的无形资产被低估、作价不实或根本不做评估，导致无形资产的大量流失；跨国企业通过并购国内企业、或者与国内企业进行合作研发和技术交易，获得国内企业的一些重要的核心技术，从而导致国家核心技术和重要知识产权流失，危害国家安全，损害国家利益。

二是我国出口贸易遭遇知识产权贸易壁垒的严重影响。近年来，由于技术性贸易壁垒影响而导致的我国企业直接经济损失持续增长，从2005年的288.13亿美元迅速增长到2009年的574.32亿美元。同时，受TBT影响的企业越来越多，2009年我国有34.3%的出口企业受到国外技术性贸易措施的影响。中国商务部2009年发布的《全球贸易摩擦研究报告》指出，中国已连续14年位居全球贸易调查的首位，技术性贸易壁垒成为中国产品出口所面临的最主要的障碍。知识产权与技术标准的结合使二者的贸易壁垒效应得以耦合，产生巨大的贸易阻碍，其影响已经不仅局限于单一企业或者单一产品，而会给某一产业造成毁灭性打击。我国的许多行业，如DVD、移动通信、数码相机、彩电等已经或者正在遭受这种贸易壁垒的打击或威胁。[⑩]

---

⑨ 李孟刚：《产业安全理论研究》，经济科学出版社2006年版，第92页。

⑩ 参见徐元：《知识产权贸易壁垒研究》，中国社会科学出版社2012年版，第173~174页。

三是与贸易有关的知识产权保护所引发的纠纷频繁发生。近年来，美国、欧盟等发达国家和地区以知识产权为由频频对中国施压，屡屡通过发起 WTO 争端投诉、特别 301 条款或 337 条款调查，迫使中国政府和中国企业对知识产权提供更有力的保护。2007 年 4 月，美国以中国相关法律不符合《知识产权协定》为由，提起 WTO 争端解决机制项下的磋商。2009 年 3 月，世界贸易组织争端解决机构会议审议通过了中美知识产权 WTO 争端案专家组报告，认定中国的海关措施和著作权法的部分条款违反了《知识产权协定》。2009 年 7 月，欧委会发布的 2009 年海关知识产权执法报告称，中国仍是知识产权侵权产品的主要来源地，在所查获的侵权产品中所占比重为 64%。另据商务部统计，仅 2010 年 7 月，美国国际贸易委员会共发起“337”调查 9 起，其中涉华案件 6 起，全部都因专利侵权被诉。[11] 而在美国“337”调查中，一旦美国国际贸易委员会发出普遍排除令，那么将会阻止某个国家全行业的企业进入美国市场。例如，2002 年前后发生的 DVD 专利收费事件，致使我国一大批 DVD 生产企业被迫停业或转产。[12]

4. 我国知识产权在境外遭遇侵权显著增多

近年来，我国企业在境外遭遇知识产权侵权的现象日渐增多。其中尤以我国商标被抢注最为突出，例如，中华老字号“王致和”“老干妈”“狗不理”“桂发祥”等商标曾被德国代理商在德国抢注；“六必居”“冠生园”“桂发祥十八街”等被加拿大一家公司抢注。“红星”二锅头酒在瑞典、爱尔兰、新西兰、英国等国家被同一家英国公司抢注。“狗不理”在日本被抢注后，又在美国、澳大利亚以及我国香港地区被抢注。以上这些抢注行为多是一些代理商或者小公司、个人为了敲诈国内商标持有人支付“赎回费”而进行的恶意抢注，但也有一些国外的大公司为了阻止我国企业进入国际市场而进行商标抢注，如博世—西门子公司在德国抢注海信的“HiSense”商标，就是意在将海信产品挡在欧洲市场之外。

除了商标抢注之外，近年来国外企业针对我国企业的专利侵权行为

---

⑪ 参见吴汉东主编：《科学发展与知识产权战略实施》，北京大学出版社 2012 年版，第 314 页。

⑫ 同上书，第 315 页。

也屡见不鲜。例如,2004 年 8 月,深圳朗科公司起诉索尼公司侵犯专利权,索赔 1000 万元人民币,要求立即停止生产、销售闪存盘。2006 年 2 月,朗科公司向美国德克萨斯州东区联邦法院递交诉状,控告美国 PNY 公司侵犯其美国专利。此专利是闪存盘、闪存 MP3 及其他闪存移动数码产品的基础性专利。上述案件最终均以朗科的胜诉或双方达成和解而告终,朗科也由此被誉为中国本土企业状告跨国公司专利侵权的开路先锋。[13]

（二）知识产权评议机制的建立与完善

1. 国家层面的法规与政策

2005 年 12 月 26 日,国务院发布《科学技术发展规划纲要》。该纲要提出“实施知识产权战略和技术标准战略”,其中,便包括了“要建立对企业并购、技术交易等重大经济活动的知识产权特别审查机制,避免自主知识产权流失”。这是在国家层面的法律法规中,首次提及“建立知识产权特别审查机制”的问题。

2008 年 6 月 5 日出台的《国家知识产权战略纲要》明确提出:“制定并实施地区和行业知识产权战略。建立健全重大经济活动知识产权审议制度。扶持符合经济社会发展需要的自主知识产权创造与产业化项目。”并将其定位为“加强知识产权行政管理”的一项“战略措施”。虽然在《国家知识产权战略纲要》颁布之前,个别省份已有知识产权评议的实践(参见下文),但总体上看仍处于零星和探索性的状态,《国家知识产权战略纲要》以法规的形式正式确立了重大经济活动知识产权审议制度,从而对全国范围内建立健全知识产权评议机制起到了极大的促进作用,甚至可以被认为是知识产权评议大规模运用乃至于体系化和制度化的发端。

2012 年 8 月 23 日,国家知识产权局印发了《重大经济科技活动知识产权评议试点工作管理暂行办法》(以下简称《知识产权评议试点暂行办法》),进一步推动全国范围内重大经济科技活动知识产权评议试点工作

---

⑬ 参见吴汉东主编:《科学发展与知识产权战略实施》,北京大学出版社 2012 年版,第 316 ~ 317 页。

的开展,并对试点工作进行了规范。[14]《知识产权评议试点暂行办法》明确规定:试点工作坚持“紧扣需求、分类评议、讲求实效”的原则,促进知识产权工作与经济发展和科技进步紧密融合,切实为政策制定、项目规划、管理决策和技术研发等提供参考依据,推动重大经济科技活动实现知识产权全过程管理。试点工作应重点围绕重大投资、重点科技研发、技术引进或产业化、人才引进、企业上市审查、技术标准制定、展览展示活动以及企业并购等重大经济科技活动开展。试点单位应当在国家知识产权局的指导下做好以下工作:(1)加强与当地经济科技管理部门的沟通协作,制定完善知识产权评议制度规范,建立完善跨部门知识产权评议工作机制;(2)针对当地支柱产业和发展重点,结合实际需求和资源条件,选取至少两个在当地具有一定影响力的重大经济科技项目开展知识产权评议;(3)充分利用评议成果,积极推送相关成果,切实为产业规划、项目决策和政策制定等提供支撑和指引,以及适时面向相关企业和研发机构的知识产权管理人员开展成果应用培训;(4)培养知识产权评议人才,培育当地的知识产权评议机构,试点培育单位应当积极营造知识产权评议制度环境,着力提升知识产权评议能力,完成评议项目,培养知识产权评议人才,培育知识产权分析机构。

与此前的一系列规范性文件相比,《知识产权评议试点暂行办法》对知识产权评议机制的认识与定位有了新的突破性的发展,即将其功能定位为“切实为政策制定、项目规划、管理决策和技术研发等提供参考依据,推动重大经济科技活动实现知识产权全过程管理”,进而“促进知识产权工作与经济发展和科技进步紧密融合”。亦即知识产权评议并非是一种独立的审议或行政许可程序,而是将主动运用知识产权评议作为一种政策工具,旨在为各个层面、各种类型的政策制定与重大决策提供参考。这种功能定位完全超越了原有的认识,从而使知识产权评议真正站到了国家知识产权战略实施的高度,顺应和服务于我国经济社会发展的战略全局和宏观政策。

---

⑭　知识产权分析评议试点自 2011 年 8 月启动,范围迅速扩展至全国 14 省 4 市、4 个园区,涉及卫生部、中科院、国资委、国防等多个系统。参见郑丽容、林甫、张忠榕:《海峡两岸知识产权分析评议机制比较研究》,载《情报杂志》2016 年第 6 期。

2015 年 12 月 18 日，国务院《关于新形势下加快知识产权强国建设的若干意见》正式发布。该意见第二部分（推进知识产权管理体制机制改革）第 6 项专门提出“建立重大经济活动知识产权评议制度”，并做了详细论述和布置：“研究制定知识产权评议政策。完善知识产权评议工作指南，规范评议范围和程序。围绕国家重大产业规划、高技术领域重大投资项目等开展知识产权评议，建立国家科技计划知识产权目标评估制度，积极探索重大科技活动知识产权评议试点，建立重点领域知识产权评议报告发布制度，提高创新效率，降低产业发展风险。”该意见第五部分（加强重点产业知识产权海外布局和风险防控）第 23 项“提升海外知识产权风险防控能力”中还提出：“推动企业建立知识产权分析评议机制，重点针对人才引进、国际参展、产品和技术进出口等活动开展知识产权风险评估，提高企业应对知识产权国际纠纷能力。”

与之前的法规政策相比，国务院《关于新形势下加快知识产权强国建设的若干意见》对知识产权评议作了更加明确和具体的制度设计，在评议的适用范围与方式方法等方面更加全面，同时对知识产权评议提出了规范化与科学化的要求（如完善知识产权评议工作指南，规范评议范围和程序等），从而有力推动了知识产权评议在质量和能力上的提升，以及在更大范围、更大规模上的运用。

2018 年 3 月 18 日，国务院办公厅印发《知识产权对外转让有关工作办法（试行）》，明确规定，技术出口、外国投资者并购境内企业等活动中涉及《知识产权对外转让有关工作办法（试行）》规定的专利权、集成电路布图设计专有权、计算机软件著作权、植物新品种权等知识产权对外转让的，需要按照《知识产权对外转让有关工作办法（试行）》进行审查。审查内容包括：知识产权对外转让对我国国家安全的影响，知识产权对外转让对我国重要领域核心关键技术创新发展能力的影响。《知识产权对外转让有关工作办法（试行）》的颁布，是对于近年来我国涉外经济活动中知识产权风险与纠纷频发的积极回应，而作为知识产权评议在涉外经济活动中的具体应用，知识产权对外转让审查机制的正式建立，标志着我国涉外经济活动中的知识产权评议实现了体系化与制度化。

2. 地方性法规与政策

早在 2008 年 6 月,《国家知识产权战略纲要》便明确提出了“建立健全重大经济活动知识产权审议制度”的要求,但是迄今为止,我国尚未出台专门规范知识产权评议的单行法规,也没有在国家层面建立起统一、完善和具有可操作性的知识产权评议制度。可喜的是,知识产权评议的地方性立法与政策并未因此而停滞不前,恰恰相反,因应于经济社会发展的客观需要,许多省市已经在知识产权评议方面进行了有益的探索实践,知识产权评议的体制机制也在探索中不断发展与完善:

2006 年 9 月,上海市科教兴市领导小组出台了《关于加强科教兴市重大产业科技攻关项目知识产权工作的意见》,明确提出,对于科教兴市重大项目,要建立项目申报知识产权审查机制、知识产权评估机制、知识产权跟踪服务机制、知识产权考核评价机制,以及知识产权协调机制。该意见中所提出的五个方面的知识产权评议,虽然仅适用于重大产业科技攻关项目,但作为知识产权评议制度的雏形,无疑对此后重大经济活动知识产权评议制度的建立健全,起到了铺垫和试验作用。

与上海的情况相类似,江苏省的知识产权评议制度也始于该省的科技项目管理体制——2006 年以来,受江苏省科技厅委托,江苏省知识产权局对该省重大科技成果转化项目进行知识产权审查,从而为政府资金投入提供了有效的咨询性意见。

2006 年 12 月,贵州省人民政府批准发布了《贵州省重大经济活动知识产权特别审查机制(试行)》,对于应纳入知识产权审查的“重大经济活动”的范围、申请进行特别审查时应提交的材料、特别审查的时限和方法,以及特别审查结论的形成方式及效力等问题做出了明确规定,从而在全国范围内率先建立起了较为全面和规范的重大经济活动知识产权审查制度。

2007 年 11 月,武汉市出台《市人民政府关于加强重大经济活动知识产权审查工作的意见》。根据该意见,武汉市知识产权审查制度的审查范围,当时主要限于以政府投资为主体的建设项目。而在此基础之上,武汉市委、市政府出台的《实施知识产权战略 2010 年推进计划》,则又扩充了知识产权评议的审查范围和评议内容,要求对于政府投资项目、重大引进项目和重点人才引进，做好知识产权风险评估工作。

2007年11月，重庆市人民政府办公厅发布了《关于建立重大经济活动专利特别审查机制的通知》，明确指出："对重大经济活动涉及的专利问题进行特别审查，准确了解专利的技术和法律状况，预测技术的知识产权前景或可能出现的侵权风险，进行专利技术的价值评估等，对于避免重复研发、专利技术的盲目引进以及自主知识产权流失，降低重大经济活动的知识产权风险，提高投资效率具有重要意义。"与国内其他省市相比较，难能可贵的是，重庆市对于知识产权评议制度的功能定位是较为准确和清晰的，相应地，该通知所规定的知识产权评议的审查对象和评议内容，也是较为全面和合理的。

2009年7月，山东省潍坊市和河南省郑州市分别下发了《关于加强重大经济活动知识产权审查工作的通知》和《关于加强重大经济活动知识产权审议工作的通知》。两市的知识产权评议制度较为相似，从审查对象上看，主要局限于以政府投融资为主体，使用财政及国有资金或涉及国有资产数额较大的经济活动。

2011年1月6日，天津市第十五届人大常委会第二十一次会议审议通过了《天津市专利促进与保护条例》，并决定于2011年4月1日起施行。该条例要求，市和区、县人民政府应当建立重大经济活动的专利审查制度，避免专利技术的盲目引进、重复研发和流失。

2011年10月与12月，福建省泉州市与河南省南阳市先后发布《泉州市人民政府关于加强重大经济活动知识产权审议工作的意见》《南阳市人民政府关于加强重大经济活动知识产权审议工作的通知》。

2012年3月，深圳市知识产权局印发《深圳市知识产权专项资金管理办法——知识产权分析预警及版权备案公共服务项目资助操作规程的通知》，对知识产权分析预警公共服务项目的资助范围、资助申请人的条件、申请材料、资助金额和审批程序作出规定。从该通知的内容来看，知识产权分析预警公共服务项目主要包括市政府重点发展的战略性新兴产业专利分析预警、行业知识产权数据库及其分析系统、知识产权资源运用与转化平台的建立与完善、影响我市企业和产业核心竞争利益的知识产权开发系统、我市其他重大知识产权项目的分析预警等，因此，知识产权预警可以被认为是知识产权评议的一种表现形式。

2012 年 10 月 22 日，嘉兴市人民政府办公室发布《嘉兴市人民政府办公室转发市科技局市发展改革委市经信委关于加强重大经济科技活动知识产权评议工作意见的通知》。该通知明确了重大经济科技活动的范围，并且规定了知识产权评议报告的主要内容。

2013 年 10 月 15 日，浙江省科学技术厅发布《浙江省重大科技活动知识产权评议管理暂行办法》。与其他省市的地方性立法与政策相比，该办法在评议组织及程序、评议范围及内容等方面作了更为详尽具体的规定，同时还规定了各级科技行政管理单位、受托第三方服务机构及其工作人员、外聘专家在知识产权评议过程中的保密责任。

2014 年 12 月 25 日，深圳市市场和质量监督管理委员会印发《深圳市重大经济科技活动知识产权评议办法》，进一步扩大了知识产权评议的适用范围，评议不再局限于财政资金或国有资金投入金额较大的经济科技活动，而是扩展到对经济科技发展和公共利益有较大影响的经济科技活动。

2015 年 7 月 2 日，南通市人民政府发布《南通市重大经济科技活动知识产权评议办法(试行)》。该办法对评议内容、评议程序、组织保障均作了详尽规定，并且首次规定了知识产权评议工作的监督机制以及知识产权评议活动中违法行为的法律责任。

2016 年 7 月 20 日，江苏省人民政府发布《江苏省政府办公厅关于印发江苏省重大经济科技活动知识产权评议办法的通知》。该通知规定了评议工作的主体，并对知识产权评议的内容进行了更为细致的区分。

2017 年 7 月 21 日，山东省淄博市人民政府发布《淄博市人民政府办公厅关于印发淄博市重大经济科技活动知识产权评议方法的通知》，对知识产权评议的定义进行了界定，并对评议内容及程序进行了细化。

2017 年 9 月 25 日，福建省知识产权局印发《福建省知识产权评议工作指导意见》，明确了知识产权评议工作的内涵和意义，创造性地将知识产权评议划分为企业商业活动与政府公共管理两种类型，并且对知识产权评议的基本原则和内容、具体实施程序及保障措施作出了详尽规定。

3. 各地知识产权评议制度的比较分析

综观我国知识产权评议的地方性法规与政策，不难发现，各省市知识产权评议制度的建立，主要是因应于重大经济科技活动中知识产权风险日益增多的客观趋势以及由此给政府性投资所造成的风险与压力。当然，由于缺乏国家层面的法律规定，各省市现行的知识产权评议在制度设计和实施重点上具有明显的差异性，其中最具关键性的问题，主要在于评议对象、评议内容、评议的法律性质和法律效力、评议的体制机制以及法律责任五个方面。以下分别从这五个方面展开比较分析。

(1)评议对象

根据《国家知识产权战略纲要》的规定，知识产权审议的审查对象是"重大经济活动"。那么，什么是"重大经济活动"、如何界定"重大经济活动"的概念与范围，就是我国重大经济活动知识产权评议制度的建构过程中所要解决的第一个关键性问题。

从国内各省市知识产权评议工作的实践来看，纳入知识产权评议的经济活动，主要包括以下四类：一是使用财政性资金或国有及国有控股企业的重大投资行为(这是知识产权评议的重点，也是各省市知识产权评议制度普遍适用的审查对象)；二是重大科技项目及产业化项目的立项与评估；三是各类涉外经济活动，包括重大技术引进项目、重大合资合作项目、涉及重要专利权的技术出口项目、外资企业并购重组具有重要专利权的国内企业等；四是海外人才引进和各类人才资助的项目评审。

在此基础之上，各省市还根据本地区经济社会发展和知识产权保护工作的实际情况，通过综合考虑各类经济活动的"影响力"和"背景"，进而对各类"重大经济活动"的认定分别给出了差异化的"定量标准"。例如，对于应纳入审查范围的"使用财政性资金或国有及国有控股企业的重大投资行为"的投资数额，各省市分别给出了具体的标准。⑮

(2)评议内容

通过分析和比较国内各省市现行的知识产权评议制度，笔者认为，所谓重大经济活动中的知识产权评议，实际上并不是专门针对某一种知识产权问题所进行的评议，而是涵盖了以下四类不同的评议内容：一是所涉

⑮ 关于重大经济活动界定中的"影响力(或称强度)"标准和"背景"标准，具体参见何炼红：《论我国重大经济活动知识产权审议机制的建构》，载《知识产权》2010年第1期。

知识产权的权利合法性,包括所涉项目的知识产权在国内外的保护状况(包括权利类别、归属、数量、法律状态、保护期限)、已有知识产权权利主体的合法性与权利稳定性、知识产权转让或许可使用状况等。二是所涉项目的知识产权法律风险,主要是指该项目实施过程中,与他人知识产权或国外知识产权发生权利冲突、权属纠纷或者侵权的可能性。三是从知识产权的角度,评估所涉项目的投资价值和科技价值。主要着眼于该项目研发获得自主知识产权的预期可能性和知识产权权利归属,以及预期获得的自主知识产权是否构成支撑相关科技领域或产业发展的核心技术、关键技术等。四是所涉知识产权与"国家安全"的关联性。主要分析外资并购、技术贸易及其他涉外经济活动所导致的知识产权转让或许可使用,是否可能损害国家安全(包括经济安全、国防安全、公共安全等各个方面)。

当然,各省市现行的知识产权评议,实际上均未完整地涵盖上述四类评议内容,而只是选择了其中的一项或几项。其中,"所涉项目知识产权的权利合法性"是最为普遍采用的一项评议内容。

(3)评议的法律性质和法律效力

关于知识产权评议的法律性质和法律效力,无论是在理论层面还是工作实践中都存有很大的争议:有的学者认为,知识产权审议应当是一个公共服务程序,而不是行政审批。相应地,审议机关出具的审议结论,实际上只是为相关项目管理部门提供参考和建议,但并不具有强制性的法律约束力。[16] 也有学者认为,重大经济活动知识产权审查机制实则是一个"公共决策系统",其中包含着知识产权信息子系统、专家咨询子系统、领导决策子系统、执行子系统、监控子系统。[17] 依照此种观点,则知识产权评议的不同环节也就应当分别具有公共服务、决策咨询、行政审批、行政执法、行政监督等不同的法律性质。而在重大经济活动知识产权评议的实践中,有的地方将知识产权评议作为相关项目审批程序中的一个环节,或者作为项目审批的前置程序。不通过知识产权审查,则项目申报者就无

⑯ 参见何炼红:《论我国重大经济活动知识产权审议机制的建构》,载《知识产权》2010 年第 1 期。

⑰ 参见金玉成、唐恒、朱宇:《建立国家重大经济活动知识产权审查机制研究》,载《中国软科学》2009 年第 10 期。

法获得相关的项目审批。[18] 有的地方虽然在重大项目的立项审核中增加了知识产权初审的环节,但却将知识产权评议定性为“备案”的性质,而并不对相关知识产权问题予以实质性审查。[19]

笔者认为,重大经济活动中的知识产权评议,实际上并不具有统一的评议对象和评议内容,因而其并非是具有准确制度内涵的“一种评议”,而是“与知识产权有关的各种评议”的统称。因此,各类知识产权评议的法律性质和法律效力,应当取决于该种评议的评议内容和评议方式,不可一概而论。具体来说,如果评议内容涉及知识产权的权利合法性及其与国家安全的关系,则评议结论自应具有强制性约束力,对于后续行政审批产生实质性影响。但如果评议仅仅是对所涉项目进行知识产权法律风险评估或者项目可行性分析,并提出预防或减轻不良影响的对策和措施,则其可以被定位于一种决策咨询或建议,并不必然对于相关项目审批产生决定性影响。就此问题,下文还将结合对知识产权评议的类型化分析,展开具体的探讨。

(4)评议的体制机制

从各省市知识产权评议工作的实践来看,重大经济活动知识产权评议制度中评议主体的设置,大致有以下三种情况:一是由省(市)知识产权局直接负责评议;二是设立专门的省(市)知识产权工作领导小组、知识产权协调领导小组或知识产权评议委员会,领导小组(或评议委员会)由管理知识产权相关工作的各行政机关的主要负责人组成,负责对重大经济活动实施知识产权评议;三是由各类重大经济活动的行政审批机关(如发改委、经贸委、国资委、科技厅等),在项目审批的过程中,对有关知识产权的问题予以评议,知识产权行政主管机关只负责提供分析报告或决策

---

⑱ 例如,郑州市人民政府《关于加强重大经济活动知识产权审议工作的通知》明确规定:“实施重大经济活动知识产权审议,是要求有关行政审批部门在审批重大经济活动项目时要注重其中的知识产权问题。凡重大经济活动项目涉及知识产权的,项目单位应当在项目立项前将知产权评价报告报市知识产权局审查论证。市知识产权局应当对评价报告进行论证核实,必要时可聘请相关领域专家进行论证和评定,出具论证意见。”

⑲ 例如,根据济南市发展和改革委员会《关于在有关项目立项审核中增加对知识产权初审意见的通知》,行政审批部门进行前期审查时,应当向项目申请单位提出知识产权审查要求。项目申请单位到知识产权局办理备案审查,市知识产权局受理后应于5个工作日完成备案,并向项目申请单位出具《知识产权备案通知书》。

建议。

笔者认为,基于权责清晰、分工协作的行政权力配置原则,设立专门的省(市)知识产权评议委员会,并将其确立为知识产权评议的评议主体是较为合适的。但是与此同时,还要厘清各类重大经济活动的行政主管机关(如发改委、经贸委、国资委、科技厅等)、知识产权评议主体与知识产权分析评价机构(如知识产权中介服务机构和专家组)之间的关系,并且在他们之间建立起有效的沟通协作机制。而就评议程序而言,将知识产权评议作为相关项目审批的一个前置环节,而不是作为一个单独的行政审批程序,是较为合理的。

由于知识产权评议的体制机制涉及评议主体与相关主体的职责分工、评议程序设置、监督检查等一系列复杂的问题,故而,下文将专门针对知识产权评议的体制机制展开详尽讨论。

(5)评议的法律责任

对知识产权评议设置法律责任,是保证知识产权评议的严肃性与公正性的必然要求,同时也有助于提升评议结论的规范化与科学化程度。从各省市的地方性法规来看,在知识产权评议过程中须承担法律责任的责任主体主要有两类,即知识产权评议结论的提出者与重大经济科技活动的申请者。具体来说,导致知识产权评议结论提出者承担法律责任的情形主要有三种:一是应当发现而未发现问题,或已发现相关问题但未如实提出的;二是开展知识产权评议的项目,后又因知识产权问题导致项目重大损失的,根据知识产权问题与知识产权评议的关联性承担责任;三是违反保密义务。[20] 而导致重大经济科技活动申请者承担法律责任的情形则有以下三种:一是应当申请而未申请知识产权评议,因此造成损失的;二是提交的评议材料中有虚假陈述的;三是未根据评议结论实施或者整改的。

需要指出的是,现有地方性法规中关于法律责任的规定大多过于笼统,尚存在许多问题与缺陷:一是对于法律责任的类型(导致法律责任的

[20] 例如,浙江省《重大科技活动知识产权评议管理暂行办法》规定:各级科技行政管理单位、受托第三方服务机构及其工作人员、外聘专家,对评议活动或项目涉及的各种信息均负有保密义务,任何人不得对外泄露。

情况)规定不完善,例如,对于评议主体(负责知识产权评议的行政机关,而非项目主管部门)的法律责任几乎没有涉及,对于知识产权评议中是否可能导致民事法律责任,也未作规定;二是对于法律责任的构成要件规定不清晰,对于某些构成要件(如知识产权评议结论提出者的"过错")未规定认定标准与判断方法;三是对于行政责任、刑事责任的法律依据与具体承担方式未予以明确,甚至以"依法追究法律责任"一笔带过。[21] 关于以上这些问题,还需要在理论层面进行深入研究。

二、知识产权评议的政策功能

(一)知识产权评议在国家知识产权战略中的功能定位

《国家知识产权战略纲要》将"建立健全重大经济活动知识产权审议制度"列为"加强知识产权行政管理"的一项战略措施,从而将该项制度上升到国家知识产权战略的高度。而知识产权战略是关于知识产权问题的整体性谋略和全局性安排,它是关于战略目标、战略任务、战略措施的政策制度体系。[22] 因此,对于知识产权评议的功能定位,必须站在国家知识产权战略的高度,并且基于国家知识产权战略的整体部署与系统性政策安排来进行分析研究。

1. 国家知识产权战略的内涵

所谓知识产权战略,早期多运用于企业层面,是指企业创造、运营与保护知识产权的策略。[23] 而后,知识产权战略的概念逐渐延伸与拓展,运用于国家战略的层面。据研究,在我国,首次明确提出"国家知识产权战略",是在2004年国家科技发展中长期规划的制定过程中。在这一规划的研究和制定过程中,有学者专门提出要实施国家知识产权发展战略,并

---

[21] 例如,南通市《重大经济科技活动知识产权评议办法(试行)》规定:未申请评议的重大经济科技活动,实施过程中因知识产权问题产生重大不良影响,造成重大经济损失并经有权机构认定情况属实的,对重大经济科技活动主管部门进行通报批评,对负有领导责任的人员和直接责任人员给予行政处分;构成犯罪的,依法追究法律责任。

[22] 参见吴汉东主编:《科学发展与知识产权战略实施》,北京大学出版社2012年版,第19页。

[23] 冯晓青教授认为,企业知识产权战略是企业为获取与保持市场竞争优势,运用知识产权保护手段谋取最佳经济效益的策略与手段。参见冯晓青:《企业知识产权战略》,知识产权出版社2001年版,第40页。

指出："实施国家知识产权发展战略，是要通过加快推进知识产权事业的发展来促进国家总体目标的实现。"[24]2008 年 6 月 5 日，国务院发布《国家知识产权战略纲要》，以立法的形式正式确立了我国的国家知识产权战略。而 2015 年 12 月 18 日发布的国务院《关于新形势下加快知识产权强国建设的若干意见》则可以被看作我国国家知识产权战略的进一步发展与更新。

围绕知识产权战略（包括国家知识产权战略）的定义、内涵及特征，有许多不同的理论见解，例如：

徐明华教授认为，所谓知识产权战略，就是以知识产权制度为基础，健全和完善知识管理体系，激励知识产权创造、知识产权保护和知识产权的转化与应用，提高知识创新能力和国际竞争力，推动经济社会持续发展的行动方案及相关政策措施。[25]

陈美章教授认为，所谓知识产权战略，意为有效地运用知识产权保护制度，为充分维护自身的合法权益，获得和保持竞争优势并遏制竞争对手，谋求最佳的经济利益而进行的全局性谋划和采取的重要策略和手段。[26]

吴汉东教授认为，知识产权战略，是知识产权制度作为政府公共政策工具的具体体现，知识产权制度的战略化，即是主体通过规划、执行、评估等战略举措，谋求战略目标实现而采取的全局性、整体性的谋略和行动安排。由此可见，知识产权战略是一个具有活性的动态系统，它包括战略规划、战略执行、战略评估；同时它也是一个服务特定战略目标，发挥知识产权制度正效应的公共政策体系。[27]

张勤教授、朱雪忠教授认为，知识产权战略是战略主体为实现自身总体目标、取得竞争优势、谋求最佳绩效，通过规划、执行和评估一系列战略措施以推进与己相关的知识产权工作，发挥知识产权管理、创造、保护和

---

[24] 参见张志成：《知识产权战略研究》，科学出版社 2010 年版，第 12 页。
[25] 参见徐明华：《关于知识产权战略与国际竞争力的理论探讨》，载《中国软科学》2003 年第 8 期。
[26] 参见陈美章：《对我国知识产权战略的思考》，载《知识产权》2004 年第 1 期。
[27] 参见吴汉东主编：《科学发展与知识产权战略实施》，北京大学出版社 2012 年版，第 19 页。

运用中的正效应，遏制其负效应的总体性、根本性和规律性的策略和手段。[28] 按照战略主体层次的不同，知识产权战略可以划分为国家知识产权战略、区域知识产权战略、行业知识产权战略和企事业单位（主要是企业）知识产权战略。其中，国家知识产权战略是指以知识产权作为富民强国的战略资源，建立有利于知识产权创造、保护和利用的法制环境、市场机制、知识产权服务和人才培养体系，谋求社会经济良性发展、增强国家竞争力的总体性国家策略。[29]

冯晓青教授认为，知识产权战略是在建立有效的知识产权保护制度的基础之上，"从宏观性、全局性和战略性出发，将知识产权保护作为实现国家政策的重要工具和手段"，纳入经济社会科技总体发展战略当中。[30]

国家知识产权局原局长王景川先生认为："实施知识产权战略，是指通过加快建设和不断提高知识产权的创造、管理、实施和保护能力，加快建设和不断完善现代知识产权制度，造就宏大的知识产权人才队伍，以促进经济社会发展目标实现的总体谋划。"他还概括了我国知识产权战略的主要内容："围绕全面建设小康社会的宏伟目标，全力提高知识产权管理水平，努力营造更好的知识产权法制环境，更加有效地运用国际、国内两种知识产权资源，大幅提升自主知识产权的数量质量，加速自主知识产权成果向现实生产力转化，建设宏大的知识产权人才队伍和工作队伍，大力促进知识产权信息的传播，普及知识产权观念和意识，营造尊重和保护知识产权的社会氛围，促进国际知识产权制度的健康发展，为把我国建设成为知识产权强国而努力奋斗。"[31]

虽然现行法律法规并未对"国家知识产权战略"作出明确定义，学者们的阐释也各有不同，但关于国家知识产权战略的实质与内涵，无论是理论界或是实务界，在以下几个层面是高度一致的：

㉘ 参见张勤、朱雪忠主编：《知识产权制度战略化问题研究》，北京大学出版社 2010 年版，第 28 ~ 29 页。

㉙ 同上书，第 36 页。

㉚ 参见冯晓青：《美、日、韩这是长期战略之探讨》，载《黑龙江社会科学》2007 年第 6 期。

㉛ 参见张志成：《知识产权战略研究》，科学出版社 2010 年版，第 12 页。

首先,知识产权战略服务于我国经济社会发展的全局和总目标。根据战略学的通说,“战略是为达到重大或全局目标而设计的行动计划或政策”,[32]知识产权战略也不例外。《国家知识产权战略纲要》开宗明义地指出:“为提升我国知识产权创造、运用、保护和管理能力,建设创新型国家,实现全面建设小康社会目标,制定本纲要。”由此可见,我国制定和实施知识产权战略的总目标是建设创新型国家、全面建设小康社会,而具体目标(或称战略任务)则是提升知识产权创造、运用、保护和管理能力。

其次,知识产权战略的基本手段是包括知识产权政策在内的一系列公共政策。恰如吴汉东教授所言,知识产权战略是推行知识产权政策的基本纲领。这种战略应是一国处理知识产权事务的基本出发点,是促进知识产权事业健康发展的思想灵魂。知识产权战略是关于知识产权问题的整体性谋略和全局性安排,它是关于战略目标、战略任务、战略措施的政策制度体系。[33] 但与此同时,知识产权战略又绝不仅限于知识产权政策,而是涵盖了文化教育政策、产业经济政策、科学技术政策、对外贸易政策等一系列公共政策,甚至知识产权政策的实施也有赖于其他公共政策的衔接与配合。就此问题,《国家知识产权战略纲要》明确提出:“强化知识产权在经济、文化和社会政策中的导向作用。加强产业政策、区域政策、科技政策、贸易政策与知识产权政策的衔接。”可谓是精辟地论述了知识产权战略所涵盖的公共政策体系及其相互间的关系。

最后,知识产权战略的基本特征是主动性和竞争性,并且通过主动性和竞争性的战略来获得和保持竞争优势并遏制竞争对手。战略是在对抗或者竞争过程中形成的一种谋划,具有对抗性或者竞争性。[34]《国家知识产权战略纲要》深刻论述道:“当今世界,随着知识经济和经济全球化深入发展,知识产权日益成为国家发展的战略性资源和国际竞争力的核心要素,成为建设创新型国家的重要支撑和掌握发展主动权的关键。国际社会更加重视知识产权,更加重视鼓励创新。发达国家以创新为主要动力推动经济发展,充分利用知识产权制度维护其竞争优势;发展中国家积极

---

[32] 参见张志成:《知识产权战略研究》,科学出版社 2010 年版,第 10 页。

[33] 参见吴汉东主编:《科学发展与知识产权战略实施》,北京大学出版社 2012 年版,第 19 页。

[34] 参见张志成:《知识产权战略研究》,科学出版社 2010 年版,第 11 页。

采取适应国情的知识产权政策措施，促进自身发展。”“实施国家知识产权战略，大力提升知识产权创造、运用、保护和管理能力……有利于增强我国企业市场竞争力和提高国家核心竞争力。”

总而言之，知识产权评议在国家知识产权战略中的功能定位，必须与经济社会发展的全局和趋势联系起来，必须与包括科技政策、产业政策、对外贸易政策在内的一系列公共政策结合起来，从根本上说，就是要着眼于如何通过主动的制度设计与政策手段，为国家和企业在国际竞争中赢得优势，同时发挥知识产权对于经济社会发展的促进作用，保障和推动经济社会发展战略目标的实现。

2. 知识产权评议在国家知识产权战略四方面战略任务中的地位与作用

如前所述，国家知识产权战略主要由四个方面构成，即知识产权创造战略、运用战略、保护战略和管理战略（也可称为国家知识产权战略中四个方面的战略任务）。具体来说，知识产权创造战略主要是激励自主创新，提高企业自主创新能力和国家核心竞争力，推动更多具有向主知识产权的科技成果、文化产品和品牌的生成；知识产权运用战略包括促进成果转化、知识产权转让、知识产权融资等内容，倡导知识成果的产业化，鼓励产学研一体化发展；知识产权保护战略主要是通过立法保护、行政保护、司法保护、行政和司法联动保护以及国际保护等方式，打击知识产权侵权行为，强化知识产权保护；知识产权管理战略涵盖知识产权行政管理、社会团体及协会等第三部门管理、企业管理等层面，强调将全社会的知识产权资源进行规划、整合、运营和组织，提高知识产权资源的利用效率。㉟

在国家知识产权战略的四个方面战略任务中，知识产权评议都具有重要的地位，都应当而且能够发挥重要的作用：

首先，在知识产权创造战略中，通过知识产权评议，可以评估某一技术领域研究开发的总体态势、关键技术和技术发展路线，预测可能的技术创新点和突破口，从而帮助企业发现创新机会、制定创新政策和知识产权

㉟ 参见马一德：《创新驱动发展与知识产权战略研究》，北京大学出版社 2015 年版，第 37～38 页。

战略,促进知识产权的创造;[36]同时,在产业发展层面,也可以为国家、区域和产业组织制定有利于知识产权创造的创新战略和产业技术政策提供支撑。[37]

其次,在知识产权运用战略中,知识产权评议可以检索科技成果和知识产权的法律状态,评估其在技术和商业层面上的价值,从而既可以为企业、研究机构和政府部门的投资、技术研发和产业化活动提供决策依据,也可以为知识产权转让和科技成果转化提供技术支持和中介服务。

再次,在知识产权保护战略中,知识产权评议在知识产权司法保护、产业预警和涉外经济活动的知识产权风险控制等方面都有着十分重要而广泛的运用:在知识产权侵权案件中,知识产权评议(主要是知识产权价值评估)是评估侵权损害、进而确定损害赔偿的重要方法;而通过在重点产业、重点技术领域和重大经济科技活动中实施知识产权评议,可以帮助我国企业、研究机构和政府部门准确把握相关领域的知识产权状况,建立知识产权预警机制,及时准确地打击知识产权侵权行为,有效保护己方知识产权;在涉外经济活动中,通过在外资并购、合作研发、技术交易等涉外经济活动中开展知识产权评议,全面深入地分析各项涉外经济活动所涉及的知识产权问题,可以控制和降低涉外经济活动中的知识产权风险,避免涉外经济活动导致的自主知识产权流失。

最后,在知识产权管理战略中,知识产权评议在企业管理和公共管理这两个层面都能发挥重要作用:一方面,在微观层面上,知识产权评议是创新主体(包括企业、高校和科研机构)管理其知识产权的重要工具,可以帮助创新主体加强对于知识产权的评估、管理和保护,提升创新能力,优化知识产权和科技成果的利用和运营状况;另一方面,在宏观层面上,知识产权评议也可以为评价某一个国家、地区或产业的创新能力和研发产

---

[36] Bernd Fabry, Holger Ernst, Jens Langholz, Martin Ko. Ster, "Patent Portfolio Analysis as a Useful Tool for Identifying R&D and Business Opportunities-an Empirical Application in the Nutrition and Health Industry", *World Patent Information*, 2006, 28(03): pp. 215 – 225.

[37] Godin R, "Research and the Practice of Publication in Industries", *Research Policy*, 1996(25): pp. 587 – 606.

出能力提供关键性指标，能够反映某一个国家、地区或产业在创新能力、研发产出能力和创新系统等方面的特征与比较优势，从而为进一步完善国家、地区或产业的创新系统、提高创新能力提供指引。[38]

3. 知识产权评议在知识产权政策中的地位与作用

如果说知识产权战略是一国处理知识产权事务的基本出发点，是关于知识产权问题的整体性谋略和全局性安排，是推行知识产权政策的基本纲领，那么，知识产权政策则是国家为实现社会发展目标而制定的知识产权行动准则。知识产权政策表现了国家在一定历史时期对待知识产权事务的基本态度，通过制定法律、法规，提供实施条件与手段，建立相应政策体系等政策活动，以实现有关社会发展的总政策目标。具体而言，知识产权政策，即是指政府以国家的名义，通过制度配置和政策安排对于知识资源的创造、归属、利用以及管理等进行指导和规制。[39]

而知识产权评议则是知识产权政策系统的有机组成部分，也是知识产权政策运行过程中不可或缺的重要环节。这是因为，从公共政策学的观点来看，政策过程主要包括确定问题、设置议程、政策形成、政策合法化、政策执行和政策评估等若干阶段。[40] 而事实上，在知识产权政策过程的各个阶段，知识产权评议都发挥着重要的乃至不可或缺的作用：

首先，知识产权评议可以发现重大经济科技活动中的知识产权风险，评估其重要性和紧迫性并决定是否将其纳入优先解决的事项，从而在“确定问题”和“设置议程”等方面发挥重要作用。

其次，知识产权评议可以针对某种知识产权问题或知识产权风险提出应对性的解决方法和政策方案，并综合运用知识产权政策、产业政策、科技政策、国际贸易和国际投资政策等公共政策来予以实现和保障，对于

㊳ Griliches Z, "Patent Statistics as Economic Indicators: A Survey", *Journal of Economic Literature*, 1990, 28(4): pp. 1661 - 1707.

㊴ 参见吴汉东主编：《科学发展与知识产权战略实施》，北京大学出版社 2012 年版，第 19 ~ 20 页。

㊵ 参见[美]托马斯·戴伊：《理解公共政策》，彭勃等译，华夏出版社 2004 年版，第 28 页。

一些重要的和长期性的政策方案，还应当上升到法律制度的层面。[41] 可见，知识产权评议在知识产权政策的“政策形成”和“政策合法化”等阶段也发挥着重要作用。

最后，知识产权评议还可以对知识产权政策的实施效果进行动态评价，并据此进行后续的政策调整、决定政策终止或出台新的政策。

综上所述，知识产权评议既是贯穿知识产权创造、运用、保护和管理四方面战略任务的重要政策工具，是完成国家知识产权战略中各项战略任务的必要保障，同时，也是知识产权政策系统的有机组成部分，是知识产权政策运行过程中不可或缺的重要环节；相应的，建立健全知识产权评议的体制机制、有效实施和强化知识产权评议，应当是国家知识产权战略的题中之意和重要内容，是实施和推进国家知识产权战略的战略性举措和政策保障。

（二）知识产权评议在公共政策体系中的功能定位

从理论上讲，无论是就促进经济增长和社会发展这个总目标，还是国家知识产权战略所确立的战略目标而言，都不是由知识产权政策独立承担的，而是通过一个公共政策体系来共同实现的。同时，知识产权政策的某些规范，在其他公共政策中也有所体现，知识产权政策的实施也有赖于其他公共政策予以配合。[42]《国家知识产权战略纲要》明确指出：“强化知识产权在经济、文化和社会政策中的导向作用。加强产业政策、区域政策、科技政策、贸易政策与知识产权政策的衔接。”可谓是精辟地论述了知识产权战略与相关公共政策的密切联系。因此，下文将分别就知识产权评议在产业政策、科技政策、外资外贸政策中的作用展开论述。

1. 知识产权评议在产业政策中的作用

产业政策是政府为了实现一定的经济和社会目标而对产业的形成和

---

[41] 诚如学者所言，知识产权制度实际上也是一项知识产权政策。因为从国家层面而言，知识产权制度是一个社会政策的工具，是否保护知识产权，对哪些知识赋予知识产权，以何种水平保护知识产权，是一个国家根据现实发展状况和未来发展需要而作出的公共政策选择和安排。参见吴汉东主编：《科学发展与知识产权战略实施》，北京大学出版社2012年版，第20页。

[42] 参见吴汉东主编：《科学发展与知识产权战略实施》，北京大学出版社2012年版，第21页。

发展进行干预的各种政策的总和。通常认为，产业政策由产业结构政策、产业组织政策、产业技术政策和产业布局政策四部分构成。[43]

基于产业政策的内涵与理论逻辑，其必然与知识产权政策在多个方面、多个领域存在交叉与衔接，包括产业结构调整、战略性新兴产业的确定、区域产业布局、产业技术政策的制定修订等。[44] 也正因如此，知识产权评议在产业政策中发挥着重要的作用：

首先，知识产权评议为产业结构政策的制定与调整提供技术指引，并为政策绩效评估提供关键指标。一个国家或地区产业结构的布局与调整，是政治、经济、社会等多方面因素综合考量的结果，而技术因素和知识产权因素亦在其中占据着重要地位。在重点扶持产业确定以前，通过事前的知识产权评议，可以准确了解该产业的知识产权状况，评估本国或本地区在该产业的创新能力与比较优势，发现现实和潜在的知识产权风险，预测产业发展的知识产权前景；而在重点扶持产业和扶持政策确定以后，就需要对该产业的技术创新和知识产权发展态势进行监测与分析，对产业政策的绩效进行动态评估，并且适时进行政策修订、决定政策退出或出台新的政策。

例如，2010 年 10 月，国务院发布《关于加快培育和发展战略性新兴产

---

[43] 具体来说，产业结构政策是指政府依据本国的产业结构演化趋势，为推进产业结构优化升级而制定的产业政策。产业结构政策针对产业间的资源配置结构优化与调控问题，其实质在于从推动产业结构的合理演进中求得经济增长和资源配置效率的改善。产业结构政策可以划分为主导产业选择和支持政策、弱小产业扶植政策和衰退产业调整政策；产业组织政策是指政府为了获得理想的市场绩效而制定的干预产业的市场结构和市场行为的政策。产业组织政策针对产业内的资源配置结构优化与调控问题，其实质是政府通过协调产业组织中规模经济与竞争活力之间的矛盾（所谓的“马歇尔冲突”），以建立正常的市场秩序，提高市场绩效。产业组织政策主要包括竞争（反垄断）政策、直接规制政策和中小企业政策；产业技术政策是政府制定的促进产业技术进步的政策，是政府对产业的技术进步、技术结构选择和技术开发进行的预测、决策、规划、协调、推动、监督和服务等方面的综合体现。其主要内容包括产业技术发展的目标、主攻方向、重点领域、实现目标的策略和措施；产业布局政策是指政府为实现产业空间分布和组合合理化而制定的政策。产业布局政策一般有经济发展、社会稳定、生态平衡和国家安全等方面的目标。产业布局政策主要包括区域产业扶持政策、区域产业调整政策和区域产业保护政策等内容。参见王先林：《产业政策法初论》，载《中国法学》2003 年第 3 期。

[44] 例如，有的学者指出，知识产权政策与产业政策的衔接在以下两个方面表现得十分突出：一是重点扶持知识产权贡献度高的高新技术产业和文化创意产业，促进产业结构由“中国制造”向“中国创造”转化；二是大力促进自主创新成果产业化，推动自主知识产权的运用。参见吴汉东主编：《科学发展与知识产权战略实施》，北京大学出版社 2012 年版，第 311 页。

业的决定》,提出重点培育和发展节能环保、新一代信息技术、生物、高端装备制造、新能源、新材料、新能源汽车等产业。而通过知识产权分析评议,发现我国战略性新兴产业专利授权量增长较快,大多数领域与国外申请人相比有数量优势,但是,在这些领域,相对优势主要体现在数量上,今后还需要在以核心专利为代表的专利质量上下工夫。而在新能源汽车等领域,我国在技术研发和专利布局上还需要全面谋划并及时赶上(新能源汽车领域国内申请人的专利授权量连续数年低于国外申请人);同时,专利授权数据反映出我国战略性新兴产业区域分布上的极大不均衡,这带来了产业长远发展的结构性风险,需要从国家层面积极引导,合理规划产业综合布局。[45]

其次,知识产权评议是确定产业技术政策和技术发展路线的重要指针,是实现技术发展"后发优势"和"弯道超车"的重要方法。通过知识产权评议,可以评估某一技术领域研究开发的总体态势、关键技术和技术发展路线,预测可能的技术创新点和突破口,从而为国家、区域和产业组织制定产业技术政策和创新战略,以及进一步厘清技术发展路线提供支撑。[46]

例如,国家知识产权局课题组针对新能源汽车进行知识产权评议,将新能源汽车的关键技术分解为储能装置安全、车身造型设计、锂离子混合超级电容和制动能量回收等四项,并就我国新能源汽车产业如何提升各项关键技术提出建议。[47] 其中,对于储能装置安全技术,课题组提出了"通过专利影响新能源汽车碰撞安全标准的制定""加强产学研合作""加强自身专利布局"三个方面的建议。[48]

最后,知识产权评议是防范和化解重大投资项目知识产权风险的主要方法,是维护产业安全和优化产业布局的关键环节。重大投资项目是产业政策的具体化和落实,尤其在我国,政府投资的重大项目往往具有促

㊺ 参见张勇:《专利预警——从管控风险到决胜创新》,知识产权出版社 2015 年版,第 76 ~ 80 页。

㊻ Godin R, "Research and the Practice of Publication in Industries", *Research Policy*, 1996(25): pp. 587 - 606.

㊼ 参见杨铁军主编:《产业专利分析报告——新能源汽车》,知识产权出版社 2015 年版,第 3 ~ 4 页。

㊽ 同上书,第 3 ~ 4 页。

进区域经济发展、优化产业结构、满足社会需求的作用，承载着重要的产业政策功能。因此，通过对区域内重大投资项目、招商引资项目、产业发展规划等重大经济活动进行知识产权评议，可以及时发现其中的知识产权风险并提前做好防范和化解工作（包括开展储备性、应对性的知识产权管理和运营）。而从整体上看，这对于维护产业安全，优化区域产业发展规划和产业布局，均具有深远的意义。

例如，国家知识产权局从2013年开始实施“专利导航试点工程”，运用专利制度提升产业创新驱动发展能力，加快调整产业结构，提高产业整体素质和竞争力。截至目前，已确定17个“专利导航产业发展实验区”。专利导航产业发展实验区是试点工程的重要载体，凝聚了试点工程的各类项目，包括面向产业的专利分析、产业规划优化，面向企业的微观导航项目、产业知识产权联盟建设以及专利储备运营体系建设等。实验区建设以园区、依托载体的特色产业或战略性新兴产业领域为对象，以专利分析为手段，用专利分析的结果导航产业的发展规划，形成园区产业的创新发展战略。例如，作为首批国家专利导航产业发展实验区，苏州工业园区不断深化纳米技术应用领域的专利导航工作，同时，通过实施IPmart工程（专利超市），利用园区产业资源积聚优势，开展微机电系统、氮化钾等领域的专利储备和运营工作。[49]

2. 知识产权评议在科技政策中的作用

科技政策，是政府为了促进科学技术的发展，并利用科学技术为实现国家的目标而采取的政策。[50] 从学理上讲，科技政策不仅包括“发展科学技术的政策”（policy for science），即为促进科技研究提供合适的环境；也包含“利用科学技术的政策”（policy through science），即利用科学发现、发明和创新为实现社会、经济、政治目标服务。[51] 简言之，前者主要着眼于促进科技进步，而后者则重在促进科技成果转化。

作为科技创新的核心与关键，知识产权与科技政策有着天然的联系，

---

[49] 参见吴珂：《四年来，专利导航是如何引导和支撑我国产业发展的?》，载国家知识产权局官方微信：http://mp.weixin.qq.com/s/GScYz-i9peyqPZ2RSH50eQ，最后访问日期：2017年12月19日。

[50] 参见刘立：《科技政策学研究》，北京大学出版社2011年版，第26页。

[51] 同上书，第25页。

而知识产权评议则恰恰是连接和协调二者关系的重要桥梁和纽带：

首先，知识产权评议是制定科技发展规划的重要依据，也是评估规划实施绩效的重要方法。制定科学技术发展规划和计划是国家促进科技进步的重要方式，例如，《科学技术发展规划纲要》确定了我国在 2006～2020 年重点发展的高新技术，包括：生物技术、信息技术、新材料技术、先进制造技术、先进能源技术、海洋技术、激光技术和空天技术。在科技发展规划的制定过程中，通过知识产权评议，可以分析关键技术和关键技术领域，确定技术发展路线，防范和规避重大知识产权风险；而在规划制定后的实施过程中，通过知识产权评议，则可以评估相关技术领域的发展状况和政策绩效，并为后续政策修订提供参考。

其次，知识产权评议是促进科技成果转化的中介和助推器。通过在技术市场、科技中介、知识产权信息服务机构等中间层主体大力推广和运用知识产权评议，可以实现科技成果供需双方的信息互通，促进科技研发与产业需求的精准对接，提高科技成果价值评估的准确度，从而提升科技成果转化中介服务的质量，营造有利于科技成果转化的市场环境。

再次，知识产权评议是加强科技项目和科技成果管理的核心装置。在我国科技创新能力迅猛发展、科技经费不断攀升的背景之下，完善和加强对于国家财政性资金资助的科技项目（尤其是重大科技项目）以及科技项目所形成的科技成果的管理势在必行，而其核心，正是建立健全知识产权评议的体制机制。在科技项目立项环节，通过知识产权评议，可以及时发现和防范科技项目的知识产权风险，避免因知识产权问题而导致重大经济损失和重大科技项目的重复研究；而在项目实施过程中，通过建立健全知识产权评议机制，可以实现项目管理部门和项目承担者对科技成果的全过程管理，规范科技成果的创造、运用、保护和流转过程。

最后，知识产权评议是强化科技创新中知识产权导向和知识产权全过程管理的有效途径。通过在企业、高校和科研机构等创新主体中推广和运用知识产权评议，实质是帮助各类创新主体建立起科学完善的知识产权管理体制，从而提升创新主体创造、运用、保护和管理知识产权的能力，进而促进自主科技创新和科技成果转化。

3. 知识产权评议在国际贸易政策和国际投资政策中的作用

从学理上说，国际贸易政策与国际投资政策原本是两类不同的公共政策：国际贸易政策，是一国政府在其发展战略总目标的指导下，运用经济、法律和行政手段对外贸活动进行有组织的协调和管理行为。制定对外贸易政策通常是为了达到以下目的：一是保护国内市场，发展民族工业；二是扩大产品出口，占领国际市场和积累资金，缩小和弥补经济发展过程中的资金缺口；三是促进产业结构调整，增强产业竞争力；四是服务于本国对外政治经济政策。[52] 而国际投资政策，则是指一国政府基于对本国经济发展有利的考虑，对参与国际投资活动的私人企业（包括对外投资和外来投资两个方面）的投资行为出台并实施的具有指导性意义的一系列规范性文件的总和。政府通过制定并实施相应的国际投资政策，促使国际投资活动朝着更有利于本国经济增长目标的方向发展。[53] 根据投资国别不同，国际投资政策可以划分为投资国海外投资政策和东道国引进外资政策。[54]

然而，近年来，在经济全球化的浪潮中，国际贸易与国际投资日渐相互融合，“贸易投资一体化”的态势已经形成——国际直接投资和国际贸易的主体具有同一性，即都由跨国公司主导，都是跨国公司经营活动的内容。更重要的是，国际直接投资和国际贸易密切相关，相互融合：一方面，投资能替代贸易。企业原本需要通过贸易向国外出口商品，现可通过到国外直接投资生产产品在东道国销售来实现，或反之。另一方面，投资与贸易也能相互促进。具体包括两个方面，一是投资带动出口。跨国公司对东道国的投资，有许多是为了利用东道国的资源禀赋，如廉价劳动力等，生产产品再出口到国外，这就带动了东道国的出口。二是投资引致进口。国际直接投资所需的资本品、技术以及生产所需的原材料，如东道国不能提供，则需通过进口才能满足，从而引发进口需求。[55]

---

[52] 参见王蒙燕、赵培华、李冰主编：《国际贸易政策与规划》，西安交通大学出版社 2014 年版，第 110 页。

[53] 参见阎敏主编：《国际投资学》，武汉大学出版社 2010 年版，第 248 页。

[54] 同上书，第 250 页。

[55] 参见章江益、张二震：《贸易投资一体化条件下贸易利益分配问题新探——兼论我国外资企业进出口贸易利益》，载《世界经济研究》2003 年第 9 期。

在贸易投资一体化的条件下，国际贸易政策与国际投资政策也越来越紧密地相互联系和渗透，并且需要综合运用、交叉使用：一方面，在当今时代，一国贸易政策的重点应由单纯依靠贸易保护以发挥自身比较优势，向鼓励要素流入以弥补比较劣势、创造竞争优势转变。[56] 尤其是对于发展中国家而言，其经济发展的瓶颈在于资本和技术的缺乏，而资本积累和技术研发都需要时间和高昂的费用，因此，吸引国际投资便成为有效和高明之举。另一方面，虽然从理论上讲，跨国公司的直接投资最有利于弥补相对落后国家的资金和技术缺口，为此，东道国自应积极完善投资政策，吸引跨国公司前来投资，但是在某些情况下，跨国公司出于全球经营战略或产品成本效益的考虑，会选择向东道国出口产品，而非直接投资。此时，东道国就需要运用贸易政策，设置贸易障碍，限制商品进口，从而迫使跨国公司前来投资。[57] 当然，也正是考虑到国际贸易政策与国际投资政策水乳交融的关系，本书将二者结合起来，进行一体化的研究。

在当前及今后一个时期，基于创新驱动发展战略和产业结构调整升级的明确导向，知识产权在我国国际贸易和国际投资中的核心地位日渐彰显，知识产权竞争与风险与日俱增，为此，我国外贸政策与外资政策都必将更多地涵盖与应对知识产权问题。而知识产权评议则在其中发挥着至关重要的作用：

首先，知识产权评议是我国政府制定外商投资准入政策、审查跨国并购的重要依据。外国直接投资对东道国的影响具有双重性：一方面，在经济全球化条件下，引进国外资本和生产要素可以帮助东道国发展新产业（如高新技术产业），壮大已有产业的生产规模，提高东道国的国际分工地

---

[56] 传统贸易保护政策的实质是奖出限入，强调通过鼓励商品出口获得更多的贸易利益，通过限制外国商品进口给国内的进口竞争产业提供更多的国内市场机会。其隐含的假设是在要素流动有限的情况下，一国在某个产业方面的比较优势只能通过本国的努力来创造，当外来商品威胁到这种努力时，就要对进口商品采取限制措施。但是，由于全球化竞争的加剧，加上知识经济时代产业升级、比较优势转移非常迅速，一个国家特别是发展中国家想继续依靠贸易保护来发挥静态比较优势已很困难，故而，一国贸易政策的重点应由依靠贸易保护以发挥比较优势，向鼓励要素流入以弥补比较劣势、创造竞争优势转变。参见马野青：《贸易投资一体化条件下贸易保护问题新探》，载《南京大学学报》（哲学·人文科学·社会科学）2003 年第 2 期。

[57] 参见马野青：《贸易投资一体化条件下贸易保护问题新探》，载《南京大学学报》（哲学·人文科学·社会科学）2003 年第 2 期。

位;另一方面,外国直接投资又不可避免地对与之存在竞争关系的东道国厂商产生冲击。为了减轻或避免外国直接投资对东道国经济的损害,有必要通过积极的产业政策引导外资的投向,鼓励外资投向东道国的薄弱产业、资本短缺地区。对关系国家经济、政治、社会安全的一些产业也要实施进入限制。[58] 因此,我国政府制定和实施外资准入政策的关键,在于平衡两种不同的价值取向:既要利用外商直接投资的"溢出效应",通过外资企业关键技术和研发能力等的扩散,促进我国产业结构优化升级和技术创新;又要防止外资企业垄断和控制核心技术,遏制和打击我国企业的技术创新,甚至威胁我国产业安全和产业发展。而要实现这一政策平衡,关键在于合理运用知识产权评议,及时分析和掌握相关产业的技术创新状况、关键技术和知识产权布局状况,准确判断相关技术和知识产权与国家经济安全、国防安全、社会安全等的关系,并据此对外商投资的行业准入政策(包括《指导外商投资方向规定》和《外商投资产业指导目录》等)进行动态调整。[59]

而作为外商直接投资的重要途径,跨国并购常常直接或间接地导致知识产权风险——跨国公司通过并购国内企业或者与国内企业设立合作研发机构,获取国内企业的核心技术和知名品牌;在跨国并购中,有些国内企业的专利、商标、商业秘密等被低估、作价不实或根本不做评估,导致无形资产大量流失;有些重要知识产权对外转让甚至可能危及国家安全,损害国家利益。而通过实施知识产权评议(知识产权审查),全面深入地分析跨国并购所涉及的知识产权问题,有利于我国政府和企业准确评估知识产权价值、把握相关技术领域的知识产权状况,在跨国并购中制定合理的策略与技术路线,防止核心知识产权流失,避免国家安全、国家利益受到损害。

其次,知识产权评议是技术进出口管制的有效措施。随着当代科学

---

[58] 参见马野青:《贸易投资一体化条件下贸易保护问题新探》,载《南京大学学报》(哲学·人文科学·社会科学)2003年第2期。

[59] 为了指导外商投资方向,使之与国民经济和社会发展规划相适应,我国于2002年颁布《指导外商投资方向规定》,将外商投资项目分为鼓励、允许、限制和禁止四类。其中,鼓励类、限制类和禁止类的外商投资项目列入《外商投资产业指导目录》。不属于鼓励类、限制类和禁止类的外商投资项目,即为允许类外商投资项目(允许类外商投资项目不列入《外商投资产业指导目录》)。

技术的迅猛发展，技术贸易在国际贸易中的比重日益扩大，各国不约而同地加强了对于技术贸易的管制——具体来说，技术引进管制，主要是保证技术引进与本国发展目标相一致，防止技术提供方施加各种不合理的限制；而技术出口管制则具有双重目标，既要把技术出口作为拓宽和占领世界市场的重要手段，通过适当输出技术，营造国际市场，扩大本国高技术产品的市场占有率；又要严格控制关键技术、核心技术以及具有竞争力的高新技术流向其他国家。[60] 为了适应国际贸易的发展趋势，更好地发挥技术贸易的作用，加强技术贸易与产业政策、科技政策的协调，维护和促进我国的国家安全、技术创新能力与产业发展利益，在当前和今后一个时期，我国必须进一步优化和完善技术进出口管制措施。而知识产权评议则在技术进出口管制措施中处于核心地位。

在技术引进管制方面，通过知识产权评议，可以定期评估和调整优化我国禁止进口限制进口技术的范围与种类（主要是《中国禁止进口限制进口技术目录》），限制和禁止在国内已经成熟甚至落后的技术进口，避免重复引进和盲目引进，以保护和鼓励国内相关产业发展和科技创新；与此同时，还要通过知识产权评议，跟踪国际科技创新和产业发展的最前沿，选准产业发展和技术创新的关键技术、国内外尚有明显差距的关键技术，鼓励此类技术引进和消化吸收，以带动国内战略性新兴产业和关键技术研发的快速发展。

在技术出口管制方面，一是可以通过知识产权评议，定期评估和调整更新我国禁止出口限制出口技术的范围与种类（主要是《中国禁止出口限制出口技术目录》），禁止与国防安全相关的技术出口，限制国内产业发展的关键技术和核心技术出口；二是应当在技术出口活动中建立知识产权审查机制。对于限制出口类技术的出口，应当实行事前的知识产权审查制度，即由专门机构审查其中所涉及的知识产权问题（包括权利的合法性有效性、是否为相关技术领域的核心专利、是否为禁止出口类技术或与之存在紧密关联等），经知识产权审查无异议，中外双方才能签订技术出口合同。

---

[60] 参见詹宏海：《知识产权贸易》，上海大学出版社2009年版，第122页。

最后，知识产权评议是与贸易有关的知识产权保护的基础性条件。所谓“与对外贸易有关的知识产权保护”，是指针对在货物贸易、技术贸易和服务贸易中侵犯知识产权或者滥用知识产权，或者对知识产权保护给予歧视性待遇等损害我国对外贸易利益的行为，采取符合世界贸易组织规则的贸易保护措施。[61] 目前，我国作为世界上最大的发展中国家和贸易大国，既面临着一些国家打着“保护本国知识产权”的旗号，将知识产权保护作为贸易壁垒，从而影响和遏制我国出口贸易的问题；[62]同时又必须应对一些国家在对我国的出口贸易中（我国的进口贸易中）存在知识产权侵权或知识产权滥用，以及在其国内对我国知识产权未给予充分有效保护或实施歧视性待遇的问题。为此，我国对外贸易中的知识产权保护，必须涵盖“知识产权贸易壁垒的应对”、“知识产权不公平贸易调查”和“知识产权域外保护”等多个方面，而知识产权评议则同时在上述各个方面发挥着重要作用：

第一，我国应对知识产权贸易壁垒的主要措施，是建立对外贸易的知识产权预警和应急机制——所谓知识产权预警机制，就是通过对有关知识产权信息情报的检索和分析，整合相关政府机构、企业、中介机构的资源，及时掌握世界上有关行业知识产权发展状况，跟踪了解国际范围知识产权政策或者制度的变化等信息，防止知识产权纠纷的发生；知识产权应急机制则是指在发生知识产权冲突和纠纷时，根据事先制定的应急预案，采取恰当措施加以应对。[63] 而知识产权预警和应急机制的核心，均在于对知识产权信息（包括技术信息、法律信息和政策信息等）的收集、整理、分析与运用，即知识产权评议机制的建立与运行。

第二，知识产权不公平贸易调查的重点，是进口货物侵犯我国知识产权的情况。在知识产权侵权调查中，需要进行知识产权比对和专利分析，

---

[61] 参见施延亮、龚建荣主编：《涉外经济法概论》，华东理工大学出版社 2008 年版，第 212 页。

[62] 例如，为了抑制我国不断发展的出口贸易，美国频繁发起“337 调查”，阻碍中国产品出口美国。“337”调查对中国出口贸易造成的影响已经超越反倾销、反补贴和保障措施，成为使用频率最高的知识产权贸易壁垒手段。参见王敏等：《知识产权贸易壁垒特征与中国的防范对策——以 337 调查为例》，载《江苏社会科学》2016 年第 1 期。

[63] 参见吴汉东主编：《科学发展与知识产权战略实施》，北京大学出版社 2012 年版，第 315 ~ 316 页。

有时可能还需要为确定知识产权侵权所造成的损失而进行价值评估，而专利分析和知识产权价值评估正是知识产权评议的基本方法；除了进口货物侵犯知识产权的情形之外，知识产权不公平贸易调查还关注知识产权滥用行为。在当前我国的国际贸易中，可能构成知识产权滥用的行为主要有知识产权许可中的限制性行为、专利联盟限制竞争、滥用技术标准、滥用知识产权诉权等。[64] 对于以上这些行为是否构成“滥用”知识产权，需要根据具体情况来分析其是否构成《反垄断法》所禁止的垄断行为。[65] 进一步而言，分析这些行为是否具有排除限制竞争的影响，应综合考虑“经营者与交易相对人的市场地位”“相关市场的竞争状况，进入或者退出相关市场的难易程度，产业技术经济特征与产业发展阶段”“限制的目的、施加方式及其对促进创新和技术推广的影响”“经营者的创新能力和技术变化的速度”等多种因素。[66] 而知识产权评议则可以为上述各种因素的判断与分析提供重要的分析工具与信息支撑，从而对“滥用知识产权行为”的定性产生实质性影响。

第三，知识产权域外保护需要以其他国家和地区保护知识产权的法律、政策与实际做法为基本依据和出发点。为此，我国应建立常态化的信息收集机制和动态更新的资料库，并通过政策分析，来评价这些国家和地区的法律、政策与实际做法是否为我国知识产权提供了充分有效的保护，是否存在歧视性待遇等问题。而这些都是知识产权评议（政策分析）的题中之义。

综上所述，笔者认为，知识产权评议在国家公共政策体系中具有十分

---

[64] 参见高华：《国际贸易中的知识产权滥用及我国应对研究》，科学出版社 2015 年版，第 68 ~ 88 页。

[65] “滥用知识产权”这一概念在《反垄断法》第 55 条中首次被使用的，而该法并未对其含义作出解释，更未明确滥用知识产权与垄断行为的关系。一般来说，经营者滥用知识产权根据具体情形可以构成不同性质的违法行为，包括但不限于知识产权法、反不正当竞争法和反垄断法禁止的违法行为，需要依照相应的法律、行政法规进行认定和处理。其中，经营者滥用知识产权排除、限制竞争的，依照反垄断法的规定进行认定和处理。经营者滥用知识产权，排除、限制竞争的行为，不是一种独立的垄断行为，根据行为的性质和表现形式，分别或同时构成《反垄断法》所规定的垄断行为，即垄断协议、滥用市场支配地位以及具有或可能具有排除、限制竞争效果的经营者集中。参见王先林：《反垄断法与创新发展——兼论反垄断与保护知识产权的协调发展》，载《法学》2016 年第 12 期。

[66] 参见王先林：《反垄断法与创新发展——兼论反垄断与保护知识产权的协调发展》，载《法学》2016 年第 12 期。

重要的政策功能：首先，知识产权评议是知识产权政策系统的有机组成部分，是知识产权政策运行过程中不可或缺的重要环节。建立健全知识产权评议机制，从根本上说就是要通过主动的政策手段，在各类经济科技活动中促进和加强知识产权的创造、运用、保护与管理，因而其本身就是一项重要的知识产权政策。其次，知识产权评议同时也是产业政策、科技政策、国际贸易政策和国际投资政策的重要政策工具。通过知识产权评议，可以充分发挥知识产权对于产业发展、科技进步与科技成果转化、国际贸易与国际投资的引领和保障作用。最后，知识产权评议是知识产权政策、产业政策、科技政策、国际贸易政策、国际投资政策等各类公共政策相互衔接和协调的重要沟通机制。由于政策目标和政策制定主体等方面的差异性，上述各类公共政策常常互不协调，难以形成合力，有时甚至存在一些矛盾冲突。通过知识产权评议，可以避免各类公共政策相互间的矛盾冲突，促使其相互融合、相互协调、相互促进，从而共同服务于国家经济社会发展的总目标。

三、知识产权评议在法律中的定位

（一）法与政策的关系

为了廓清法与政策的关系，我们首先从理论上对法与政策分别进行定义：在我国当代法学理论上，法律有广、狭两层含义，广义的法律是指法的整体，包括法律、有法律效力的解释及行政机关为执行法律而制定的规范性文件（如规章）；而狭义的法律则专指拥有立法权的国家机关依照立法程序制定的规范性文件。（为了区别起见，学者通常将广义的法律称为法）[67]除有特殊说明以外，本书所谓的“法”或“法律”均是指广义的法律。而“政策”一词原为公共管理学和政治学上的概念，政策“现有的主要内涵”是：政府、政党、统治者和政治家等采取或追求的一系列行动，所采取的任何有价值的行动系列。政策不仅仅是一种决定，而是一系列的行动。[68] 公共政策“是公权力主体制定和执行的用以确定和调整广泛社会关

---

[67] 参见张文显主编：《法理学》，高等教育出版社、北京大学出版社 1999 年版，第 43 ~ 44 页。

[68] 参见［英］米切尔 · 黑尧：《现代国家的政策过程》，赵成根译，中国青年出版社 2004 年版，第 5 ~ 6 页。

系的行为规范”，包括“法律、法规、战略、规划、计划、条例、规章、政令、声明、指示、管理办法、实施细则等”。[69] 也有学者认为，公共政策是指“以政策为主的公共机构，在一定时期为实现特定的目标，通过政策成本与政策效果的比较，对社会的公私行为所作出的有选择性的约束和指引，它通常表现为一系列的法令、条例、规章、规划、计划、措施、项目等”。[70]

就法与政策的关系而言，公共管理学和政治学意义上的政策包括法律法规、部门规章但却不仅限于此。易言之，在公共管理学和政治学的意义上，政策是法的上位概念，各个层次的法均为公共政策的载体和工具。[71]

而从法学的角度来说，法与政策的关系既不是明确的种属关系，也不是截然分离和对立的，而是互有交叉融合：一方面，由于一些重要和长期的政策必须借助法律手段才能获得权威性、稳定性和实效性，因而政策常常以法的形式表现出来并经由法的实施机制予以落实；[72]另一方面，就二者的价值功能、表现形式、构成要素、规范内容而言，法与政策又有着较为明晰的区别与界限，笔者认为主要有以下四个方面：首先，就调整对象而言，法律解决的是规律性问题、长期性问题、确定性问题，而政策解决的常常是一些新问题、阶段性问题、不确定性问题。[73] 其次，基于二者调整对象的差异性，与传统意义上法律的稳定性特征不同，政策具有实验性、阶段性、灵活性等特征，因而政策的表现形式多为部门规章和其他规范性文件（如各种“通知”“决定”等）。再次，上述两方面的差异性进一步决定了法与政策的构成要素也具有明显的差异。法律规则是法律的主要构成要素，是法律具有独立性的最主要支点。[74] 而法律规则有其自身的逻辑结构，通常应当包括假定、处理、制裁三个部分。[75] 但政策性文件的构成往往并不符合法律规则的基本特征。最后，法律与政策在规范内容上也有其

---

[69] 参见张国庆：《公共政策分析》，复旦大学出版社2009年版，第2～4页。

[70] 吴鸣：《公共政策的经济学分析》，湖南人民出版社2004年版，第4页。

[71] 参见鲁鹏宇：《法政策学初探——以行政法为参照系》，载《法商研究》2012年第4期。

[72] 长期以来，有部分法学研究者试图将法与政策截然分开，并廓清二者的界限。但此种研究范式正受到越来越多的质疑与批评。参见吕明：《政策是什么——对我国法理学研究“去政策化”现象的反思》，载《法学论坛》2010年第3期。

[73] 参见郝铁川：《宏观调控的不确定性与法律、政策调整》，载《东方法学》2009年第2期。

[74] 参见陈金钊：《认真地对待规则》，载《法学研究》2000年第6期。

[75] 参见张文显主编：《法理学》，高等教育出版社、北京大学出版社1999年版，第70页。

区别和界限，对于一些直接关乎公民人身自由、人身和财产权利的重要事项，只能通过法律（包括狭义的法律、行政法规和地方性法规等）来予以规定，政策决不能“越雷池半步”。这些重要事项包括行政处罚[76]、行政许可[77]、行政强制[78]、税收[79]等。

从（法学意义上）法律与政策的关系出发，也就不难理解，无论是就一项制度的构建与实施，或是一项行政任务的实现而言，法律化未必总是优先于政策化的，法律化与政策化也并不一定是相互对立或矛盾的，有时二者甚至相互配合，相辅相成。例如，有学者指出，“刑法的刑事政策化”，是指在刑法中贯彻刑事政策的内容，从而使刑法成为落实与实现刑事政策的工具。刑事政策在刑法的制定和适用过程中发挥着评价标准、指引和导向三个方面的作用。刑法的刑事政策化有其一定的合理性与必要性，但也应有合理限度。[80] 又如，有学者就我国宏观调控中法与政策的关系展开研究，并指出，法律在宏观调控中的作用主要体现在：一方面，法律决定了宏观调控的主要工具和方式；另一方面，法律又在一定程度上决定了宏观调控所要解决的问题及其调控对象。相应地，政策则是宏观调控实施的表象，是在现有法律制度下达至宏观调控总目标的具体化对策。法与政策在宏观调控中发挥着相辅相成的作用，而宏观调控中法与政策的分布与互动则统一于我国特有的市场经济体制及其制度变迁的宏大场景之中。[81]

因此，我们研究知识产权评议在法律中的定位，就应当从构建知识产权评议制度的主观目的与客观需要出发，分析论证该项制度是否应当法律化（而不是基于法治原则而直接推导得出知识产权评议必须法律化），以及如何法律化（包括知识产权评议中法律与政策的关系，评议制度的哪

---

[76] 参见《行政处罚法》第9条、第10条、第11条、第12条、第13条、第14条。

[77] 参见《行政许可法》第14条、第15条第1款、第17条。

[78] 参见《行政强制法》第10条。

[79] 根据《立法法》第8条第6项，税种的设立、税率的确定和税收征收管理等税收基本制度，只能制定法律。

[80] 参见陈兴良：《刑法的刑事政策化及其限度》，载《华东政法大学学报》2013年第4期。

[81] 参见朱一飞：《论我国宏观调控中法与政策的关系——以近20年房地产宏观调控为例》，载《社会科学研究》2014年第4期。

些内容应当在法律中规定，在哪些法律中规定以及如何规定等）。

（二）知识产权评议法律化的必要性

1. 公共风险控制之必要

风险是现代社会的结构性特征，而“文明的馈赠就是可靠性——摆脱来自自然的、自身的和他人的危险，获得可靠性。换言之，文明使人免于恐惧，至少使恐惧不再像以往那样可怕、强烈”。[82] 因此，对于包括知识产权风险在内的各类风险的有效控制，是现代社会和人类文明所面临的重要课题，当然，风险控制有多种路径，对于知识产权风险的控制究竟应当采取何种路径，是否诉诸法律，则须取决于知识产权风险自身的特征：

毫无疑问，知识产权风险首先是一种私人风险。以专利风险为例，其主要包括侵权风险和市场化风险——侵权风险是指专利是否涉诉、是否可能侵害他人专利权的情形；市场化风险是指在专利技术市场化的过程中可能遭遇的风险，包括是否存在相似技术或替代技术，专利技术的实现是否依赖于发明人的技能，专利技术是否为从属专利等问题。[83] 一般来说，专利风险是由专利权人（包括因发明创造或因继受而获得专利权）个人承担的，因而被认为是一种私人风险。

但与此同时，知识产权风险也具有公共风险的性质，尤其是重大经济科技活动的知识产权风险和关乎产业发展、科技创新全局的知识产权风险，其公共风险的性质十分突出。例如，在经济全球化浪潮的冲击下，知识产权风险是影响我国产业安全的重要因素，具体来说，产业安全的知识产权风险因素包括自主创新水平、知识产权对外依存度、知识产权运行环境三个方面。[84] 在科技领域、外商投资和对外贸易领域，知识产权风险也已远远超越对于单个市场主体或知识产权权利人的影响，而是会影响到国家科技战略、科技政策和科技项目的实施，危及国家的贸易利益、经济安全和产业安全。

---

[82] ［英］齐格蒙·鲍曼：《寻找政治》，洪涛、周顺、郭台辉译，上海世纪出版集团 2006 年版，第 8 页。

[83] 参见邱洪华：《产业集群知识产权评议机制研究：基于专利技术的视角》，载《西北大学学报》（哲学社会科学版）2017 年第 1 期。

[84] 参见徐辉鸿：《产业安全中的知识产权风险要素分析》，载《南京工业大学学报》（社会科学版）2013 年第 1 期。

由于在公共风险领域，社会关系发生了结构性变化，作为风险制造者的一方（主要是企业）具有强大的谈判能力，而作为风险承受者的社会公众，则缺乏风险识别能力、谈判能力和自我防控能力，这意味着，风险领域的私人自治丧失了谈判基础和博弈平台，单纯依靠私人自治已无法防控公共风险。风险控制已从纯粹私人事务转化为社会公共职责，须交由国家通过公法管制手段解决。[85] 具体就知识产权风险而言，一方面，知识产权本身的无形性，从根本上决定了知识产权风险难以识别的特征，并且当代技术背景下的“专利丛林”又进一步放大了技术研发运用及相关市场活动中的知识产权风险及其识别的难度。风险的难以识别性具有重要的法律意义，因为对于人类感官可直接识别的私人风险，追求私人利益最大化的理性人将会自行提高行为谨慎程度，避开不安全性，市场的优胜劣汰机制终将排斥高风险行为。但对于难以识别的风险而言，人们无法通过行为谨慎程度的提高来防控风险，市场的优胜劣汰机制因此陷入瘫痪。作为替代，国家干预变得不可或缺，并需要综合运用技术和法律手段加以应对。[86] 另一方面，在知识产权业已成为企业间竞争和国家间竞争的主要手段与核心要素的时代背景下，知识产权风险早已不仅限于对个别市场主体和单个知识产权权利人的威胁，在很多情况下，所谓知识产权风险是指部分企业控制批量知识产权或核心知识产权，从而对其他企业形成的竞争压力，乃至对国家产业发展、科技创新所构成的威胁。例如，根据产业控制理论，外商直接投资对于我国产业安全的威胁主要有四种途径，即外资企业的市场控制、股权控制、技术控制和品牌控制。[87] 而市场控制、股权控制、技术控制和品牌控制，最终都表现为外资企业产业控制力增强和东道国企业产业控制力受到压缩，进而对东道国产业安全构成威胁。[88] 相应地，预防与控制外商投资的知识产权风险，不仅是为了保护企业个体利益，更重要的是为了维护东道国产业安全和产业发展利益。此种以维护

---

[85] 参见宋亚辉：《风险控制的部门法思路及其超越》，载《中国社会科学》2017 年第 10 期。

[86] 同上。

[87] 参见乔颖、彭纪生、孙文祥：《FDI 对我国产业风险的实证分析》，载《当代经济研究》2005 年第 9 期。

[88] 参见李孟刚：《产业安全理论研究》，经济科学出版社 2006 年版，第 193 页。

公共利益为根本任务的知识产权风险防控,因其巨大的成本和强烈的正外部效应而早已超越单个市场主体的能力与职责范围,因而必须通过高度组织化的政府行为来予以实施,并通过法律制度予以保障。

进一步而言,既然个体行为与市场机制对于控制知识产权风险已不敷其用,那么法律又该通过何种理念与机制来予以应对呢?笔者认为,基于知识产权特有的垄断性和排他性,知识产权风险一旦降临,必将造成极大损失,并且对于科技创新、产业和区域发展,乃至国家利益而言,此种不利后果几乎无法挽回;但与此同时,知识产权风险又是可以甄别和防范的。因此,法律对于知识产权风险的控制,应当确立预防性的理念,即当行为的不利后果还没有出现,正处于风险阶段时,就实施对行为的控制,以达到防止该行为不利后果出现的目的。[89] 而知识产权评议恰是一种预防性的风险控制方法,一方面,通过在政府投资、重大科技项目、涉外经济活动,以及产业政策、科技政策、外资政策与外贸政策的制定与实施过程中建立知识产权评议机制,可以对产业发展、科技创新、国际投资和国际贸易领域的知识产权风险进行有效甄别与防范;另一方面,以知识产权评议为基础,可以进一步制定和实施具有针对性的产业政策和技术研发路线,主动进行专利申请和专利布局,从而有可能逐步扭转知识产权方面的不利局面,乃至消除知识产权风险。也正是从这个意义上说,知识产权评议法律化,是控制作为一种公共风险的知识产权风险的必然选择。

2. 公共政策系统更新之必要

政策的生命在于其实效性,尤其在我国这样一个具有强烈的政府管制传统、公共政策体系较为庞大的国家,就更加需要特别重视研究政策内容、政策过程及其赖以运行的政策系统,[90]从而使公共政策不断优化。当前,我国所处的特殊历史阶段以及面临的国际国内环境,对产业政策、科技政策、外资政策与外贸政策提出了一些全新的挑战:

---

[89] 参见李秋高:《风险控制法制化研究》,载《法学杂志》2011 年第 8 期。

[90] 公共政策活动涉及一系列相互联系、相互作用的因素,包括政治制度、公共机构、官僚组织以及社会的法律和价值观等。把这些因素视为一个整体,就是所谓的政策系统,它是公共政策运行的载体,是对社会价值进行权威性分配的基础。参见严强主编:《公共政策学基础》,高等教育出版社 2016 年版,第 22 页。

在产业政策方面，我国长期以来实行的以产业结构政策为主导、以选择性和倾斜性为主要特征的产业政策，主要是以“东亚模式”为参照，即以日本、韩国为代表的东亚发展型国家早期奉行以产业结构政策为中心的产业政策并取得成功。[91] 其中隐含的逻辑前提是，在改革开放的前30年，由于我国工业整体技术水平与发达国家存在很大差距，无论是在产业结构的演变、技术、工艺路线还是在产品设计、商业模式等方面都有发达国家的经验可供借鉴模仿。[92] 类似的“以洋为师”的情况也存在于我国科技政策的制定与实施过程之中。然而问题在于，随着我国经济发展水平和科技创新能力逐步接近和赶上世界先进水平，实现了从“跟跑”“并跑”到局部“领跑”的转变，摆在我们面前的更多的是“前无古人”的问题，我国产业政策和科技政策长期学习借鉴的对象因而逐渐失去意义，面临无经验可循的困境。[93]

与此同时，产业政策与科技政策、外资政策、外贸政策相互间的联系与交叉融合不断加深，相应地，各类公共政策相互协调配合的需求与复杂程度不断提高：一方面，产业政策作用的重点正从传统行业转向高新技术领域和战略性新兴产业，越来越注重鼓励技术创新和产业技术政策的运用。目前，激励、支持技术创新与新技术扩散已成为发达国家产业政策最为重要的组成部分，成功追赶型国家（如日本、韩国等）在工业化中后期也将产业政策的重点转移到鼓励技术创新，特别是构建有利于技术创新的市场环境和创新体系方面。[94] 毫无疑问，当代产业政策重心的转向，对于科技政策与产业政策的协同配合提出了更高的要求。另一方面，我国外

---

[91] 参见江山：《产业发展的政策选择与法律治理——以竞争法为中心展开》，法律出版社2016年版，第52～53页。

[92] 参见江飞涛、李晓萍：《当前中国产业政策转型的基本逻辑》，载《南京大学学报》（哲学·人文科学·社会科学）2015年第3期。

[93] 例如，世界银行1993年报告——“东亚奇迹”指出：产业政策的确在东亚国家的经济发展过程中扮演着重要角色。然而，仅仅过了几年，东亚奇迹就陨落在1997年亚洲金融危机里。东亚奇迹的陨落，也预示着以产业结构政策为主轴的产业政策模式逐渐走向式微，在世界范围内，产业政策的运作机理和体系结构正在发生着深刻的变化。参见宾雪花：《产业政策法与反垄断法之协调制度研究》，中国社会科学出版社2013年版，第207页。

[94] 参见江飞涛、李晓萍：《当前中国产业政策转型的基本逻辑》，载《南京大学学报》（哲学·人文科学·社会科学）2015年第3期。

资政策、外贸政策也面临着历史性的转型，在许多方面急需与产业政策和科技政策进行融合与协同，包括合理利用“两种资源”，适度扩大进口规模，尤其是核心技术和关键产品的引进；充分开发“两个市场”，加快我国企业“走出去”的步伐，实现全球产业布局；加强科技创新，实施品牌战略；提升服务贸易发展水平，优化出口产品结构，推进计算机和信息服务、金融、保险等资本密集型和技术密集型服务业发展等。[95]

新形势下我国产业政策、科技政策、外资政策、外贸政策的转型与发展，固然体现为政策内容的变化，但更为重要和根本性的，则是对政策系统的改造与更新。由于知识产权既是产业政策、科技政策、外资政策、外贸政策的核心要素，又是各类公共政策相互衔接和协调的关键点，因而，知识产权评议机制必将在政策系统的更新过程中，以及在改造升级后的政策系统中占据重要位置：

首先，在政策信息与咨询子系统方面，必须从以政策学习与政策移植为主的“拿来主义”向原创性政策分析转变。无论是产业政策或科技政策，政策主体都必须改变“以洋为师”的信息获得模式，转向内生性数据和大数据分析，独立自主地进行信息收集、信息分析和信息传递，进而原创性地提供解决问题的途径和方法。而专利作为技术信息最有效的载体，囊括了全球90%以上的最新技术情报，且内容翔实准确。[96] 因此，以专利分析为主体的知识产权评议机制，必须在产业政策、科技政策的信息与咨询子系统中居于核心地位，并予以制度化保障。

其次，在政策决策子系统方面，为了适应产业政策、科技政策、外资政策、外贸政策交叉融合的需要，必须构建更加综合化、协同化的决策机制和组织系统。为此，知识产权评议机制一方面通过设置评议机构（通常是由负责产业政策、科技政策、外资政策与外贸政策的若干行政机构共同组成知识产权评议委员会），为协调各类政策问题提供高效的议事平台与组织形式；另一方面，知识产权评议通过对重大经济科技活动以及各类经济科技政策的事前审查，实则为统筹和协调各类政策，避免各类政策相互矛

---

[95] 参见尹栾玉、王静媛：《加快转变对外经济发展方式的路径选择》，载《河北经贸大学学报》2014年第6期。

[96] 参见杨铁军主编：《专利分析实务手册》，知识产权出版社2012年版，第3页。

盾冲突提供了极佳的沟通协调机制。

最后,从政策工具的视角来看,由于我国产业政策向“功能型”和“创新驱动型”转型,将使政策工具与政策措施发生重大的结构性变化,除了行政许可、行政审批等传统的管制类工具之外,“信息类工具(或称沟通性工具)”[97]的应用必将大量增加。而作为通过对知识产权信息进行综合分析,进而为政府管制行为和企业经营决策提供信息和咨询的政策工具,知识产权评议在产业政策、科技政策、外资政策、外贸政策实施的多个层面发挥着重要作用,包括为技术创新与新技术扩散提供中介服务,为对外贸易与对外投资提供信息保障,为产业技术政策的制定与实施提供依据,为创新政策与科技政策的制定与绩效评价提供重要指标等。因此,作为一种重要的信息类政策工具,知识产权评议应当以法律化的形式列入产业政策、科技政策、外资政策、外贸政策的政策工具箱,并在法律框架下得到规模化与规范化应用。

3. 行政活动正当性实现之必要

行政活动的正当性(legitimacy)是行政法关注的核心问题。尽管在不同时代、不同的法制框架乃至不同情境下,行政活动的正当性渊源不完全相同,但其核心要求仍相对明确,即行政机关能否为其行为提供合理的解释(reasoned explanation)。[98] 从学理上讲,公共行政所负担之公共利益义务是一种“整体委托”,这种“整体委托”的概念包含有合法性、合目的性、亲近人民、明确性及学习能力性。[99]

然而,现代化所引发的社会变迁以及社会问题的复杂多变,都要求行

---

[97] 根据政策工具理论,政策工具可以划分为以下三种类型:一是管制类工具,比如命令和禁令(执照、许可、管制)等。二是经济类工具。与管制性手段相比,经济类工具具有更多的激励和更少的强迫,从消费者的观点来看,它们可能是积极的(补贴、津贴),也可能是消极的(税收和使用开支)。三是沟通性的工具,这类工具的目的在于使对方获得更多或者更少的信息。参见[美]B. 彼得斯、弗兰斯·冯尼斯潘主编:《公共政策工具:对公共管理工具的评价》,顾建光译,中国人民大学出版社 2007 年版,第 204 页。

[98] 以“科学理性”为核心的公共政策过程,在强调理性、技术和专业知识的“技术路线”时,容易把专家和决策精英的作用推到一个核心的地位,从而形成官僚精英和知识精英联手形成的“知识—权力”垄断体制。参见成协中:《科学理性导向下的行政正当程序》,载《华东政法大学学报》2013 年第 5 期。

[99] 参见[德]施密特·阿斯曼:《秩序理念下的行政法体系建构》,林明锵等译,北京大学出版社 2012 年版,第 27 页。

政权力具有较高的效率和实际功能,要求行政主体总是积极、主动、及时、实效地把权力渗透到社会生活中去,从而实现行政目的。从根本上说,行政权的执行性特征,使其最为直接地连接着具体社会,感知和回应着社会变迁。[100] 也正因如此,与社会历史和行政活动的变迁相适应,行政权与行政活动"正当性"的概念与内涵也在发生深刻变化。行政权的正当性已经不再被单独视为由上到下直线进行之效力作用,相反地,应将其视为一个整体的程序加以观察;行政行为之合法性亦不再单独由法官的角度去决定,相反地,应该由行政行为的观点进行首次判断。[101]

就此而言,行政活动的正当性不但在其价值构成与判断方法上发生了重大变化,而且法律为实现和确保此种正当性而设置的制度安排和管制手段,也在相应地发生变化。[102] 而作为一种新型的管制手段,知识产权评议的法律化,正是因应行政活动正当性之内涵变化,并为实现行政活动之正当性提供必要的制度保障:

一方面,随着现代社会功能分殊和科技发展,广泛介入社会管制的行政机关越来越多地依靠相关领域的科学知识来作为行政管制的基础,"科学理性"正初步超越传统的合法律性,成为支撑行政决定实质正当的核心理据。[103]

以科技决策为例,《科学技术进步法》第 13 条规定:"国家完善科学技术决策的规则和程序,建立规范的咨询和决策机制,推进决策的科学化、民主化。制定科学技术发展规划和重大政策,确定科学技术的重大项目、与科学技术密切相关的重大项目,应当充分听取科学技术人员的意见,实

---

[100] 参见孙笑侠:《法律对行政的控制——现代行政法的法理解释》,山东人民出版社 1999 年版,第 51 页。

[101] 参见[德]施密特·阿斯曼:《秩序理念下的行政法体系建构》,林明锵等译,北京大学出版社 2012 年版,第 20 页。

[102] 例如,有学者指出,在法律管制手段中,规制性政策及其下属之"执行法律"迄今已经成为主要之管制手段,这种执行方法包含要求与禁止、许可、命令以及强制性的行政计划等。而除此之外,尚存有"创造诱因"以及"信息的有目标使用",都包含在管制手段内。行政法必须深入探究扩大的调控机制之不同动机模型,而且为其创造出可供使用的适当规则,借以确保个人之权益及行政权的执法能力。参见[德]施密特·阿斯曼:《秩序理念下的行政法体系建构》,林明锵等译,北京大学出版社 2012 年版,第 22~23 页。

[103] 参见成协中:《科学理性导向下的行政正当程序》,载《华东政法大学学报》2013 年第 5 期。

行科学决策。”可见,科技决策区别于一般行政行为的突出特点,在于其不仅要求传统的合法律性(如上述条款所规定之完善的决策规则和程序、规范的咨询和决策机制),更重要的要求则是“科学理性”(如该条款所规定之决策的科学化)。

在现有的科技法律制度中,科学理性价值主要是通过专家咨询和评审程序来体现和保障。[104] 但是问题在于,专家的知识和技术分析能力不可避免地存在缺陷性,而且专家的主观立场和价值判断也容易受到包括政策取向、政府要求、个人偏好等多种因素的影响。为此,在科技决策中引入知识产权评议,一方面,是对专家知识的有益补充,可以进一步提升决策的科学性;另一方面,则是通过引入客观化的数据分析,防止专家咨询所可能产生的副作用和风险,防止专家知识演变为专家专断,避免行政机关与专家组成“知识—权力”垄断体制。[105] 而事实上,在科技奖励、科技评价、科技项目管理法律制度中,也都存在类似的问题,相应地,也极有必要通过引入知识产权评议来进行制度上的改进。

另一方面,“经济性”与“效能性”已成为行政法上重要的正当性指标。行政活动不仅仅是执行法律,而且也要提供服务,因而人们不得使用一个仅含少量内容的法律概念去决定一切的是非。“产品”、“顾客”及“企业”被视为行政法律关系的决定性要素,更重要的是,在这些概念背后所认知的市场决定因素、营业竞争的决定因素、质量的决定因素以及成本透明化的决定因素。[106]

例如,在外资并购的国家安全审查制度中,“外国投资者并购境内关键技术企业”是并购安全审查的对象之一,而“并购交易对涉及国家安全

---

[104] 例如,《科学技术进步法》第62条规定:“确定利用财政性资金设立的科学技术基金项目,应当坚持宏观引导、自主申请、平等竞争、同行评审、择优支持的原则;确定利用财政性资金设立的科学技术计划项目的项目承担者,应当按照国家有关规定择优确定。利用财政性资金设立的科学技术基金项目、科学技术计划项目的管理机构,应当建立评审专家库,建立健全科学技术基金项目、科学技术计划项目的专家评审制度和评审专家的遴选、回避、问责制度。”

[105] 参见成协中:《科学理性导向下的行政正当程序》,载《华东政法大学学报》2013年第5期。

[106] 参见[德]施密特·阿斯曼:《秩序理念下的行政法体系建构》,林明锵等译,北京大学出版社2012年版,第27页。

的关键技术研发能力的影响"则是并购安全审查的重要审查内容。[107] 问题在于,对于"关键技术"的范围和具体内容,立法上固然可以采用列举的方式,但却难以穷尽,与此同时,安全审查的实质性审查标准(对于关键技术研发能力的影响)也具有相当程度的模糊性。[108] 因此,如何在经济性的层面上合理界定国家安全审查的审查对象与把握审查标准,就成为决定整个行政活动是否具有正当性的关键所在。

此时,知识产权评议一方面可以通过专利分析和专利价值评估的方法,为判断某项技术是否构成"关键技术"提供重要参考,从而为界定国家安全审查的审查对象提供依据;另一方面,通过专利分析(如分辨核心专利、分析专利布局和技术发展路线),可以分析预测外资并购所引发的技术转移是否有可能导致我国关键技术领域的研发能力下降,制约相关产业和技术领域的自主创新与可持续发展,从而为国家安全审查的实质性审查标准(并购交易对涉及国家安全的关键技术研发能力的影响)提供重要的技术证据与评价指标。因此,在外资并购国家安全审查制度中引入知识产权评议,使国家安全审查的适用范围与适用方法得以技术化的展开与衡量,是该项行政活动正当性的制度保障。

4. 知识产权评议自身规范化与科学化之必要

迄今为止,我国尚未出台专门规范知识产权评议的法律法规,也未在国家层面建立起统一、完善和具有可操作性的知识产权评议制度,知识产权评议的实施主要依靠国家知识产权局等业务主管部门以及地方政府出台的各种政策性文件。虽然政策主导下的知识产权评议在探索中缓步发展,但基于知识产权评议实施与推广,乃至进一步规范化与科学化之需要,知识产权评议法律化仍将是必然选择:

---

[107] 参见国务院办公厅于 2011 年 2 月 3 日下发的《关于建立外国投资者并购境内企业安全审查制度的通知》。

[108] 诚然,国家安全审查的实质性审查标准具有模糊性,这是由该项制度的功能定位所决定的,同时也是世界各国国家安全立法的共同经验。但是,不加定义的审查标准可能使得国家安全审查在价值取向上不能保持明确性和一致性,同时也可能造成审查权的过度扩张,影响外商投资的稳定预期。即使在素以不对"国家安全"进行准确定义而著称的美国和加拿大等国,近年来要求细化国家安全审查的审查标准、增加审查透明度的呼声也不绝于耳。(参见汤欣:《"经济安全"与外资并购》,载《当代法学》2008 年第 1 期。)因此,厘清国家安全审查的基本思路,是很有必要的。

首先,知识产权评议的政策性文件多具有特定的指向性(有些甚至专门针对某类或者某个具体的经济科技活动),无法完整涵盖所有应当适用知识产权评议的经济科技活动,而且由国务院相关部委和各省市分别出台的知识产权评议政策在实施方法和体制机制上都具有明显的差异性,对于知识产权评议的评议对象、评议内容、评议主体、评议程序等,实践中存在着较大的分歧,甚至是乱象。为此,极有必要通过专门立法,在国家层面对于知识产权评议作出科学合理的顶层设计,构建起完整统一的知识产权评议制度框架,从而更好地发挥知识产权评议的作用,使其真正承担起在国家知识产权战略和各类公共政策中的重要功能。

其次,由于事权与立法权的限制,部委规章和地方性立法不能对知识产权评议的法律性质、法律效力、法律责任等一系列关键性问题作出规定。这就导致一方面,知识产权评议流离于现有的行政管理体制与程序之外,处于非常态化和非协同化的状态;另一方面,由于缺乏法律效力与法律责任的“武装”,已经实施的知识产权评议也缺乏必要的约束力,甚至处于“没有牙齿”的窘境。为此,必须及早通过法律的形式,对于知识产权评议的法律性质、法律效力、法律责任等作出明确规定。

最后,受制于评议工具和评议方法(包括专利分析、专利价值评估等)所固有的特征,知识产权评议在实际应用中也存在一些缺陷与短板。例如,专利信息仅仅是相关单位在某个技术领域创新能力和水平的部分反映,并不能完全代表其全部创新活动和条件;专利申请日期和公开日期之间有一定的间隔,这一时滞会直接影响知识产权评议结果的准确性;由于专利等知识产权存量不多或构不成体系等原因,知识产权评议对于新兴产业、萌芽产业以及某些前沿战略性产业的适用效果亦受到一定程度制约。[109] 也正因如此,在重视知识产权评议的积极作用的同时,也必须通过法律对于知识产权评议予以控制,知识产权评议不能完全被作为政策工具而任意设置与使用,而是必须受到法律依据、适用范围、适用条件、程序机制等方面的法律约束,并且法律还要为评议相对人提供必要的救济

---

[109] 参见香小敏、侯小星、莎薇:《科技计划项目立项评审环节建立知识产权分析评议机制研究》,载《科技管理研究》2017 年第 14 期。

渠道。

(三)知识产权评议法律化的模式与路径

1. 知识产权评议法律化的模式选择

《国家知识产权战略纲要》将“建立健全重大经济活动知识产权审议制度”列为“加强知识产权行政管理”的一项战略措施,从而赋予该制度以国家知识产权战略层面的功能定位。而所谓知识产权战略,意为有效地运用知识产权保护制度,为充分维护自身的合法权益,获得和保持竞争优势并遏制竞争对手,谋求最佳的经济利益而进行的全局性谋划和采取的重要策略和手段。[110] 因此,如何构建我国的知识产权评议法律制度,在目标定位和模式选择上,必须与经济社会发展的全局和趋势联系起来,从根本上说,就是要着眼于如何通过主动的制度构建手段,来发挥知识产权对于经济社会的促进作用,保障和推进经济社会发展战略目标的实现。

可以预见,在今后较长一个时期内,我国将进入到经济发展方式加速转变、经济社会转型升级的关键时期,以及“创新型国家”建设的攻坚时期。经济发展方式的转变、经济社会的转型升级以及“创新型国家”的建设,一方面,强烈地呼唤着自主创新和科技进步,使经济发展对于创新要素的倚重度不断提升,知识产权与经济建设、科技研发、投资贸易越发紧密地联系在一起,从而对知识产权的创造、运用、保护和管理工作提出了更高的要求;另一方面,也在客观上使重大经济科技活动中的知识产权风险更趋增多,自主知识产权流失和各类知识产权纠纷出现的可能性不断加大。

基于经济社会发展的客观规律以及我国经济社会发展的战略目标与趋势,知识产权评议法律制度必须要深入到与知识产权相关的各种类型、各个层面的重大经济科技活动之中,从而不仅承担起防范知识产权风险、防止自主知识产权流失的重任,而且还应当对于提升我国自主创新能力、加快经济发展方式转变和产业结构调整,发挥重要的支撑和保障作用。换言之,知识产权评议法律制度所承载的国家知识产权战略层面的功能定位,便决定了其必须渗透到经济科技活动的各个领域,在防范知识产权

---

[110] 陈美章:《对我国知识产权战略的思考》,载《知识产权》2004 年第 1 期。

风险、提高政府投资效益、促进经济结构转型升级等多个层面上发挥作用。也正是由于价值取向的多维性、适用领域的广泛性以及适用对象的多样性,决定了知识产权评议实际上不可能具有统一的评议对象和评议内容,甚至各种知识产权评议的法律性质和法律效力也会有所不同,因而知识产权评议无法成为具有准确制度内涵的"一种评议",而应当、也必然是"与知识产权有关的多种评议"。

与此同时,就知识产权评议自身的特点及其所发挥的作用来看,评议结论本身并不是目的和终点,相反,知识产权评议总是服务于政府对某类重大经济科技活动的决策(包括各类公共政策的制定与实施),其实质,乃是作为政府管理和调控经济科技活动的决策体系中的一个重要环节,而评议的结论最终也必会落实到相关政策制修订、行政管制或者项目审批之中。也正因如此,为了提高政府重大经济科技决策的科学性和效率性,避免知识产权评议与相关行政管制、行政审批的交叉与重叠,强化知识产权评议的实施效力,笔者认为,无论是何种知识产权评议,就制度设计而言,都应当紧密地与相关政策制修订、行政管制、行政审批或项目管理结合起来,而不应当另起炉灶,成为一个独立的行政审批程序。尤其是对于各类具体经济科技活动而言,知识产权评议更适宜于通过"化整为零"的方式,融入相关重大经济科技活动的行政管制或行政审批制度之中,从而作为相关法律制度和程序的一个环节。

综上所述,笔者认为,我国知识产权评议法律化的目标模式,应当是建立一个"多层次""复合型"的知识产权评议制度体系——所谓"多层次",是指知识产权评议法律制度应当涵盖各个领域、各种类型的知识产权评议,其评议对象、评议内容、评议程序和评议效力应当具有多样性和差异性;而所谓"复合型",意为知识产权评议不应是一个独立且内循环的行政程序,而是应当与相关政策制修订、行政管制、行政审批或项目管理的体制机制整合在一起,从而完善并共同构成我国政府管理和调控重大经济科技活动的法律制度。

2. 知识产权评议法律化的路径选择

如前所述,知识产权评议在产业政策、科技政策、外资政策与外贸政策中均承载着重要的政策功能,而知识产权评议法律化,则是实现公共风险控制、公共政策系统更新、行政活动正当性以及知识产权评议自身规范化与科学化之必然要求。因此,知识产权评议的法律化,应当在以下三个层面同时展开:一是知识产权评议的整体性制度构建,应当通过专门立法,从整体上构建科学完善的知识产权评议制度框架,对于知识产权评议的适用范围、评议内容、评议主体、评议程序、法律性质、法律效力以及法律责任等作出明确规定,从而满足知识产权评议自身规范化与科学化的要求;二是重大经济科技活动知识产权风险防控机制构建,应当针对产业发展、科技进步、国际投资、国际贸易等领域的重大经济科技活动,分别建立对应性的知识产权评议制度,从而防范和控制风险;三是重大经济科技活动的决策与管理体制优化,应当以法律的形式将知识产权评议确立为政策主体制定产业政策、科技政策、外资政策、外贸政策的重要依据以及政策实施的重要工具,并且在行政主体对于产业发展、科技进步、国际投资、国际贸易的管理体制和管制手段中增加和融入知识产权评议,从而发挥知识产权评议对于优化政府决策和政府管制(而不仅仅是防范风险)的重要功能,实现政策系统的更新和行政活动的优化(当然,以上三个层面的法律制度相互间有所交叉)。

具体就知识产权评议法律化的路径以及各部门法的分工而言,在科技法领域,应当在科技决策、科技评价、科技奖励、科技项目管理和科技成果管理运营等法律制度中全方位融入知识产权评议的方法与体制机制;在产业法领域,应当在政府投资项目审批法律制度中增加知识产权评议的内容,同时以法律的形式将知识产权评议确立为产业政策(尤其是产业技术政策)制定的依据与政策实施的工具;在国际投资法和国际贸易法领域,知识产权评议法律化的内容就更为丰富:一是要针对外资并购、技术进出口等具体经济活动建立或完善知识产权评议(或称知识产权审查)制度;二是要明确知识产权评议在外商投资法律制度中的地位,将评议作为外资准入政策和《外商投资产业指导目录》制定与调整的重要依据;三是要确立知识产权评议在对外贸易法律制度中的地位,将评议作为技术进出口管制政策和《中国禁止出口限制出口技术目录》《中国禁止进口限制进口技术目录》制定与调整的重要依据;四是要将知识产权评议作为“与对外贸易有关的知识产权保护”的核心装置,以知识产权评议机制为基础,构建和完善我国与对外贸易有关的知识产权保护法律制度(包括知识产权贸易壁垒的应对、知识产权不公平贸易调查和知识产权域外保护等方面)。知识产权评议法律化的路径如表2-1所示。

表2-1 知识产权评议法律化的路径

法律部门	法律的调整对象	知识产权评议法律化的制度载体
科技法	科技评价、科技决策、科技奖励、科技项目管理、科技成果管理运营	《科学技术进步法》《促进科技成功过转化法》
产业法	政府投资项目管理、产业政策	基本建设法、政府投资项目审批法律制度、产业政策法
国际投资法	外商投资准入政策、跨国并购	《指导外商投资方向规定》、外资并购审查法律制度、国家安全审查法律制度
国际贸易法	技术进出口管制、与对外贸易有关的知识产权保护	《对外贸易法》《技术进出口管理条例》
行政法	知识产权评议的适用范围、评议内容、评议主体、评议程序、法律性质、法律效力、法律责任等	中央与地方出台的知识产权评议专项立法

遵循知识产权评议法律化的总体思路,本书以下章节将依次就知识产权评议在产业法、科技法、涉外经济法中的运用(各领域知识产权评议的法律化),以及知识产权评议的整体性制度构建(知识产权评议专门性立法)展开论述。

第三章　产业法中的知识产权评议

一、产业发展与知识产权评议

(一)产业政策的渊源与嬗变

1. 产业政策的"两大流派"

现代国家将促进产业发展作为核心职能,并且主动提出与系统运用产业政策,这是与"发展型国家"这一国家形态的生成息息相关的——在概念上,发展型国家是由政治、官僚和财阀势力组成的无缝网络来积极推动产业发展的后进国家。[①] 发展型国家通常选择产业政策推动产业发展,就其本质来讲,是政府采取措施干预资源在产业之间的分配,以弥补市场机制缺陷。[②]

例如,日本产业政策以产业结构政策为重点,政府根据每个时期经济发展的需要和有关产业的地位及其作用来确定各个时期的重点产业(如20世纪50年代日本政府划定的钢铁、煤炭、电力和造船四大产业),以特定部门为对象,以促进特定产业的发展为目标,在实施过程中综合利用经济计划、经济立法、补助金、税收优惠、政策性金融等手段加以扶持,以促成整个产业结构的合理化与高度化。[③] 韩国在20世纪50～70年代推行"政府主导型市场经济模式",强调政府在推动产业结构升级与经济发展方面应发挥主导作用;进入20世纪80年代以后,政府制定产业政策的出

---

① 参见[美]禹贞恩编:《发展型国家》,曹海军译,吉林出版社2008年版,第1～2页。

② 参见江小涓:《经济转型时期的产业政策——对中国经验的实证分析与前景展望》,上海三联书店、上海人民出版社1996年版,第16页。

③ 参见黄群慧、贺俊等:《真实的产业政策:发达国家促进工业发展的历史经验与最新实践》,经济管理出版社2015年版,第56～57页。

发点，不再是直接推动产业结构的演变和追求经济增长，而更多的是利用市场力量促进各部门的均衡发展。[4] 联邦德国产业政策思路并不具有清晰的赶超特点，阶段性也不明显，经济学家认为市场秩序的公平比产业结构优化更为重要，政府对经济干预手段的选择非常慎重，重视对产业组织的引导与优化，将“反垄断优先”视为德国社会市场经济的精髓，对产业结构的干预相对较小，依靠市场竞争选择支柱产业和外贸产业。[5]

以日本、韩国为代表的东亚发展型国家的早期产业政策是以处理产业间关系的产业结构政策为中心的。与产业结构政策相配套的，是推动地区产业分化及规律的产业布局政策。产业技术政策通常是在产业结构政策和产业布局政策中得以落地，从而被内含于产业结构和产业布局政策之中，并在产业发展的中后期被逐渐被吸收到创新政策之中。而主要处理产业内部企业间关系的产业组织政策，由于其微观经济特性，则一直都是竞争法律治理直接面向的产业政策类型。可以认为，在发展型国家，产业结构政策是带动整个产业政策体系有效运转的主轴，产业布局政策和产业技术政策是围绕产业结构政策的规划来运行的。[6]

与发展型国家所奉行的以产业结构政策为主轴的产业政策截然不同，在美国，对于产业发展的直接干预一直未成为主流，即便是到了工业化中后期美国政府选择政策工具以促进技术创新时也是如此。政府不是通过财政、金融等措施直接“帮扶”特定的企业，而是通过构建可持续的政策框架和服务体系为制造业企业营造有利的商业环境。[7]

美国事实上的产业政策更多的是产业技术政策，其主要目的是培养市场机制无法创造的条件，进一步推动创新和先进技术产生，保持技术领先地位。1988 年美国国会预算办公室发表《用联邦研究开发促进商业创新》的专题报告，这个报告指明了联邦政府应该帮助有风险、可能带来技

---

④ 参见黄群慧、贺俊等：《真实的产业政策：发达国家促进工业发展的历史经验与最新实践》，经济管理出版社 2015 年版，第 154～155 页。

⑤ 同上书，第 119～120 页。

⑥ 参见江山：《产业发展的政策选择与法律治理——以竞争法为中心展开》，法律出版社 2016 年版，第 52～53 页。

⑦ 参见黄群慧、贺俊等：《真实的产业政策：发达国家促进工业发展的历史经验与最新实践》，经济管理出版社 2015 年版，第 45 页。

术进步和革命而私人公司不注重或无力承担的技术研发。1993 年 2 月，克林顿总统和戈尔副总统发表《促进美国竞争增长的技术——增强经济实力的新方向》的报告，其第一项原则指出：要求政府帮助那些对经济增长起关键作用，但因投资回收时间太长，或因投资太大个别企业负担不起，而私营公司不充分资助的技术。第五项原则是"反映美国企业的实际需要，使他们愿意分担研究费用或参加制定计划"。这两个报告明确指出，产业政策运用时，应该证明政府干预的合法性和正当性，即在市场存在缺陷的时候才给予帮助，而且联邦政府资助的是能够带来技术进步和技术革命，或起着经济增长的关键作用的技术，其中规定在私人企业不愿涉足，或长期投资回收时间太长的，或投资巨大而企业无法承担的技术研究与开发条件下，联邦政府才给予干预。⑧

而欧洲的产业政策则似乎介于东亚模式与美国模式之间，并且随着时间的推移而发生了明显的变化：在欧盟产业政策的发展过程中，由最初的对煤和钢铁业的直接强力干预，发展到 20 世纪 70 年代对一些传统产业部门的直接干预。自 20 世纪 90 年代开始，横向政策占据了绝对主导地位，部门政策的重要性下降。而进入 21 世纪之后，欧盟产业政策的部门政策指向越来越明显，几乎每份政策通报都有强调横向政策要与部门政策结合的内容，而且近年来的部门政策有了新的内涵：横向政策在改革具体部门的优先应用，为各具体部门的发展及结构调整创造其急需的外部环境。⑨

2. 产业政策的总体发展趋势

世界银行 1993 年报告——"东亚奇迹"指出：产业政策的确在东亚国家的经济发展过程中扮演着重要角色。然而，仅仅过了几年，东亚奇迹就陨落在 1997 年亚洲金融危机里。⑩ 而东亚奇迹的陨落，也预示着以产业结构政策为主轴的产业政策模式逐渐走向式微，在世界范围内，产业政策

⑧ 参见宾雪花：《产业政策法与反垄断法之协调制度研究》，中国社会科学出版社 2013 年版，第 214 页。

⑨ 参见孙彦红：《欧盟产业政策研究》，社会科学文献出版社 2012 年版，第 57 页。

⑩ 参见宾雪花：《产业政策法与反垄断法之协调制度研究》，中国社会科学出版社 2013 年版，第 207 页。

的运作机理和体系结构正在发生着深刻的变化。举其要者,主要有(但不仅限于)以下两个方面:

一是产业政策逐渐从“倾斜性政策”转向“功能性政策”,注重通过产业政策为各个具体产业部门创造更好的市场环境和竞争环境。在政策目标上,从挑选赢家(pick winner)转变为力促整体产业竞争力的提升。[11] 在适用机制上,从纵向调节走向横向协调(从差别性待遇的产业政策转向无差别的产业政策,笔者注)。这种产业政策从纵向走向横向,并通过横向政策创造竞争环境、支持研发创新、完善统一市场等制度手段和预算手段来针对不同的产业部门的特点,进行有机的政策设计,应当是一种趋势。[12]

二是产业政策作用的重点从传统行业转向高新技术领域和战略性产业,更加注重鼓励技术创新和产业技术政策的运用。随着第三次工业革命兴起,中间制造环节在产业发展中的重要性逐渐弱化,特别是产业深度融合发展,产业跨行业竞争加剧,占领战略制高点便能将关键产业优势渗透到传统产业,出现一损俱损、一荣俱荣的竞争格局。[13] 目前,激励、支持技术创新与技术扩散已成为发达国家产业政策最为重要的组成部分,成功追赶型国家(如日本、韩国等)在工业化中后期亦将产业政策的重点转移到鼓励技术创新,特别是构建有利于技术创新的市场环境和创新体系方面。[14]

(二)我国产业政策的演进与转型

20世纪80年代中期,政府主导的市场经济模式(所谓东亚模式)在我国国内得到较为普遍的认同,其以政府为主导的选择性产业政策模式颇受推崇,以这种产业政策模式来主导产业发展乃至经济发展,既保留了政府对经济发展的大量干预,同时也能够引进市场机制。因而,产业政策作为当时各方都能接受的政策模式和政策工具,成为中国政府推动计划经

---

⑪ 参见江山:《产业发展的政策选择与法律治理——以竞争法为中心展开》,法律出版社2016年版,第45页。

⑫ 同上书,第47页。

⑬ 参见黄汉权、任继球:《新时期我国产业政策转型的依据与方向》,载《经济纵横》2017年第2期。

⑭ 参见江飞涛、李晓萍:《当前中国产业政策转型的基本逻辑》,载《南京大学学报》(哲学·人文科学·社会科学)2015年第3期。

济向市场经济渐进式转变的重要方式。[15] 1989 年 3 月 15 日，国务院颁布《关于当前产业政策要点的决定》，被认为是我国产业政策发端的标志。[16]

此后，我国产业政策的制定与实施大致可以划分为两个阶段：第一阶段是 20 世纪 80 年代末期至 20 世纪 90 年代末期，在此阶段，产业政策的重点是推动总体产业发展，希望通过制定产业政策全面提升产业能级，促进产业发展，推动经济增长。第二阶段是 2000 年以来至今，产业政策的重点是促进重点产业升级与产业结构调整，产业政策不断细化，覆盖范围不断扩大，除了制定针对总体经济发展的产业政策外，针对重点产业的产业政策不断增多。[17] 从我国产业政策的实施效果来看，总体来讲，数量扩张型产业政策比质量提高型产业政策的实施效果更为显著：从 20 世纪 80 年代中期至 20 世纪 90 年代中期，产业政策以扩张性政策为主，重点是促进产业发展，成效显著；从 20 世纪 90 年代后期至今，产业政策以结构升级政策为主，重点是调整企业组织结构和技术结构，成效不大。[18]

随着我国经济社会的迅猛发展以及经济体制改革的不断深入，尤其是在国际环境发生深刻变化、新一轮科技革命呼之欲出的时代背景下，在当前及今后一个时期内，我国的产业政策必将进行重大调整。主要体现在以下几个方面：

首先，从产业政策的作用范围来看，应限于在市场失灵领域发挥作用。产业政策需改变过去广泛干预的模式，收缩政策范围，只限制在市场失灵和产业安全等领域发挥作用。具体应包括：不完全竞争产业领域，如高度自然垄断等产业；存在外部经济的部门，包括正外部性（如技术创新等）和负外部性（如污染等）；信息严重不对称的部门，如部分金融、医疗等产业；战略性贸易部门，如大飞机制造等产业；关系国家安全的部门，如卫星定位、航天等产业。[19]

---

⑮ 参见江飞涛、李晓萍：《当前中国产业政策转型的基本逻辑》，载《南京大学学报》（哲学·人文科学·社会科学）2015 年第 3 期。

⑯ 参见刘社建：《中国产业政策的演进、问题及对策》，载《学术月刊》2014 年第 2 期。

⑰ 同上。

⑱ 参见马晓河：《中国产业结构变动与产业政策演变》，中国计划出版社 2009 年版，第 89 页。

⑲ 参见黄汉权、任继球：《新时期我国产业政策转型的依据与方向》，载《经济纵横》2017 年第 2 期。

其次,从产业政策的作用重点来看,应当聚焦于促进技术创新及新技术扩散。与改革开放之初相比,我国产业政策的运行环境已经发生了很大的变化:逐渐消失的比较优势、国际规则(尤其 WTO 规则)对产业政策的限制、创新共识,都使政策制定者认识到产业政策的有限性,中国产业政策必须向创新方面转型。只有创新,才能获得持久的动态效率,增强整个社会福利。[20] 尤其是在经济新常态和新工业革命背景下,我国经济结构调整与经济转型比之前任何时候都更依赖于技术创新及创新驱动。因此,现阶段,我国迫切需要将产业政策的重点放在加快建立健全有利于促进技术创新及新技术扩散的良好市场环境。[21] 换言之,创新驱动的产业政策法更加注重产业技术政策立法,促进技术进步和创新,保障创新需要的物质条件。[22]

最后,从产业政策的作用方式来看,应当从"选择性"(或称"倾斜性")产业政策向"功能性"产业政策过渡。[23] 选择性产业政策行之有效的基本前提,是政府能在各个时点上正确挑选出未来一段时期"应该"发展的产业、产品、技术与工艺。如果说改革开放以来的前 30 年里,由于我国工业整体技术水平与发达国家存在很大差距,无论是在产业结构的演变、技术、工艺路线还是在产品设计、商业模式等方面都有发达国家的经验可供借鉴模仿,还存在某些有利于实施选择性产业政策的条件,那么在经济新常态与新工业革命背景下,则不具备实施选择性产业政策的前提条件。尤其是,较长一段时间以来,我国的产业政策(技术与创新政策)着重于主导创新资源配置,疏于构筑有利于技术创新的市场环境与科技公共服务

---

[20] 参见宾雪花:《产业政策法与反垄断法之协调制度研究》,中国社会科学出版社 2013 年版,第 212 页。

[21] 参见江飞涛、李晓萍:《当前中国产业政策转型的基本逻辑》,载《南京大学学报》(哲学·人文科学·社会科学)2015 年第 3 期。

[22] 参见宾雪花:《产业政策法与反垄断法之协调制度研究》,中国社会科学出版社 2013 年版,第 216 页。

[23] 根据政策功能的不同,产业政策可以划分为功能性产业政策和选择性产业政策。功能性产业政策通常指的是通过人力资源培训和研发补贴来提高产业部门国际竞争力的政策,其政策功能是弥补市场缺陷,通常没有特定的产业导向。选择性产业政策也就是日本式的产业政策,其政策功能是主动扶持战略产业和新兴产业,缩短产业结构的演进过程,以实现经济赶超目标。参见叶卫平:《产业政策对反垄断法实施的影响》,载《法商研究》2007 年第 4 期。

体系。这种政府的越位与缺位、政府与市场关系的错位，正是我国创新投入产出效率低下、科技成果转化率低等突出问题的根源，是实施创新驱动战略的主要障碍。[24] 在新的历史时期，我国产业政策作用方式应由倾斜性要素投入扶持向培育创新生态环境转变，由支持产业本身向改善公共服务和提高监管质量转变，由重视物质资本向重视人力资本转变。[25]

（三）产业政策转型背景下的知识产权评议

在改革开放以后相当长的时期之内，我国产业政策以选择性产业政策和产业结构政策为主导——这种产业政策模式的理论基础是"赶超理论"。赶超理论源于后发展国家的比较优势，认为后发展国家可以从发达国家直接取得现成的经济技术，吸取发达国家的经验教训，通过制定产业发展的扶持政策和确定优先发展的产业，在短时期内赶超发达国家。但是，施行选择性产业政策，必然在很大程度上压缩市场机制作用的空间，甚至在产业结构的调整、产业组织的实施、产业布局的规划等方面替代市场机制的作用。[26] 随着时代发展和我国社会主义市场经济体制的不断完善，尤其是在知识经济和新科技革命的背景下，我国产业政策正向功能型产业政策和创新驱动型产业政策转型，产业技术政策和产业组织政策正逐步取代产业结构政策，成为国家促进产业发展的重要手段和产业政策的核心。

产业政策的历史性转型，不仅将知识产权在产业发展中的地位提升到一个前所未有的高度，而且也为知识产权评议在产业发展中的运用创造了广阔的空间：

一方面，由于知识产权的创造与运用成为产业发展的核心要素，相应地，知识产权评议必将成为产业政策（尤其是产业技术政策）的重要组成部分。在新的历史时期，我国产业政策作用方式由倾斜性要素投入扶持向培育创新生态环境转变，由支持产业本身向改善公共服务和提高监管

---

[24] 参见江飞涛、李晓萍：《当前中国产业政策转型的基本逻辑》，载《南京大学学报》（哲学·人文科学·社会科学）2015 年第 3 期。

[25] 参见黄汉权、任继球：《新时期我国产业政策转型的依据与方向》，载《经济纵横》2017 年第 2 期。

[26] 参见叶卫平：《产业政策对反垄断法实施的影响》，载《法商研究》2007 年第 4 期。

质量转变。[27] 产业政策的作用重点,更加聚焦于加快建立健全有利于促进技术创新及新技术扩散的良好市场环境。[28] 而知识产权评议的广泛运用与制度化,不仅可以为市场主体创造与运用知识产权营造更好的市场环境与公共服务体系,而且可以为国家、区域和产业组织制定产业技术政策和创新战略,厘清技术发展路线提供支撑,从而理所当然地成为产业政策(尤其是产业技术政策)的重要政策工具。

另一方面,由于知识产权的争夺与保护成为产业政策的核心目标,相应地,知识产权评议必将成为评价产业政策以及一系列政府行为与市场行为的重要方法。除了作为产业技术政策的重要组成部分之外,知识产权评议还可以为产业结构政策、产业组织政策(包括竞争政策和反垄断政策)、产业布局政策提供重要的评价方法与评价标准。[29] 与此同时,从理论上说,政府投资以及政府对于市场主体所采取的一系列管制措施,也都是产业政策的具体体现与落实。与以往不同,产业政策转型背景下的政府投资与其他一系列政府管制行为,不应直接决定或者主导资源配置,而是应当更多着眼于知识产权的争夺与保护,此时,通过知识产权评议,便可以防范和化解重大投资等政府行为的知识产权风险,优化政府决策和政府管制。

二、知识产权评议在投资项目管理法律制度中的运用

(一)投资与政府投资

投资,是指投资者将一定的资财投入某种事业,以便未来能获得所期

[27] 参见黄汉权、任继球:《新时期我国产业政策转型的依据与方向》,载《经济纵横》2017 年第 2 期。

[28] 参见江飞涛、李晓萍:《当前中国产业政策转型的基本逻辑》,载《南京大学学报》(哲学·人文科学·社会科学)2015 年第 3 期。

[29] 一个国家或地区产业结构的布局与调整,是政治、经济、社会等多方面因素综合考量的结果,而技术因素和知识产权因素亦在其中占据着重要地位。在重点扶持产业确定以前,通过事前的知识产权评议,可以评估本国或本地区在该产业的创新能力与比较优势,发现现实和潜在的知识产权风险,预测产业发展的知识产权前景;而在重点扶持产业和扶持政策确定以后,就需要通过知识产权评议对该产业的技术创新和知识产权发展态势进行监测与分析,对产业政策的绩效进行动态评估,并且适时进行政策修订、决定政策退出或出台新的政策。参见朱一飞:《知识产权评议法律化的理论逻辑》,载《知识产权》2018 年第 12 期。

望的价值增值的一种经济活动。[30] 投资的本质,就是投资者为未来收益而现时投入的资金或资本。根据投资形式的不同,投资可以划分为纯金融投资和生产资料投资:二者虽然均对投资者提供货币报酬,但纯金融资产投资仅表现为所有权的转移,并不构成生产能力的增加;而生产资料投资能增加一国经济生产的能力,它是反映经济增长的因素。因此,经济学家将具有"生产性"用途的投资,即建筑物、生产设备等资本物的增加,视为经济学意义上的"投资";而将前者,比如购买股票、债券等活动,视为"金融资产的交易活动"或"金融投资"加以区分。当然,在排除金融投资的前提下,根据投资所形成的真实资产的不同,投资又可以分为固定资产投资、流动资产投资、无形资产投资和递延资产投资。[31]

与"投资"相关的另一个重要概念是"政府投资"。政府投资在西方也称为公共投资(public investment)或基础设施投资(infrastructure investment),是指政府为了满足公共需求,实现经济和社会发展目标,使用政府性资金进行的投资、购买、转移支付等活动。政府投资的含义有广义和狭义之分:狭义的政府投资仅指固定资产投资,即使用政府性资金进行的固定资产投资活动;而广义的政府投资除了基础设施投资以外,还包括医疗和教育等非建设性项目的公共支出。[32]

从经济学意义上说,将政府投资限定于"固定资产投资",具有重要的理论意义:首先,如果将转移性支出、购买性支出包含在政府投资范围内,会对评价政府投资效益,进而改革政府投资体制造成困难。因为转移性支出、购买性支出等广义的政府投资要么不具有投资效益,要么很难在短期内呈现投资效益,或者投资效益难以测算(如教育和医疗投资)。其次,如果放开政府投资的范围,可能会造成虚假投资、假借投资名义套取政府资金等行为产生,而固定资产投资是有形存在的,在决策、施工、管理、验收等环节都是可控的,因而可以在最大程度上避免上述情况的发生。再次,相比于其他形式的政府投资,固定资产投资具有数额大、周期长、效益长远等特点,因而在投资形式、审批、实施、监管等方面需要政府相关部门

---

[30] 参见李北伟主编:《投资经济学》,清华大学出版社 2009 年版,第 1 页。

[31] 张国平:《政府投资决策权研究》,中国法制出版社 2012 年版,第 6~7 页。

[32] 李振华:《政府投资立法研究》,中国政法大学出版社 2013 年版,第 22 页。

全程参与管理,需要针对固定资产投资的决策和管理等进行单独立法。最后,在投资体制改革中,政府投资更多是相对于民间资本进入基础设施和公用事业领域而言的。支持和鼓励民间资本进入先前由政府投资或者政府垄断的行业是近年来政府投资体制改革的重心。显然,这些领域几乎都是"固定资产投资"的领域。[33] 也正是基于上述考虑,因而经济学理论研究和投融资体制改革视阈下的"政府投资",一般来说仅指狭义的政府投资,即固定资产投资;而医疗、教育等非建设性项目的公共支出则通常被归属于政府采购、转移支付的范畴,而非政府投资。

在我国现行法律制度中,虽然尚缺乏对于"投资"或"政府投资"的专门性和权威性定义,但仍可通过一系列法规和政策性文件管中窥豹:例如,国家发展和改革委员会于 2014 年 1 月 29 日发布,并自 2014 年 3 月 1 日起施行的《中央预算内直接投资项目管理办法》第 2 条第 1 款规定:"本办法所称中央预算内直接投资项目,是指国家发展改革委安排中央预算内投资建设的中央本级(包括中央部门及其派出机构、垂直管理单位、所属事业单位)非经营性固定资产投资项目。"2016 年 11 月 30 日发布,并于 2017 年 2 月 1 日正式实施的《企业投资项目核准和备案管理条例》第 2 条则明确规定:"本条例所称企业投资项目,是指企业在中国境内投资建设的固定资产投资项目。"

由此可见,我国现行法律制度所界定和规范的"投资"与"政府投资",主要是指固定资产投资。将投资与政府投资限定为"固定资产投资",就明确地排除了财政划拨、政府采购以及政府日常行政开销等资金支付活动。当然,固定资产投资又包括了基本建设投资和更新改造投资。[34] 基于论述的需要,下文也将"投资"的含义限定为固定资产投资。

(二)投资项目管理法律制度的基本框架

1. 政府投资项目的投资范围及投资方式

政府投资项目,在国外通常称作"政府工程"(government project)或"公共工程"(public project)。根据我国财政部于 2000 年组织编写的《政

---

[33] 参见李振华:《政府投资立法研究》,中国政法大学出版社 2013 年版,第 24 ~ 25 页。

[34] 参见张国平:《政府投资决策权研究》,中国法制出版社 2012 年版,第 7 ~ 8 页。

府投资项目标底审查实务》的定义,所谓政府投资项目,是为了适应和推动国民经济或区域经济的发展,为了满足社会的文化、生活需要,以及出于政治、国防等因素的考虑,由政府通过财政投资,发行国债或地方政府债券,利用外国政府赠款以及国家财政担保的国内外金融组织的贷款等方式独资或合资兴建的固定资产投资项目。[35]

基于政府投资项目的特殊性质及其所承担的职能,从理论上说,政府投资的投资范围主要包括以下四类项目:一是政权设施项目,如党政机关办公用房、监狱等设施;二是社会公益性项目,如城市道路、城市绿化等;三是社会公众福利项目,如图书馆、医院、体育场馆等;四是城市基础设施项目,如发电厂、水利工程、道路交通等。[36] 而政府投资项目的投资方式则主要包括直接投资、资本金注入、投资补贴、转贷、贴息等。[37]

作为我国政府投资项目管理的重要依据和规范性文件,2016 年 7 月 5 日发布的中共中央、国务院《关于深化投融资体制改革的意见》(以下简称《投融资体制改革意见》)比较明确地规定了我国政府投资项目的投资范围和投资方式。《投融资体制改革意见》第(五)部分(进一步明确政府投资范围)指出:"政府投资资金只投向市场不能有效配置资源的社会公益服务、公共基础设施、农业农村、生态环境保护和修复、重大科技进步、社会管理、国家安全等公共领域的项目,以非经营性项目为主,原则上不支持经营性项目。"第(六)部分(优化政府投资安排方式)指出:"政府投资资金按项目安排,以直接投资方式为主。对确需支持的经营性项目,主要采取资本金注入方式投入,也可适当采取投资补助、贷款贴息等方式进行引导。"这与政府投资理论的基本原理与要求是高度一致的。

2. 政府投资项目的决策制度

截至目前,对于政府投资项目的全过程管理,我国尚未出台完整、详尽的专门性法律法规。国务院法制办曾于 2010 年 1 月公布《政府投资条例(征求意见稿)》,但由于种种原因,该条例至今并未正式颁布。从现有一系列法规和规范性文件来看,政府投资项目管理的核心与关键环节,是

---

[35] 参见张国平:《政府投资决策权研究》,中国法制出版社 2012 年版,第 12 页。

[36] 参见李振华:《政府投资立法研究》,中国政法大学出版社 2013 年版,第 22 页。

[37] 同上书,第 32、125 ~ 126 页。

项目决策制度。

具体来说，政府投资项目决策包括宏观决策和微观决策两个部分(或者说两个阶段)。宏观决策是对政府性资金使用的原则性规定，主要是在全国或某一地区范围内，政府对投资方向、投资规模、投资结构、投资布局等全局性、长期性重大问题所作的决策，一般表现为政府投资的中长期规划；微观决策则是对政府性资金使用的具体确定，是将政府性资金落实到具体项目上，其又包括“项目确定”和“资金安排”两个阶段——项目的初始源头是规划，依据规划提出项目，并通过行政审批的方式确定项目。而在此基础上，由于政府财力的限制，并非所有获得立项的项目都能进入政府投资的范围，需要根据资金总量、项目条件以及经济社会发展形势对已有项目进行筛选，一般通过政府年度投资计划的方式确定待投资的项目(通常称为“进盘子”)。进入政府投资计划的项目才能获得资金安排，投入正式运作。至此，政府投资项目决策方能宣告完成。[38]

2014 年 1 月 29 日由国家发展和改革委员会发布，并自 2014 年 3 月 1 日起施行的《中央预算内直接投资项目管理办法》设专章(第二章)规定了“项目决策”制度，将宏观决策与微观决策相结合的原则落实到具体的制度设计之中。该办法第 8 条规定：“适宜编制规划的领域，国家发展改革委和中央有关部门应当编制专项规划。按照规定权限和程序批准的专项规划，是项目决策的重要依据。”在此基础之上，该办法用更大的篇幅对政府投资项目审批制度(微观决策)进行了规定，下文将详细述之。

2016 年 7 月 5 日发布的中共中央、国务院《投融资体制改革意见》对于宏观决策与微观决策相结合的政府投资项目管理模式进行了更加全面的阐述。《投融资体制改革意见》第(七)部分(规范政府投资管理)规定：“依据国民经济和社会发展规划及国家宏观调控总体要求，编制三年滚动政府投资计划，明确计划期内的重大项目，并与中期财政规划相衔接，统筹安排、规范使用各类政府投资资金。依据三年滚动政府投资计划及国家宏观调控政策，编制政府投资年度计划，合理安排政府投资。”“改进和规范政府投资项目审批制，采用直接投资和资本金注入方式的项目，对经

---

[38] 参见张国平：《政府投资决策权研究》，中国法制出版社 2012 年版，第 13 ~ 14 页。

济社会发展、社会公众利益有重大影响或者投资规模较大的，要在咨询机构评估、公众参与、专家评议、风险评估等科学论证基础上，严格审批项目建议书、可行性研究报告、初步设计。”

当然，特别需要说明的是，对于政府投资项目的管理，并非仅限于投资前的“项目决策”，而是包括事前、事中、事后监管的完整制度体系。就此而言，《中央预算内直接投资项目管理办法》设置专章（第三章“建设管理”），明确规定了政府投资项目的代理建设制度（代建制）、招标采购制度、建设情况报告制度、投资概算调整制度、竣工决算制度、竣工验收制度以及项目后评价制度等，从而建构起了“项目决策”与“建设管理”相结合的政府投资项目管理制度。囿于论题，本书不对政府投资项目的建设管理制度（政府投资项目的事中和事后监管）进行介绍与论述。

3. 政府投资项目的审批程序

在我国，政府投资项目的微观决策和管理是一个“多阶段化”的超级程序。诚如学者所言，我国的基本建设程序（capital construction procedure）通常包括多个大的阶段（立项阶段—设计阶段—施工阶段—竣工验收阶段），阶段之下又各自分成若干环节，在每个环节上，几乎都设有行政审批事项。[39] 也正因如此，政府投资项目审批程序实质上是一系列的行政审批，并且这一系列行政审批涉及不同的法律问题，具有不同的法律性质，归口于不同的行政机关。

根据2014年1月29日由国家发展和改革委员会发布，并自2014年3月1日起施行的《中央预算内直接投资项目管理办法》，政府直接投资项目审批主要包括项目建议书审批、可行性研究报告审批、初步设计审批等

---

[39] 有学者将调整这一连串程序阶段和审批事项的法律法规合称为“基本建设法”，并进一步指出，建设项目审批程序的基本建制散见于各部门法之中，每个部门法领域的程序建制又存在其各自的问题。具体而言，基本建设法包括《城乡规划法》《土地管理法》《环境影响评价法》《水土保持法》《消防法》《建筑法》《建设工程质量管理条例》《国务院关于投资体制改革的决定》等各式法律、行政法规以及由此衍生出的数量庞大的部门规章、地方性法规、地方政府规章等。参见唐明良：《行政法治与政府自身改革的耦合性发展：从法治政府建设的地方实践展开》，中国政法大学出版社2017年版，第56~57页。

三个阶段(情况特殊、影响重大的项目,需要审批开工报告)。[40] 而在每个阶段内,实则又"并联"着若干审批事项与审批程序,以下对这三个阶段分别简要述之。

(1)项目建议书审批

项目建议书要对项目建设的必要性、主要建设内容、拟建地点、拟建规模、投资匡算、资金筹措以及社会效益和经济效益等进行初步分析,并附相关文件资料。

项目建议书编制完成后,由项目单位按照规定程序报送项目审批部门审批。项目审批部门对符合有关规定、确有必要建设的项目,批准项目建议书,并将批复文件抄送城乡规划、国土资源、环境保护等部门。

项目单位依据项目建议书批复文件,组织开展可行性研究,并按照规定向城乡规划、国土资源、环境保护等部门申请办理规划选址、用地预审、环境影响评价等审批手续。

(2)可行性研究报告审批

项目建议书批准后,项目单位应当委托工程咨询机构编制可行性研究报告,对项目在技术和经济上的可行性以及社会效益、节能、资源综合利用、生态环境影响、社会稳定风险等进行全面分析论证,落实各项建设和运行保障条件,并按照有关规定取得相关许可、审查意见。

可行性研究报告编制完成后,由项目单位按照规定程序报送项目审批部门审批,并应当附以下文件:①城乡规划行政主管部门出具的选址意见书;②国土资源行政主管部门出具的用地预审意见;③环境保护行政主管部门出具的环境影响评价审批文件;④项目的节能评估报告书、节能评估报告表或者节能登记表;⑤根据有关规定应当提交的其他文件。

项目审批部门对符合有关规定、具备建设条件的项目,批准可行性研究报告,并将批复文件抄送城乡规划、国土资源、环境保护等部门。

---

[40] 需要说明的是,《中央预算内直接投资项目管理办法》第 3 条第 2 款规定,国务院、国家发展改革委批准的专项规划中已经明确、前期工作深度达到项目建议书要求、建设内容简单、投资规模较小的项目,可以直接编报可行性研究报告,或者合并编报项目建议书。第 24 条第 2 款规定,对于按照可行性研究报告批复文件的规定需要审批开工报告的项目,应当在开工报告批准后方可开工建设。

(3)初步设计审批

经批准的可行性研究报告是确定建设项目的依据。项目单位可以依据可行性研究报告批复文件,按照规定向城乡规划、国土资源等部门申请办理规划许可、正式用地手续等,并委托具有相应资质的设计单位进行初步设计。

初步设计应当符合国家有关规定和可行性研究报告批复文件的有关要求,明确各单项工程或者单位工程的建设内容、建设规模、建设标准、用地规模、主要材料、设备规格和技术参数等设计方案,并据此编制投资概算。投资概算应当包括国家规定的项目建设所需的全部费用。

初步设计编制完成后,由项目单位按照规定程序报送项目审批部门审批。法律法规对直接投资项目的初步设计审批权限另有规定的,从其规定。经批准的初步设计及投资概算应当作为项目建设实施和控制投资的依据。[41]

4. 企业投资项目核准与备案制度

与政府投资不同,企业投资是一种市场行为,原则上应当属于市场主体"经营自由"和"意思自治"的范围,因此,我国对于企业投资项目采用了完全不同于政府投资项目的管理模式与管理体制。当然,基于投资领域、投资规模、投资性质等方面的差异性,不同的企业投资项目须分别适用"核准制"与"备案制"这两种不同的管理体制。

2016年7月5日发布的中共中央、国务院《投融资体制改革意见》将"改善企业投资管理,充分激发社会投资动力和活力"作为一个重要的部分予以单列并进行了详细阐述。《投融资体制改革意见》第(一)部分(确立企业投资主体地位)开宗明义地规定:"坚持企业投资核准范围最小化,原则上由企业依法依规自主决策投资行为。""对极少数关系国家安全和生态安全、涉及全国重大生产力布局、战略性资源开发和重大公共利益等项目,政府从维护社会公共利益角度确需依法进行审查把关的,应将相关

---

[41] 除了上述审批程序和审批事项之外,政府直接投资项目的审批还有一些共性的程序要求和条件:例如,在决策机制方面,审批部门审批直接投资项目时,一般应当委托具备相应资质的工程咨询机构对项目建议书、可行性研究报告进行评估。特别重大的项目实行专家评议制度;在信息公开方面,发展改革委与财政、城乡规划、国土资源、环境保护、金融监管、行业管理等部门建立联动机制,实现信息共享。

事项以清单方式列明,最大限度缩减核准事项。"《投融资体制改革意见》第(二)部分(建立投资项目"三个清单"管理制度)进一步明确规定:"及时修订并公布政府核准的投资项目目录,实行企业投资项目管理负面清单制度,除目录范围内的项目外,一律实行备案制,由企业按照有关规定向备案机关备案。"

作为对中央改革部署的贯彻落实和制度化,2016 年 11 月 30 日发布,并于 2017 年 2 月 1 日正式实施的《企业投资项目核准和备案管理条例》第 3 条规定:"对关系国家安全、涉及全国重大生产力布局、战略性资源开发和重大公共利益等项目,实行核准管理。具体项目范围以及核准机关、核准权限依照政府核准的投资项目目录执行。""对前款规定以外的项目,实行备案管理。除国务院另有规定的,实行备案管理的项目按照属地原则备案,备案机关及其权限由省、自治区、直辖市和计划单列市人民政府规定。"

根据行政法规的授权及企业投资项目核准制度的具体要求,国务院于 2016 年 12 月 12 日发布《政府核准的投资项目目录(2016 年本)》,划定了农业水利、能源、交通运输、信息产业、原材料、机械制造、轻工、高新技术、城建、社会事业、外商投资、境外投资 12 类须由政府核准的投资项目,并明确规定了 12 类核准类企业投资项目的界定标准及其核准机关。企业、事业单位、社会团体等投资建设在该目录内的固定资产投资项目,须按照规定报送有关项目核准机关核准。

5. 企业投资项目核准与备案的具体程序

优化管理流程是企业投资项目核准与备案制度设计的宗旨与核心,中共中央、国务院《投融资体制改革意见》就此提出了明确要求:"实行备案制的投资项目……不得设置任何前置条件。实行核准制的投资项目,政府部门要……实行并联核准。精简投资项目准入阶段的相关手续,只保留选址意见、用地(用海)预审以及重特大项目的环评审批作为前置条件……"

按照《投融资体制改革意见》提出的总体要求,《企业投资项目核准和备案管理条例》详尽规定了企业投资项目的核准程序与备案程序,分别简述如下:

(1)企业投资项目核准程序

企业办理项目核准手续,应当向核准机关提交项目申请书。项目申请书应当包括下列内容:①企业基本情况;②项目情况,包括项目名称、建设地点、建设规模、建设内容等;③项目利用资源情况分析以及对生态环境的影响分析;④项目对经济和社会的影响分析。法律、行政法规规定办理相关手续作为项目核准前置条件的,企业应当提交已经办理相关手续的证明文件。

核准机关应当从下列方面对项目进行审查:①是否危害经济安全、社会安全、生态安全等国家安全;②是否符合相关发展建设规划、技术标准和产业政策;③是否合理开发并有效利用资源;④是否对重大公共利益产生不利影响。项目涉及有关部门或者项目所在地地方人民政府职责的,核准机关应当书面征求其意见,被征求意见单位应当及时书面回复。核准机关委托中介服务机构对项目进行评估的,应当明确评估重点;除项目情况复杂的,评估时限不得超过30个工作日。评估费用由核准机关承担。

核准机关应当自受理申请之日起20个工作日内,作出是否予以核准的决定;项目情况复杂或者需要征求有关单位意见的,经本机关主要负责人批准,可以延长核准期限,但延长的期限不得超过40个工作日。核准机关委托中介服务机构对项目进行评估的,评估时间不计入核准期限。

核准机关对项目予以核准的,应当向企业出具核准文件;不予核准的,应当书面通知企业并说明理由。

(2)企业投资项目备案程序

实行备案管理的项目,企业应当在开工建设前通过在线平台将下列信息告知备案机关:①企业基本情况;②项目名称、建设地点、建设规模、建设内容;③项目总投资额;④项目符合产业政策的声明。备案机关收到以上全部信息即为备案;企业告知的信息不齐全的,备案机关应当指导企业补正。

备案机关如发现已备案项目属于产业政策禁止投资建设或者实行核准管理的,应当及时告知企业予以纠正或者依法办理核准手续,并通知有关部门。

(三)知识产权评议与投资项目管理的功能融合

知识产权评议在政府投资项目和企业投资项目管理中具有重要而广

阔的运用前景,既可以运用于项目投资前的审批程序,也可以运用于项目实施和建设过程中的事中和事后监管;既有助于产业政策、投资规划等宏观决策,也能够助益于政府投资项目审批、企业投资项目核准等微观决策。具体来说,知识产权评议在投资项目管理中的功能主要体现在以下几个方面:

(1)辅助制定政府投资规划和政府投资项目目录。通过对若干重点产业和技术领域进行专利分析,可以了解产业链知识产权(主要是专利)布局和竞争态势,判断产业发展、新产品和新技术研发的趋势与重点。在此基础上,政府相关部门可以根据区域内创新要素及知识产权资源的分布特点和竞争优势,制订本区域的政府投资规划,形成政府投资项目指南和目录。

(2)遴选投资项目与项目投资方。通过专利检索与分析,可以准确评价备选投资项目(包括政府投资项目和企业投资项目)的技术先进性、成熟度和安全性,评估备选投资项目与本地区产业政策、科技政策、投资规划、投资指南和目录的吻合度,以及项目投资方的技术创新能力和知识产权综合实力(包括是否拥有核心知识产权、知识产权布局状况、知识产权实施和转移转化状况、知识产权安全性等),从而有助于政府相关部门遴选出技术水平高、发展前景好且与本区域发展目标吻合度高的投资项目(包括政府投资项目和企业投资项目),以及选择具有较强技术创新能力和核心知识产权的项目投资方。

(3)评估投资项目的知识产权风险并提出预防或减轻知识产权风险和不良影响的应对措施。通常来说,投资项目的知识产权风险包括该项目相关知识产权的权利是否稳定、权属是否清晰,权利人是否拥有对知识产权的处置权和执行权,权利实施是否依赖于其他人拥有的知识产权,是否存在侵权风险和合同违约风险等。[42] 对于具有重大知识产权风险的投资项目,政府相关部门可以依据知识产权评议的结论不予审批或核准。而对于具有潜在知识产权风险的投资项目,通过知识产权评议,可以预测

---

[42] 参见贺化主编:《评议护航——经济科技活动知识产权分析评议案例启示录》,知识产权出版社2014年版,第264页。

项目实施后可能产生的知识产权问题与不良影响，并且有针对性地提出预防或降低知识产权风险和不良影响、避免知识产权违法行为的应对措施和处置方案。例如，在合资合作项目中，可以通过在项目实施前引入知识产权价值评估的方法，科学评估投资方用以作价出资的知识产权的价值及其风险，进而在合资合作中选择适当的知识产权出资模式和收益模式来预防和降低知识产权风险。

(4)对投资项目的绩效与知识产权影响进行跟踪评价。一方面，通过知识产权价值评估、专利分析等方法，政府相关部门可以对项目实施后既有知识产权转移转化效益、知识产权投入产出效益、市场竞争威胁、产业集聚成效、品牌附加值等进行评价，进而为投资项目的绩效评价提供科学依据。[43] 另一方面，通过知识产权评议，可以评价投资项目实施后实际产生的知识产权影响是否与事前预测相一致，是否产生了知识产权违法行为或者重大不良知识产权影响；项目实施前的知识产权评议中所提出的预防或减轻不良知识产权影响的对策和措施是否得到执行，这些措施对于预防或减轻不良知识产权影响是否充分、有效，是否需要增加或者变更应对措施等。

(四)知识产权评议与投资项目管理的制度衔接

1. 知识产权评议的法律性质界定

知识产权评议与投资项目管理法律制度的衔接与整合，一方面，自应考虑如何充分发挥知识产权评议在投资项目管理中的效用，通过设置科学合理的评议机制，优化投资决策和防范知识产权风险；另一方面，也要基于当前政府体制改革和行政审批制度改革的背景与要求，着眼于投资项目审批程序的整体优化与精简化，尤其要避免知识产权评议与现有项目审批程序的简单叠加，造成“超级多阶段化”的投资管理程序和“叠床架屋”式的审批机制，从而违背“放管服”改革的初衷与方向。[44] 因此，合理合

---

[43] 参见贺化主编：《评议护航——经济科技活动知识产权分析评议案例启示录》，知识产权出版社2014年版，第265页。

[44] 有学者将我国建设项目审批程序法制的主要问题，概括为：超级多阶化的程序构造，繁复冗长的审批环节，互为接力的审批次序，泛化失泛与“去责任化”的技术审查程序四个方面，（参见唐明良：《行政法治与政府自身改革的耦合性发展：从法治政府建设的地方实践展开》，中国政法大学出版社2017年版，第56～66页）诚哉斯言。

法地界定知识产权评议的法律性质，就成为构建知识产权评议制度及其融入投资项目管理制度的“牛鼻子”。

从本轮投融资体制改革的总体思路来看，无论是政府投资项目管理抑或企业投资项目管理，改革的焦点均在于控制事前审批环节与整合审批机制：根据相关规定，对于采用直接投资和资本金注入方式的政府投资项目，项目审批包括项目建议书审批、可行性研究报告审批、初步设计审批三个环节，而城乡规划部门的选址意见、国土资源部门的用地预审意见、环境保护部门的环境影响评价审批则被作为“可行性研究报告审批”的前置环节，从而整体性地嵌入项目审批程序之中。[45] 对于企业投资项目，同样只保留选址意见、用地(用海)预审以及重特大项目的环评审批作为项目核准与备案的前置条件。[46]

那么，在此基础之上，知识产权评议是否应当作为投资项目审批、核准或备案的前置条件，或者作为一项独立的行政审批程序呢？这就要基于行政审批的制度构造与知识产权评议自身的特点来进行综合分析：

首先，事前审批是一种干预强度较高的政府规制工具。通常来说，政府规制，是政府为了维护公众利益、纠正市场失灵，依据法律和法规，以行政、法律和经济等手段限制和规范市场中特定市场主体活动，确立市场竞争秩序，促进市场经济稳健发展。[47] 质言之，政府规制的实施以及规制工具的采用，需要有相应的公共利益作为正当性基础。然而问题在于，并非所有的投资活动都与知识产权具有紧密关联，而且即使投资项目存在知识产权风险，在多数情况下(尤其对于企业投资而言)，此种风险也可由投

---

[45] 2014年1月29日由国家发展和改革委员会发布、并自2014年3月1日起施行的《中央预算内直接投资项目管理办法》第16条规定：“可行性研究报告编制完成后，由项目单位按照规定程序报送项目审批部门审批，并应当附以下文件：(一)城乡规划行政主管部门出具的选址意见书；(二)国土资源行政主管部门出具的用地预审意见；(三)环境保护行政主管部门出具的环境影响评价审批文件；(四)项目的节能评估报告书、节能评估报告表或者节能登记表(由中央有关部门审批的项目，需附国家发展改革委出具的节能审查意见)；(五)根据有关规定应当提交的其他文件。”

[46] 2016年7月5日发布的中共中央、国务院《关于深化投融资体制改革的意见》规定：“实行备案制的投资项目……不得设置任何前置条件。实行核准制的投资项目，政府部门要……实行并联核准。精简投资项目准入阶段的相关手续，只保留选址意见、用地(用海)预审以及重特大项目的环评审批作为前置条件；按照并联办理、联合评审的要求，相关部门要协同下放审批权限，探索建立多评合一、统一评审的新模式。”

[47] 参见王健：《中国政府规制理论与政策》，经济科学出版社2008年版，第4页。

资者自行承担，而未必涉及社会公共利益。因而，倘若制度设计上将知识产权评议作为所有投资活动的一项事前审批，则将欠缺其正当性基础，从而构成规制目的与手段之“不当联结”。[48]

其次，知识产权评议在投资项目管理中的主要功能是优化投资决策、防范知识产权风险，但此种功能并不一定需要通过设置一项独立的行政审批程序（或者将评议作为投资项目审批、核准与备案的前置条件）方能实现，而是完全可以通过其他行政程序和审批事项来进行“管制目标渗透”。[49] 具体来说，其一，知识产权评议可以被分解到产业政策、政府投资计划制定程序之中，即通过知识产权评议来优化产业政策和政府投资计划，防范产业政策和政府投资计划的知识产权风险，进而通过产业政策、政府投资计划来引导和规范具体的投资活动；其二，知识产权评议的评议结论可以作为项目主管部门在投资项目审批或核准程序中的一个审查要件和裁量要素予以综合考量，从而实现投资项目审批“多评合一、统一评审”的要求；其三，项目主管部门还可以通过项目实施过程中的知识产权评议（事中和事后环节的监管），来动态评估投资项目的绩效和知识产权状况，从而不断优化项目实施方案，避免知识产权不良影响和违法行为。

最后，从知识产权评议自身的运作机理与特点来看，除了极少数重大的、不可补救的知识产权风险之外，在多数情况下，知识产权风险并不足以成为项目上马的“一票否决”条件，相应地，知识产权评议的重点，往往是在预判知识产权风险的基础之上，优化投资方向和技术方案，或者提出替代性方案和风险应对措施，并且在项目实施过程中对知识产权状况进行动态跟踪评价（包括项目实施实际产生的知识产权问题与影响，知识产权评议所提出的预防或减轻不良知识产权影响的对策和措施是否得到执行，这些措施对于预防或减轻不良知识产权影响是否充分、有效，是否需

㊽ 不当联结禁止是行政法的一项基本原则，它不仅适用于行政处罚、行政给予等具体行政行为领域，也需要在立法设计上予以贯彻，其基本内涵是行政机关所追求之目的与其所采取的手段之间若缺乏事理上的关联，则不能强行加以联结。参见唐明良：《行政法治与政府自身改革的耦合性发展：从法治政府建设的地方实践展开》，中国政法大学出版社 2017 年版，第 60 页。

㊾ 有学者举例，有的地方将建设项目审批过程中的供地审核、投资年度计划、工程报建备案和矿产压覆登记等审批手续（或前置条件）等予以取消，同时，将诸如压覆矿情况等作为供地审批事项实施过程中的一个审查要件和裁量要素，以实现实质合法性的弥补。同上书，第 68 页。

要增加或者变更应对措施等)。从这个意义上说,知识产权评议与环境影响评价存在重大区别:在我国,环境影响评价是一种"前置性否定权装置",即环评结论是开放项目准驳的前置性要件,如果未经环评或虽经环评但未通过,则不待其他因素的考量而直接驳回开发项目的动议。[50] 相反,知识产权评议在多数情况下不宜作为投资项目的前置性否决要件。知识产权评议的要义,除了预测投资项目的知识产权风险之外,更重要地在于提出应对措施,并在事中和事后进行动态评估。也正因如此,如果制度设计上将知识产权评议作为投资项目管理程序中一项独立的和前置性的行政审批,将是鲁莽而不科学的。

综上所述,笔者认为,知识产权评议不应被作为投资项目管理体制中一项独立的行政审批程序,也不宜简单化地被定性为投资项目审批、核准或备案的前置条件。从法律性质上说,知识产权评议应当被界定为一种"技术性审查"[51]:一方面,知识产权评议主体只负责预测投资项目的知识产权风险、提出处置方案或应对措施以及对项目实施过程中的知识产权状况进行动态评价等技术事项,但并不直接参与投资项目的决策和管理;另一方面,知识产权评议与投资项目审批和监管程序构成一种"并联"关系,对于依法应当进行知识产权评议的投资项目,评议主体须作出评议结论并反馈至项目主管部门,评议结论既可以作为项目决策(包括项目审批和项目核准)的审查要件和裁量要素,也可以作为事中和事后监管的重要依据。

2. 知识产权评议的适用范围

对于政府投资项目,我国采取严格的行政审批制度。中共中央、国务院《关于深化投融资体制改革的意见》明确提出:"改进和规范政府投资项

---

[50] 参见唐明良:《环评行政程序的法理与技术——风险社会中决策理性的形成过程》,社会科学文献出版社 2012 年版,第 52 ~ 53 页。

[51] 根据《行政许可法》第 28 条的规定,我国导入了行政审查和技术审查相分离的基本规则,行政审批中涉及的一些技术事项,由符合法定条件的专业技术组织实施审查。这是所谓"行政任务民营化"的一种表现。由于建设项目审批本质上属于行政法理上的"预测决定",需要"决策于未知",故而实施此种"民营化"、将大量事项委托中介技术机构实施审查的动机尤为强烈,在包括可行性研究报告、环评、水保、节能评估、规划测绘、防雷检测、施工图审查、地质勘察、规划方案设计、初步设计、施工图设计等在内的审批事项中,无不充斥着技术审查和中介机构的身影。同上书,第 63 ~ 64 页。

目审批制，采用直接投资和资本金注入方式的项目，对经济社会发展、社会公众利益有重大影响或者投资规模较大的，要在咨询机构评估、公众参与、专家评议、风险评估等科学论证基础上，严格审批项目建议书、可行性研究报告、初步设计。"《中央预算内直接投资项目管理办法》第22条规定："直接投资项目应当符合规划、产业政策、环境保护、土地使用、节约能源、资源利用等方面的有关规定。"由此可见，政府直接投资项目的管理和审批，需要综合考虑项目对经济社会发展和社会公共利益的影响、项目的投资风险以及项目是否符合产业政策等方面的因素，因此，作为评估防范知识产权风险、分析预测项目投资价值和可行性以及进一步优化投资方向和技术方案的重要手段，知识产权评议极有必要运用于政府直接投资项目的管理流程之中，应无疑义。

唯需注意的是，基于行政效率与管制必要性的考虑，并非所有的政府投资项目均须适用知识产权评议。亦即，对于知识产权评议在政府投资项目中的适用范围，应当设置一定的"过滤"（screening）机制[52]——从各省市知识产权评议的实践来看，过滤的标准，须综合考量政府投资的规模、影响力及其与知识产权的关联性。[53] 关于这方面的具体制度设计，将在本书第六章（知识产权评议的制度构建）详加探讨，此不赘述。

而对于企业投资项目是否须适用知识产权评议，问题则更为复杂：一方面，企业投资活动原则上应为市场主体"经营自由"和"意思自治"的范围，投资的收益与风险均由企业自身承担，政府不应、也无须予以过多管制。我国当前推行"放管服"改革，通过简政放权、放管结合、优化服务，要义也正在于减少政府对市场行为的干预。不仅如此，企业投资项目的数量巨大，如果海量的企业投资项目均须适用知识产权评议，则由此而造成

---

[52] "过滤机制"这一概念源自环境影响评价法律制度，系指在环境影响评估程序中于每个个别事业，根据有关事业内容及其事业实施地区的特性，简易地推定环境影响的程度，关于事业是否有实施环境影响评估的必要，依关系机关的意见询问而判断的结构与程序。质言之，它是一个是否适用环评的"选拔、淘汰"机制。参见唐明良：《环评行政程序的法理与技术——风险社会中决策理性的形成过程》，社会科学文献出版社2012年版，第89页。

[53] 在各省市知识产权评议的实践中，各地往往是根据本地实际情况，通过综合考虑各类经济活动的"强度"（或称影响力）和"背景"，对各类审查对象分别给出差异化的"定量标准"。参见何炼红：《论我国重大经济活动知识产权审议机制的建构》，载《知识产权》2010年第1期。

的制度成本实在过于高昂。

另一方面,放松管制绝不等于不管制,而是要求优化管理的方式方法,通过制度创新降低市场运行的行政成本,在确立企业主体地位、提升企业活力的同时,引导和规范企业投资行为。尤其是对于实行核准制的企业投资项目而言,国务院《关于发布政府核准的投资项目目录(2016 年本)的通知》明确提出:"法律、行政法规和国家制定的发展规划、产业政策、总量控制目标、技术政策、准入标准、用地政策、环保政策、用海用岛政策、信贷政策等是企业开展项目前期工作的重要依据,是项目核准机关和国土资源、环境保护、城乡规划、海洋管理、行业管理等部门以及金融机构对项目进行审查的依据。"可见,对于实行核准制的企业投资项目而言,发展规划、产业政策、技术政策、准入标准等都应当是政府相关部门实施项目管理和企业进行投资活动的重要依据。

因此,作为评估和判断企业投资项目是否符合发展规划、产业政策、技术政策、准入标准等的重要方法(甚至是主要方法),知识产权评议在企业投资项目管理流程中,仍有其适用的必要性与空间。当然,考虑到企业投资项目与政府投资项目在性质上的差异,对于知识产权评议在企业投资项目中的适用范围,应当设置更加精细化的"过滤机制":事实上,《政府核准的投资项目目录》本身便是一个过滤机制,通过划定须实行核准制的 12 类企业投资项目并明确规定各类投资项目的界定标准,达成对于"重要的"企业投资项目的筛选。故而笔者认为,知识产权评议在企业投资项目中的适用,可以以核准类企业投资项目作为基础性条件,凡是采用备案制的企业投资项目,均无须适用知识产权评议。但与此同时,由于《政府核准的投资项目目录》并非为知识产权评议"量身定制",其所划定的 12 类投资项目,有可能存在与知识产权关联性不强的情形,为此,可授权项目主管部门和知识产权评议主体作出进一步"筛选",通过综合考量企业投资的领域、规模、影响力及其与知识产权的关联性,制定须适用知识产权评议的企业投资项目的具体标准。

在此基础之上,对于经过"过滤机制"的筛选,须适用知识产权评议的政府投资项目和企业投资项目,在知识产权评议的制度设计上还应当根据项目本身的性质、特点及其所蕴含的知识产权问题,采用多样化的繁简各异的评议方式和评议内容（包括权利合法性审查、知识产权风险评估、知识产权价值评估、对国家安全的影响评估等）。唯其如此，才能保证知识产权评议的评议效率，降低评议成本，并且将评议对于企业投资活动的干预限制在最小的必要范围。关于这方面的内容，本书第六章（知识产权评议法律制度的构建）将详细探讨，此不赘述。

3. 知识产权评议与投资项目管理的程序对接

知识产权评议与投资项目管理的功能融合与制度衔接，最终须落实到一定的程序机制。由于我国对于政府投资项目和企业投资项目采取了不同的管理模式，故而知识产权评议与二者对接的方式自然也有所不同，以下分别述之。

（1）知识产权评议与政府投资项目管理的程序对接

对于政府投资项目，知识产权评议可以运用于投资项目管理的全过程，并与相应的管理机制进行衔接与整合，包括宏观决策、微观决策（项目审批）、项目实施（事中监管）和项目建成运行后（事后监管）四个阶段：

首先，在宏观决策阶段，应当在产业政策、政府投资计划制定程序中引入知识产权评议机制。通过此阶段的知识产权评议，主要是明确本地区产业发展和政府投资的重点和计划，防范和避免产业政策和政府投资计划的知识产权风险，从而对具体的政府投资项目进行规划和引导。[54]

其次，在微观决策（项目审批）阶段，知识产权评议机制应当与政府投资项目的“可行性研究报告审批”程序相对接，并将知识产权评议主体出具的评议结论作为项目审批部门审查和批准可行性研究报告的重要依据。而之所以选择在可行性研究报告审批程序中吸纳知识产权评议，而不是在更早的项目建议书审批阶段，主要是考虑到在可行性研究报告编制完成之前，投资项目的许多信息还未形成或者确定，从而会对知识产权评议的效果产生影响。可行性研究报告审批阶段的知识产权评议，须对某一具体的政府投资项目的知识产权风险进行预测分析，并提出处置方

[54] 中共中央、国务院《投融资体制改革意见》第（七）部分（规范政府投资管理）规定：“依据国民经济和社会发展规划及国家宏观调控总体要求，编制三年滚动政府投资计划，明确计划期内的重大项目，并与中期财政规划相衔接，统筹安排、规范使用各类政府投资资金。依据三年滚动政府投资计划及国家宏观调控政策，编制政府投资年度计划，合理安排政府投资。”

案或应对措施。

再次，在项目实施（事中监管）阶段，应当在“招标采购”程序和“项目建设情况报告”程序中建立知识产权评议机制。[55] 前者重在对项目采购的货物和服务进行知识产权审查，避免出现知识产权侵权和其他知识产权违法行为。后者则更为复杂，一是要评估前期知识产权评议中提出的要求和对策措施是否得到执行，以及这些措施对于预防或减轻不良知识产权影响是否充分、有效；二是要跟踪分析项目实施过程中是否产生了新的或未被预期的知识产权问题和影响，是否需要增加或者变更应对措施等。

最后，在项目建成运行后（事后监管）阶段，应当在项目审批机关的“项目后评价”中增加知识产权评议的内容。[56] 此阶段知识产权评议的评议内容，应当是整体分析政府投资项目的知识产权保护和运用状况、项目实际产生的知识产权影响以及是否需要采取新的预防或减轻不良知识产权影响的对策措施。

（2）知识产权评议与企业投资项目管理的程序对接

对于企业投资项目，知识产权评议也可运用于项目管理的事前、事中和事后阶段，只是由于企业投资项目的管理体制与政府投资项目不同，故而知识产权评议的程序设置及其与相应管理机制的衔接与整合方式亦有所不同：

首先，在产业政策阶段应当纳入知识产权评议机制，主要是通过专利分析和政策分析的方法，为制定和调整全国或某个区域的产业结构政策、产业布局政策、产业技术政策提供建议和参考。对于企业投资项目管理而言，产业政策阶段知识产权评议的作用在于，评议结论应当落实到产业发展规划以及《政府核准的投资项目目录》的调整与更新，从而间接地对

---

[55] 《中央预算内直接投资项目管理办法》第25条规定：“直接投资项目的招标采购，按照《招标投标法》等有关法律法规规定办理。”第26条规定：“建立项目建设情况报告制度。项目单位应当按照规定向项目审批部门定期报告项目建设进展情况。”

[56] 《中央预算内直接投资项目管理办法》第32条规定：“直接投资项目建成运行后，项目审批部门可以依据有关规定，组织具备相应资质的工程咨询机构，对照项目可行性研究报告批复文件及批准的可行性研究报告的主要内容开展项目后评价，必要时应当参照初步设计文件的相关内容进行对比分析，进一步加强和改进项目管理，不断提高决策水平和投资效益。”

企业投资活动产生影响。[57] 由于在我国现行企业投资项目管理体制下，大多数企业投资项目不须适用核准制和知识产权评议，政府对于企业投资的引导和规范，事实上主要是通过产业政策来实现的，故而，产业政策阶段知识产权评议的意义十分重要。

其次，在项目核准阶段，应当在核准机关的“项目审查”程序中纳入知识产权评议机制，与企业提交的项目申请书审查进行“并联”。[58] 对于依法适用核准制并进行知识产权评议的企业投资项目，应当由项目核准机关提请知识产权评议主体进行评议，并将知识产权评议结论作为项目审查的考量因素之一。与政府投资项目审批阶段的知识产权评议有所区别的是，企业投资项目核准阶段的知识产权评议，除了要对该项目的知识产权风险进行分析预测之外，还应重点就此种知识产权风险是否会危及公共利益（例如，是否危害经济安全、社会安全、生态安全等国家安全；是否符合本地区发展建设规划、产业政策等）进行分析。

最后，在项目核准以后，应当将知识产权评议与项目核准机关的“事中事后监管”结合起来。[59] 此阶段，知识产权评议的重点，应当是分析评估企业投资项目实施后实际产生的知识产权问题与影响、前期知识产权评议中所提出的预防或减轻不良知识产权影响的对策和措施是否得到执行、这些措施对于预防或减轻不良知识产权影响是否充分有效、是否需要增加或者变更应对措施等。

---

[57] 中共中央、国务院《关于深化投融资体制改革的意见》在论述“改善企业投资管理，充分激发社会投资动力和活力”时明确提出：“对极少数关系国家安全和生态安全、涉及全国重大生产力布局、战略性资源开发和重大公共利益等项目，政府从维护社会公共利益角度确需依法进行审查把关的，应将相关事项以清单方式列明，最大限度缩减核准事项。”

[58] 《企业投资项目核准和备案管理条例》第 9 条规定：“核准机关应当从下列方面对项目进行审查：（一）是否危害经济安全、社会安全、生态安全等国家安全；（二）是否符合相关发展建设规划、技术标准和产业政策；（三）是否合理开发并有效利用资源；（四）是否对重大公共利益产生不利影响。项目涉及有关部门或者项目所在地地方人民政府职责的，核准机关应当书面征求其意见，被征求意见单位应当及时书面回复。核准机关委托中介服务机构对项目进行评估的，应当明确评估重点；除项目情况复杂的，评估时限不得超过 30 个工作日。评估费用由核准机关承担。”

[59] 《企业投资项目核准和备案管理条例》第 16 条规定：“核准机关、备案机关以及依法对项目负有监督管理职责的其他有关部门应当加强事中事后监管，按照谁审批谁监管、谁主管谁监管的原则，落实监管责任，采取在线监测、现场核查等方式，加强对项目实施的监督检查。企业应当通过在线平台如实报送项目开工建设、建设进度、竣工的基本信息。”第 17 条第 1 款规定：“核准机关、备案机关以及依法对项目负有监督管理职责的其他有关部门应当建立项目信息共享机制，通过在线平台实现信息共享。”

三、知识产权评议在产业政策法中的运用:基于政策工具的视角

(一)产业政策的政策工具

政策工具理论的起源,在20世纪两次世界大战之后西方各国重建过程中近乎全能的"大有为"政府。而通过采用国有化、经济管制和社会管制等传统干预手段来解决经济社会发展中出现的各种问题,却又于20世纪70年代开始相继陷入空前深刻的治理危机,传统治理工具(过分管制等)的基础由于财政危机和权威信任危机受到削弱。而政策工具知识的不足被认为是导致政策失败的重要原因,政策工具的研究就此发端,手段创新也被各国政府和公众认为是良好治理的先决条件。[60] 那么,对于产业政策而言,政策工具如何组成,又如何随着时代的变化而发生变化呢?

作为一个具有强烈的管制传统、同时又十分重视产业政策的国家,我国产业政策及其政策工具的构造,首先要厘清管制(或者说管制体制)与产业政策之间的关系:依据通说,管制是具有法律地位的、相对独立的管制者(机构),依照一定的法规对被管制者(主要是企业)所采取的一系列行政管理与监督行为。管制的主体(管制者)是政府行政机关(以下简称政府),通过立法或其他形式被授予管制权;管制的客体(被管制者)是各种经济主体(主要是企业);管制的依据和手段是各种法规(或制度),明确规定限制被管制者的什么决策,如何限制以及被管制者违反法规将受到的制裁。[61]

在国外经济学理论中,"老式"的"规制"[62]集中于特殊产业的价格与

---

[60] 参见陈振明等:《政府工具导论》,北京大学出版社2009年版,第5页。

[61] 参见王俊豪主编:《管制经济学原理》,高等教育出版社2014年版,第4页。

[62] 需要说明的是,国内多数学者将"管制"与"规制"等同看待,囿于篇幅,本书也并未对二者详加区分,但严格来说,"管制"与"规制"仍存有一定的差异性。例如,有学者指出:"规制是政府或国家对经济的干预行为,规制的主体是广义的政府,规制对象是微观经济主体的经济行为,规制依据主要是政策法规。"管制与规制的英文都是regulation,但是应注意二者的区别:其一,主体不同,管制的主体是政府,而规制的主体则还包括政府之外的其他国家机构如立法机关;其二,内容不同,管制主要侧重于对企业行为的一种限制,而规制不仅包含限制,而且含有激励之义;其三,方法不同,管制主要是运用行政手段直接干预微观经济活动,规制则主要运用法律手段来干预微观经济活动;其四,行为性质不同,管制是一种强制性的管理,这种被动的服从和接受是基于同家或政府的权威,规制还表现出其行为的主动性即微观经济主体对法律法规的自觉遵守和利用。参见王红玲:《当代西方政府经济理论的演变与借鉴》,中央编译出版社2003年版,第147~148页。

进入规制，如电力、银行、电讯等，而后逐渐专注于公用事业规制，表现为命令控制型规制形式，企图通过代替竞争来达到经济绩效的维护。[63] 就规制的作用和功能而言，正如卡恩教授所言，“规制是对该种产业的结构及其经济绩效直接地由政府规定，如进入控制、价格规定、服务条件及质量的规定以及在合理条件下服务所有客户时应尽义务的规定”。[64] 吉尔洪和皮尔斯则指出，经济规制是“规制者的判断对商业或市场判断的决然取代”，“政府的产业规制仅仅是对众多私人经济力量的法律控制形式中的一种”。[65]

我国学者则认为，在产业发展的过程中，通过政策法律确立扩张性的管制边界、设定歧视性的条件、限定经营者的竞争能力、削弱经营者的积极性等方式施加竞争限制，是管制体制中的惯常经验。一方面，管制机构在配合产业发展的竞争政策和产业结构调整政策时，能发挥其直接控制的功能，使产业政策的诱导性功能得以有效的落实，也可以通过放松管制在传统的垄断产业领域引入竞争；另一方面，当政府的产业政策偏向维护不合理的产业垄断时，如果微观监管机构缺乏独立性，它就能运用其直控功能，通过限制进入企业数量和民间资本进入，使竞争性市场结构长期难以形成。[66] 由此可见，管制体制的建构与变迁，实则对产业发展具有重要影响，而管制作为政府主动配置资源、影响产业发展的一种方式，本身就可以、也应当被作为产业政策的重要组成部分。

由此，我们可以将政策工具理论运用到产业政策之中，并将产业政策的政策工具划分为以下三种类型：一是管制类工具，比如命令和禁令（执照、许可、管制）等。二是经济类工具，与管制性手段相比，经济类工具具有更多的激励和更少的强迫，从消费者的观点来看，它们可能是积极的（补贴、津贴），也可能是消极的（税收和使用开支）。三是沟通性的工具，

---

[63] 参见[美]丹尼尔·F. 史普博：《管制与市场》，余晖等译，上海三联书店1999年版，第28页。

[64] 同上。

[65] 同上书，第34页。

[66] 参见江山：《产业发展的政策选择与法律治理——以竞争法为中心展开》，法律出版社2016年版，第52页。

这类工具的目的在于使对方获得更多或者更少的信息。[67]

(二)政策工具的演变:以我国汽车产业政策为例

政策工具从来不是一成不变的,受到政策环境、政策问题、政策绩效评估等多种因素的复杂影响,政策工具的选择与运用、乃至于政策工具理论都处在不断的发展变化之中。本书以汽车产业政策为例,选取《汽车工业产业政策》(国家计划委员会1994年3月12日发布)、《汽车产业发展政策》(国家发展和改革委员会2004年5月21日发布)、《汽车产业调整和振兴规划》(国务院办公厅2009年3月20日发布)、《节能与新能源汽车产业发展规划(2012—2020年)》(国务院2012年6月28日发布)四个最具代表性的汽车产业政策文件,并对其进行分析研究,(见表3-1)旨在剖析我国产业政策及政策工具的演变及其规律性。

表3-1 我国汽车产业政策及政策工具的演变

	管制类工具	经济类工具	沟通性工具
《汽车工业产业政策》(1994)	1.强制性认证制度 国家依据技术法规对汽车产品(含摩托车)实施国际上通行的认证制度,未经认证合格的产品,不得销售、进口和使用	1.税收优惠 符合相应条件的企业,以新建或改、扩建等形式发展本产业政策第三条所列产品时,经国家批准,可享受税收优惠政策:固定资产投资方向调节税为零税率	1.发展规划 国家通过汽车工业产业政策和规划指导汽车工业发展。各地方、各部门要根据国务院发布的汽车工业产业政策和发展规划支持汽车工业的发展

[67] 参见[美]B.彼得斯、弗兰斯·冯尼斯潘主编:《公共政策工具:对公共管理工具的评价》,顾建光译,中国人民大学出版社2007年版,第204页。

续表

	管制类工具	经济类工具	沟通性工具
	2. 产业组织政策 国家鼓励汽车工业企业通过资产合并、兼并和股份制等形式发展跨部门、跨地区的企业集团	2. 投融资政策 (1)符合相应条件的企业,以新建或改、扩建等形式发展本产业政策第三条所列产品时,经国家批准,可享受以下政策:优先安排其股票和债券的发行与上市;银行在贷款上给予积极支持;在利用外资计划中优先安排利用境外资金;经济型轿车、轿车关键零部件和模具、铸锻项目,适当安排政策性贷款。 (2)国家鼓励汽车工业企业利用多种渠道筹集发展资金	
	3. 外资企业准入限制 (1)汽车工业企业在直接利用外资时,要选择同时符合下列条件(略)的外国(或地区)企业作为合资、合作的对象之一。 (2)外国(或地区)企业同一类整车产品不得在中国建立两家以上的合资、合作企业。 (3)中外合资、合作的汽车工业生产企业,必须同时满足下列条件(略)方可建立。 (4)生产汽车、摩托车整车和发动机产品的中外合资、合作企业的中方所占股份比例不得低于50%		

续表

	管制类工具	经济类工具	沟通性工具
	4. 进口管理措施 (1)在我国汽车工业还不具备国际竞争能力时，国家对进口汽车、摩托车及关键总成仍采取必要的管理措施。 (2)每年进口汽车数量与品种必须与国家汽车生产计划相衔接，报经国务院批准后进行采购。 (3)国家禁止以贸易方式和接受捐赠方式进口旧汽车和旧摩托车		
	5. 项目审批与管理 (1)新建、扩建、改造和中外合资、合作及技术引进的轿车、轻型车整车及发动机项目的承办单位，其项目不分限上限下一律由国家审批立项，其余整车、发动机项目根据国家有关审批权限的规定按程序审批。 (2)符合国家产业政策和规划要求的汽车零部件项目，凡能够自行落实销售市场和建设资金及自行平衡生产条件的，可由地方和部门自行审批		

续表

	管制类工具	经济类工具	沟通性工具
《汽车产业发展政策》(2004)	1. 产业组织政策 (1)国家鼓励汽车企业集团化发展,形成新的竞争格局。在市场竞争和宏观调控相结合的基础上,通过企业间的战略重组,实现汽车产业结构优化和升级。 (2)汽车整车生产企业要将内部配套的零部件生产单位逐步调整为面向社会的、独立的专业化零部件生产企业	1. 财政补贴 (1)国家引导和鼓励发展节能环保型小排量汽车。国家在科技研究、技术改造、新技术产业化、政策环境等方面采取措施,促进混合动力汽车的生产和使用。 (2)国家支持研究开发醇燃料、天然气、混合燃料、氢燃料等新型车用燃料,鼓励汽车生产企业开发生产新型燃料汽车	1. 发展规划 国家依据汽车产业发展政策指导行业发展规划的编制。发展规划包括行业中长期发展规划和大型汽车企业集团发展规划
	2. 市场准入制度 (1)建立统一的道路机动车辆生产企业和产品的准入管理制度。符合准入管理制度规定和相关法规、技术规范的强制性要求并通过强制性产品认证的道路机动车辆产品,由国家发展改革委和国家质检总局联合发布。 (2)有关职能部门要按照准入管理制度对汽车、农用运输车和摩托车等产品分类设定企业生产准入条件,对生产企业及产品实行动态管理	2. 税收优惠 国家支持汽车、摩托车和零部件生产企业建立产品研发机构,形成产品创新能力和自主开发能力。企业自主开发产品的科研设施建设投资凡符合国家促进企业技术进步有关税收规定的,可在所得税前列支	2. 汽车产品油耗公示制度 依据有关节能方面技术规范的强制性要求,建立汽车产品油耗公示制度

续表

	管制类工具	经济类工具	沟通性工具
	3. 投资管理(项目审批) (1)按照有利于企业自主发展和政府实施宏观调控的原则,改革政府对汽车生产企业投资项目的审批管理制度,实行备案和核准两种方式。 (2)实行核准的投资项目:新建汽车、农用运输车、车用发动机生产企业,现有汽车生产企业跨产品类别生产其他类别汽车整车产品。 (3)新的投资项目应具备以下条件(略)	3. 支持信用消费 国家支持发展汽车信用消费。在确保信贷安全的前提下,允许消费者以所购汽车作为抵押获取汽车消费贷款	3. 行业组织 汽车行业组织、中介机构等社会团体要加强自身建设,增强服务意识,努力发挥中介组织的作用;要积极参与国际间相关业界的交流活动,在政府与企业间充分发挥桥梁和纽带作用,促进汽车产业发展
	4. 标准 制定道路机动车辆安全、环保、节能、防盗方面的技术规范的强制性要求。所有道路机动车辆执行统一制定的技术规范的强制性要求		

续表

	管制类工具	经济类工具	沟通性工具
	5.外资管理 (1)汽车生产企业凡用进口零部件生产汽车构成整车特征的,应如实向商务部、海关总署、国家发展改革委报告,其所涉及车型的进口件必须全部在属地海关报关纳税。 (2)国家指定大连新港、天津新港、上海港、黄埔港四个沿海港口和满洲里、深圳(皇岗)两个陆地口岸,以及新疆阿拉山口口岸(进口新疆维吾尔自治区自用、原产地为独联体国家的汽车整车)为整车进口口岸。进口汽车整车必须通过以上口岸进口。 (3)国家禁止以贸易方式和接受捐赠方式进口旧汽车和旧摩托车及其零部件,以及以废钢铁、废金属的名义进口旧汽车总成和零件进行拆解和翻新		

续表

	管制类工具	经济类工具	沟通性工具
《汽车产业调整和振兴规划》(2009)	1. 取消限购 各地区、各部门要认真清理取消现行限制汽车购置的不合理规定,包括牌照注册数量、车型限制、各种区域市场保护措施、各类行政事业性收费、外地汽车进城收费,以及其他直接或间接影响汽车购置的措施	1. 税收优惠 减征乘用车购置税。对小排量乘用车减按5%征收车辆购置税	1. 技术路线 (1)在"支持企业自主创新""实施技术改造专项""实施新能源汽车战略"等部分都明确列举了技术路线图。 (2)制定《汽车产业技术进步和技术改造项目及产品目录》。鼓励汽车生产企业联合开发和制造《汽车产业技术进步和技术改造项目及产品目录》内的汽车新产品和关键总成
	2. 二手车市场监管 加强二手车市场监管,严格经营主体市场准入,规范二手车交易行为,维护市场秩序	2. 财政补贴 (1)在新增中央投资中安排50亿元资金,对农民购买1.3升及以下排量的微型客车,以及将三轮汽车或低速货车报废换购轻型载货车的,给予一次性财政补贴。 (2)调整老旧汽车报废更新财政补贴政策,加大补贴支持力度,提高补贴标准,加快淘汰老旧汽车。 (3)加大技术进步和技术改造投资力度。今后三年在新增中央投资中安排100亿元作为技术进步、技术改造专项资金,重点支持汽车生产	2. 发展战略 明确提出实施"新能源汽车战略""自主品牌战略""汽车产品出口战略",并阐述了以上三项战略的内涵

续表

	管制类工具	经济类工具	沟通性工具
		企业进行产品升级，提高节能、环保、安全等关键技术水平；开发填补国内空白的关键总成产品；建设汽车及零部件共性技术研制和检测平台；发展新能源汽车及专用零部件	
	3. 企业重组 (1) 推进汽车产业重组。鼓励一汽、东风、上汽、长安等大型汽车企业在全国范围内实施兼并重组。支持北汽、广汽、奇瑞、重汽等汽车企业实施区域性兼并重组。支持汽车零部件骨干企业通过兼并重组扩大规模，提高国内外汽车配套市场份额。 (2) 完善汽车企业重组政策。制定支持汽车企业重组的政策措施，妥善解决富余人员安置、企业资产划转、债务核定与处置、财税利益分配等问题。支持汽车生产企业通过兼并重组整合产品资源，开发新产品	3. 消费信贷 抓紧制定汽车消费信贷管理条例，使资信调查、信贷办理、车辆抵押、贷款担保、违约处置等汽车消费信贷全过程实现规范化、法制化	3. 公共服务 建设汽车出口信息、产品认证、共性技术研发、试验检测、培训等公共服务平台

续表

	管制类工具	经济类工具	沟通性工具
《国务院关于印发节能与新能源汽车产业发展规划（2012—2020年）的通知》（2012）	1. 市场准入 （1）进一步完善新能源汽车准入管理制度和汽车产品公告制度，严格执行准入条件、认证要求。 （2）严格设定动力电池回收利用企业的准入条件	1. 税收优惠 节能与新能源汽车及其关键零部件企业，经认定取得高新技术企业所得税优惠资格的，可以依法享受相关优惠政策。节能与新能源汽车及其关键零部件企业从事技术开发、转让及相关咨询、服务业务所取得的收入，可按规定享受营业税免税政策	1. 技术路线 在“加强新能源汽车关键核心技术研究”“加大节能汽车技术研发力度”等部分以很大的篇幅详细阐述了技术路线图
	2. 标准与管理规范 （1）加强新能源汽车安全标准的研究与制定，根据应用示范和规模化发展需要，加快研究制定新能源汽车以及充电、加注技术和设施的相关标准。制定并实施分阶段的乘用车、轻型商用车和重型商用车燃料消耗量目标值标准。积极参与制定国际标准。 （2）明确动力电池收集、存储、运输、处理、再生利用及最终处置等各环节的技术标准和管理要求。 （3）加快制定充电设施设计、建设、运行管理规范及相关技术标准。 （4）出台以企业平均燃料消耗量和分阶段目标	2. 财政补贴和政府采购 （1）中央财政安排资金，对实施节能与新能源汽车技术创新工程给予适当支持，引导企业在技术开发、工程化、标准制定、市场应用等环节加大投入力度，构建产学研用相结合的技术创新体系。 （2）对公共服务领域节能与新能源汽车示范、私人购买新能源汽车试点给予补贴，鼓励消费者购买使用节能汽车。 （3）发挥政府采购的导向作用，逐步扩大公共机构采购节能与新能源汽车的规模。 （4）新能源汽车示范城市安排一定资金，重点用于支持充电设施建设、建立电池梯级利用和回收体系等	2. 公共服务与信息共享 （1）鼓励建立跨行业的节能与新能源汽车技术发展联盟，加快建设共性技术平台。 （2）建立相关行业共享的测试平台、产品开发数据库和专利数据库，实现资源共享。 （3）整合现有科技资源，建设若干国家级整车及零部件研究试验基地，构建完善的技术创新基础平台。 （4）建设若干具有国际先进水平的工程化平台，发展一批企业主导、科研机构和高等院校积极参与的产业技术创新联盟

续表

	管制类工具	经济类工具	沟通性工具
	值为基础的汽车燃料消耗量管理办法,2012 年开始逐步对在中国境内销售的国产、进口汽车实施燃料消耗量管理,切实开展相关测试和评价考核工作,并提出 2016 年至 2020 年汽车产品节能技术指标和年度要求		
	3. 奖惩制度 研究基于汽车燃料消耗水平的奖惩政策,完善相关法律法规	3. 金融支持政策 (1)引导金融机构建立鼓励节能与新能源汽车产业发展的信贷管理和贷款评审制度,积极推进知识产权质押融资、产业链融资等金融产品创新,加快建立包括财政出资和社会资金投入在内的多层次担保体系,综合运用风险补偿等政策。 (2)支持地方设立节能与新能源汽车创业投资基金,符合条件的可按规定申请中央财政参股,引导社会资金以多种方式投资节能与新能源汽车产业	3. 发展战略 推动企业实施商标品牌战略,加强知识产权的创造、运用、保护和管理,构建全产业链的专利体系,提升产业竞争能力
			4. 信息披露 实施重型商用车燃料消耗量标示制度和氮氧化物等污染物排放公示制度

注:表中政策内容均系从相关政策文件中整理摘录,但为了论证清晰和语言简略,笔者对文字表述进行了适度调整与删节。

通过对我国汽车产业政策的分析，我们不仅可以勾勒出产业政策工具的演变过程，而且可以在更深层次上揭示政策工具演进的趋势及其规律——基于国际国内环境变化、经济社会发展、产业政策更迭的宏观背景来论述政策工具演进的合理性。

首先，从三类政策工具在产业政策中运用的比例来看，管制类工具的比重明显下降，经济类工具和信息类工具的比重上升。这是因为，“管制工具不仅具有工具的功能，而且具有规范化和保障的功能。法律使政府的行为规范化，并为社会行为者提供保护而不受政府干预，同时还限制了这类工具的管制能力”。[68] 故而，在我国汽车产业发展的初始阶段，管制类工具的大量运用，事实上对政府行为与企业行为同时具有规范作用，从而厘清了政府和市场的边界，不仅起到了促进汽车产业发展的作用，而且还承载着经济体制改革的功能。但是，管制工具有着强制的特征，强制性对于政府与社会行为者之间的交互关系来说通常并不很合适，可能引发来自作为政策目标的行为者的阻力。而且管制还具有一种回应性的特征，规则的形成是一个缓慢的过程，可能滞后于社会发展。[69] 因此，随着经济社会发展和市场成熟，管制工具的比重逐渐降低。

其次，管制类工具的运用模式从全方位的项目管理逐渐转变为市场监管。在汽车产业发展之初，政府管制表现为全方位、全过程的行政审批与行政许可，包括对新建、扩建、改造和中外合资、合作及技术引进的汽车项目的审批，进口管制，外资企业准入限制等。有学者将此种管制模式称为“封闭式的项目建设制度”，即对特定产业的建设项目、布局、组织形态、使用技术、资金来源、建设主体、招标方式和完工期限进行明确、严格和细致的布置，整个产业的发展被严格封闭在一个特定的系统之中。[70] 相比之下，近年出台的汽车产业政策，在管制工具的选择上，大幅减少了行政审批和行政许可的数量，转而更多运用技术标准和市场准入等管制工具；更

---

[68] ［美］B. 彼得斯、弗兰斯·冯尼斯潘主编：《公共政策工具：对公共管理工具的评价》，顾建光译，中国人民大学出版社 2007 年版，第 17 页。

[69] 同上书，第 17～18 页。

[70] 参见刘鹤、杨伟民：《中国的产业政策：理论与实践》，中国经济出版社 1999 年版，第 62～63 页。

重要的是,在管制的目标和重点上,也逐步转向产品质量监管和维护公平竞争环境。例如,2009 年发布的《汽车产业调整和振兴规划》明确提出,各地区、各部门要认真清理取消现行限制汽车购置的不合理规定,包括车型限制、各种区域市场保护措施、各类行政事业性收费、外地汽车进城收费,以及其他直接或间接影响汽车购置的措施。而国务院《关于印发节能与新能源汽车产业发展规划(2012—2020 年)的通知》则大量运用了节能与新能源汽车相关的技术标准与管理规范。

毫无疑问,管制类工具及其运用模式的变化绝不是偶然和独立的,而是应当归结于产业发展和产业政策的变化:以汽车产业为例,20 世纪 90 年代初,我国汽车产业政策以“高保护、引进技术、自给自足”为三项主要原则,其效果一方面是汽车产量迅速增长,另一方面也存在比较严重的系统性和结构性问题。[71] 当前,我国的产业政策正向创新驱动型产业政策转型,而创新驱动型产业政策必然要求逐渐退出政策保护和放松产业规制,转变更多产业进入竞争性产业,纳入反垄断法适用的范畴。[72] 放松政府管制,一方面,应当清除(除生态环境、生产安全领域以外)所有政府对微观经济不必要的直接干预,放弃政府试图主导产业发展与资源配置方向的做法;另一方面,应当建立健全市场制度,构建统一开放、公平竞争的现代市场体系,强化保持市场良好运转的各项制度,约束企业不正当竞争、不公平竞争及其他不当行为,充分发挥市场的优胜劣汰机制,激励企业提升效率、根据消费者需要改进质量与功能,激励创新行为。[73]

再次,经济类工具的运用模式从“选择性”向“功能性”转变。在汽车产业发展之初,经济类工具的运用多表现为一定的产业发展序列,即根据国家产业结构调整的需要,在众多需要支持的产业及产品项目中排列出先后顺序,供银行、财政等掌握资金的部门使用。[74] 例如,1994 年颁布的

---

[71] 参见盛斌:《中国对外贸易政策的政治经济分析》,上海三联书店、上海人民出版社 2002 年版,第 196 ~ 197 页。

[72] 参见宾雪花:《产业政策法与反垄断法之协调制度研究》,中国社会科学出版社 2013 年版,第 217 页。

[73] 参见江飞涛、李晓萍:《当前中国产业政策转型的基本逻辑》,载《南京大学学报》(哲学·人文科学·社会科学)2015 年第 3 期。

[74] 参见刘鹤、杨伟民:《中国的产业政策:理论与实践》,中国经济出版社 1999 年版,第 62 ~ 63 页。

《汽车工业产业政策》第3条和第10条就列举了"产品发展重点"和"国家重点支持的企业或企业集团",在此基础上,《汽车工业产业政策》第12条明确规定,重点企业和重点产品可享受倾斜性的税收政策和投融资政策。而近期出台的汽车产业政策则已摒弃"扶大限小"、选择特定企业、特定产品进行扶持的"选择性"产业政策模式,转而将经济类工具运用于支持和激励技术创新,聚焦于为技术创新创造有利的条件与环境,并且为各类企业、各类技术创新提供一视同仁的支持政策。

经济类工具的此种变化,一方面,是因为国际协议在一定程度上限制了中国产业政策的应用。2001年我国加入WTO以后,WTO规则在补贴、地方保护、出口促进、进口限制等方面减少了政府干预的灵活性,仅有一些提供有关生产和需求的信息以及对R&D和合作性R&D的补贴被允许。[75] 另一方面,更重要的是,我国产业政策正在朝着创新驱动型产业政策转型,应该放弃对某些产业或部门的偏爱,更多地强调创新相关的技术政策或创新政策,目的是鼓励研究与开发,以及鼓励对创新相关的产业投资。即创新驱动型的产业政策法应当更加注重产业技术政策立法,促进技术进步和创新,保障创新所需要的物质条件。[76]

最后,信息类工具的运用主要聚焦于为技术创新和新技术扩散提供公共服务。技术创新和新技术扩散(成果转化)具有强烈的正外部性和公共产品特征,是市场机制无法充分发挥作用的领域之一,因而也应当是我国产业政策的主要作用领域。[77] 然而,特别应当注意的是,就产业政策的作用方式以及政策工具的选择运用而言,政府必须在尊重市场机制、不扭曲市场机制、不扭曲市场主体行为的基础上积极作为,补充市场机制的不

---

[75] 在WTO规则框架下,一个国家运用产业政策工具促进特定部门或者特定产业时,可能会招致其他国家的报复(如反倾销和反补贴)。参见宾雪花:《产业政策法与反垄断法之协调制度研究》,中国社会科学出版社2013年版,第208~210页。

[76] 同上书,第216页。

[77] 如学者所言,我国产业政策需改变过去广泛干预的模式,收缩政策范围,只限制在市场失灵和产业安全等领域发挥作用。具体应包括:不完全竞争产业领域,如高度自然垄断等产业;存在外部经济的部门,包括正外部性(如技术创新等)和负外部性(如污染等);信息严重不对称的部门,如部分金融、医疗等产业;战略性贸易部门,如大飞机制造等产业;关系国家安全的部门,如卫星定位、航天等产业。参见黄汉权、任继球:《新时期我国产业政策转型的依据与方向》,载《经济纵横》2017年第2期。

足,而不是代替市场去主导资源配置。[78] 也就是说,即使是在技术创新等市场机制存在缺陷的领域,政府也不应当直接决定或者主导创新资源的配置,而是应当立足于为市场主体和创新主体提供帮助与服务,减少技术创新和新技术扩散的成本与风险。

因此,以信息类工具为核心,为技术创新与新技术扩散提供公共服务便成为现阶段我国产业政策的合理选择。仍以汽车产业为例,国务院《关于印发节能与新能源汽车产业发展规划(2012—2020 年)的通知》明确提出:“鼓励建立跨行业的节能与新能源汽车技术发展联盟,加快建设共性技术平台”;“建立相关行业共享的测试平台、产品开发数据库和专利数据库,实现资源共享”;“整合现有科技资源,建设若干国家级整车及零部件研究试验基地,构建完善的技术创新基础平台”。这一系列政策的实质,都是旨在为广大市场主体提供技术创新和新技术扩散的关键信息(包括共性技术信息、测试信息、试验信息、产品开发和专利信息等),从而降低市场主体从事技术创新和新技术扩散的成本与风险。

(三)作为产业政策工具的知识产权评议

随着我国产业政策向“功能型”和“创新驱动型”转型,信息类政策工具的重要性日益提升。而作为通过对知识产权信息进行综合分析,进而对公共管理活动和工商管理活动提出对策建议的政策工具和科学方法,知识产权评议在产业政策制定与实施的多个层面发挥着重要的作用。

1. 为技术创新与新技术扩散提供服务

技术创新与新技术扩散是一个充满挑战与风险的过程,其中所要面临的最重要的问题是信息问题,包括信息的不完全和不对称——具体来说,信息的不完全主要是由技术创新的不确定性所决定的,而不确定性是指技术的研究开发和技术创新过程固有的风险所导致的难以预期的变化。不确定性是创新固有的性质;而信息的非对称性是指技术交易过程中,技术合约当事人一方拥有另一方不知道或无法验证的信息和知识。[79] 也正因如此,通过提供专利检索、专利分析、知识产权价值评估等多种形

---

[78] 参见江飞涛、李晓萍:《当前中国产业政策转型的基本逻辑》,载《南京大学学报》(哲学·人文科学·社会科学)2015 年第 3 期。

[79] 参见刘学:《技术交易的特征与技术市场研究》,载《中国软科学》2000 年第 3 期。

式的公共服务,能够减少技术创新和技术扩散过程中的信息不完全和信息不对称,降低创新主体和市场主体从事技术创新和技术扩散的风险与成本,从而发挥促进技术进步的产业政策作用。

与此同时,从产业发展的宏观视角来看,推广以知识产权评议为核心的信息类公共服务、提升服务质量并向市场主体开放共享,本身就具有弥补市场失灵、构建有利于技术创新的市场环境的重要作用,从而应当成为新型功能型产业政策的关键环节。

2. 为出口贸易与对外投资提供服务

对于本国出口贸易与对外投资的支持与保障,原本应为国际贸易政策与国际投资政策的政策目标,但从经济发展的全局以及宏观经济政策的内在联系来看,尤其是基于“供给侧结构性改革”这一政策主线,实施“一带一路”倡议、推进国际产能合作和我国装备制造业“走出去”等一系列政策,实际上也是改造提升我国传统产业、推动产业结构优化升级的战略性举措,因而也属于产业政策的题中之意。

当前,我国出口贸易与对外投资的支持政策正处于关键性的调整节点,政策工具和手段正由资金、关税等向战略谋划和信息服务转变:一方面,面对日益增多的贸易摩擦、产业纠纷和各种贸易保护措施,必须重视并利用信息资源,加快建立和完善进出口的预警机制;另一方面,应当为“走出去”的企业提供信息咨询服务,加强境外投资环境研究,及时向社会公布国外财税优惠制度、财经资料、法律法规等有效信息。[80] 而在近年来我国出口贸易与对外投资所面临的诸多风险与困难中,知识产权风险不仅数量急剧增多,而且危险性日趋提高,知识产权已经成为我国企业所面临的最重要的国际投资与贸易壁垒,因此,在我国出口贸易与对外投资的战略谋划和信息服务体系中,知识产权评议应当也必将占据最为核心的地位。

3. 为产业技术政策的制定与实施提供依据

在创新驱动型产业政策和功能型产业政策的理念下,产业技术政策已取代产业结构政策成为整个产业政策体系的核心与主导。而产业技术

---

[80] 参见黄汉权、任继球:《新时期我国产业政策转型的依据与方向》,载《经济纵横》2017 年第 2 期。

政策天然与信息类政策工具具有匹配性与融合性，因此，产业技术政策的重要性提升，不仅为知识产权评议的运用提供了更多的政策需求与政策载体，而且也对知识产权评议的运用提出了更高的要求。就目前而言，知识产权评议对于产业技术政策的支撑作用主要体现在以下两个方面：

一方面，通过专利分析可以评估某一项技术或者某一技术领域研究开发的总体态势、关键技术和技术发展路线，预测可能的技术创新，从而为产业层面制定产业技术政策（包括研发计划、研发重点、技术路线图等）提供支撑。例如，有学者运用专利分析方法，对国内外 3D 打印快速成型技术的专利申请趋势、区域分布、主要专利权人、IPC 等因素进行分析，并通过专利组合、专利权人合作、IPC 关联、专利地图等方法深入剖析了 3D 打印快速成型技术的重要专利权人及专利影响力、识别该领域核心技术及技术空白点、重点技术发展趋势及开发应用情况，进而对我国 3D 打印产业的未来发展提出了建议。[81]

另一方面，通过专利分析和专利预警，可以及时发现产业技术政策中的知识产权风险，避免国家间和地区间产业技术政策重叠和知识产权冲突，从而防止重复投资，维护产业安全。例如，国家知识产权局从 2008 年开始启动专利分析和预警工作，并相继完成 LED 照明、高端光刻机、纯电动汽车、光伏、风电等多项专利分析和预警研究项目，对于促进技术创新、防范产业化重大专项中存在的专利风险、避免重复投入、提高研究起点、促进经济和科技协调发展起到了积极作用。[82]

4. 为创新政策与科技政策的制定与绩效评价提供依据

创新驱动型产业政策应当放弃对某些产业或部门的偏爱，更多地强调创新相关的技术政策或创新政策，目的是鼓励研究与开发，以及鼓励对创新相关的产业投资。创新驱动型产业政策还应关注动态效率，确保与创新活动相关的资金和信息的趋近。[83]

当然，创新政策与科技政策的制定与实施，必须因地制宜，根据各个

---

[81] 参见刘红光等：《国内外 3D 打印快速成型技术的专利情报分析》，载《情报杂志》2013 年第 6 期。

[82] 参见吴汉东主编：《科学发展与知识产权战略实施》，北京大学出版社 2012 年版，第 316 页。

[83] 参见宾雪花：《产业政策法与反垄断法之协调制度研究》，中国社会科学出版社 2013 年版，第 216 页。

地区现有的经济结构、市场环境、创新系统特征来构建各具特色的区域创新系统,实施有针对性的科技政策,从而促进创新要素与科技资源的合理配置和高效利用。例如,广东的技术创新主要来源于大企业,呈现出技术研发与生产制造纵向一体化的显著特征。浙江的情况则恰恰相反,作为浙江产业集群的主力军,中小企业技术创新正面临着创新资源不足和分散化的巨大挑战,[84]而高校、科研机构技术创新的能力更强,作用更为突出,从而导致浙江技术研发与生产制造在多数情况下是分离的。因此,在未来一个时期,浙江应当着力构建多元主体协同互动的开放式创新系统,重点做好产学研结合和协同创新工作,建设国际领先的技术交易市场和科技成果转化基地,同时加快培育具有突出优势的企业创新主体;而广东则应当构建以龙头企业为中心和创新源的区域创新系统,在重点产业和重点企业建设技术创新平台和示范推广中心,增强区域创新系统中各主体的便捷联系,带动相关产业和产业集群的技术创新,与此同时,应当加强高校、科研机构的技术创新能力,培养更加多元化的创新主体。

由此可见,在创新政策与科技政策的制定与实施过程中,必须更加重视知识产权评议的运用。在政策制定过程中,要充分运用知识产权评议的理论与方法,分析地区创新系统的优势与短板、现有特点与发展趋势,分析各个重点或新兴产业和技术领域的专利质量和技术创新能力,从而提出有针对性的政策目标与政策措施;而在政策实施过程中,则应当以知识产权评议为主要手段,动态评估创新政策和科技政策的合理性与实施绩效,并且以促进知识产权创造与运用为核心进行后续的政策修订。

---

[84] 参见解学梅、刘丝雨:《协同创新模式对协同效应与创新绩效的影响机理》,载《管理科学》2015年第2期。

第四章 科技法中的知识产权评议

一、科技法的体系结构与知识产权评议的融入

(一)科技法的定义与调整对象

科技法是我国法律体系中一个新兴的法律部门,是随着科学技术的突飞猛进而迅速发展的一个法律部门。关于科技法的定义,主要有以下几种代表性观点:

原国家科委(现科技部)1986 年发布的《中国科学技术指南》提出:"所谓科技法,是指国家调整因科学技术所产生的各种社会关系的法律法规的总称。"[①]罗玉中教授认为:"科技法,乃指调整科技活动引起的社会关系的法律规范的总和。"[②]孙玉荣、张蕾认为:"科技法是科学找术法的简称,是国家调整科学技术活动中所形成的社会关系的法律规范,是我国法律体系中的一个重要组成部分。"[③]

由此看来,科技法由科学技术活动引起,并以调整科学技术活动中形成的社会关系为己任,已经成为理论共识,然而关于"科学技术活动"的定义,学界仍存有分歧。孙玉荣、张蕾认为:"科学技术活动包括科学研究、技术开发、科技成果推广应用的全过程,是人类认识世界、改造世界的武器,有其自身独特的发展规律。"[④]何悦则认为:"科学技术活动除了包括科学研究、技术开发、科技成果推广应用之外,还应当包括科技成果保护(如

---

① 国家科委:《中国科学技术指南》(科学技术白皮书第 1 号),科学技术文献出版社 1986 年版,第 96 页。

② 罗玉中主编:《科技法学》,华中科技大学出版社 2005 年版,第 14 页。

③ 孙玉荣、张蕾主编:《科技法学》,北京工业大学出版社 2006 年版,第 1 页。

④ 同上。

专利)以及科技开发过程中对人类、动植物、微生物和环境的保护等。此外,科学技术活动不是武器,更不是改造世界的武器。科技活动应以保护人类、保护动植物和微生物以及保护环境为前提。否则,科学技术活动就失去了存在的意义。"⑤

笔者认为,科学技术活动主要是指科学研究、技术开发、科技成果推广应用的全过程,所谓"科技成果保护以及科技开发过程中对人类、动植物、微生物和环境的保护"本身并不是科学技术活动的组成部分,也不是与科学研究、技术开发、科技成果推广应用相贯通或者相并列的科技活动的步骤或环节。但是,法律对于科技活动的调整与规范,毫无疑问地应以保护科技活动的主体、客体和环境以及科技成果为题中之义,在科技法的各种法律渊源中,这方面的法律规范具体表现为赋予科研主体权利义务、界定科技成果的归属、规范科技活动的技术性要求和操作流程等。

而基于对科技活动的此种认识,我们可以进一步将科技法的调整对象区分为"科技管理关系"、"科技协作关系"和"科技权益关系"三种类型:⑥

所谓科技管理关系,是指政府科技管理部门和各种科技组织对科学技术活动进行计划、指导和监督所形成的社会关系。科技管理关系又可以分为宏观科技管理关系和微观科技管理关系。宏观科技管理关系通常指政府科技主管部门(如科技部以及各地科委、科技局)与科研企业、事业单位之间因科技活动的计划、指导和监督所形成的社会关系。宏观科技管理关系主要通过科技立法和科技政策进行调整,即通过立法(如《科学技术进步法》《促进科技成果转化法》等)和科技政策确定各级政府科技主管机关、各科技机构的性质、任务、地位,明确国家管理科技、保障和促进科技进步的方针、政策、战略等重大问题。微观科技管理关系主要是指科研机构与其所属科技人员在科技活动中的权利义务关系,即科技企业或事业单位的内部组织机构、管理体制、各方的权利义务等。

科技协作关系,是指平等主体之间因科技研究、开发、转让、咨询和服

⑤ 何悦:《科技法学》,法律出版社2014年版,第2页。

⑥ 同上书,第4~5页。

务等形成的社会关系。科技协作关系包括两个方面：其一，外部的科技协作关系，即科研院所与企业之间、科研院所之间、企业之间在技术研究、开发、转让、咨询和服务等活动中发生的横向关系；其二，内部的科技协作关系，即科技组织（包括企业、科研院所等）和所属科技人员之间的协作关系。科技协作关系的特点是各法律关系主体的法律地位平等，因此，协作各方应遵循自愿、等价和有偿原则。

科技权益关系，是指科技组织之间、科技组织与科技人员之间对所创造的科技财富享有的权利和利益关系。科技权益按其内容和表现形式，可以分为两类：科技人身权和科技财产权。科技人身权是与技术成果完成者的人身不可分离的身份权，如软件设计人享有在软件上署名的权利。科技财产权是指科技组织和科技人员在使用、转让科技成果的过程中所获得的物质利益，如专利权人许可他人使用专利收取的专利使用费。

（二）科技法的体系与结构

1. 关于科技法体系的各种理论观点

与民法、刑法等传统法律部门不同，科技法正处于迅猛发展和急剧变化的过程之中，尚未到达法典化的阶段，科技法的法律法规不仅数量众多，而且在调整对象和表现形式上也具有很大的差异性。因此，厘清科技法的体系，不仅对于理解和认识科技法、深化科技法学研究具有重要意义，而且也是研究科技法中的知识产权评议的前提。然而，关于科技法的体系结构，目前在理论上远未达成一致：

作为早期科技法学研究的代表作，赵连玉教授主编的《科技法学》一书将科技法体系的层次结构划分为：（1）宪法；（2）科技法律；（3）科技行政法规；（4）地方性科技法规；（5）其他部门法中有关科技的条款；（6）技术规范与科学团体章程；（7）涉外科技法规和国际条约。⑦

陶鑫良教授持有相似的观点，他将科技法的体系概括为：宪法中关于科技发展总原则和基本方针的规定、科技法律、科技行政法规、地方性科技法规、其他部门法中有关科技的条款。但与此同时，陶鑫良教授还从法律功能和实用角度将科技法律体系分解为以下部分：科技组织法律制度、

⑦ 参见赵连玉：《科技法学》，浙江教育出版社1988年版，第53～58页。

科技人员法律制度、科技经费法律制度、科技成果管理法律制度、科学技术奖励法律制度、专利技术与非专利技术成果权利保护法律制度、制止不正当竞争法律制度、技术市场管理法律制度、国内技术合同法律制度、涉外技术合同法律制度、科技档案法律制度、科技保密法律制度、科技税收法律制度、科技监督法律制度、科技仲裁与诉讼法律制度等。⑧

与上述两种观点不同,倪正茂教授主张按照科技法律法规所调节的社会关系领域的不同来划分科技法体系,进而提出科技法体系应当包括:调整科技行政关系的科技法,调整科技民事关系的科技法,调整科技国际关系的科技法等。⑨

曹昌祯教授主编的《科技法教程》将科技法的体系界定为:(1)科技进步基本法律制度;(2)科技组织管理法律制度;(3)科技人员管理法律制度;(4)科技经费管理法律制度;(5)科技器材物资管理法律制度;(6)科技信息管理法律制度;(7)科技成果管理法律制度;(8)科技奖励法律制度;(9)科技税收法律制度;(10)专利法律制度;(11)Know-how 的法律保护;(12)计算机软件的法律保护;(13)集成电路的法律保护;(14)技术市场管理法律制度;(15)技术合同法律制度;(16)国际技术贸易法律制度。⑩ 该书的主要特点是将大量知识产权法的内容纳入了科技法的体系。

陈乃蔚教授将科技法的理论体系概括为三个方面:(1)科技基本法;(2)科技主体法,包括科技管理机构法、科技机构法、科研人员法等主要法律;(3)科技行为法,包括科技投入法,科技研究开发法,科技成果法,科技奖励法,科技情报、档案管理及科技保密法,科技国际协作法,处理科技纠纷程序法等主要法律。⑪

罗玉中教授从“科技法结构”的角度来论述科技法的体系,指出:“科技法的结构是指科技法整体是由哪些部分构成的,以及构成的式样和各部分之间的相互关系。”⑫他认为,我国科技法的体系包括:(1)科技法基本

---

⑧ 参见陶鑫良、许瀛涛:《实用科技法》,专利文献出版社 1991 年版,第 25 ~ 27 页。
⑨ 参见倪正茂主编:《科技法学导论》,四川人民出版社 1990 年版。
⑩ 参见曹昌祯主编:《科技法教程》,中国政法大学出版社 1995 年版。
⑪ 参见陈乃蔚主编:《科技法新论》,上海交通大学出版社 2001 年版,第 10 ~ 13 页。
⑫ 罗玉中主编:《科技法学》,华中科技大学出版社 2005 年版,第 33 页。

原理;(2)科技进步基本法律制度;(3)研究开发法律制度;(4)科技成果法律制度;(5)技术市场和技术贸易法律制度;(6)高技术法律制度;(7)国际科技合作法律制度;(8)科技领域纠纷的解决。

孙玉荣、张蕾教授认为,科技法的体系应当包括基础性科技法和高新技术法两大方面。[13] 其中,基础性科技法包括:(1)科技进步的宪法规范;(2)科技基本法;(3)科技主体法律制度;(4)科技财产法律制度;(5)科技管理法律制度;(6)科技标准法律制度;(7)科技成果法律制度;(8)科学技术转移法律制度;(9)科技教育法律制度;(10)国际科技合作与技术贸易法律制度;(11)科技争议的法律解决机制。高新技术法则包括:(1)信息技术法;(2)生物技术法;(3)新能源和可再生能源法律制度;(4)空间技术法;(5)海洋技术法;(6)新材料技术法;(7)高科技园区与风险投资法律制度;(8)高新技术企业知识产权法律保护。

马忠法和黄玲玲认为,我国科技法的体系以《科学技术进步法》为基本法,其体系包括:(1)科技进步基本法律制度及有关科技体制改革的规定,如《科学技术进步法》《关于进一步推进科技体制改革的暂行规定》;(2)研究开发法律制度,主要涉及有关科技研究机构和科技社团管理方面的立法,如原国家科委发布的《自然科学研究机构建立、调整和审批试行办法》;(3)科技成果法律制度,包括有关科技成果的确认、评估、管理、保护和奖励等制度,如知识产权法中有关科技成果授予特定权利条件之规定、科技成果奖励和管理条例等;(4)关于建立和健全技术市场、技术贸易模式和加强技术市场管理的法律法规,如《促进科技成果转化法》、《技术合同法》和《标准化法》;(5)有关科技人员的培养和管理方面的规定,如《科学技术干部管理工作试行条例》;(6)有关国际科技交流的规定、国际条约和协定等。[14]

何悦教授认为,科技法学的体系应由两大部分组成:第一部分是科技法的总则部分。包括科技法概述、科技进步法、技术合同法和风险投资法。第二部分是科技法的分则部分。包括生物安全法、外来物种入侵防

---

⑬　参见孙玉荣、张蕾主编:《科技法学》,北京工业大学出版社2006年版,第11页。

⑭　参见马忠法、黄玲玲:《试论科技法与知识产权法之关系及其在高校教学体系中之设置》,载《科技与法律》2008年第6期。

控法、基因技术法、脑死亡法、器官移植法、安乐死法、动物福利法、可再生能源法等。科技立法具有开放性,科技法的总则部分和分则部分将随着科技的发展而有所调整。此外,由于科技争议的法律解决机制不具有特殊性,因此,不应将科技争议的仲裁制度、行政诉讼制度和民事诉讼制度并入科技法学体系。同理,科技组织和科技人员法律制度、高科技园区法律制度等也不应归属于科技法学体系。⑮

2. 科技法的体系划分及其逻辑结构

笔者认为,分析与建构科技法的体系,首先要将"法的渊源"与"法律体系"这两个概念区别开来:法的渊源,即法的效力渊源,是指具有法律效力的表现形式。⑯ 在当代中国,法的正式渊源主要包括宪法、法律、行政法规、地方性法规、自治法规、经济特区的经济法规、特别行政区的法律法规、国际条约与协定。⑰ 而所谓法律体系,也称"法的体系"或"法体系",是指由一国现行的全部法律规范按照不同的法律部门分类组合而形成的一个体系化的有机联系的统一整体。⑱ 法律体系是一个由法律部门分类组合而形成的体系化的有机整体——各个法律部门按照一定的标准进行分类组合,呈现为一个体系化、系统化的相互联系的有机整体。这既是法律体系的客观构成,也是法律体系的一种理性化要求。⑲

将法律渊源与法律体系的概念应用于科技法的研究,不难理解,所谓科技法的渊源,指的是科技法的表现形式。由于科技活动的重要性、多样性、复杂性以及当代科学技术的飞速发展,科技法律规范分布在许多法律法规之中,所以,科技法的渊源应当包括宪法(这里仅指《宪法》中与科技活动有关的法律规范,下同)、法律、行政法规、地方性法规、部门规章、国际条约与协定等。而所谓科技法的体系,则是指各种各样的科技法律法规按照何种逻辑与标准进行分类组合,即科技法的结构问题:一方面,多种多样的科技法律法规按照何种逻辑关系有机联系在一起,共同组成科

---

⑮ 参见何悦:《科技法学》,法律出版社 2014 年版,第 12 ~ 13 页。
⑯ 参见张文显主编:《法理学》,高度教育出版社、北京大学出版社 2011 年版,第 52 页。
⑰ 同上书,第 56 ~ 57 页。
⑱ 同上书,第 78 页。
⑲ 同上。

技法的整体架构；另一方面，数量庞大、内容各异的科技法律法规按照何种标准进行分类，各部门之间具有何种关系，从而将科技法划分为一个科学合理的体系结构。

按照法理学的基本原理，法律部门的划分标准，一是法律规范所调整的社会关系，二是法律规范的调整方法。[20] 因此，笔者认为，科技法的体系划分，首先应当根据法律规范所调整的社会关系的不同，划分为科技法的一般法和特别法：科技法的一般法，是以一般性或者普适性的科技活动所形成的社会关系为调整对象；而科技法的特别法，则是以某种特定类型的科技活动所形成的社会关系为调整对象。例如，互联网与信息技术、生物技术、新能源和可再生能源技术、空间技术、海洋技术、新材料技术、新医学技术各有其特殊性，相应地，形成了以特定类型的科技活动为调整对象的科技法的特别法，包括互联网与信息技术法，生物技术法（包括基因技术法、生物安全法、外来物种入侵防控法），新能源和可再生能源法，空间技术法，海洋技术法，新材料技术法，新医学技术法（包括脑死亡法、器官移植法、安乐死法）等。

相比于科技法的特别法，科技法的一般法如何进一步划分则更具理论难度和争议。笔者认为，由于科技法以科学技术活动中所形成的社会关系为调整对象，而科学技术活动主要包括科学研究、技术开发活动和科技成果推广应用活动，因此，根据调整对象的不同，科技法的一般法可以进一步划分为以下两个部分：一是科学技术进步法，以科学研究、技术开发过程中所形成的社会关系为调整对象；二是科技成果转化法，以科技成果推广应用过程中所形成的社会关系为调整对象。前者以《科学技术进步法》为基本法，同时涵盖科技资助法律制度、科技项目管理法律制度和科学技术奖励法律制度等；而后者则以《促进科技成果转化法》为基本法，涵盖技术市场法律制度、技术中介和技术服务法律制度、促进科技成果转化的金融和财税制度、产学研合作法律制度等。

除了调整对象方面的区别之外，科学技术进步法与科技成果转化法在理论基础与调整方法上也具有显著的差异性：一方面，科学技术进步法

---

[20] 参见张文显主编：《法理学》，高度教育出版社、北京大学出版社 2011 年版，第 82 页。

所要解决的核心问题是,科技创新具有“公共产品”的特性,由于其他企业“搭便车”的行为,企业从事研发和创新活动的私人回报率低于社会回报率,市场对创新的激励不足。因此,单靠市场对企业创新的激励作用很难达到社会最优研发投入水平。[21] 这就需要政府进行适度干预,在一定程度上弥补市场失灵带来的缺陷,带动企业技术创新。如建立一整套的创新制度以保证本国技术创新的来源,规范市场环境为企业技术创新提供良好的外部环境,实行政策倾斜以引导技术创新的方向等。[22] 另一方面,影响和制约科技成果转化的根本问题是科技成果供需矛盾问题,客观问题则是市场失灵问题。市场失灵主要包括信息与风险不对称、创业难、知识产权集成难、缺乏有效转化机构团队和能力、未能兼顾发明人等各方利益等问题。[23] 为了克服成果转化过程中的市场失灵,需要制定促进科技成果转化的法律法规,通过建设成果转化中介服务机构、促进高校与企业之间的信息与人员流动、加强对科技成果转化的激励等一系列措施,减少信息不对称和成果转化的不确定性,降低交易成本。

综上所述,笔者认为,通过将科技法的一般法划分为科学技术进步法与科技成果转化法,既能使科技法在逻辑上完整覆盖科技活动的全过程,又对调整两类不同科技活动的法律法规进行了区分,具有科学性与合理性。此外,诚如学者所言,由于科技争议的法律解决机制不具有特殊性,因此,不应将科技争议的仲裁制度、行政诉讼制度和民事诉讼制度纳入科技法体系,同理,科技组织和科技人员法律制度、高科技园区法律制度等也不应归属于科技法体系。[24]

(三)知识产权评议与科技法的契合:科技评价

1.科技评价在科技法中的关键性地位

科技创新和科技成果转化都是“市场失灵”的典型领域:一方面,科技创新具有“公共产品”的特性,由于其他企业“搭便车”的行为,企业从事研

---

[21] Arrow K. J. ,“The Economic Implications of Learning by Doing”, *The Review of Economic Studies*, 1962,29(3),pp. 155 – 173.

[22] 参见李平:《国际技术扩散的路径和方式》,载《世界经济》2006 年第 9 期。

[23] 参见宋河发、李振兴:《影响制约科技成果转化和知识产权运用的问题分析与对策研究》,载《中国科学院院刊》2014 年第 5 期。

[24] 参见何悦:《科技法学》,法律出版社 2014 年版,第 12 ~ 13 页。

发和创新活动的私人回报率低于社会回报率，市场对创新的激励不足。因此，单靠市场对企业创新的激励作用很难达到社会最优研发投入水平。[25] 另一方面，科技成果转化过程中的市场失灵则主要包括信息与风险不对称、创业难、知识产权集成难、缺乏有效转化机构团队和能力、未能兼顾发明人等各方利益等问题。[26]

也正因如此，从本质上说，科学技术进步法（以《科学技术进步法》为代表）和科技成果转化法（以《促进科技成果转化法》为代表）的立法宗旨与价值取向，是通过政府的适度干预，弥补市场失灵，促进科学技术进步和科技成果转化。例如，有学者曾经研究指出："《科学技术进步法》在许多条文中都采用了'国家建立''国家支持''国家鼓励''国家引导''国家推进''国家选择''国家组织推广应用''国家实行''国家保障'一类的词语来表述'国家'在科学技术进步事业中的地位、作用、权力和责任，涉及这一方面的条文有 32 条之多。综观这些条文的内容，集中体现了加强政府对科技发展的协调和管理的原则。"[27]

具体来说，政府对科技活动的协调和管理主要包括以下两个方面的内容：一方面，协调技术进步与外部环境的关系。主要是指为科学技术进步创设良好的环境和条件，推动科学技术为经济建设和社会发展服务，使科技体制与经济体制和其他体制相适应。另一方面，协调科技进步内部各环节、各方面的关系。包括协调基础研究和应用研究、技术开发与科技成果的推广应用之间的关系，协调一般技术开发和高新技术研究开发之间的关系，协调研究开发部门、工业性试验部门、技术采用部门之间的关系，协调农业科技、工业科技和其他行业科技发展中的关系，协调这一地区和另一地区科技发展之间的关系。[28] 这里所说的政府对科技活动的协调和管理，既体现了激励科技创新的目的，也包含着促进科技成果转化的要求。

而科技评价乃是政府协调和管理科技活动最为重要的方法，也是解

㉕ Arrow K. J.，"The Economic Implications of Learning by Doing"，*The Review of Economic Studies*，1962，29（3），pp. 155 – 173.

㉖ 参见宋河发、李振兴：《影响制约科技成果转化和知识产权运用的问题分析与对策研究》，载《中国科学院院刊》2014 年第 5 期。

㉗ 罗玉中主编：《科技法学》，华中科技大学出版社 2005 年版，第 100 页。

㉘ 同上。

决科技创新和科技成果转化过程中“市场失灵”问题的关键所在。科技评价在科技法体系中所具有的此种至关重要的地位，从根本上说，是由科技创新和科技成果转化的性质及其所具有的缺陷性所决定的：

首先，科技创新与科技成果转化过程中所要面临的最重要的问题是信息问题，包括信息的不完全和不对称——信息的不完全主要是由技术创新的不确定性所决定的，而信息的非对称性是指技术交易过程中，技术合约当事人一方拥有另一方不知道或无法验证的信息和知识。[29] 从科技成果自身的性质来看，虽然表现形式多样，但科技成果的本质是知识性的信息产品，具有内隐性和极高的资产专用性。在知识产品的交易中，成果受让方得到的往往是以专利、图纸、软件、设备等形式呈现出来的显性知识，但是研发过程中的技术诀窍、心得体会等隐性知识并未一并发生转移。[30] 而且研究表明，科技成果复杂程度的不断提高，将更多地需要显性知识与隐性知识相结合才能顺利实施。[31] 因此，科技创新与科技成果转化过程中所存在的信息不完全和信息不对称问题，必须要借助于科技评价来予以克服。

其次，科技创新与科技成果转化具有不确定性的特点。不确定性是科技创新所固有的性质，是指技术研究开发和技术创新过程固有的风险所导致的难以预期的变化。[32] 而科技成果转化与普通商品交易不同，它绝不仅仅是知识产品的交易和转让，更多的则是知识产品的应用性研发和再创新。这便从根本上决定了科技成果转化的不确定性——在应用性研发和再创新过程中存在难以预期的变化和风险。而科技创新和科技成果转化过程中客观存在的不确定性，一方面，使创新主体和成果转化主体很难预见到他们可能遭遇的问题；另一方面，即使在科技创新（如委托研发）和科技成果转化（如技术交易）缔约完成以后，履约过程中对技术方案与合同的重新修改或多次谈判也是不可避免的。这既有可能是因为在履约

[29] 参见刘学：《技术交易的特征与技术市场研究》，载《中国软科学》2000 年第 3 期。

[30] 参见郭强等：《高校科技成果转化影响因素及对策研究》，载《科技进步与对策》2012 年第 6 期。

[31] 参见史丽萍等：《科技成果转化的影响因素分析及多元化体系建构》，载《管理现代化》2012 年第 3 期。

[32] 参见刘学：《技术交易的特征与技术市场研究》，载《中国软科学》2000 年第 3 期。

过程中出现了新问题，市场需求和技术需求发生变化，也有可能是由于在科技创新和成果转化过程中涉及未曾预见的技术问题或知识产权问题。总之，不确定性的存在使应变性、连续性的决策成为必要，[33]而科技评价则是创新主体和成果转化主体进行应变性、连续性决策的评估方法与保障机制。

最后，关于科技创新和科技成果转化的风险分担，由于不确定性的存在，因此，科技创新和科技成果转化的缔约过程中所要考虑的一个重要问题就是决定各方如何分担这种面向未来的不确定性（风险）。从这个角度来看，如果企业采用一次性的方式购买科技成果（技术转让），事实上就把创新的不确定性风险都承担在自己身上，企业有可能因此对成果转化与技术创新产生风险厌恶，从而阻碍交易的发生。[34] 因此，科技评价还是科技创新和科技成果转化过程中风险分担和风险控制的前提。

2. 科技评价的制度构造与知识产权评议的契合性

科学技术评价是科学技术管理工作的重要组成部分，是推动国家科学技术事业持续健康发展，促进科学技术资源优化配置，提高科学技术管理水平的重要手段和保障。从法理上讲，科学技术评价是指受托方根据委托方明确的目的，按照规定的原则、程序和标准，运用科学、可行的方法对科学技术活动以及与科学技术活动相关的事项所进行的论证、评审、评议、评估、验收等活动。[35]

《科学技术进步法》第 8 条规定："国家建立和完善有利于自主创新的科学技术评价制度。科学技术评价制度应当根据不同科学技术活动的特点，按照公平、公正、公开的原则，实行分类评价。"根据科技部于 2003 年 9 月 20 日印发的《科学技术评价办法》，科技评价主要包括科学技术计划评价、科学技术项目评价、研究与发展机构评价、研究与发展人员评价、科学技术成果评价五种类型：

科学技术计划评价主要是针对国家或地方重大科学技术计划的设立

---

[33] 参见刘学：《技术交易的特征与技术市场研究》，载《中国软科学》2000 年第 3 期。

[34] 参见曾翠红、阮文彪：《基于新制度经济学视角的中国技术创新能力研究》，载《产业与科技论坛》2010 年第 7 期。

[35] 参见信春鹰主编：《中华人民共和国科学技术进步法释义》，法律出版社 2008 年版，第 29 页。

和实施效果进行评价,为改进科学技术计划的决策与管理、优化资源配置提供依据。科学技术计划评价包括前期评价、中期评估和绩效评价:前期评价主要是对拟设立的科学技术计划的必要性、可行性及其定位、目标、任务、投入、组织管理等进行评价,为战略决策、计划设计和组织实施提供依据;中期评估主要是对科学技术计划执行中的进展情况及存在的问题进行评价,为科学技术计划的后续安排和调整提供依据;绩效评价主要是对科学技术计划目标的实现程度、完成效果与影响、经费投入的效益、组织管理的有效性等进行评价,为科学技术计划的滚动实施、调整或终止提供依据。

科学技术项目评价实行分类评价。根据各类科学技术项目的不同特点,选择确定合理的评价程序、评价标准和方法,注重评价实效。科学技术项目评价包括战略性基础研究项目评价、自由探索性基础研究项目评价、应用研究项目评价、科学技术产业化项目评价、社会公益性研究项目评价、科学技术条件建设与支撑服务项目评价等。

研究与发展机构评价应以加强国家创新体系建设、建立现代研究与发展管理制度为导向,以机构的发展目标与定位、研究与发展能力、人才队伍建设、条件建设与服务水平、运行机制与创新环境建设以及科学技术产出绩效等方面为评价重点。对研究与发展机构应根据其功能定位、任务目标、运行机制等特点,选择合理的评价方式和标准进行分类评价,包括基础研究机构评价、社会公益类研究机构评价和技术开发类机构评价等。

研究与发展人员评价以促进形成"公平、公开"的竞争与合作机制和优秀人才脱颖而出为导向,以其代表性产出和业绩、创新潜力和职业道德等为评价重点。包括对从事基础研究工作的人员评价、对从事应用研究工作的人员评价、对从事科学技术成果转化与产业化工作的人员评价以及对从事条件保障与实验技术工作的人员评价。

科学技术成果评价以鼓励创新、加快人才培养、促进科学技术成果转化和产业化、增进科学技术和经济、社会发展密切结合为导向,以科学价值或技术水平、市场前景为评价重点。包括基础研究成果评价、应用技术成果评价、软科学研究成果评价等。

上述五类科技评价分别针对不同的评价对象，各类科技评价又进一步根据评价对象的特点进行分类评价。从科技评价的制度构造上看，知识产权评议在各类科技评价中具有广泛的运用空间，而在不同类型的科技评价中，知识产权评议的内容则因评价导向和评价对象的特点而具有差异性。（如表4－1所示）当然，也正是借助于科技评价这一制度载体和纽带，知识产权评议得以渗透到科技法体系（包括科学技术进步法和科技成果转化法）的各个层面，并发挥着重要的作用。

表4－1　各类科技评价与知识产权评议的关系

评价对象	评价类型	知识产权评议的内容（评议重点）
科学技术计划评价	前期评价	知识产权布局；知识产权风险
	中期评估	知识产权产出及其价值评估；知识产权风险控制
	绩效评价	知识产权产出及其价值评估；知识产权风险控制；知识产权运用（包括转让、实施许可等）、保护和管理状况
科学技术项目评价	战略性基础研究项目评价	知识产权保护与管理状况
	自由探索性基础研究项目评价	知识产权保护与管理状况
	应用研究项目评价	知识产权风险（立项评价）； 知识产权合法性； 知识产权的产出及其价值评估
	科学技术产业化项目评价	知识产权风险（立项评价）； 知识产权的合法性； 知识产权的产出及其价值评估； 知识产权运用（包括转让、实施许可等）、保护和管理状况
研究与发展机构评价	技术开发类机构评价	知识产权的产出及其价值评估； 知识产权运用（包括转让、实施许可等）、保护和管理状况

续表

评价对象	评价类型	知识产权评议的内容(评议重点)
研究与发展人员评价	对从事应用研究工作的人员评价	知识产权的合法性; 知识产权的产出及其价值评估
	对从事科学技术成果转化与产业化工作的人员评价	知识产权的合法性; 知识产权的产出及其价值评估; 知识产权运用(包括转让、实施许可等)、保护和管理状况
科学技术成果评价	应用技术成果	知识产权的合法性; 知识产权的产出及价值评估

二、知识产权评议在科学技术进步法中的运用

(一)科技计划与科技项目决策

《科学技术进步法》第13条规定:“国家完善科学技术决策的规则和程序,建立规范的咨询和决策机制,推进决策的科学化、民主化。制定科学技术发展规划和重大政策,确定科学技术的重大项目、与科学技术密切相关的重大项目,应当充分听取科学技术人员的意见,实行科学决策。”由此可见,《科学技术进步法》意义上的“科技决策”,包括科技计划(包括科学技术发展规划和重大政策)的决策和科技项目的决策。

科技决策区别于一般性政府决策和行政行为的突出特点在于,其不仅要求传统的合法律性(例如,《科学技术进步法》第13条所规定之完善的决策规则和程序、规范的咨询和决策机制),更重要的则是追求“科学理性”(例如,《科学技术进步法》第13条所规定之决策的科学化)。从这个意义上,的确可以说,“科学理性”逐渐超越传统的“合法律性”,成为现代行政的核心正当性要素。[36]

在科技法现有的制度设计中,科学理性的价值要求主要通过专家咨询程序来予以保障和实现。[37] 这在《科学技术进步法》中亦有很好的体现。

---

[36] 参见成协中:《科学理性导向下的行政正当程序》,载《华东政法大学学报》2013年第5期。

[37] 同上。

例如,《科学技术进步法》第62条第2款规定:“利用财政性资金设立的科学技术基金项目、科学技术计划项目的管理机构,应当建立评审专家库,建立健全科学技术基金项目、科学技术计划项目的专家评审制度和评审专家的遴选、回避、问责制度。”

但是,问题在于,尽管科技决策主要应借助于特定领域的专家咨询和评审,但专家的知识和技术分析能力不可避免地存在缺陷性,而且专家的主观立场和价值判断也容易受到包括政策取向、政府要求、个人偏好等多种因素的影响。为此,在科技决策中必须引入知识产权评议,这一方面,是对专家知识的有益补充,可以进一步提升科技决策的科学理性;另一方面,则是为了防止专家咨询所可能产生的副作用和风险,防止专家知识演变为专家专断,避免行政机关与专家联盟所组成的“知识—权力”垄断体制。因为以“科学理性”为核心的公共政策过程,在强调理性、技术和专业知识的“技术路线”时,容易把专家和决策精英的作用推到一个核心的地位,从而形成官僚精英和知识精英联手形成的“知识—权力”垄断体制。[38]概言之,在科技计划与科技项目决策过程中引入知识产权评议机制,是完善科技决策机制的内在要求和必然选择。

具体就知识产权评议在科技计划与科技项目决策过程中的运用方法及其功能定位而言,主要有以下几个层面:一是了解与科技计划、科技政策和科技项目相关的专利等知识产权信息并进行挖掘、加工、整理与分析,确定该领域的技术现状、发展重点,进一步聚焦行业发展重点,提高决策和立项精准度;二是通过专利地图等知识产权评议的专业工具,分析相关领域主要技术拥有者及其核心知识产权发展变化趋势,避免科技计划和重大科技项目低水平重复立项;三是确定与科技计划和科技项目相关的关键技术、核心技术和主要技术是否存在知识产权侵权的风险,避免科技计划和科技项目立项后因知识产权问题导致重大经济损失。[39]

(二)促进科技进步的金融法律制度

《科学技术进步法》第18条规定:“国家鼓励金融机构开展知识产权

---

[38] 参见成协中:《科学理性导向下的行政正当程序》,载《华东政法大学学报》2013年第5期。

[39] 参见香小敏、侯小星、莎薇:《科技计划项目立项评审环节建立知识产权分析评议机制研究》,载《科技管理研究》2017年第14期。

质押业务,鼓励和引导金融机构在信贷等方面支持科学技术应用和高新技术产业发展,鼓励保险机构根据高新技术产业发展的需要开发保险品种。政策性金融机构应当在其业务范围内,为科学技术应用和高新技术产业发展优先提供金融服务。"该条款是关于国家鼓励金融机构开展相应业务以促进科技进步的规定。而金融机构对于科技进步的支持,需要通过多种金融法律制度来予以保障和实现。以下以知识产权质押融资为例,论述金融法律制度对于科技进步的促进作用,以及知识产权评估在其中的关键性作用。

知识产权质押融资,是指债务人或第三人以其特定的知识产权向债权人出质,用以担保债权的实现,当债权没有如期履行时,债权人以被质押的知识产权拍卖、变卖等形式优先受偿的贷款融资形式。知识产权质押融资是运用知识产权资产筹措资金的经济活动,是盘活知识产权价值、实现知识产权价值变现的重要形式。[40] 尤其是对于科技型中小企业和初创期科技企业而言,往往面临着技术创新周期长、前期投入高、固定资产和资金不足等难题,此时,知识产权质押融资为企业提供了一种利用无形资产筹措资金、支持技术创新的重要渠道,因此,知识产权质押融资具有促进科技进步(包括促进科技成果转化)的重要作用。

早在 1995 年,我国颁布的《担保法》就确立了知识产权质押融资制度,规定知识产权中的财产权可以作为一种担保形式,用于银行质押贷款。2008 年实施的《国家知识产权战略纲要》以及 2009 年实行的知识产权质押融资试点,进一步推动了知识产权质押融资的发展。但是在实践中,知识产权质押融资的境况并不乐观,其中最重要的原因是知识产权质押评估价值不够客观、缺乏公信力。[41] 详言之,知识产权具有无形性和内隐性,其应用价值不仅难以准确评估,而且因人而异;并且由于科学技术的迅猛发展,知识产权价值变动的速率和幅度较大,一旦相关技术领域内出现替代性技术或超越性技术,则知识产权的价值将出现"断崖式"减损。知识产权所具有的这些本质特征,不仅使在知识产权质押融资的过程中

---

[40] 参见冯晓青:《我国企业知识产权质押融资及其完善对策研究》,载《河北法学》2012 年第 12 期。

[41] 参见苑泽明等:《知识产权质押融资价值评估:收益分成率研究》,载《科学学研究》2012 年第 6 期。

难以准确评估知识产权的市场价值,更重要的是,随着时间的推移,知识产权容易出现价值贬损,其偿债能力难以保证。也正因如此,知识产权质押融资是否能够平衡各方利益关系、实现制度设计的预期目的,关键在于合理运用与进一步完善知识产权评议机制。

为此,首先,应当改进知识产权价值评估机制和评估方法。为科学、合理地评估知识产权的价值,应当扩大收益法的使用,并鼓励和促使评估业综合运用多种评估方法。应突破只有会计人员才有评估资格的限制,对有经验的技术专家、技术管理人员、知识产权专家可授予评估资格,可采取评估专业人员与相关行业专家相结合、评估价格与权利质量相结合、文献检索与研究分析相结合的评估方法。[42]

其次,应当完善专利权人自身的知识产权评估和管理体系。专利权人尤其是拥有专利权且对融资有迫切需求的中小企业,自身应采取措施了解知识产权的商业价值,例如,可以聘请一些专业的机构进行评估,且在其账簿或资产负债表上体现出来,这样在向潜在投资者或贷款人融资时就可以保证在中小企业的商业计划中确实包含着知识产权。[43]

再次,应当以专利分析为主要手段,加强金融机构对知识产权质押融资的风险防范与控制。由于知识产权具有价值不确定和可变性的特点,加之其本身存在权利不稳定的风险,特别是专利技术存在被宣告无效的法律风险和技术替代的技术风险,因此加强对知识产权质押融资的风险控制很有必要。[44] 为此,金融机构应当在贷款前对质押的知识产权进行全面的专利分析,严格审查其法律风险和技术风险,并在贷款后实行跟踪分析和动态管理,从而为知识产权质押融资建构起完整的风险防范与控制体系。

最后,应当完善无形资产交易市场和交易规则,为知识产权评议提供更好的制度环境与信息资料。目前,我国无形资产交易市场不够健全,交易信息不够透明,交易制度不够完善。通过发展全国性专利技术交易市场,加强专利交易的信息化建设,建立以专利技术为核心的技术市场体系,不仅有利于完善无形资产交易制度,而且可以为知识产权质押融资创

---

[42] 参见林秀芹等:《促进技术创新的法律机制研究》,高等教育出版社 2010 年版,第 210 ~ 211 页。

[43] 同上。

[44] 参见冯晓青:《我国企业知识产权质押融资及其完善对策研究》,载《河北法学》2012 年第 12 期。

造良好的条件。[45]

需要说明的是,除了知识产权质押融资之外,促进科技进步的金融法律制度还体现在其他许多层面和领域,如知识产权证券化、科技保险、风险投资等。基于与知识产权质押融资相类似的原理,知识产权评议也可以、而且应当在知识产权证券化、科技保险、风险投资等法律制度中发挥重要的作用。囿于篇幅,本书不再逐一展开讨论。

(三)科技奖励制度

《科学技术进步法》第15条第1款规定:"国家建立科学技术奖励制度,对在科学技术进步活动中做出重要贡献的组织和个人给予奖励。具体办法由国务院规定。"根据《科学技术进步法》的授权,国务院制定了《国家科学技术奖励条例》,并授权科技部制定国家科学技术奖的具体评审规则。[46] 与此同时,《国家科学技术奖励条例》第24条还规定:"国务院有关部门根据国防、国家安全的特殊情况,可以设立部级科学技术奖。具体办法由国务院有关部门规定,报国务院科学技术行政部门备案。省、自治区、直辖市人民政府可以设立一项省级科学技术奖。具体办法由省、自治区、直辖市人民政府规定,报国务院科学技术行政部门备案。"由此,就确立了我国科技奖励的基本制度与奖励体系。

然而,我国现行的科技奖励制度并未采用完善的知识产权评议机制,这是一个较大的制度缺憾。随着我国科技奖励制度的进一步改进与完善,知识产权评议应当在以下两个方面发挥重要的作用:

首先,通过对拟获奖项目进行知识产权合法性审查与风险审查,可以确保科技奖励的合法性与权威性,避免科技奖励的知识产权风险。就此问题,科技部于2008年12月23日修改的《国家科学技术奖励条例实施细则》第53条规定:"凡存在知识产权以及有关完成单位、完成人员等方面争议并正处于诉讼、仲裁或行政裁决、行政复议程序中的,在争议解决前不得推荐参加国家科学技术奖评审。"从法律解释的角度,该条款只是将"知识产权以及有关完成单位、完成人员等方面存在争议"作为国家科学

---

[45] 参见冯晓青:《我国企业知识产权质押融资及其完善对策研究》,载《河北法学》2012年第12期。

[46] 2013年7月18日修订的《国家科学技术奖励条例》第17条第3款规定:"国家科学技术奖的评审规则由国务院科学技术行政部门规定。"

技术奖励的消极条件，但是并未在科技奖励制度中确立普遍性的知识产权评议机制，因而也就在科技奖励制度中留下了知识产权隐患与风险。笔者认为，考虑到知识产权评议具有较高的成本，故而，将审查对象限于科技奖励的拟获奖项目（而非科技奖励的全部申报项目），并将知识产权评议作为评审结果确定的前置程序，是较为合适的。

就知识产权评议的审查内容而言，笔者认为，科技奖励制度中的知识产权评议，应当对拟获奖项目所涉知识产权的法律状态与侵权风险进行全面的审查分析（而不应仅限于《国家科学技术奖励条例实施细则》第53条规定的“知识产权以及有关完成单位、完成人员等方面是否存在争议”）。具体来说，知识产权的法律状态审查，应当包括所涉知识产权在国内外的保护状况（包括权利类别、归属、数量、保护期限）、知识产权权利主体的合法性与权利稳定性、知识产权转让或许可使用状况等；而知识产权侵权风险分析，通常是在充分检索与项目相关的专利等知识产权信息的基础上，对各种专利技术进行全面的比对分析，特别是对现有专利技术的法律状态、保护范围进行分析，从而判断申报项目是否存在知识产权侵权风险。[47]

其次，通过对申报科技奖励的技术发明或技术方案进行专利分析和专利价值评估，可以准确评估其先进性和创造性、经济效益和社会效益，从而为科技奖励评审提供重要参考。现行的《国家科学技术奖励条例》和《国家科学技术奖励条例实施细则》虽然都以较大的篇幅详细规定了国家自然科学奖、国家技术发明奖和国家科学技术进步奖的评审标准（或称授奖条件），但并未明确知识产权和知识产权评议在其中的地位。[48] 事实上，

---

[47] 参见香小敏、侯小星、莎薇：《科技计划项目立项评审环节建立知识产权分析评议机制研究》，载《科技管理研究》2017年第14期。

[48] 《国家科学技术奖励条例》第10条规定：“国家技术发明奖授予运用科学技术知识做出产品、工艺、材料及其系统等重大技术发明的公民。前款所称重大技术发明，应当具备下列条件：（一）前人尚未发明或者尚未公开；（二）具有先进性和创造性；（三）经实施，创造显著经济效益或者社会效益。”第11条规定：“国家科学技术进步奖授予在应用推广先进科学技术成果，完成重大科学技术工程、计划、项目等方面，做出突出贡献的下列公民、组织：（一）在实施技术开发项目中，完成重大科学技术创新、科学技术成果转化，创造显著经济效益的；（二）在实施社会公益项目中，长期从事科学技术基础性工作和社会公益性科学技术事业，经过实践检验，创造显著社会效益的；（三）在实施国家安全项目中，为推进国防现代化建设、保障国家安全做出重大科学技术贡献的；（四）在实施重大工程项目中，保障工程达到国际先进水平的。”

专利分析可以很好地说明某项技术在相关技术领域的先进性和创造性；而通过专利价值评估（包括对专利转让和专利实施许可情况的分析评估），则可以较好地反映实施某项技术方案的经济效益和社会效益，从而为科技奖励的评定提供富有价值的参考。

当然，由于专利分析和专利价值评估并非适用于所有科技奖励申报项目，且分析评价的结论在某些情况下可能具有片面性，故而在制度设计上，此种类型的知识产权评议可以作为科技奖励评审过程中的选择性程序，由申报者自主决定是否进行知识产权评议，并且自愿向评审机构提供知识产权评议材料。相应地，知识产权评议结论也并不对科技奖励评审具有必然的、决定性的影响，而只是作为评审的重要参考。

（四）科技设施与科技成果的管理运营

《科学技术进步法》第 60 条规定了我国财政性科技经费的主要用途和投入事项，主要包括科学技术基础条件与设施建设（以下简称科技设施）和科学技术研究与应用（主要表现为各种类型的科技项目）。而无论是科技设施的建设运行，还是财政性资金科技项目中科技成果的创造、运用和保护，均与知识产权具有极为密切的联系，进而均须以知识产权评议为重要的管理手段：

首先，科技设施的运行与管理，必须建立完善的知识产权评议机制。根据立法机关的解释，《科学技术进步法》第 60 条第 1 款所谓之“科学技术基础条件与设施”，应当包括国家研究实验基地，大型科学工程和设施，科学数据与信息平台，自然科技资源服务平台，国家标准、计量和检测技术体系。[49] 而这些科技设施的建设与运行，均离不开科学合理的知识产权管理体制。

例如，自然科技资源服务平台旨在建立完备的植物、动物种子资源，微生物菌种和人类遗传资源，以及实验材料，标本、岩矿化石等自然科技资源保护与利用体系。[50] 而植物、动物种子资源，微生物菌种和人类遗传资源等自然科技资源的保护与利用，必须要借助于包括专利、植物新品

---

[49] 参见信春鹰主编：《中华人民共和国科学技术进步法释义》，法律出版社 2008 年版，第 241 ~ 242 页。

[50] 同上书，第 242 页。

种、遗传资源在内的多种知识产权的创造、运用、保护与管理。

又如，国家标准、计量和检测技术体系主要研究制定高精确度和高稳定性的计量基标准和标准物质体系，以及重点领域的技术标准，完善检测实验室体系、认证认可体系及技术性贸易措施体系。[51] 这里所涉及的大量的技术标准、技术性贸易措施，更是包含许多重要的知识产权问题，需要有针对性地开展多种知识产权审查和分析评议。

从这个意义上说，以上这些由国家财政投巨资建设的科技设施是否能够实现预期目标，真正成为科技创新的"国之重器""基础设施"，关键取决于知识产权管理体制。因此，科技设施的运行与管理主体应当尽快建立健全知识产权评议机制——主要指与其科技创新工作紧密相关的，以知识产权评议为核心的知识产权创造、保护、运用和管理体系。

其次，财政性资金科技项目所形成的科技成果的管理与运营，必须以知识产权评议为基础。根据《科学技术进步法》第 20 条的规定，利用财政性资金设立的科技项目所形成的发明专利权、计算机软件著作权、集成电路布图设计专有权和植物新品种权，除涉及国家安全、国家利益和重大社会公共利益的外，授权项目承担者依法取得。在法律明确规定了财政性资金科技项目所形成的科技成果的权利归属的前提下，此类科技成果能否被有效利用和高效运营，关键取决于项目承担者和主管机关能否建立一整套以知识产权评议为核心的科学合理的知识产权管理机制。一方面，项目承担者应当健全知识产权评议机制，对财政性资金科技项目所形成的知识产权进行科学评估、动态管理和有效保护；另一方面，作为财政性科学技术资金的主管部门，国家科技行政管理部门也应当建立健全知识产权评议机制，对项目承担者运用、保护和管理知识产权的状况进行绩效评估，从而促进科技成果管理与运营，在必要时还可以自行实施或者许可他人实施知识产权。[52]

---

[51] 参见信春鹰主编：《中华人民共和国科学技术进步法释义》，法律出版社 2008 年版，第 242 页。

[52] 《科学技术进步法》第 20 条第 2 款和第 3 款规定："项目承担者应当依法实施前款规定的知识产权，同时采取保护措施，并就实施和保护情况向项目管理机构提交年度报告；在合理期限内没有实施的，国家可以无偿实施，也可以许可他人有偿实施或者无偿实施。项目承担者依法取得的本条第一款规定的知识产权，国家为了国家安全、国家利益和重大社会公共利益的需要，可以无偿实施，也可以许可他人有偿实施或者无偿实施。"

三、知识产权评议在促进科技成果转化法中的运用

（一）科技成果转化项目和应用类科技项目管理

1. 科技成果转化项目

《促进科技成果转化法》第 12 条列举了国家重点支持的科技成果转化项目，明确了科技成果转化项目以提升产业技术水平、发展新兴产业、提高国家安全能力和公共安全水平、保护生态环境、改善民生、促进农业农村和欠发达地区发展作为主要目标，并且规定国家根据各领域、各类型科技成果转化的不同特点而采取不同的支持方式。

具体来说，在政府采购方面，主要是建立健全符合国际规则的支持采购创新产品和服务的政策体系，落实和完善政府采购促进中小企业创新发展的相关措施，加大创新产品和服务的采购力度。鼓励采用首购、订购等非招标采购方式，以及政府购买服务等方式予以支持，促进创新产品的研发和规模化应用。研究完善使用首台（套）重大技术装备鼓励政策；在研究开发资助方面，主要是通过国家科技计划（专项、基金）项目的方式支持相关领域科技成果转化项目；在产业技术指导目录方面，主要包括国务院《关于发布实施〈促进产业结构调整暂行规定〉的决定》和《产业结构调整指导目录》所规定的鼓励类、限制类和淘汰类三类目录；在示范推广方面，主要是通过试验、示范、培训、指导以及咨询服务等，把科技成果和实用技术普及应用到生产全过程。目前，已有很多部门实施了技术示范推广工程，例如建设部发布了《建筑业新技术应用示范工程管理办法》（建质〔2002〕173 号），推广建设领域的新技术。[53]

然而，无论采用何种政府支持方式，在设计和确定科技成果转化项目时，首先，应当考虑该项目在技术上的自主性与创新性，其次，为了提高财政资金和政府支持的绩效，实现科技成果转化的目标，在同类技术之间还应当进行必要的比较、排序和筛选。因此，各种类型的科技成果转化项目原则上都应当引入和完善知识产权评议机制。评议的重点，一是确保项

---

[53] 参见全国人大常委会法制工作委员会社会法室编著：《中华人民共和国促进科技成果转化法解读》，中国法制出版社 2016 年版，第 46～48 页。

目所涉知识产权的合法性与安全性；二是通过知识产权评议对某一技术领域内同类知识产权进行比较分析与选择（如可以通过专利分析来确定核心专利），进而对项目可行性和技术路线进行分析论证；三是通过知识产权评议，对科技成果转化项目的实施绩效进行评估。

2. 应用类科技项目管理

根据《促进科技成果转化法》第10条的规定，对于利用财政资金设立的应用类科技项目和其他相关科技项目，在组织实施时，应当明确项目承担者的科技成果转化义务，加强知识产权管理，并将科技成果转化和知识产权创造、运用作为立项和验收的重要内容和依据。与《促进科技成果转化法》第12条不同，第10条适用于利用财政资金设立的应用类科技项目和其他相关科技项目，而不是专门的科技成果转化项目。其目的是通过引入和加强知识产权管理，来促进应用类科技项目真正面向市场，加强科技成果转化。

因此，应用类科技项目中的知识产权评议，应当包括以下两个层面：一是项目的管理者（如科技行政管理部门）在项目管理体制中应当引入知识产权评议，并且将知识产权创造、运用、转移转让的情况作为项目立项和验收的重要内容和依据；二是项目的承担者在项目实施过程中应当建立健全知识产权评议机制，通过对知识产权创造、运用、转移转让的全过程管理（实质是建立健全企业、高校或科研机构的知识产权管理体制），最终实现促进科技成果转化的目的。

（二）促进高校、科研机构科技成果转化的体制机制

高等院校、科研机构的科技成果转化难，不仅是扼杀高校与科研机构创新能力及其对于经济社会发展的助推力的顽疾，而且在高校、科研机构日益成为科技创新主力军的时代背景下，已经成为制约国家创新能力提升、创新驱动战略实施的“瓶颈”。[54] 为此，《促进科技成果转化法》用了很

[54] 有报道称，根据权威统计数据，我国高校科技成果转化率不到20%。（参见王梦影：《高校科技成果转化该怎么办》，载《中国青年报》2014年11月24日，第10版。）学者的估算则更低一些，普遍认为我国高校科技成果转化率不足10%。参见徐楠、马艳秋：《高校科研成果转化的路径依赖》，载《社会科学家》2013年第6期；蒋科兵、刘期达：《高校科研成果转化率偏低原因初探》，载《技术与创新管理》2013年第3期。

大的篇幅(第 17 ~21 条,以及第 43 ~45 条)对促进高校、科研机构科技成果转化的体制机制作了详尽规定。内容涉及高校、科研机构科技成果转化的实施方式,高校、科研机构实施科技成果转化的自主决定权,科技成果转化的内部管理体制,考核评价机制,职务科技成果完成人、参加人与所在单位的权利义务,科技成果转化情况报告制度,高校、科研机构对于科技成果转化的收益权,以及职务科技成果转化的收益分配等。

而在促进高校、科研机构科技成果转化的一系列制度安排中,知识产权评议不仅应当、而且也可以在多个层面发挥重要的作用:

首先,高校、科研机构科技成果转化的价格形成需要进行知识产权评议。《促进科技成果转化法》第 17 条第 1 款规定:"国家鼓励研究开发机构、高等院校采取转让、许可或者作价投资等方式,向企业或者其他组织转移科技成果。"第 18 条规定:"国家设立的研究开发机构、高等院校对其持有的科技成果,可以自主决定转让、许可或者作价投资,但应当通过协议定价、在技术交易市场挂牌交易、拍卖等方式确定价格。通过协议定价的,应当在本单位公示科技成果名称和拟交易价格。"由此可见,高校、科研机构科技成果转化主要包括转让、许可和作价投资这三种方式,但基于科技成果的无形性特点,其价值评估便成为科技成果转化的核心问题。无论是通过协议定价,或是在技术交易市场挂牌交易、拍卖,都应当以科学合理的知识产权评议为基础,来确定科技成果的价值。

其次,高校、科研机构对于科技成果及成果转化的内部管理机制须以知识产权评议为核心。《促进科技成果转化法》第 17 条第 2 款规定:"国家设立的研究开发机构、高等院校应当加强对科技成果转化的管理、组织和协调,促进科技成果转化队伍建设,优化科技成果转化流程,通过本单位负责技术转移工作的机构或者委托独立的科技成果转化服务机构开展技术转移。"换言之,高校、科研机构科技成果转化的实施效果,不仅取决于成果转化的末端环节(包括转让、许可和作价投资这三种方式),更需要以完善的知识产权管理体制作为基础和支撑,包括对于科技成果的评估、筛选、维持、保护、管理等,而知识产权评议则是整个知识产权管理体系的核心。

最后,对于高校、科研机构及科技人员的考核评价须以知识产权评议为主要方法。《促进科技成果转化法》第 20 条规定:"研究开发机构、高等院校的主管部门以及财政、科学技术等相关行政部门应当建立有利于促进科技成果转化的绩效考核评价体系,将科技成果转化情况作为对相关单位及人员评价、科研资金支持的重要内容和依据之一,并对科技成果转化绩效突出的相关单位及人员加大科研资金支持。国家设立的研究开发机构、高等院校应当建立符合科技成果转化工作特点的职称评定、岗位管理和考核评价制度,完善收入分配激励约束机制。”该条款旨在通过进一步改进和完善高校、科研机构及科技人员的考核评价机制,来促进高校、科研机构和科技人员更加重视科技成果转化。其核心是将科技成果转化情况纳入考核指标,从而建立起一套更加科学完善的考核评价体系。而无论是对于高校、科研机构的考核评价,抑或对于科技人员的考核评价,都应当以知识产权评议为主要的评价方法和手段。

(三)标准制/修订的审查机制

标准是推广和普及新技术、新工艺、新材料、新产品的有效手段,因此,标准的制定与实施具有促进科技成果转化的重要作用。《促进科技成果转化法》第 14 条第 1 款规定:“国家加强标准制定工作,对新技术、新工艺、新材料、新产品依法及时制定国家标准、行业标准,积极参与国际标准的制定,推动先进适用技术推广和应用。”

然而,由于新技术、新工艺、新材料、新产品有可能受到知识产权(主要是专利)保护,故而,将新技术、新工艺、新材料、新产品纳入技术标准,就引发了在制定、修订标准的过程中如何处置专利的问题(亦即标准的知识产权政策问题)。就此问题,国际标准组织如 ISO、IEC、ITU,区域标准组织如 CEN、CENELEC、ETSI 以及多数国家标准组织如 ANSI、BSI、DIN 等,均对标准中知识产权(尤其是专利)的纳入作出了明确的规定。这些标准组织普遍认为,只有在从技术角度上考虑无法避免的情况下,才允许标准中纳入专利,但并不介入知识产权评估和许可谈判,只要求专利持有人向标准组织作出书面许可申明。该许可申明表明专利持有人愿意在合理无歧视的条件和条款下,同使用该标准的任何人就专利许可进行谈判。总体来看,标准化组织更关注公众的健康,安全以及社会整体经济发展等多方面内容,对待标准中纳入知识产权的态度较为慎重,并严防标准中知识产权的滥用。[55]

2013 年 12 月，我国国家标准化管理委员会、国家知识产权局发布了《国家标准涉及专利的管理规定（暂行）》，针对标准涉及专利的信息披露与专利实施许可等问题作了规定：

在专利信息披露方面，在国家标准制/修订的任何阶段，参与或未参与标准制/修订的组织或者个人都应当向相关全国专业标准化技术委员会或者归口单位披露其拥有和知悉的必要专利。[56] 国家标准化管理委员会应当在涉及专利或者可能涉及专利的国家标准批准发布前，对标准草案全文和已知的专利信息进行公示。

在专利实施许可方面，国家标准在制/修订过程中涉及专利的，全国专业标准化技术委员会或者归口单位应当及时要求专利权人或者专利申请人作出专利实施许可声明。该声明应当由专利权人或者专利申请人在以下三项内容中选择一项：(1) 专利权人或者专利申请人同意在公平、合理、无歧视基础上，免费许可任何组织或者个人在实施该国家标准时实施其专利；(2) 专利权人或者专利申请人同意在公平、合理、无歧视基础上，收费许可任何组织或者个人在实施该国家标准时实施其专利；(3) 专利权人或者专利申请人不同意按照以上两种方式进行专利实施许可。除强制性国家标准外，涉及专利但未获得专利权人或者专利申请人根据前述第一项或者第二项规定作出的专利实施许可声明的，国家标准草案不予批准发布。[57]

---

[55] 参见朱一飞等编著：《标准化法教程》，厦门大学出版社 2011 年版，第 178 页。

[56] 《国家标准涉及专利的管理规定（暂行）》第 5 条规定："在国家标准制修订的任何阶段，参与标准制修订的组织或者个人应当尽早向相关全国专业标准化技术委员会或者归口单位披露其拥有和知悉的必要专利，同时提供有关专利信息及相应证明材料，并对所提供证明材料的真实性负责。参与标准制定的组织或者个人未按要求披露其拥有的专利，违反诚实信用原则的，应当承担相应的法律责任。"第 6 条规定："鼓励没有参与国家标准制修订的组织或者个人在标准制修订的任何阶段披露其拥有和知悉的必要专利，同时将有关专利信息及相应证明材料提交给相关全国专业标准化技术委员会或者归口单位，并对所提供证明材料的真实性负责。"

[57] 《国家标准涉及专利的管理规定（暂行）》第 12 条还进一步规定："国家标准发布后，发现标准涉及专利但没有专利实施许可声明的，国家标准化管理委员会应当责成全国专业标准化技术委员会或者归口单位在规定时间内获得专利权人或者专利申请人作出的专利实施许可声明，并提交国家标准化管理委员会。除强制性国家标准外，未能在规定时间内获得专利权人或者专利申请人根据第九条第一项或者第二项规定作出的专利实施许可声明的，国家标准化管理委员会可以视情况暂停实施该国家标准，并责成相应的全国专业标准化技术委员会或者归口单位修订该标准。"

由此可见,在标准制/修订的过程中,标准制定主体(全国专业标准化技术委员会或者归口单位)和标准化行政管理部门(国家标准化管理委员会)都对标准涉及专利负有一定的审查义务,审查的内容主要是"专利信息披露情况"以及"专利实施许可情况"。与一般的知识产权评议相比,标准制/修订过程中的专利审查虽然在审查内容上具有特殊性(主要审查专利信息披露是否充分、专利实施许可是否符合相关规定,而不是通常意义上的专利分析、专利价值评估等),但审查对象的性质仍然是专利技术信息和专利法律信息,审查的目的是利用知识产权管理手段来预防可能发生的知识产权风险与纠纷,优化标准化及相关经济科技活动,因此,标准制/修订过程中的专利审查可以被界定为知识产权评议的一种特殊类型。

第五章　涉外经济法中的知识产权评议

一、涉外经济法的体系结构与知识产权评议的融入

(一)涉外经济法的定义与调整对象

在经济全球化的时代背景下,任何一个国家都不再是孤立和封闭的经济体,而是不断融入世界经济的生态系统之中。而当一个国家的自然人、法人或其他经济组织跨越国家的界限,与另一国家的自然人、法人或其他经济组织发生经济交往与联系时,便产生了涉外经济关系。① 如同一个国家国内市场经济的运行一样,涉外经济关系也离不开国家的干预和协调,由此,便产生了涉外经济管制与涉外经济法的概念。

所谓涉外经济管制,是一国政府根据法律法规和经济政策对涉外经济进行监督、管理和规制的行为。涉外经济管制是国家对整个国民经济进行干预和调整的延伸。对外经济是国民经济的一个组成部分,涉外经济管制应服务于国民经济发展的总体目标。涉外经济管制无疑也是国家干预经济的一种表现形式。如日本法学家金泽良雄所言:"国家从国家目的出发,对国际市民法秩序上进行的涉外经济活动实行各种干预。"②这些

---

① 所谓涉外经济关系,是一个国家对外国的经济关系,具体为一国的自然人、法人或其他经济组织跨越本国范围与一国的自然人、法人或其他经济组织之间发生的经济关系。涉外经济关系是一个综合的概念,涉外经济关系的主体、客体或者法律关系的内容至少有一个具有涉外因素。涉外经济管制的对象是一部分涉外经济关系,包含了宏观上的涉外经济管理和微观涉外经济规制。许多情况下,涉外经济管制主要针对宏观上的涉外经济管理关系,如工商、税务、金融、海关等。外商投资企业的劳动关系等微观经济关系,也纳入了涉外经济管制的范围,成为我国外商投资法调整范围的一个组成部分。涉外经济流转关系如投资和对外贸易,如果涉及我国的经济全局、社会整体利益、对外经济政策,也应对其加以调整,如外商投资的方向以及进出口商品的检验、反倾销和反补贴等。参见贾希凌:《涉外经济管制法律协调论》,北京大学出版社2008年版,第27页。

② [日]金泽良雄:《当代经济法》,刘瑞复译,辽宁人民出版社1988年版,第302页。

干预可以既是经济的干预,也可以是非经济的干预,如国家安全和卫生上的限制(检疫等)以及文化财产上的保护等。[③]

而所谓涉外经济法,就是调整国家干预涉外经济运行过程中发生的经济关系的法律规范的总称。涉外经济法的调整对象包括涉外企业组织管理关系、涉外市场管理关系、涉外宏观调控关系、涉外劳动和社会保障关系。[④] 详言之,我国在与境外各类主体进行经济、贸易、技术的交往与合作中,产生了一系列的涉外经济关系,当这些特定的涉外经济关系被相应的涉外经济法予以确认并加以调整时,就形成了以权利和义务为内容的涉外经济法律关系。涉外经济法律关系是法律关系中的一种,是指由涉外经济法确认和调整的经济法主体之间形成的权利、义务关系,也就是指我国在对外经济、贸易、技术交往与合作过程中,根据涉外经济法的规定所发生的权利和义务关系。根据调整的部门法的不同,涉外经济法律关系可以分为涉外企业组织管理法律关系、涉外市场管理法律关系、涉外宏观调控法律关系和涉外劳动与社会保障法律关系四大类(与前述涉外经济法的调整对象形成对应关系)。[⑤]

就涉外经济管制与涉外经济法的关系而言,涉外经济管制以经济政策和涉外经济法律作为管制的依据。这些规范依据通常具有强制性,强制性的法律规范要求法律关系主体必须做什么或禁止做什么。因此可以说,涉外经济管制反映了政府直接和间接干预涉外经济发展进程的意志,例如,国家对外商投资的准入的审批,规定了准入的条件,便于实现经济发展、经济结构调整等目标,控制外资的投向。同时,也必须看到,涉外经济管制随着市场经济发展和对外开放推进而进行变革的必然性,放松管制和加强管制的关系出现了复杂的组合,即在总体上放松管制,而在特定的领域,如关系健康、安全、环境以及毒品、洗钱、恐怖主义等跨国犯罪等方面则加强了监管的力度,或者在某个历史阶段,如果金融体系受到国际基金攻击,国家可能采取全面强化资本市场、货币市场的监管措施,从而

③ 参见贾希凌:《涉外经济管制法律协调论》,北京大学出版社 2008 年版,第 26 页。

④ 参见施延亮、龚建荣主编:《涉外经济法概论》,华东理工大学出版社 2008 年版,第 4 页。

⑤ 同上书,第 7 页。

直接限制了金融自由化和国际化的步伐。[⑥]

（二）涉外经济法的体系与结构

笔者认为，所谓涉外经济法，并不是实定法意义上一个独立的法律部门，而是学理意义上经济法的一个重要组成部分，是学理上基于“调整对象是否具有涉外性”这一标准而对经济法法律制度所作的一种分类——从经济法调整的经济关系是否具有涉外性的角度，可以将经济法分为国内经济法和涉外经济法。国内经济法调整的是国家在协调国内经济运行过程中所发生的经济关系；涉外经济法调整的是国家在协调对外经济关系过程中所发生的经济关系。国内经济法的主体、客体、内容均不含有涉外性；涉外经济法的主体、客体或内容则至少有一项具有涉外性。[⑦]

由于经济体制改革的不断推进和宏观经济政策的变化发展，在我国经济社会发展的不同时期，涉外经济法与国内经济法之间的关系也在不断发生变化：在改革开放初期，经济体制改革的总体目标还没有定位于社会主义市场经济，国内的计划经济体制居于主导地位，为了引进国外的资金、技术和管理经验，我国在进行国内经济体制改革的同时，实行对外开放政策。国内立法的重要特征是形成了泾渭分明的内资法律体系和外资法律体系两个“板块”。例如，国内经济合同关系主要由《经济合同法》调整，而涉外经济合同关系则主要由《涉外经济合同法》调整。这种情形在企业法、税法、金融法等方面都有体现。随着我国经济的转型，社会主义市场经济体系的建立和发展使市场统一、公平竞争、主体平等的理念逐渐反映在经济立法中，要求法律对市场经济主体的权利进行公正、公平和平等的一体保护。我国的社会主义市场经济体制和国际上“流行”的市场体制的趋同因素增多，差异性逐渐减少，大量的国际惯例和他国的立法经验被有意识地借鉴。同时，由于涉外经济在我国国民经济总量中的比例逐渐增大，外商投资企业的境内销售、境内投资和境内融资与内资企业日益密切和一致，国家的法律和政策也因应变化，例如，《经济合同法》与《涉外经济合同法》以及《技术合同法》被统一的《合同法》取代。又如，我国企业所得

---

⑥ 参见贾希凌：《涉外经济管制法律协调论》，北京大学出版社 2008 年版，第 26 ~ 27 页。

⑦ 参见赵秋雁：《论涉外经济法的地位和作用》，载《苏州大学学报》（哲学社会科学版）2009 年第 2 期。

税曾经按内资、外资企业分别立法，外资企业适用《外商投资企业和外国企业所得税法》（1991 年第七届全国人民代表大会第四次会议通过），内资企业适用《企业所得税暂行条例》（1993 年国务院发布）。2007 年 3 月，第十届全国人民代表大会第五次会议通过《企业所得税法》，标志着两税合一。[8]

从总体上看，涉外经济法与国内经济法的融合统一是法制发展的趋势。因为实行全国统一的经济贸易制度不仅是 WTO 对其成员国的基本要求，而且是我国社会主义市场经济统一性的内在要求。我国在《中华人民共和国加入世界贸易组织议定书》第 2 条贸易制度的实施（A）中，承诺了贸易制度的统一实施。[9] 但与此同时，我们必须清醒地认识到，各种各样的涉外经济关系和涉外经济活动不仅没有减少，而且正变得更加密切和频繁；与国内的经济活动相比，不少涉外经济活动有其特殊性和复杂性，从而对涉外经济管制提出了独特的、差异化的要求，因此，涉外经济法必将长期存在。即使在某些领域，形式上的涉外经济法消失了（如《企业所得税法》自 2008 年 1 月 1 日起施行，《外商投资企业和外国企业所得税法》同时废止），但实质上的涉外经济法（《企业所得税法》中适用于外资企业的规定）却仍然存在。

从目前颁布施行的法律法规的内容来看，我国涉外经济法的体系可以划分为以下六个部分：

（1）关于对外贸易的立法。如《对外贸易法》《进出口商品检验法》等。

（2）关于吸引外资及设立外商投资企业的立法。主要包括《中外合资经营企业法》《中外合作经营企业法》《外资企业法》《对外合作开采海洋石油资源条例》《出口加工区加工贸易管理暂行办法》《中华人民共和国海关对出口加工区监管的暂行办法》等。[10]

---

⑧　参见贾希凌：《涉外经济管制法律协调论》，北京大学出版社 2008 年版，第 26 页。

⑨　WTO 在创制法律环境方面，有两项基本原则：一是法律统一实施原则。WTO 要求成员国"一揽子"接受其全部规则，不允许对其中部分规则或条款实施保留。二是透明度原则。各成员国实施的有关贸易的政策、法令及各成员国间签订的影响国际贸易的现行协定，都必须公布，使之具有透明度，企业和个人都容易了解到。参见赵秋雁：《论涉外经济法的地位和作用》，载《苏州大学学报》（哲学社会科学版）2009 年第 2 期。

⑩　目前，我国的《外商投资法》正在紧锣密鼓的立法过程之中，该法将对我国外商投资法律制度进行全面整合与更新。

(3)关于技术进出口的立法。主要包括《技术进出口管理条例》《技术进出口合同登记管理办法》《禁止出口限制出口技术管理办法》《禁止进口限制进口技术管理办法》以及《专利法》、外商投资企业法中有关技术进出口的规定等。

(4)关于涉外税收的立法。主要包括《个人所得税法》《进出口关税条例》《关于经济特区和沿海十四个港口城市减征、免征企业所得税和工商统一税的暂行规定》等。

(5)关于涉外金融、保险的立法。主要包括《外汇管理暂行条例》《对侨资企业、外资企业、中外合资经营企业外汇管理施行细则》《经济特区外资银行、中外合资银行管理条例》《中外合资经营企业外汇收支平衡问题的规定》《保险企业管理暂行条例》等。

(6)关于涉外经济纠纷解决程序的立法。经济仲裁是解决涉外经济纠纷最主要也是最常用的方式。《仲裁法》对涉外仲裁作了特别规定。[11]

(三)知识产权评议与涉外经济法的契合:知识产权风险控制

1. 涉外经济法所面临的重大时代课题:国际投资与国际贸易引发产业与技术风险

进入21世纪以来,世界范围内兼并与收购的浪潮风起云涌,而国际技术贸易在很多时候是与国际投资结合在一起来完成的,特别是通过跨国并购来实现知识产权的转移或集中,已经成为一种常态。尤其是近年来,企业兼并与收购发生的显著变化就是知识产权成为并购的核心目标。无形资产在企业并购交易中受到的重视程度远高于以往任何时候,成为推动跨国并购的巨大力量。[12]

如果说知识经济与新技术革命的持续推进,使知识产权成为国家间竞争与企业争夺的焦点,并且从根本上决定了国际投资与国际贸易不仅在规模上迅猛增长,而且日益呈现一体化、综合化、聚焦于知识产权的特征。那么从另一个角度来看,国际投资与国际贸易的此种发展态势,已经

---

⑪ 参见施延亮、龚建荣主编:《涉外经济法概论》,华东理工大学出版社2008年版,第12~13页。

⑫ 参见高华:《国际贸易中的知识产权滥用及我国应对研究》,科学出版社2015年版,第77~78页。

不可避免地引发了东道国（尤其是发展中国家）的产业风险与技术风险，从而成为涉外经济法所面临的重大时代课题。具体体现在以下几个方面。

（1）引进技术的安全性与先进性风险

从理论上讲，外资方以知识产权出资并购国内企业是国际技术转移的方式之一，由此不仅可以获得世界上最先进的一些专有技术和创新技术，而且可以直接导致科技资源、研发技能以及国外科技人员的流入。国内企业通过对科技人员的雇用和培训，将外资方带来的先进技术本土化，可以促进国内相关技术领域科技人员的人力资源开发，扩大国内企业的技术储备，从而有助于我国整体科技发展与技术创新能力的增强。[13] 然而，外商直接投资的实际情况并不总是与理论预设相一致，相反，经由外商直接投资而引进技术常常带有一定的风险性：

一是引进技术不成熟不安全的风险。由于技术更新换代越来越快和技术竞争趋于白热化，越来越多的跨国企业为了防止其所拥有的技术被闲置，往往是在一项新技术问世之初就设法尽快向外转让和传播，而不是等到技术达到成熟期再行出口，由此造成引进技术不成熟不安全的风险。[14]

二是引进过时落后技术的风险。外资并购中，有的外资并购方将属于即将淘汰产品的技术，而在中国或者是中国出口到第三世界国家的产品可能会用到的技术，也通过并购的途径进行技术转移。[15] 有学者曾经对我国移动通信设备、数控机床、芯片、软件、轿车等产业的技术引进做过研究，结果表明，跨国公司提供给中国的技术，大多是已经进入成熟后期甚至是开始衰退的技术。[16]

（2）我国核心技术和自主品牌流失的风险

自主品牌与核心技术是企业的核心竞争力所在，有时甚至比企业的规模和市场份额更为重要。也正因如此，近年来，外资并购的一个重要特点就在于越来越重视对我国企业核心技术与自主品牌的收购与掌控，由

---

[13] 参见田文英主编：《外资并购与国家安全》，法律出版社2011年版，第245～246页。

[14] 同上书，第246页。

[15] 同上。

[16] 参见高华：《国际贸易中的知识产权滥用及我国应对研究》，科学出版社2015年版，第82页。

此也造成了我国核心技术和自主品牌流失的风险。

如果说在20世纪90年代,跨国公司在我国的投资并购主要集中在日用消费品、一般工业品、普通服务业等低技术和低附加值产业部门,那么近年来,随着新一轮全球生产要素优化重组和产业结构的调整升级,跨国公司在我国投资的重点逐步转向高新技术和高附加值产业。特别是在计算机、集成电路、家用电器、移动通信、精细化工、生物制药等知识含量和技术附加值较高的行业和领域,外资控股并购我国企业的数量急剧增长。例如,近年来发生的利君国际收购石家庄四药、拜耳医药收购东盛科技“白加黑”、美国卡特彼勒全资收购山东山工、鸿海集团收购广东全亿大科技、联发科收购和信锐智科技等,都是外资并购我国高新技术和高附加值产业的典型案例。[⑰] 跨国公司独资或控股并购对我国一些尚处于萌芽或起步阶段的高新技术产业和战略性新兴产业有可能形成不同程度的威胁,破坏我国企业自主知识产权的形成和发展,冲击我国的民族工业体系,阻碍我国经济高质量发展。

相比核心技术流失的风险,我国企业自主品牌流失的现象就更为常见。一些国内企业在与外资方合并时,对自己的知名商标未作无形资产评估,未参加入股分红,或是虽作价入股,但却按照外资方要求使用外资方商标作为合营企业产品的商标,实际上是无端地被外资方抢走了名牌产品的市场和自己知名商标的增值潜力。近几年,跨国公司在并购我国企业的过程中,更多倾向于利用自己的优势地位,打压民族品牌。一些跨国公司在并购我国目标企业时,往往把品牌控制作为一个重要的竞争策略。[⑱] 根据学者的分析研究,我国企业商标权在跨国并购和合资合作中流失有三种表现形式:一是被无偿使用;二是外资方低估中方企业商标的价值;三是跨国公司买断或者获得商标使用权后,将中方企业的商标“斩首”或“雪藏”,打入冷宫,搁置不用或者有意冷淡。[⑲]

(3)对外技术依赖与遏制自主技术创新的风险

改革开放初期,我国采取“市场换技术”的政策,即开放部分国内市场

---

⑰ 参见高华:《国际贸易中的知识产权滥用及我国应对研究》,科学出版社2015年版,第81页。

⑱ 同上书,第80页。

⑲ 参见马一德:《中国企业知识产权战略》,商务印书馆2006年版,第211页。

以换取外国直接投资的关键设备、先进技术及管理经验等，此种政策的意图是通过对外开放逐步提升我国企业技术水平和产业国际竞争力，最终形成我国独立自主的技术创新和研发能力。然而，“市场换技术”政策仅仅是我国根据改革开放初期的国情所制定和实施的游离于 WTO 之外的单体政策。我国加入 WTO 后，按照 WTO 规则和我国入世承诺，我国已于 2000 年 10 月 31 日对《外资企业法》、《中外合资经营企业法》和《中外合作经营企业法》及其实施细则或实施条例中不符合 WTO 规则的内容进行了修改，取消了对外商投资企业的外汇平衡条款、“当地含量”条款、出口业绩要求和企业生产计划备案条款等。这些修改，意味着以市场换技术由原来的强制性要求变成鼓励性意见或双方协议行为，政府由此失去了要求外资企业必须以技术转让、产品全部出口或者大部分出口等为前提条件才可进入我国市场的法律依据。另外，事实证明，外资的涌入并没有扶植和培育出有竞争力和技术持续升级的本土企业，反而使我国陷入“引进—落后—越引进—越落后”和“能力弱—依赖—越依赖—能力越弱”的双重怪圈。大量外商直接投资带来的结果是核心技术缺乏症，我国让出了市场却没有获得相应的技术提升，这与“市场换技术”的初衷相去甚远。[20]

外商直接投资所导致的对外技术依赖与遏制自主技术创新的风险，固然与我国企业技术研发能力相对落后以及中外双方在技术、管理、经营等方面综合能力的巨大差距有密切关系，但与此同时，也往往是由外资方滥用知识产权的行为或者所谓的知识产权战略所造成的。具体来说，有以下表现：

一是外资方主导和控制企业技术研发。以我国汽车产业为例，中方在合资企业产品的开发设计方面往往完全或大部分听从于外方安排，外方牢牢地掌握着汽车开发设计的核心技术和主导权，中方就连自主开发的权利都没有。在跨国公司与我国汽车企业产生纠纷的几大案例中，几乎每一个案例都有跨国公司滥用知识产权限制竞争的突出表现。[21]

---

⑳ 参见汪建新:《国际技术贸易》,格致出版社、上海人民出版社 2011 年版,第 21 ~ 22 页。

㉑ 参见高华:《国际贸易中的知识产权滥用及我国应对研究》,科学出版社 2015 年版,第 82 页。

二是限制技术应用与扩散。外资并购方为了防止我国企业在技术引进和吸收后,创新能力快速增长对其产生竞争压力,往往采用一种"对并购企业的非核心技术控制较弱,同时锁定核心技术"的策略,抑制技术扩散,使我国企业产生对外资并购方的技术依赖性。[22]

三是对后续技术开发进行限制或提出不公平的条件。在跨国并购中,绝大多数情况下都会涉及转让技术的后续发展,其中的焦点问题之一是知识产权权益分配。多数新开发技术的知识产权权益归属往往与企业的股权比例紧密相关。但跨国公司并购我国企业的实际情况是,在中方控股的并购企业中,规定新开发技术的知识产权属于该企业,其权益按照股权比例进行分配;而在外方控股的并购企业中,却规定新开发技术的专利申请权属于外方,由外方先在国外申请专利,然后在优先权期限内再到中国申请;也有合营企业规定,企业在外方提供的技术基础上开发的新技术,外方可以使用甚至是无偿使用,但企业在中方提供的技术基础上新开发的技术,中方却不能使用或享有同等待遇,权利义务明显不对等。[23]

2. 涉外经济活动知识产权风险控制与知识产权评议的契合性

国际投资与国际贸易所引发的产业风险与技术风险,核心是知识产权的争夺。相应地,防范与应对国际投资与国际贸易所引发的产业风险与技术风险,核心在于知识产权风险控制。

目前,关于知识产权风险控制的体系与方法,尚缺乏完善的理论,现有研究成果更多的是从企业层面来研究知识产权风险。例如,有学者认为,企业自主创新中的知识产权风险预警机制包括四大组成要素:预警处理部门、信息搜集—传递机制、风险分析机制与风险处理机制。同时,知识产权风险预警过程包括六个环节:知识产权风险预警标准的确立、知识产权风险预警指标体系的建立、知识产权风险预警指标权重的确定、知识产权风险预警数据的收集、知识产权风险水平的计算、知识产权风险水平的判断及相应措施。[24] 也有学者基于 FMEA 方法(Failure Mode and

---

[22] 参见田文英主编:《外资并购与国家安全》,法律出版社 2011 年版,第 246 页。

[23] 参见高华:《国际贸易中的知识产权滥用及我国应对研究》,科学出版社 2015 年版,第 81 页。

[24] 参见周文光、黄瑞华:《企业自主创新中知识产权风险预警过程研究》,载《科学学与科学技术管理》2010 年第 4 期。

Effects Analysis,即故障模式及影响分析方法),从知识产权风险识别、风险评估和风险应对三个环节详细分析了知识产权风险预警思路。[25] 企业知识产权风险控制的思路与方法,为宏观层面的知识产权风险控制提供了有益的参考与借鉴。

就涉外经济活动(包括国际投资与国际贸易)的知识产权风险控制而言,《国家知识产权战略纲要》提出了一个完整的思路,即"健全与对外贸易有关的知识产权政策,建立和完善对外贸易领域知识产权管理体制、预警应急机制、海外维权机制和争端解决机制"。其实质,是建立一整套完善的知识产权风险控制体系。

首先,知识产权预警和应急机制,是整个涉外经济活动知识产权风险控制体系的基础设施与制度框架。所谓知识产权预警机制,就是通过对有关知识产权信息情报的检索和分析,整合相关政府机构、企业、中介机构有关资源,及时掌握世界上有关行业知识产权发展状况,跟踪了解国际范围知识产权政策或者制度的变化等信息,防止知识产权纠纷的发生;知识产权应急机制则是指在发生知识产权冲突和纠纷时,根据事先制定的应急预案,采取恰当措施加以应对。[26] 具体就知识产权预警和应急机制的构建而言,应当包括:建立有关国家和地区知识产权壁垒的法律法规及技术标准的动态数据库;建立相应的信息咨询服务网络,如知识产权壁垒信息发布机制及产品出口知识产权壁垒预警机制,为产品出口企业提供可靠的经营决策信息来源。组建本行业或本专业的专利网,使企业能够及时了解本行业或本专业的专利研发情况,从编制的专利网中寻求突破口,通过对专利网的分析,有关部门能够及时发出专利预警,如出口预警和研发预警等。同时,政府应积极主动地收集和掌握国外对华贸易政策的发展趋势及正在实施或拟定中的与贸易相关的知识产权壁垒措施,建立和完善知识产权壁垒通报和快速反应机制,使我们在获知贸易伙伴的贸易政策和措施的变化后,能迅速有效地评估该变化对我国有关产业和对外

---

[25] 参见王则灵、尤建新:《基于 FMEA 方法的高技术企业知识产权风险预警研究》,载《科学管理研究》2017 年第 1 期。

[26] 参见吴汉东主编:《科学发展与知识产权战略实施》,北京大学出版社 2012 年版,第 315 ~ 316 页。

贸易产生的影响,并分析其是否符合多边贸易规则,同时通知国内产业,适时采取调整和适应措施。[27]

其次,对外贸易与外商投资领域的知识产权管理体制,是涉外经济活动知识产权风险的风险识别和风险分析机制。目前,在国际投资领域,我国通过外商投资的行业准入制度、外资并购审查制度、国家安全审查制度等一系列法律制度,将技术的先进性与安全性、重要技术与品牌转移、技术垄断等问题纳入了外商投资审批制度与程序,从而在客观上起到了防范国际投资中知识产权风险的作用(下文详述)。在国际贸易领域,我国对技术进出口采取分类管理的方式,将进出口的技术分为禁止进出口的技术、限制进出口的技术和自由进出口的技术。此种宽严结合的管理模式旨在建立一套既符合社会主义市场经济体制要求又符合国际通行做法,既便利政府调控又便利企业经营的切实有效的技术进出口管理的宏观调控机制。[28] 从而实现了促进国际技术交流合作与防范知识产权风险的平衡。

最后,知识产权争端解决机制和海外维权机制,则是涉外经济活动知识产权风险的风险应对机制。知识产权争端解决机制,包括双边解决机制与多边解决机制。前者如美国利用其国内法的特别301条款、337条款所实施的"单边制裁和双边谈判",后者如世界贸易组织的争端解决机制。[29] 而知识产权海外维权机制的总体目标是为中国企业的海外知识产权保护和维权提供更有力的支持和更全面的服务。例如,建立知识产权海外维权公共服务平台。商务部、国家知识产权局、外交部等国家有关部委,可以发挥政府的信息和权威性优势,共同或分别设立全国性的知识产权海外维权公共服务平台,以网站、电话咨询甚至常设服务机构等形式,

---

㉗ 参见武长海:《涉外经济与法律前沿问题研究》,知识产权出版社2011年版,第116页。

㉘ 参见詹宏海:《知识产权贸易》,上海大学出版社2009年版,第142页。

㉙ 例如,2007年4月,美国向WTO争端解决机构提起针对中国的知识产权诉讼,被称为中美知识产权争端WTO第一案。虽然WTO的裁决结果并没有完全支持美方的诉求,但美国贸易代表办公室称WTO专家组的最终报告是"重要胜利"。可以预见,今后美国、欧盟和日本等国家和地区将会继续利用WTO这一平台解决与中国的知识产权争端。参见吴汉东主编:《科学发展与知识产权战略实施》,北京大学出版社2012年版,第318页。

向国内市场主体提供信息、咨询服务以及帮助联络协调相关方的服务。[30]

无论是对于知识产权预警应急机制、外贸与外商投资领域知识产权管理体制，抑或是知识产权争端解决机制和海外维权机制而言，知识产权评议都是其中的核心要件和重要方法。这既体现在通过知识产权信息（包括技术信息、法律信息和政策信息等）的收集、整理、分析，为知识产权预警应急机制建立完善的信息准备；也体现在通过专利分析，对重点产业、重点产品、重点技术的专利布局与专利风险进行研判，进而制定与完善涉外技术转移的政策与管制措施；还体现在知识产权政策与法律分析：一方面，通过分析重点国家和地区的知识产权法律法规与政策，评价其知识产权保护状况以及是否有可能形成贸易壁垒，进而为我国制定和实施贸易政策和贸易救济措施提供依据；另一方面，通过分析研究与知识产权有关的国际条约，为进一步清理、完善和修订我国知识产权法律法规和知识产权政策提供依据。[31]

当然，知识产权评议在涉外经济法中的具体运用，需要以一系列法律制度为依据和载体，进行具体研究。下文将就此问题展开论述。

二、知识产权评议在外商投资法律制度中的运用

（一）外商投资法律制度的体系结构及其中的知识产权因素

国际投资是投资者为获得一定经济效益而将其资本投向国外的一种经济活动。投资者投入资本或其他资源，期待获取收益或利润以及承担风险。国际投资可按不同的标准予以分类，例如本国的对外投资和本国

---

[30] 参见吴汉东主编：《科学发展与知识产权战略实施》，北京大学出版社2012年版，第317页。

[31] 例如，有学者提出，应当加紧研究和应对《反假冒贸易协定》（ACTA）和《跨太平洋战略经济伙伴协定》（TPP）。从近年来我国遭遇的知识产权国际争端来看，我国现行知识产权法律和政策中存在的不尽完善之处，为美欧挑起争端提供了口实。我国知识产权立法中还有一些不符合《知识产权协定》及其他知识产权国际条约的条款，需要仔细研究和调整，对于一些相互矛盾的条文需要加紧统一。2011年10月1日，由美、日、欧等发达国家和地区发起的旨在提高知识产权国际执法标准的新的知识产权国际协定——《反假冒贸易协定》（ACTA）在东京正式签署，极有可能成为后TRIPS时代新的知识产权国际规则。此外，由美国强势推动的《跨太平洋战略经济伙伴协定》（TPP）可能成为继APEC之后另一重要的亚太自由贸易合作框架，其制定的知识产权保护标准将进一步超越ACTA。ACTA和TPP无论是对我国的外贸环境还是知识产权法律政策都提出了新的挑战。同上书，第319页。

接受的外国投资,直接投资与间接投资等。[32] 囿于论题,本书主要以我国接受的外国直接投资为研究对象,并将与之相关的法律法规统称为"外商投资法律制度"。

总体上看,我国外商投资法律制度的建立与发展,不仅因应于改革开放与经济体制改革的需要,而且与外商直接投资以及世界经济发展变化的大环境息息相关。截至目前,我国外商投资法律制度的体系构成可以划分为以下几个部分。

1. 外商投资企业法律制度

为了扩大对外经济合作和技术交流,我国先后于 1979 年、1986 年和 1988 年颁布了《中外合资经营企业法》、《外资企业法》和《中外合作经营企业法》(以下统称"外资三法")。根据"外资三法"的相关规定,申请设立中外合营企业、中外合作企业和外资企业,应由国务院对外经济贸易主管部门或者国务院授权的机关审查批准。虽然"外资三法"各有其不同的适用对象和具体规则,但从总体上讲,三者共同构成我国关于"绿地投资"[33]的法律制度。[34]

"外资三法"及其配套法律制度在诞生之初,带有明显的产业政策法

---

[32] 所谓直接投资,是指伴有企业经营管理权和控制权的投资,投资者在海外直接经营企业,并对企业的经营管理有较大的控制权。直接投资的具体形式有多种,例如,(1)以参加外国企业的经营为目的而取得其股份,或收购、兼并当地企业;(2)在外国新设享有 100% 股权的子公司,或与当地投资者组建合营企业;(3)在外国新设分公司、营业所、工厂、支店,或收买原有工厂,扩大分公司、工厂、营业所等;(4)单独或联合投资参与东道国资源开发项目。间接投资是指投资者不参加企业经营管理,也不享有企业的控制权或支配权,而仅以其持有的能提供收入的股票或证券进行的投资。其具体形式也有多种,如为获取股息或利息在证券市场上购买上市公司的股票或公司债券,一个国家的银行向处于另一个国家的企业提供贷款,等等。所以,直接投资与间接投资的区别,实质上是集中在对企业有无管理权或控制权这一问题上。参见余劲松、吴志攀主编:《国际经济法》,北京大学出版社、高等教育出版社 2014 年版,第 229 ~ 230 页。

[33] 绿地投资即新设投资,是外国直接投资者或母公司在东道国创建新企业,由投资者创建一个全新的企业。新创建的企业可以是独资企业也可以是合资企业。绿地投资完全符合 FDI 的基本特征,外国直接投资者或母公司在创建新企业后必然对其享有持久利益,从而可以对新设企业施加显著影响。因此绿地投资是 FDI 最基本的一种形式。参见郝洁:《外资并购的相关制度研究》,人民出版社 2012 年版,第 54 页。

[34] 目前,《外商投资法》正在立法过程之中,该法正式施行后,将结束"外资三法"分立的局面,并对我国外商投资管理法律制度进行全面整合与更新。虽然在制度设计层面,这会对知识产权评议与外商投资法律制度的衔接产生一定影响,但在理论层面,法律的修改并不影响知识产权评议在外商投资管理中的作用空间与运用方式。

的性质。例如,1990 年《外资企业法实施细则》第 4 条和第 5 条分别规定了 4 类禁止设立外资企业和 5 类限制设立外资企业的行业。[35] 但是在经历多次修改以后,外商投资企业法律制度的产业政策色彩逐渐淡化。2001 年修订的《外资企业法实施细则》第 4 条规定:"禁止或者限制设立外资企业的行业,按照国家指导外商投资方向的规定及外商投资产业指导目录执行。"2014 年最新修订的《外资企业法实施细则》维持了这一规定。

2016 年 9 月 3 日,"外资三法"又迎来了极为重要的一轮修改——根据当天通过的《全国人民代表大会常务委员会关于修改〈中华人民共和国外资企业法〉等四部法律的决定》,举办外资企业、合营企业、合作企业不涉及国家规定实施准入特别管理措施的,对原法规定的审批事项,适用备案管理。国家规定的准入特别管理措施由国务院发布或者批准发布。根据此项《决定》,以《外资企业法》为例,除涉及准入特别管理措施的以外,该法第 6 条、第 10 条、第 20 条规定的审批事项(设立外资企业的审批,外资企业分立、合并或者其他重要事项变更的审批,外资企业的经营期限延长的审批),均改为适用备案管理。这样一来,"外资三法"中行政审批和行业管制的成分进一步减弱,经由"绿地投资"而设立的外资企业在行业准入方面已接近于享受国民待遇,而"外资三法"作为规范外商投资企业设立和登记的基本法律制度,越来越明显而清晰地体现出商事法的性质与特征。

当然,即便如此,"外资三法"中仍然保留着一些企业设立的禁止性规定。例如,2014 年修订的《外资企业法实施细则》第 5 条规定:"申请设立外资企业,有下列情况之一的,不予批准:(一)有损中国主权或者社会公共利益的;(二)危及中国国家安全的;(三)违反中国法律、法规的;(四)不符合中国国民经济发展要求的;(五)可能造成环境污染的。"同年修订的《中外合资经营企业法实施条例》和 2017 年修订的《中外合作经营

---

[35] 1990 年《外资企业法实施细则》第 4 条规定:"下列行业,禁止设立外资企业:(一)新闻、出版、广播、电视、电影;(二)国内商业、对外贸易、保险;(三)邮电通信;(四)中国政府规定禁止设立外资企业的其他行业。"第 5 条规定:"下列行业,限制设立外资企业:(一)公用事业;(二)交通运输;(三)房地产;(四)信托投资;(五)租赁。申请在前款规定的行业中设立外资企业,除中国法律、法规另有规定外,须经中华人民共和国对外经济贸易部(以下简称对外经济贸易部)批准。"

企业法实施细则》均含有与此类似的规定。[36]

对于此种禁止性规定的法律性质与法律效力，有学者解读为：从外资企业的设立环节进行主体筛选，避免对国家安全的损害，因而构成中国外商投资国家安全审查制度发展的起点。[37] 此种认识在"外资三法"颁布之初无疑是正确的。但是由于法律修改，"外资三法"在保留与产业政策的衔接以及一系列禁止性规定的同时，已不再将设立审批作为新设外商投资企业的必备程序。这就意味着虽然"外资三法"仍然担负着保障国家安全的部分功能，甚或可以被认为是广义的国家安全审查制度的组成部分，但企业设立审批已经不再作为外商投资国家安全审查的核心环节，从而也清晰地揭示出我国对于绿地投资在总体政策取向上趋于宽松。当然，在现行法律体系中，"外资三法"所规定的"有损中国主权或者社会公共利益""危及中国国家安全""不符合中国国民经济发展要求"等富有弹性的概念如何解释（及其与知识产权保护具有何种关系）？如有违反，是否引发公司设立无效的后果？这一系列问题仍有待于进一步探讨。

2. 外商投资的行业准入法律制度

为了指导外商投资方向，使之与国民经济和社会发展规划相适应，我国先后于1995年和2002年颁布《指导外商投资方向暂行规定》与《指导外商投资方向规定》。这两部行政法规将外商投资项目分为鼓励、允许、限制和禁止四类。其中，鼓励类、限制类和禁止类的外商投资项目列入《外商投资产业指导目录》。不属于鼓励类、限制类和禁止类的外商投资项目，为允许类外商投资项目（允许类外商投资项目不列入《外商投资产业指导目录》）。作为外商投资方向的具体展开，《外商投资产业指导目录》于1995年制定，并先后于2002年、2004年、2007年、2011年、2015年和2017年进行了多次修订，就鼓励类、限制类和禁止类的外商投资项目以分类目录的形式予以列举式规定。

根据相关规定，《指导外商投资方向规定》既适用于新设外商投资企业，又适用于外资并购；既适用于发展计划部门审批的项目，又适用于经

[36] 参见《中外合资经营企业法实施条例》第4条，《中外合作经营企业法实施细则》第9条。

[37] 参见江山：《论中国外商投资国家安全审查制度的法律建构》，载《现代法学》2015年第5期。

贸部门审批的项目。[38] 由此，就明确了《规定》作为外商投资产业政策主要载体的功能定位，并且决定了《规定》在外商投资法律制度中的基础性地位。

《指导外商投资方向规定》第5～7条分别规定了鼓励类、限制类和禁止类外商投资项目。其中，鼓励类外商投资项目包括：(1)属于农业新技术、农业综合开发和能源、交通、重要原材料工业的；(2)属于高新技术、先进适用技术，能够改进产品性能、提高企业技术经济效益或者生产国内生产能力不足的新设备、新材料的；(3)适应市场需求，能够提高产品档次、开拓新兴市场或者增加产品国际竞争能力的；(4)属于新技术、新设备，能够节约能源和原材料、综合利用资源和再生资源以及防治环境污染的；(5)能够发挥中西部地区的人力和资源优势，并符合国家产业政策的；(6)法律、行政法规规定的其他情形。限制类外商投资项目包括：(1)技术水平落后的；(2)不利于节约资源和改善生态环境的；(3)从事国家规定实行保护性开采的特定矿种勘探、开采的；(4)属于国家逐步开放的产业的；(5)法律、行政法规规定的其他情形。禁止类外商投资项目包括：(1)危害国家安全或者损害社会公共利益的；(2)对环境造成污染损害，破坏自然资源或者损害人体健康的；(3)占用大量耕地，不利于保护、开发土地资源的；(4)危害军事设施安全和使用效能的；(5)运用我国特有工艺或者技术生产产品的；(6)法律、行政法规规定的其他情形。由此可见，《指导外商投资方向规定》在确定行业准入政策时，将"技术的先进性"作为核心考量因素之一——从总体上讲，能够引进先进技术的外商投资项目将被列为鼓励类，而技术水平落后或者造成我国特有工艺或技术流失的，则将被列为限制类和禁止类外商投资项目。

在这样一种制度设计下，技术先进性（实际上主要是指引进技术的先进性，也包含着引进技术的安全性要求）作为外资产业政策的核心要素被确定下来，外商投资的行业准入法律制度因而也就与知识产权以及知识产权评议（涉及技术先进性的鉴别）产生了紧密联系。

---

[38] 参见《指导外商投资方向规定》第2条、第12条。

3. 外资并购审查制度

近年来,外商直接投资方式逐渐转变,外资并购在FDI中所占比例越来越高。所谓并购,是兼并(merger)与收购(acquisition)的简称。根据联合国贸易与发展会议(United Nations Conference on Trade and Development, UNCTAD)的定义,跨国并购是指一国企业跨越国界对另一国企业所实施的并购行为。它包括:外国企业与境内企业合并;收购境内企业的股权达10%以上,使境内企业的资产和经营的控制权转移到外国企业。简言之,所谓跨国并购,是指外国企业兼并或收购东道国企业的全部或部分股份或资产,对东道国企业参股、相对控股或控股,最终取得东道国企业的经营管理权或实际控制权的企业经济行为。当前,发生在我国的跨国并购的主要方式为协议并购和控股合资。[39]

从东道国的观点来看,相比绿地投资,外资并购在外资进入时以及在短期内所产生的利益较小、负面影响较大。[40] 因此,与外资并购迅猛增长的客观情况相适应,外资并购审查自然而然地成为整个外商投资法律制度的重心。"为了促进和规范外国投资者来华投资,引进国外的先进技术和管理经验,提高利用外资的水平,实现资源的合理配置,保证就业、维护公平竞争和国家经济安全",我国先后于2003年和2006年颁布《外国投资者并购境内企业暂行规定》和商务部《关于外国投资者并购境内企业的规定》。

商务部《关于外国投资者并购境内企业的规定》(以下简称《并购境内企业规定》)对于外资并购的基本制度、审批与登记、外国投资者以股权作为支付手段并购境内公司、反垄断审查等进行了规范。《并购境内企业规

---

[39] 参见高华:《国际贸易中的知识产权滥用及我国应对研究》,科学出版社2015年版,第77页。

[40] 外资并购和绿地投资之间的基本差别在于,前者涉及资产从本国人手中转到外国人手中,并且至少在一开始不会增加东道国的生产能力。相比于绿地投资,之所以说外资并购所产生的利益较小、负面影响较大,有以下几个方面原因:(1)尽管并购方式和绿地投资方式的FDI都为东道国带来国外金融资源,但并购方式所提供的金融资源并不总是增加生产资本存量,而在绿地投资的情况下会增加。因此,给定数量的跨国并购所涉及的生产性投资小于相同数量的绿地投资,或者根本就没有生产性投资。(2)在进入时,外资并购不太可能转移新的或比绿地投资更好的技术或技能,而且并购可能直接导致当地生产或研发活动的降级或关闭,或导致这些活动的重新选址。而绿地投资并不直接减少东道国经济的技术资产和能力。(3)外资并购不会创造就业,而且可能导致裁员。而绿地投资在进入时必定会创造新的就业。(4)外资并购会加强东道国的产业集中,并导致垄断的后果。而绿地投资能够增加现有企业的数量,并且在进入时不可能直接提高市场集中度。参见郝洁:《外资并购的相关制度研究》,人民出版社2012年版,第54页。

定》所适用的"外国投资者并购境内企业",包括股权并购与资产并购两种类型。外国投资者并购境内企业设立外商投资企业,应经审批机关批准,并向登记管理机关办理变更登记或设立登记。[41]

从《并购境内企业规定》的具体内容来看,审批机关在审查外资并购时,除了法律法规所规定的投资比例、投资方式和并购程序等条件之外,还应当重点审查和考虑以下几个方面问题:

一是外资并购是否符合我国的产业政策。根据《并购境内企业规定》第4条,依照《外商投资产业指导目录》不允许外国投资者独资经营的产业,并购不得导致外国投资者持有企业的全部股权;需由中方控股或相对控股的产业,该产业的企业被并购后,仍应由中方在企业中占控股或相对控股地位;禁止外国投资者经营的产业,外国投资者不得并购从事该产业的企业。被并购境内企业原有所投资企业的经营范围应符合有关外商投资产业政策的要求;不符合要求的,应进行调整。

二是外资并购是否威胁国家经济安全和造成重要知识产权转移。根据《并购境内企业规定》第12条,外国投资者并购境内企业并取得实际控制权,涉及重点行业、存在影响或可能影响国家经济安全因素或者导致拥有驰名商标或中华老字号的境内企业实际控制权转移的,当事人应就此向商务部进行申报。当事人未予申报,但其并购行为对国家经济安全造成或可能造成重大影响的,商务部可以会同相关部门要求当事人终止交易或采取转让相关股权、资产或其他有效措施,以消除并购行为对国家经济安全的影响。

三是外资并购是否符合我国国有资产管理与资产评估的相关要求。根据《并购境内企业规定》第5条,外国投资者并购境内企业涉及企业国有产权转让和上市公司国有股权管理事宜的,应当遵守国有资产管理的相关规定。第14条同时规定,并购当事人应以资产评估机构对拟转让的

---

[41] 参见商务部《并购境内企业规定》第2条、第6条。同时,根据该规定第10条,本规定所称的审批机关为中华人民共和国商务部或省级商务主管部门(省级审批机关),登记管理机关为中华人民共和国国家工商行政管理总局或其授权的地方工商行政管理局。并购后所设外商投资企业,根据法律、行政法规和规章的规定,属于应由商务部审批的特定类型或行业的外商投资企业的,省级审批机关应将申请文件转报商务部审批,商务部依法决定批准或不批准。

股权价值或拟出售资产的评估结果作为确定交易价格的依据。禁止以明显低于评估结果的价格转让股权或出售资产,变相向境外转移资本。

四是外资并购的反垄断审查,主要审查外资并购是否可能造成过度集中,妨害正当竞争、损害消费者利益。对外资并购进行反垄断审查的规定是2003年《外国投资者并购境内企业暂行规定》的一大亮点,2006年商务部《并购境内企业规定》继续保留并细化了外资并购反垄断审查的相关规定。[42] 这就意味着除了原有的产业政策导向外,外资并购审查同时将维护公平竞争(竞争政策)作为重要议题。但是,由于《反垄断法》于2007年8月30日通过并自2008年8月1日起施行,为保证外资并购审查制度与《反垄断法》和国务院《关于经营者集中申报标准的规定》相一致,商务部于2009年6月22日修改了《并购境内企业规定》,主要是删除了原规定的第五章"反垄断审查",并在"附则"中新增一条作为第51条:"依据《反垄断法》的规定,外国投资者并购境内企业达到国务院《关于经营者集中申报标准的规定》规定的申报标准的,应当事先向商务部申报,未申报不得实施交易。"

综上所述,与绿地投资相比,我国外资并购审查的考量因素更加多元化,审查的标准也更为严格:一方面,在产业政策的基础上,竞争政策(维护公平竞争)成为外资并购审查中一个重要的考量因素;另一方面,国家安全成为外资并购的常规性考量因素,并且借由《并购境内企业规定》第12条形成了一个可操作的审查机制。如学者所言,依据《外商投资目录》投资是进入《外资并购规定》所设置审查程序的前置条件,国家安全的考量从单纯强调产业(供应)安全发展到同时兼顾市场(配置)安全,国家安全审查制度通过吸纳外资并购审查逐步发展和充实。[43] 而无论在竞争政策或是国家安全的层面,知识产权都必然是题中之意,外资并购中的知识产权问题因而进入到外资并购审查制度之中。

---

[42] 2006年颁布的商务部《并购境内企业规定》第52条规定:"外国投资者并购境内企业涉及本规定第五十一条所述情形之一,商务部和国家工商行政管理总局认为可能造成过度集中,妨害正当竞争、损害消费者利益的,应自收到规定报送的全部文件之日起90日内,共同或经协商单独召集有关部门、机构、企业以及其他利害关系方举行听证会,并依法决定批准或不批准。"

[43] 参见江山:《论中国外商投资国家安全审查制度的法律建构》,载《现代法学》2015年第5期。

4. 反垄断法(经营者集中控制制度)

我国《反垄断法》于 2007 年 8 月 30 日通过,并自 2008 年 8 月 1 日起施行。《反垄断法》设专章(第四章)对经营者集中控制制度作了详尽规定。[44] 根据《反垄断法》第 31 条和商务部《关于外国投资者并购境内企业的规定》第 51 条(如前所述),外资并购境内企业或者以其他方式参与经营者集中的,同样适用《反垄断法》经营者集中控制制度。

经营者集中控制制度虽然并不以保护本国技术创新和知识产权为直接目的,但由于在某些情况下,经营者集中所导致的技术优势或技术垄断有可能构成《反垄断法》第 28 条所规定之"具有或者可能具有排除、限制竞争效果",从而被反垄断执法机关所禁止,因而从客观上看,经营者集中控制制度也具有保护和促进技术创新的作用。囿于论题,本书不就此问题展开论述。

5. 国家安全审查制度

2008 年 8 月 1 日起正式施行的《反垄断法》第 31 条规定:"对外资并购境内企业或者以其他方式参与经营者集中,涉及国家安全的,除依照本法规定进行经营者集中审查外,还应当按照国家有关规定进行国家安全审查。"从而宣示了我国将建立外资并购国家安全审查制度。2011 年 2 月 3 日,国务院办公厅下发《关于建立外国投资者并购境内企业安全审查制度的通知》,标志着外资并购国家安全审查制度正式成形。

根据该通知的相关规定,所谓"外国投资者并购境内企业",包括以下四种情形:(1)外国投资者购买境内非外商投资企业的股权或认购境内非外商投资企业增资,使该境内企业变更设立为外商投资企业。(2)外国投资者购买境内外商投资企业中方股东的股权,或认购境内外商投资企业增资。(3)外国投资者设立外商投资企业,并通过该外商投资企业协议购买境内企业资产并且运营该资产,或通过该外商投资企业购买境内企业股权。(4)外国投资者直接购买境内企业资产,并以该资产投资设立外商投资企业运营该资产。

---

[44] 根据《反垄断法》第 22 条,经营者集中是指下列情形:(1)经营者合并;(2)经营者通过取得股权或者资产的方式取得对其他经营者的控制权;(3)经营者通过合同等方式取得对其他经营者的控制权或者能够对其他经营者施加决定性影响。

而并购安全审查的对象(需要纳入国家安全审查的外资并购的范围)有以下两类情形:一是外国投资者并购境内军工及军工配套企业,重点、敏感军事设施周边企业,以及关系国防安全的其他单位;二是外国投资者并购境内关系国家安全的重要农产品、重要能源和资源、重要基础设施、重要运输服务、关键技术、重大装备制造等企业,且实际控制权可能被外国投资者取得。

并购安全审查的审查内容有以下四项:(1)并购交易对国防安全,包括对国防需要的国内产品生产能力、国内服务提供能力和有关设备设施的影响。(2)并购交易对国家经济稳定运行的影响。(3)并购交易对社会基本生活秩序的影响。(4)并购交易对涉及国家安全关键技术研发能力的影响。

从国家安全审查的制度构造来看,如果某项外资并购导致重要知识产权的控制权转移,则应纳入国家安全审查的审查范围。但是,国家安全审查的审查内容,主要是知识产权转移对于国家安全的影响,而不是在产业政策和竞争政策层面上的效果,这是国家安全审查制度与前述各项法律制度的根本性区别。

(二)外商投资知识产权风险的法律应对:以国家安全审查制度为核心

1. 外商投资知识产权风险的法律性质:国家安全威胁

对于外商直接投资所引发的知识产权风险,在法律上可以从不同的角度予以分析和研究,例如从市场主体或者单个行为的微观角度来看,可以分析其是否构成知识产权的权利滥用,或者是否构成具有排除、限制竞争效果的经营者集中等;但从宏观上看,大规模外商直接投资所引发的各种不同表现形式的知识产权风险,则可在总体上被定性为对于国家安全的威胁。

所谓"国家安全",是一个十分宽泛且具有不确定性的概念范畴。这个概念的本质,是站在国家生存和发展的高度,强调对国家根本性利益的保障。[45] 由于国家利益可以从不同的角度来理解和认识,如它包含了政治

---

[45] 参见子彬:《国家的选择与安全:全球化进程中国家安全观的演变与重构》,上海三联书店2005年版,第14页。

利益、军事利益和经济利益等，故而所谓国家安全也就涵盖了国防安全、政治安全、经济安全、社会安全等多个层面。这些不同层面的价值考量互相交织在一起，其重心又会随着时代变迁而发生变化。在当前语境下，即使仅就“经济安全”而言，也涵盖了国家产业安全、经济决策与体制安全、科技与信息安全、财政金融安全、战略资源安全、贸易与市场环境安全等不同侧面。[46]

根据产业控制理论，外商直接投资对于我国产业安全的威胁主要有四种途径：外资的市场控制、股权控制、技术控制和品牌控制。[47] 其中，外资市场控制和股权控制分别着眼于外资在相关市场上的市场份额，以及外资对单个企业（尤其是行业龙头企业）的实际控制权，二者对东道国经济安全与产业安全所构成的威胁是显而易见的。另外，外资品牌控制和技术控制对于产业安全的威胁同样不可小觑。

在取得品牌控制权以后，跨国公司往往会封存或消灭国内企业已有的知名品牌——或将原有品牌束之高阁，以自有的国外品牌取而代之；或将原有商标定位于低档产品，造成该商标价值下降。[48] 近年来，我国消费者曾经耳熟能详的“活力 28”（洗衣粉）、“美加净”（护肤品）、“熊猫”（洗衣粉）、“扬子”（冰箱）、“孔雀”（电视机）和“香雪海”（冰箱）等许多知名品牌纷纷销声匿迹，就是外资品牌控制的后果。由此就为外资占领国内市场扫除了主要竞争对手，并使国内企业发展受到遏制，国内企业的产业竞争力和控制力显著下降。

而在外资技术控制的背景下，即使中方拥有合资企业的控股权，但由于关键技术、核心技术或者技术研发和利用的决策权掌握在外方手中，最终可能使整个产业的发展都受制于人。以中国汽车产业为例，自 1986 年被确立为支柱产业以来，中国汽车产业大量引进外来合作者。虽然中方在合资企业中的股份占多数，但外方一直拒绝转让核心技术。作为中国汽车产业主体的东风、一汽和上汽三大汽车集团，在合资后的 20 年时间里不但没有承担起振兴中国汽车产业的责任，还把巨大的市场空间让给

---

[46] 参见李孟刚：《产业安全理论研究》，经济科学出版社 2006 年版，第 56 ~ 59 页。

[47] 参见乔颖、彭纪生、孙文祥：《FDI 对我国产业风险的实证分析》，载《当代经济研究》2005 年第 9 期。

[48] 同上。

了外资厂商。[49] 相反,作为汽车产业中坚持自主技术创新的代表,奇瑞和吉利两家"小企业"却能够在与外资企业激烈竞争的环境中逐渐发展起来,这是值得深思的。

无论是外资市场控制、股权控制、技术控制和品牌控制,最终都表现为压缩东道国国内企业的产业控制力。由于外资和东道国企业对于国内产业的控制力是一种"零和博弈"的关系,因此东道国企业产业控制力的减少,也就是外资产业控制力的等量增加,进而对东道国的产业安全构成威胁。[50]

2. 外商投资知识产权风险控制的路径选择:国家安全审查制度

如前所述,针对外商直接投资,我国已经建立起了包括外商投资企业法律制度、外商投资行业准入法律制度、外资并购审查、反垄断审查和国家安全审查在内的一整套复杂的法律制度体系。

在这样一个复杂的制度系统中,除了国家安全审查外,外商投资的行业准入法律制度也承担着预防知识产权风险、保障国家安全的重要功能。如学者所言,在以行业准入审批为主体的制度安排下,准入范围的限定与国家安全审查发生关联。相关法律法规和规范性文件主要从外资进入相关产业的限制或禁止进行准入把控,国家安全审查制度由产业安全理念所主导并得到细化和初步分类,其主体部分开始逐步发展、型构。[51] 作为外资准入审批的主要依据,2002 年 4 月 1 日起施行的《指导外商投资方向规定》和 2017 年 6 月 28 日修订的《外商投资产业指导目录》是我国现阶段外商投资产业政策的集中体现,同时也部分涵盖了维护国家安全的要求:在《指导外商投资方向规定》第 6 条和第 7 条所列举的限制和禁止外商投资的事由中,涉及国防安全、环境安全、粮食安全以及人民生命健康安全等多个层面。并且第 7 条第 1 项已经明确地将"危害国家安全或者损害社会公共利益"的外商投资项目列为禁止类。《外商投资产业指导目

[49] 李孟刚:《产业安全理论研究》,经济科学出版社 2006 年版,第 92 页。

[50] 正因如此,产业控制理论将"外资产业控制力"(外资对东道国产业的控制能力,以及对东道国企业对本国产业控制力的削弱能力,进而由此影响产业安全的程度)作为衡量外商直接投资对东道国产业安全影响程度的关键指标。同上书,第 193 页。

[51] 参见江山:《论中国外商投资国家安全审查制度的法律建构》,载《现代法学》2015 年第 5 期。

录》所列举的限制类和禁止类外商投资项目，则是对上述规定的具体展开。不仅如此，对于虽允许外资进入，但需适当予以限制的行业，《目录》还附加了“限于合资、合作”“中方控股”“中方相对控股”等要求。而不同时期的政策需求亦可以通过《目录》的修订得以体现。如果将我国的外资准入制度与美国的国家安全审查制度（下文详述）相比较，不难发现，我国的外资准入制度同时适用于外资的新建投资和并购投资，而美国的国家安全审查仅针对外资并购，因此可以说，我国对于特定产业的保护措施较之美国更为严厉。

然而问题在于，即使在这样周密细致的制度设计下，近年来在我国风起云涌的外资并购仍然一次次牵引出国人对于经济安全的担忧，外资并购所引发的知识产权风险亦并未从根本上得到控制。那么，为什么外资准入制度不足以担负起维护国家经济安全、控制知识产权风险的重任？我国现有经济安全防护网的漏洞在哪里？

首先，经济全球化的时代背景决定了我国必须在原则上采取中性化的外商投资政策。中性化外商直接投资政策要求弱化利用外商直接投资的鼓励和准入限制，对外商直接投资实行国民待遇，减少对国内产业的过度保护，加大利用外商直接投资的自由度。[52] 但是在这种对外开放的政策基调下，由于我国企业与国外企业在规模、技术、管理等方面存在的差距，外资频频并购或控制我国的行业龙头企业，并迅速占领国内市场，从而对我国本土企业的生存和发展构成威胁。

其次，利用外商直接投资的“溢出效应”，通过外资企业内含人力资本、研发能力、管理经验等的扩散，来促进经济快速增长和产业结构优化，是我国外资政策的重要目标。正因如此，从总体上看，《外商投资产业指导目录》中所列鼓励投资的项目多集中在高新技术方面，鼓励投资的产业往往是对我国产业发展和国家经济安全起到重要作用的。[53] 例如，在2017年修订的《外商投资产业指导目录》所列举的鼓励投资类产业中，包括医药制造业、通用设备制造业、专用设备制造业、汽车制造业、铁路船舶航空

---

[52] 贾希凌：《涉外经济管制法律协调论》，北京大学出版社2008年版，第190～191页。

[53] 许石慧：《外资并购中产业安全的法律保障机制研究》，载《内蒙古社会科学》2007年第2期。

航天和其他运输设备制造业、计算机通信和其他电子设备制造业等。然而从我国吸引外商直接投资的实践来看，这种“高新技术情结”有可能导致在一些关系国计民生和国家经济安全的重要产业中，我国企业的自主技术研发能力和创新能力不进反退。[54] 外资企业在取得技术优势地位、实现对核心技术的垄断和控制以后，不仅享受着由此带来的高额技术垄断利润，而且会加大我国企业学习和吸收先进技术溢出效应的难度，[55]对本土技术产生了一定的“挤出”效应。[56] 长此以往，必定会严重打击我国企业的创新能力和技术水平，强化我国在国际产业链中的末端地位，最终可能使得整个产业的发展都受制于人。

由此可见，外资准入制度在维护国家经济安全和控制知识产权风险等方面所存在的功能缺陷，恰恰是由其自身的价值取向所决定的。基于对外开放和利用外商投资技术溢出效应的先定目标，《外商投资产业指导目录》无法也不宜将所有可能危及国家经济安全和引发知识产权风险的外商投资项目均列为禁止或限制类，从而给国家安全留下隐患。

与此同时，国家安全审查则为外资准入制度提供了一种极为必要和有效的补充。与外资准入制度不同，国家安全审查制度将威胁国家安全的主要因素均纳入审查范围并予以综合考量——虽然目前已有外资安全审查立法的国家大多未界定“国家安全”的定义，但是许多国家列举了国家安全的因素，主要包括：(1)敏感产业，即与国家安全相关对国家安全影响较大或者具有战略意义的产业，产业的业务涉及敏感物品、敏感服务、敏感技术等。主要有军事国防产业、核物质及放射性物质产业、生物及化学产业、间谍产品产业、电力、热力、通信媒体等公共服务业、能源等资源

[54] 因为跨国公司来我国投资，一般会选择具有一定技术开发能力和效益较好的企业作为合作对象。但是合资后，大多数企业都取消了原有的技术研发机构，转而采取国外母公司研发的技术，或者借口实施详细的“研发分工”，将基础性和原创性的研究放在其母国进行，仅将辅助性的技术研发安排在中国，从而大大削弱了我国企业自主技术开发能力。参见汤树梅：《国际投资法的理论与实践》，中国社会科学出版社2004年版，第19页。

[55] 最近的实证研究表明，跨国公司在华研发机构所取得的技术成果绝大部分都通过技术关联交易的方式“流回”到国外的公司总部，由公司总部就该技术成果取得知识产权并加以利用。这就会对“技术溢出”效应产生遏制作用。参见胡晓红、冯湘妮：《跨国公司技术关联交易与我国国家经济安全》，载《电子知识产权》2007年第6期。

[56] 樊增强：《跨国公司在华技术控制与我国的战略选择》，载《投资研究》2007年第9期。

类产业等。(2)敏感技术,指关键技术、领先技术等,是对国家安全重要的技术,特别是军事领域的技术和军民两用技术。关键技术(又称临界技术)的范围小于重点技术,大于核心技术,其应用领域广泛,对实现战略任务或计划目标有决定性作用,可以促进或带动多项技术或整个技术群体的进步与发展,并在近期内可以实用化或部分实用化。(3)敏感设施,在外资国家安全审查领域体现为基础设施(或称关键设施),主要是对国家安全重要的军事及其他国家机器设施及其他公共基础设施。(4)敏感信息,指与国家安全有关的被归为秘密级的信息,主要包括军事国防信息和其他政府信息等。(5)敏感区域,指与国家安全密切相关的空间区域。涉及国家军事国防禁区、国家边界或其他为了国家安全划定的区域等,在该区域进行的外国投资将会在国家安全审查中被特别关注。[57] 由此可见,国家安全审查可以很好地覆盖由外商直接投资所引发的各种知识产权风险,而其特有的比较灵活且具有弹性的审查机制又可确保对外开放与风险控制之间的平衡(下文详述),因此,以国家安全审查制度为核心,对外商投资所引发的各种知识产权风险进行控制,是一种合理与必然的选择。

(三)美国国家安全审查制度及其借鉴

1. 美国国家安全审查制度的建立与演变

美外国投资委员会(Committee on Foreign Investment in the United States,CFIUS)成立于1975年,初衷主要是政治目的而非经济动因,即为了安抚国会对当时石油出口国(OPEC)对美投资增长过快、持有大量美国债权资产组合的担忧——20世纪70年代大量来自中东的投资涌入美国,催生了1974年《外国投资研究法》,该法授权美国商务部、财政部等部门对大量流入美国市场的外国直接投资进行调查。而CFIUS在成立之初(1975~1987年)的职责定位宽泛,工作内容以信息收集为主,业务偏重审查政治风险,主要是应国防部的要求。[58]

1988年,为了应对外国企业主要是日本企业的大范围收购,美国国会通过了“埃克森－弗罗里奥”条款(Exon-Florio provision),作为1950年通

[57] 参见李军:《外国投资安全审查中国家安全风险的判断》,载《法律科学》2016年第4期。

[58] 参见胡振虎等:《美国外资国家安全审查机制对中国影响及应对策略分析》,载《财政研究》2017年第5期。

过的《国防生产法》的修正条款(第721条款)。该条款授权总统及CFIUS对于可能导致控制从事美国州际贸易的人的外资并购(包括吸收合并、企业集中、股权收购),进行国家安全审查。[59]

1992年,《伯德修正案》修订了"埃克森－弗罗里奥条款",为CFIUS增加了两条判断标准,即符合这两个条件的并购案必须接受审查:一是收购方由外国政府控制或代表外国政府行事;二是收购可能导致在美国从事州际贸易的个人受到外国政府控制,并因此威胁到美国国家安全。[60] 从而在美国国家安全审查的审查对象中增加和强化了外国政府控制的因素。

"埃克森－弗罗里奥条款"并未对其核心概念"国家安全"进行明确界定,也没有规定国家安全审查的实质性审查标准,而仅仅通过列举审查时所应考虑的因素(Factors To Be Considered)对"国家安全"予以侧面注解。根据"埃克森－弗罗里奥条款",国家安全审查所应考虑的因素有:(1)基于国防需要的本土化生产;(2)本国产业满足国防需要的能力和容量,包括人力资源、产品、科技、材料,以及其他方面的供应和服务;(3)外国公民对有关美国国家安全需求的国内产业和商业活动的控制力;(4)是否具有向支持恐怖主义和扩散导弹技术、化学和生物武器的国家提供军事物资、武器装备和科技的潜在效果;(5)是否对美国在有关国家安全的科技领域的先进地位造成潜在影响。[61] 美国国家安全审查制度实行以后,CFIUS曾数次公开拒绝对"国家安全"的含义做出界定的请求,其目的,主要是维护审查机关广泛的裁量空间和经济政策的灵活性。[62]

2007年7月26日,美国总统布什签署了《2007年外国投资与国家安全法》(*The Foreign Investment And National Security Act of* 2007,FINSA)。FINSA维持了"埃克森－弗罗里奥条款"所确立的国家安全审查的程序和

---

[59] 50 U.S.C. App. §2170(a)(3).

[60] 参见胡振虎等:《美国外资国家安全审查机制对中国影响及应对策略分析》,载《财政研究》2017年第5期。

[61] 50 U.S.C. App. §2170(f).

[62] Waite, Frederick P., Goldberg, M. Roy, "National Security Review of Foreign Investment in the United States: An Update on Exon-Florio and the Final Regulations Which Implement It", *Florida Journal of International Law*, Spring 1991:62－64.

权力分配方案，但是首次明确规定，对于那些可能导致“控制美国关键性基础设施”的外资并购，应当进行国家安全审查。[63] 在审查外资并购对国家安全的影响时所应考虑的因素方面，FINSA 在“埃克森－弗罗里奥条款”的基础上增加了以下 6 个因素，包括：（1）对美国关键性基础设施（包括主要能源设施）所造成的与国家安全有关的潜在影响；（2）对美国关键性科技所造成的与国家安全有关的潜在影响；（3）并购交易是否由外国政府所控制；（4）如有必要，尤其是如果交易为外国政府所控制，则须评估——该国家是否坚持防止武器扩散，该国家与美国的关系（尤其是在“反恐”方面的合作），以及将某项科技转化为军事用途的可能性；（5）关于美国对能源及其他关键性资源和物资的需求的长期预期；（6）总统或 CFIUS 认为合适的其他因素。[64] 而在此之前，美国已经确定了 12 个重点保护的“重要基础设施”范畴的经济部门。[65] 由此可见，FINSA 以法律的形式确认了美国国家安全审查的功能扩张，国家安全审查在维护经济安全方面将发挥更加积极主动的作用已经成为不争的事实，其中尤以关键基础设施产业和关键性科技的保护为重点。

通过美国国家安全审查制度的发展历程及其实践，可以清晰地梳理分析国家安全审查的功能演变与扩张：在美国国家安全审查制度建立之初，主要局限于审查与国防安全有关的事项，其核心价值在于防止与国防相关的科技向外国扩散。在迄今为止唯一一起最终由总统发布禁令的交易中，1990 年，时任美国总统布什（George H. W. Bush）禁止中国航空技术进出口总公司（China National Aero-Technology Import and Export Corporation）收购曼姆科公司（Mamco Manufacturing Company）的理由就在于：“如果收购完成，就会事实上使中国回避了有关对航空科技出口限制的规定。”[66]此后，经过多年发展，美国国家安全审查的功能定位明显呈

---

[63] See Sec. 2(b)(2), The Foreign Investment And National Security Act of 2007.

[64] See Sec. 4(4), The Foreign Investment And National Security Act of 2007.

[65] 2003 年，美国国土安全部加入 CFIUS，并出台了《保护重要基础设施和资产的国家战略》，确定 12 个重点保护的“重要基础设施”范畴的经济部门，包括农业及食品、水、公共卫生、突发事件服务产业、国防、电信、能源、交通运输、银行及金融、化工/危险材料行业、邮政及航运、信息技术。参见吴汉洪、李秀玉：《外资并购的反垄断审查和国家安全审查的比较》，载《国家行政学院学报》2008 年第 1 期。

[66] 汤欣：《“经济安全”与外资并购》，载《当代法学》2008 年第 1 期。

现扩张趋势,尤其对于外国政府所控制的并购(包括外国国有企业参与的并购),以及涉及美国重要基础设施产业的并购,往往给予特殊的关注。例如,在我国企业中海油公司收购美国尤尼科公司的过程中,中海油公司出价比竞争对手(美国雪佛龙公司)高出 10 亿多美元,并且全现金支付,但最终考虑到包括美国国家安全审查在内的诸多不利因素而被迫于 2005 年 8 月放弃了收购。[67] 而从最近几年的情况来看,CFIUS 对经济安全的重视程度不断上升,更加关注由于某项并购而带来的经济效应,例如对美国就业的影响,对市场竞争状况的影响,是否可能存在市场操控以及垄断,是否带来不公平竞争,以及中国在类似行业是否存在对等开放等。CFIUS 试图保持吸引国外直接投资和经济安全之间的平衡,既有效利用外国资本,不过分打击外商的投资积极性,同时对威胁经济安全的因素保持警惕。[68]

综上所述,从总体上看,美国对国家安全的敏感度不断提高,对"国家安全"的定义不断扩展,经济安全在美国国家安全整体战略中的地位不断上升。但与此同时,值得注意的是,迄今为止,在美国的外国投资者原则上并没有普遍性的事前申报义务,除了"埃克森 - 弗罗里奥条款"和 FINSA 所规定的"国家安全审查"外,美国尚无其他专门甄别外国投资的法律规定。这种开放型的外资政策是与美国在当今世界上的地位兮兮相关的:一方面,美国强大的经济实力足以抵御外商投资所可能引发的绝大部分的产业风险;另一方面,美国积极推行"相互主义原则",在标榜本国市场对外开放的同时,也以此为理由反对其他国家(特别是发展中国家)对外资准入的限制,从而为美国海外投资开辟更广阔的市场,争取更自由、更安全、更有利的投资环境。[69]

2. 美国国家安全审查的具体制度设计

美国国家安全审查是一个非常复杂而灵活的制度系统,其在界定审

---

[67] 参见常新人:《中海油退出竞购优尼科透视》,载《记者观察》2005 年第 10 期。

[68] 当然,重视经济安全并不意味着国防安全的重要性有所下降。恰恰相反,不影响国防安全是一项并购首先需要满足的前提。参见潘圆圆、唐健:《美国外国投资委员会国家安全审查的特点与最新趋势》,载《国际经济评论》2013 年第 5 期。

[69] 孙效敏:《外资并购国有企业法律问题研究》,北京大学出版社 2007 年版,第 158 页。

查对象时并非采用单一标准,而是分别从"外资并购方的性质"和"并购对象"这两个方面予以考虑:一方面,基于外资并购方性质的标准,主要根据交易是否为外国政府所控制。如果交易被外国政府控制,或者受外国政府的代理人控制,则会受到审查。实践中,外国政府机构、国有企业、政府养老基金和主权财富基金都是受政府控制的形式。另一方面,基于并购对象的标准,国家安全审查主要针对"关键设施"和"关键技术"这两类审查对象。[70] 以下就"关键基础设施"与"关键技术"的含义做进一步阐述。

(1)关键性基础设施

FINSA 对"国家安全"的概念进行了扩展,从而将"关键性基础设施"纳入了国家安全审查的范围。根据一般理解,关键性基础设施主要包括:农业和食品;国防工业基础;能源;公共健康和保健;国家纪念碑和图标;银行与金融;饮用水和污水处理系统;化学品;商业设施;水坝;应急服务;商业核反应堆、材料和废品;信息技术;电信;邮政和运输;运输系统;政府设施;关键制造业。由此可见,"关键性基础设施"这一概念包含的行业非常广泛,几乎涵盖了美国绝大多数行业,为了解决这个问题,CFIUS 又补充说明其并不关注相关行业的所有并购案件,只考虑"特定"的交易。但是,CFIUS 并没有明确如何衡量并购与美国国防工业的相关程度,这使得 CFIUS 判定存在较大的主观性。与此同时,一笔并购被界定为"关键性基础设施"后将在多大程度上影响 CFIUS 的裁定也是不确定的,采用的依然是"一案一议"的方式。[71]

(2)关键技术

关键技术(又称临界技术)的范围小于重点技术,大于核心技术。一般认为,关键技术应用领域广泛,对实现战略任务或计划目标具有决定性作用,可以促进或带动多项技术或整个技术群体的进步与发展,并在近期内可以实用化或部分实用化。在 FINSA 框架下,关键技术是指对国防起

---

⑩ 参见江山:《外资并购国家安全审查中的关键技术——基于美国 CFIUS 审查的分析》,载《国际经济合作》2012 年第 6 期。

⑪ 参见潘圆圆、唐健:《美国外国投资委员会国家安全审查的特点与最新趋势》,载《国际经济评论》2013 年第 5 期。

到关键作用的技术、原件或技术品。[72]

CFIUS 年报显示,其对关键技术进行界定主要依据四个方面的法规和清单,分别是:(1)根据国际武器条例规定,美国军品清单(United States Munitions List,USML)中包含的国防物品或国防服务是关键技术;(2)出口管理条例(Export Administration Regulation,EAR)中,依照多边机制(例如国家安全,化学和生物武器扩散,防止核扩散,导弹技术等机制)进行控制,给出的商业控制清单(Commerce Control List,CCL)中明确的项目,以及出于区域稳定和监听原因而控制的项目;(3)协助国外原子能活动条例(Assistance to Foreign Energy Activities Regulation)中特别指定的核能装备、部件、材料、软件和技术;(4)原子能装备与材料进出口条例(Export and Import of Nuclear Equipment and Materials Regulations)中明确的核能设备、装备、材料;专门药剂和毒素条例(Select Agents and Toxins Regulations)中明确的药剂和毒素。[73]

而在此基础之上,美国对关键技术实行"分部门管理,双重保护",即对于被并购企业是否属于关键技术公司的问题,将由不同政府部门来判定不同种类的关键技术:CFIUS 的并购审查和其他政府部门的政策(如出口限制政策)形成对关键技术的双重保护。CFIUS 没有权力就受限商品颁发出口许可证,一般只判断被并购公司拥有(或控制)的出口受限关键技术的敏感程度。即使某一项收购通过了 CFIUS 的并购审查,美国其他肩负出口限制职责的部门(如商务部、国防部、国务院、能源部)也可能不准许相关技术(或产品)出口。反之,即使其他政府部门准许某项关键技术的出口,CFIUS 也可能阻止外国企业并购相关技术企业。[74]

综上所述,在美外资并购只要符合上述任何一个方面的条件,都可以被纳入国家安全审查的审查范围,从而保证了美国国家安全审查的完善性与灵活性。

---

[72] 参见江山:《外资并购国家安全审查中的关键技术——基于美国 CFIUS 审查的分析》,载《国际经济合作》2012 年第 6 期。

[73] 参见潘圆圆、唐健:《美国外国投资委员会国家安全审查的特点与最新趋势》,载《国际经济评论》2013 年第 5 期。

[74] 同上。

3. 美国国家安全审查的实施机制

美国国家安全审查实行“双重启动模式”，即国家安全审查程序可以通过“申报”和“通报”这两种方式来启动：前者是指外资并购的交易双方如果认为交易符合申报条件，都可以本着自愿的原则，以书面形式向CFIUS委员会主席提出申报；后者是指CFIUS的任何成员机构如果根据可得的事实有理由相信一项并购交易属于“埃克森－弗罗里奥条款”调整的范围，且可能对国家安全产生不利影响，即可以向CFIUS主席提交机构通报。[75] 这种制度设计具有相当的弹性，既不会导致审查范围的过度扩张，又可以为外资并购可能引发的产业风险预留必要的救济途径。

根据FINSA的规定，CFIUS应在调查发起后30日内作出决定。如果不能作出决定而需要进一步调查的，可延长45日额外审查时间。如果采用了45日延长期，委员会就必须给予该项调查一个明确结论，且采用法律规定手段处理审查案件。CFIUS可以在结论中允许合并案继续进行，或者建议合并当事人自愿放弃并购计划。在委员会发现这个合并案存在问题时，委员会可以向总统汇报，由总统作出是否阻止或修改合并案的决定，总统有15日时间作出决定。[76]

（四）我国国家安全审查制度之完善与知识产权评议的运用

1. 我国国家安全审查制度之完善

如前所述，外商直接投资所形成的外资市场控制、股权控制、技术控制和品牌控制是威胁我国经济安全与产业安全的主要途径，因此，国家安全审查的审查对象就应当将这四类情形均包含在内，并分别予以针对性的制度设计。

毫无疑问，经营者集中（包括组织合并、财产合并和经营合并）是外资实现市场控制、股权控制、技术控制和品牌控制最为重要的方式，故而对于达到一定条件的经营者集中，自应适用国家安全审查。然而，如此尚不足以有效规制外资品牌控制和技术控制。这是因为：首先，经营者集中意味着组织合并或企业实际控制权的转移，但是并非所有的外资品牌控制

---

[75] 参见刘东洲：《美国外资监管中国家安全审查制度研究》，载《法学杂志》2006年第6期。

[76] 参见郑雅芳：《美国外资并购安全审查制度研究》，中国政法大学出版社2015年版，第25～26页。

和技术控制均须以此为前提。通过签订品牌使用或技术研发合同、新设合资企业或者在已设立的合资企业中外资由次要地位上升为控股,均有可能实现外资品牌控制和技术控制。例如,在法国达能公司与杭州娃哈哈公司合资时签订的商标使用合同中,有一项看似不经意的条款——"中方将来可以使用(娃哈哈)商标在其他产品的生产和销售上,而这些产品项目已提交给娃哈哈与其合营企业的董事会进行考虑……"这一条款并不代表企业控制权的转移,但它却意味着,娃哈哈公司如要使用自己的商标来生产和销售产品,须经过达能公司同意或者与其合资,这就构成了事实上的品牌控制。[77] 其次,经营者集中的申报须有一定的规模条件,但某项经营者集中是否会危及我国产业安全,与其规模大小并不存在必然的联系。有的并购规模不大,但由于它涉及核心技术的转让,或著名品牌实际控制权的转移,故而仍须对其实施国家安全审查。[78] 只是此时审查的对象并不是并购本身及其对市场结构的影响,而是针对技术或品牌控制权的转移,评估其是否具有威胁经济安全与产业安全的可能性。

特别需要说明的是,2011 年 2 月 3 日发布的国务院办公厅《关于建立外国投资者并购境内企业安全审查制度的通知》框定了我国并购安全审查的审查范围(如前所述),其中明确包含"外国投资者并购关键技术企业"的情况。但是问题在于,此种审查仍须以外资并购境内企业且可能取得境内企业的实际控制权为前提,没有认识到外资技术控制和品牌控制并不一定要以境内企业实际控制权的转移为必要条件。与之相似,2006 年 8 月 8 日发布的商务部《关于外国投资者并购境内企业的规定》第 12 条也已将品牌资源纳入经济安全审查的视野中,但该条款仍然着眼于"拥有驰名商标或中华老字号的境内企业实际控制权转移",即仍然强调"企

---

[77] 具体可参见张乐:《合资之初达能于"不经意"中设套,十年之后娃哈哈遭遇强行并购——宗庆后后悔了》,载《经济参考报》2007 年 4 月 3 日,第 1 版。

[78] 事实上,这也正是 CFIUS 拒绝采用任何"明确界限"(如交易的数额、或交易所代表的市场份额)来决定某一交易是否适用"埃克森 - 弗罗里奥条款"的原因。参见韩龙:《美国对外资并购的国家安全审查制度:中国之借鉴》,载《江海学刊》2007 年第 4 期。

业实际控制权”的转移是适用经济安全审查的必要条件。[79] 倘若国家安全审查的对象仅以上述规定为限，则难免挂一漏万，留下制度漏洞和隐患。

因此，笔者认为，我国国家安全审查的审查对象应当予以进一步完善，在现有审查对象的基础上，还应当增加“外国投资者获取关键技术和关键品牌的控制权”的情形，至于外资通过何种方式实现技术控制和品牌控制，在所不问。

接下来的问题在于，如何理解外国投资者“获得技术（或品牌）控制权”这个概念？很显然，“获得技术（或品牌）的控制权”并不等同于知识产权转移意义上的“获得技术”（或品牌）。根据产业控制理论，所谓外资获得某项技术或品牌的控制权，其实质在于“排斥中方对于该技术或品牌的控制”。因此，就技术控制而言，它不仅指外国投资者获得涉及国家安全的技术本身，还应包括外资方得以有效约束中方对于该项技术的使用与转让以及约束中方技术研发自主决定权的情形；就品牌控制而言，除了包括商标权、商标及企业字号使用权的转移外，还应当包括外资方通过合同等方式获得品牌利用的实际决策权（如品牌定位、商标使用期限、品牌宣传力度等）以及外资方得以有效约束中方使用该品牌的情形。例如在娃哈哈与法国达能公司的合资过程中，达能公司并没有获得“娃哈哈”商标权或商标使用权，但它却可以有效制约中方对该商标的使用，此种情况也应构成品牌控制。

至于何为“关键技术和关键品牌”，笔者认为，我国立法上可以借鉴美国，以列举的方式规定其范围或清单，举例而言，《中国禁止出口限制出口技术目录》中所列举的禁止和限制出口的技术即应属于“关键技术”。但与此同时，立法也应就“关键技术和关键品牌”的认定留下相当程度的灵活性和解释空间，供审查机关自由裁量。虽然由此可能造成国家安全审查在审查范围上具有一定程度的不确定性，但这恰恰是由国家安全审查的功能定位所决定的。

---

[79] 商务部《并购境内企业规定》第 12 条第 1 款规定：“外国投资者并购境内企业并取得实际控制权，涉及重点行业、存在影响或可能影响国家经济安全因素或者导致拥有驰名商标或中华老字号的境内企业实际控制权转移的，当事人应就此向商务部进行申报。”

2. 知识产权评议在国家安全审查中的运用

(1)知识产权评议可以为界定国家安全审查的审查对象("关键技术和关键品牌")提供重要依据

如前所述,"关键技术和关键品牌"是国家安全审查中重要的审查对象,而对于"关键技术和关键品牌"的范围和具体内容,立法上固然可以采用列举的方式,但却难以穷尽,因此,在判断某项技术和品牌是否构成"关键技术和关键品牌"时,专利分析和品牌价值评估可以提供重要的参考。

(2)知识产权评议可以为国家安全审查的审查标准提供评价指标

国家安全审查的实质性审查标准具有模糊性,这是由该项制度的功能定位所决定的,同时也是世界各国国家安全立法的共同经验。但是,不加定义的审查标准可能使得国家安全审查在价值取向上不能保持明确性和一致性,同时也可能造成审查权的过度扩张,影响外商投资的稳定预期。即使在素以不对"国家安全"进行准确定义而著称的美国和加拿大等国,近年来要求细化国家安全审查的审查标准、增加审查透明度的呼声也不绝于耳。[80] 可见,厘清国家安全审查的基本思路、审查内容和审查标准,是很有必要的。

在我国,虽然国务院办公厅《关于建立外国投资者并购境内企业安全审查制度的通知》已将并购安全审查的审查内容归结为四个方面(如前所述),从而为我国国家安全审查提供了基本的审查思路,但四个方面审查内容的具体内涵及审查标准、评价指标等,则仍有待于进一步廓清。

具体针对外资技术控制而言,依据该通知的规定,国家安全审查主要应当审查其"对于关键技术研发能力的影响"(审查内容中的第四项)——外资技术控制是否导致某项关键技术或技术研发权的转移,是否可能导致我国关键技术领域的研发能力下降,国内企业技术研发能力严重受损,进而制约相关技术领域的自主创新与可持续发展,甚至使得整个产业和技术发展受制于人。此时,专利分析(如分辨核心专利、评估专利价值、分析专利布局和技术发展路线)就有可能为上述审查和判断提供关键性的技术证据与评价指标。

---

[80] 参见汤欣:《"经济安全"与外资并购》,载《当代法学》2008 年第 1 期。

(3)知识产权评议可以为国家安全审查中审查机关所采取的措施及其实施效果提供评估方法

国务院办公厅《关于建立外国投资者并购境内企业安全审查制度的通知》在"审查程序"方面作了如下规定:"外国投资者并购境内企业行为对国家安全已经造成或可能造成重大影响的,联席会议应要求商务部会同有关部门终止当事人的交易,或采取转让相关股权、资产或其他有效措施,消除该并购行为对国家安全的影响。"这就是说,国家安全审查程序启动以后,如果审查机关认为某项外资技术控制或品牌控制对国家安全已经造成或可能造成重大影响,既可以终止当事人的交易,也可以采取相应措施,消除该行为对国家安全的影响。

此时,审查机关所采取的或者要求外国投资者采取的措施,往往与知识产权有着紧密关联(例如,可以要求并购交易将某些知识产权剔除在外,或者要求外资并购方在知识产权的归属、利用与转让等方面作出某些承诺),因此,此种措施在技术层面上的合理性与可行性,需要通过知识产权评议来予以判断和确保;而此种措施实施以后,是否能够达到"消除对国家安全的影响"的要求,也需要通过知识产权评议来予以评估。

三、知识产权评议在对外贸易法律制度中的运用

(一)对外贸易法律制度的体系架构及其中的知识产权因素

为了界定和分析我国的对外贸易法律制度,首先要从国际贸易法的概念谈起。通说认为,国际贸易法是调整各国间商品、技术、服务的交换关系以及与这种交换关系有关的各种法律制度与法律规范的总和,包括国际公约、国际商业惯例以及各国有关对外贸易方面的法律、制度、法令与规定。国际贸易法的调整范围包括:(1)国际货物买卖以及与之相联系的有关运输、保险与支付方面的法律;(2)有关服务贸易方面的法律与制度;(3)国际许可贸易,即有关专利、商标、专有技术、版权的跨国转让和国际保护方面的法律与制度;(4)国际商品制度;(5)有关政府管理贸易方面

的法律与制度。[81]

从法律渊源上看,国际贸易法主要包括:(1)国际公约与区域性条约。前者如《联合国国际货物买卖合同公约》《关税及贸易总协定》《世界贸易组织协定》,后者如欧洲共同体的《罗马条约》、北美自由贸易协定、亚太经合组织文件等。(2)国际双边协定。如两国之间的友好、通商航海条约,支付协定等。(3)国际商业惯例。如国际商会的《国际贸易术语解释通则》《跟单信用证统一惯例》等。(4)各国国内有关贸易方面的法律规定。(5)国际组织发表的宣言与决议。(6)跨国公司及同业公会制定的标准合同。[82] 而本书所谓"对外贸易法",即是上述国际贸易法渊源中的第四项(各国国内有关国际贸易的法律法规),即对外贸易法是国际贸易法中的内国法部分。

当然,即便是明确了对外贸易法的地位与性质,学理上仍然可以对其内涵有不同的理解:从广义上讲,对外贸易法是指调整对外货物买卖、对外货物运输、对外货物运输保险、对外贸易支付以及该国管理对外贸易的各种私法、公法关系的法律规范的总和。其中,私法规范调整平等主体间因签订对外货物买卖合同、对外货物运输合同、对外运输保险合同、对外技术转让合同、对外服务贸易合同等而产生的关系,它是建立在平等互利基础上的等价有偿的合作关系;而公法规范则调整国家外贸管理机关、业务主管部门与从事或参与外贸活动的当事人在外贸活动中所发生的管理关系。如进出口许可证、关税、商检及货物监管等。[83] 从这个意义上讲,我国的对外贸易法由以下三种规范构成:(1)实体法规范,它是指规定对外贸易主体在从事或管理对外贸易活动中事实上的权利和义务关系的法律,这些法律如《合同法》《海商法》《保险法》《票据法》《对外贸易法》《海关法》《反倾销条例》《反补贴条例》《保障措施条例》等。(2)冲突法规范,亦称法律适用规范,指明某种对外贸易法律关系应适用何国法律的规范,它并不直接指明此种对外贸易法律关系双方的实体权利与义务,这种实

---

[81] 参见余劲松、吴志攀主编:《国际经济法》,北京大学出版社、高等教育出版社 2014 年版,第 53 页。

[82] 同上书,第 54 页。

[83] 参见沈木珠:《国际贸易法研究》,法律出版社 2010 年版,第 6 页。

体权利与义务则由冲突规范所指明适用的国家的实体法加以解决。2010年10月通过的《涉外民事关系法律适用法》详尽规定了我国的冲突法规范。(3)程序法规范,是指为保证实体法所规定的权利义务关系的实现而制定的程序性法律。如《民事诉讼法》《海事诉讼特别程序法》中关于解决对外贸易争议的规范,以及《中国国际经济贸易仲裁委员会仲裁规则》和《中国海事仲裁委员会仲裁规则》等。[84]

而从狭义上说,对外贸易法是指调整国家对对外贸易活动进行管理所形成的社会关系的法律规范的总称。[85] 与广义的概念相比,狭义的对外贸易法仅指国家管理和调节外贸活动的法律法规,具有公法的法律属性。从这个意义上说,我国的对外贸易法主要包括《对外贸易法》《货物进出口管理条例》《技术进出口管理条例》《认证认可条例》《进出口商品检验法》《进出境动植物检疫法》《海关法》《反倾销条例》《反补贴条例》《保障措施条例》《外汇管理条例》等法律法规。囿于论题,本书主要从狭义上理解和研究对外贸易法。

在狭义的对外贸易法的体系框架中,有两个部分与知识产权的关系最为紧密,同时也具有运用知识产权评议的广阔空间。以下分别述之。

一是国际技术贸易法。国际技术贸易又称国际技术转让,是指跨越国境的技术转让。“跨越国境”是指转让技术作跨越国境的移动,而不是单纯看技术转让方和受让方的国籍是否为不同国家。尽管双方为不同国家的当事人,但如果其营业地在同一国家境内,其技术转让并没有跨越国境,便不构成国际技术转让。[86]

国际技术贸易中的“技术”,在世界知识产权组织(WIPO)于1977年出版的《供发展中国家使用的许可贸易手册》一书第1章第78条第8款中定义如下:“技术是一种制造一种产品的系统知识,所采用的一种工艺或提供的一项服务,不论这种知识是否反映在一项发明、一项外形设计、一项实用新型或者一种植物新品种,或者反映在技术情报或技能中,或者

---

[84] 参见沈木珠:《国际贸易法研究》,法律出版社2010年版,第6~7页。

[85] 参见施延亮、龚建荣主编:《涉外经济法概论》,华东理工大学出版社2008年版,第16页。

[86] 参见余劲松、吴志攀主编:《国际经济法》,北京大学出版社、高等教育出版社2014年版,第129页。

反映在专家为设计、安装、开办或维修一个工厂或为管理一个工商业企业或其活动而提供的服务或协助等方面。"这一定义是迄今为止国际知识产权学界有关"技术"的比较全面而完整的定义。根据该定义,"技术"分为以下三部分:制造产品的系统知识;一项工艺的系统知识;有关服务的系统知识。由此可以看出,国际技术贸易中的"技术"应在广义上来理解,不应仅仅理解为专利技术或专有技术,而是应当包括专利权、商标权、版权、专有技术(know-how)等。[87] 换言之,国际技术贸易的交易对象主要是以技术作为载体的知识产权。[88] 我国《对外贸易法》将对外贸易区分为货物贸易、技术贸易和服务贸易三种类型。在此种法律框架下,我国对外贸易法对于"技术"的界定,与国际通行的理解保持一致。[89]

二是与贸易有关的知识产权保护。所谓国际贸易中的知识产权保护,是指对通过贸易方式进行的货物和技术交易引起的知识产权侵权的保护,其中既包括直接的知识产权贸易,也包括存在于货物贸易、服务贸易中所涉及的知识产权。[90] 在国际贸易中建立知识产权保护机制,是当代国际法保护知识产权的通常做法,如作为多边国际贸易组织规则的 WTO 协定,不但一改过去 1947 年 GATT 中不涉及保护知识产权规则的做法,在总协定的一般例外条款中规定了保护知识产权的例外,[91]而且专门通过了《与贸易有关的知识产权协定》(TRIPs 协定),该协定与服务贸易总协

---

[87] 参见余劲松、吴志攀主编:《国际经济法》,北京大学出版社、高等教育出版社 2014 年版,第 127 页。

[88] 参见蔡四青:《国际技术贸易与知识产权》,中国社会科学出版社 2007 年版,第 138 页。

[89] 当然,需要说明的是,"技术贸易"与"知识产权贸易"并非完全等同的概念。因为一般认为,知识产权贸易包括狭义和广义两种含义。从狭义的角度讲,它是以知识产权为标的的贸易,主要包括知识产权许可、知识产权转让等内容。而从广义的角度讲,知识产权贸易除了狭义的范围外,还包括知识产权产品贸易,即指含有知识产权的产品,特别是附有高新技术的高附加值的高科技产品,如集成电路、计算机软件、多媒体产品、视频产品、音像制品、文学作品等的贸易行为。参见詹宏海:《知识产权贸易》,上海大学出版社 2009 年版,第 7 页。

[90] 参见沈四宝、尚明等:《〈中华人民共和国对外贸易法〉规则解析》,对外经济贸易大学 2004 年版,第 40 页。

[91] 1994 年 GATT 第 20 条(d)款规定:在遵守关于此类措施的实施不在情形相同的国家之间构成任意或不合理歧视的手段或构成对国际贸易的变相限制的要求前提下,本协定的任何规定不得解释为阻止任何缔约方采取或实施以下措施:(d)为保证与本协定规定不相抵触的法律或法规得到遵守所必需的措施,包括与海关执法、根据第 2 条第 4 款和第 17 条实行有关垄断、保护专利权、商标和版权以及防止欺诈行为有关的措施。

定一样，在乌拉圭回合"一揽子"结果中最具开拓性。该协定的基本目标是为知识产权提供充分和有效的保护，以使权利人能够从其发明创造中获益，并因此而受到鼓励，继续其在创造发明方面的努力。[92] 我国《对外贸易法》在2004年修订时，设专章新增了"与对外贸易有关的知识产权保护"的法律规定。

（二）国际技术贸易法律制度与知识产权评议

1. 国际技术贸易的政府管制

截至目前，我国关于国际技术贸易（技术进出口）的专门性法律法规主要由以下四个部分构成：一是对外贸易方面的基础性法律《对外贸易法》（于1994年5月12日通过，并先后于2004年4月6日和2016年11月7日进行修订），该法设专章（第三章）对"货物进出口与技术进出口"进行规范；二是专门规范和调节国际技术贸易（技术进出口）的行政法规《技术进出口管理条例》（于2001年12月10日颁布，并于2011年1月8日修订）；三是关于禁止和限制技术进出口的部门规章，即《禁止出口限制出口技术管理办法》（2009年4月20日由商务部和科学技术部联合发布）和《禁止进口限制进口技术管理办法》（2009年2月1日商务部颁布）；四是禁止和限制进出口的技术目录，即《中国禁止出口限制出口技术目录》（2008年9月16日由商务部和科学技术部联合发布）和《中国禁止进口限制进口技术目录》（2007年10月23日由商务部修订）。

除了以上专门性的法律法规和部门规章之外，我国《促进科技成果转化法》《专利法》《商标法》《著作权法》《反不正当竞争法》《民法通则》《合同法》《计算机软件保护条例》等法律法规也基于各自调整对象与技术贸易的关联性，而对技术贸易作了相应规定。例如，《促进科技成果转化法》第6条规定："国家鼓励科技成果首先在中国境内实施。中国单位或者个人向境外的组织、个人转让或者许可其实施科技成果的，应当遵守相关法律、行政法规以及国家有关规定。"该条款是《促进科技成果转化法》2015年修改时新增的条款，主要目的是明确科技成果首先在中国境内实施的

---

[92] 参见沈四宝、尚明等：《〈中华人民共和国对外贸易法〉规则解析》，对外经济贸易大学2004年版，第40页。

要求,同时规范了科技成果的境外转让或者许可使用,也加强了与现行相关法律法规和国家有关规定(主要是有关国际技术贸易的法律法规)的衔接。[93] 上述各方面的法律法规结合在一起,构成了我国关于国际技术贸易的完善而严密的制度体系。

根据现行的国际技术贸易法律制度,我国对于技术进出口采取全方位的政府管制,管制的范围比较广泛,管制的目标呈多元化。《对外贸易法》明确规定,我国对于国际货物贸易与技术贸易以自由进出口为原则,但是法律、行政法规另有规定的除外。[94] 该法第 16 条同时规定:"国家基于下列原因,可以限制或者禁止有关货物、技术的进口或者出口:(一)为维护国家安全、社会公共利益或者公共道德,需要限制或者禁止进口或者出口的;(二)为保护人的健康或者安全,保护动物、植物的生命或者健康,保护环境,需要限制或者禁止进口或者出口的;(三)为实施与黄金或者白银进出口有关的措施,需要限制或者禁止进口或者出口的;(四)国内供应短缺或者为有效保护可能用竭的自然资源,需要限制或者禁止出口的;(五)输往国家或者地区的市场容量有限,需要限制出口的;(六)出口经营秩序出现严重混乱,需要限制出口的;(七)为建立或者加快建立国内特定产业,需要限制进口的;(八)对任何形式的农业、牧业、渔业产品有必要限制进口的;(九)为保障国家国际金融地位和国际收支平衡,需要限制进口的;(十)依照法律、行政法规的规定,其他需要限制或者禁止进口或者出口的;(十一)根据我国缔结或者参加的国际条约、协定的规定,其他需要限制或者禁止进口或者出口的。"该法第 17 条规定:"国家对与裂变、聚变物质或者衍生此类物质的物质有关的货物、技术进出口,以及与武器、弹药或者其他军用物资有关的进出口,可以采取任何必要的措施,维护国家

---

[93] 在《促进科技成果转化法》2015 年修改过程中,有的意见提出,对利用财政资金取得的科技成果,除特殊情形并经批准外,必须首先在中国境内实施,或者采用负面清单的形式对于不能向境外转让的科技成果予以明确规定。考虑到禁止出口和限制出口的技术种类较多,专业性强,现行的《中国禁止出口限制出口技术目录》已对禁止出口和限制出口的技术种类和名录作出了明确的规定,因此,《促进科技成果转化法》中没有必要再采取负面清单的方式罗列禁止出口或者转让的科技成果的种类和名称。参见阚珂、王志刚主编:《中华人民共和国促进科技成果转化法释义》,中国民主法制出版社 2015 年版,第 48 ~ 50 页。

[94] 《对外贸易法》第 14 条规定:"国家准许货物与技术的自由进出口。但是,法律、行政法规另有规定的除外。"

安全。在战时或者为维护国际和平与安全,国家在货物、技术进出口方面可以采取任何必要的措施。"《对外贸易法》的上述两条规定(第 16 条和第 17 条)构成我国禁止和限制技术进出口的基本法律依据。[95]

在此基础之上,《技术进出口管理条例》第 4 条规定:"技术进出口应当符合国家的产业政策、科技政策和社会发展政策,有利于促进我国科技进步和对外经济技术合作的发展,有利于维护我国经济技术权益。"《中国禁止出口限制出口技术目录》和《中国禁止进口限制进口技术目录》则分别列明了禁止和限制技术出口与技术进口的参考原则。其中,禁止出口技术的参考原则包括:(1)为维护国家安全、社会公共利益或者公共道德,需要禁止出口的;(2)为保护人的健康或者安全,保护动物、植物的生命或者健康,保护环境,需要禁止出口的;(3)依据法律、行政法规的规定,其他需要禁止出口的;(4)根据我国缔结或者参加的国际条约、协定的规定,其他需要禁止出口的。限制出口技术的参考原则与上述规定相似。[96] 而在进口方面,禁止和限制进口技术所要考量的因素则更多一些,尤其是将实施产业政策、保障国家国际金融地位和国际收支平衡等也纳入了限制进口技术的参考原则。[97] 由此可见,我国将技术进出口管制作为产业政策、

---

[95] 《对外贸易法》第 18 条规定:"国务院对外贸易主管部门会同国务院其他有关部门,依照本法第十六条和第十七条的规定,制定、调整并公布限制或者禁止进出口的货物、技术目录。国务院对外贸易主管部门或者由其会同国务院其他有关部门,经国务院批准,可以在本法第十六条和第十七条规定的范围内,临时决定限制或者禁止前款规定目录以外的特定货物、技术的进口或者出口。"

[96] 根据《中国禁止出口限制出口技术目录》,限制出口技术的参考原则包括:(1)为维护国家安全、社会公共利益或者公共道德,需要限制出口的;(2)为保护人的健康或者安全,保护动物、植物的生命或者健康,保护环境,需要限制出口的;(3)依据法律、行政法规的规定,其他需要限制出口的;(4)根据我国缔结或者参加的国际条约、协定的规定,其他需要限制出口的。

[97] 根据《中国禁止进口限制进口技术目录》,禁止进口技术参考原则包括:(1)进口后将危害我国国家安全或者社会公共道德的技术;(2)进口后将严重影响人的健康或者安全,严重影响动、植物的生命或者健康,或破坏我国生态环境的技术;(3)进口后将对我国社会公共利益造成重大影响的技术;(4)依据国家法律、行政法规规定淘汰的生产工艺技术;(5)依照法律、行政法规的规定,其他需要禁止进口的技术;(6)根据我国所缔结或参加的国际公约、国际协定的规定需要禁止进口的技术。限制进口技术参考原则包括:(1)进口后将对国家安全、社会公共利益或者公共道德造成不利影响的技术;(2)进口后将一定程度上影响人的健康或者安全,影响动、植物的生命或者健康,或者将对我国生态环境产生不利影响的技术;(3)为建立或者加快建立国内特定产业,需要限制进口的技术;(4)为保障国家国际金融地位和国际收支平衡,需要限制进口的技术;(5)依据国家法律、行政法规规定不符合产业政策的技术;(6)依照法律、行政法规的规定,其他需要限制进口的技术;(7)根据我国缔结或者参加的国际公约、协定的规定,其他需要限制进口的技术。

科技政策和社会政策的有机组成部分和重要政策工具，而这也从根本上决定了国际技术贸易中政府管制的复杂性和深入性。

在管理体制上，我国对技术进出口贸易实行统一管理。国务院对外经济贸易主管部门负责全国的技术进出口管理工作。省、自治区、直辖市人民政府外经贸主管部门根据国务院外经贸主管部门的授权，负责本行政区域内的技术进出口管理工作。[98]

在管理方式上，我国对技术进出口采取分类管理的方式，将进出口的技术分为禁止进出口的技术、限制进出口的技术和自由进出口的技术。其中，对限制进出口的技术采取许可证管理制度，对自由进出口的技术采取登记管理制度。限制进出口的技术在审查核准后，获得进口或出口许可证，其进口或出口合同自进口或出口许可证颁发之日起生效。自由进口或出口合同自该合同依法成立时生效，不以登记为合同生效的条件。此种宽严结合的管理模式旨在建立一套既符合社会主义市场经济体制要求又符合国际通行做法，既便利政府调控又便利企业经营的切实有效的技术进出口管理的宏观调控机制，促进国际范围内经济技术的交流与合作，促进我国技术进出口的发展。[99]

综上所述，从总体上说，我国对国际技术贸易(技术进出口活动)采取较为严格的政府管制。此种立场与态度乃是与国际技术贸易迅猛发展的客观要求以及各国外贸法律制度的发展趋势相吻合的。因为从世界范围来看，随着科学技术的迅猛发展，技术贸易在国际贸易中所占比重日益扩大，加强对技术贸易的管理已经成为各国外贸法律制度的重要内容，各国都不约而同地对技术贸易实施政府管制，只是侧重点各有不同。通常来讲，发展中国家侧重于对技术引进的管理，而发达国家则多侧重于对技术出口的管理。[100] 从这个意义上讲，各国政府对于技术进出口活动的管制，

---

[98] 《技术进出口管理条例》第 3 条规定："国家对技术进出口实行统一的管理制度，依法维护公平、自由的技术进出口秩序。"第 6 条规定："国务院对外经济贸易主管部门(以下简称国务院外经贸主管部门)依照对外贸易法和本条例的规定，负责全国的技术进出口管理工作。省、自治区、直辖市人民政府外经贸主管部门根据国务院外经贸主管部门的授权，负责本行政区域内的技术进出口管理工作。国务院有关部门按照国务院的规定，履行技术进出口项目的有关管理职责。"

[99] 参见詹宏海：《知识产权贸易》，上海大学出版社 2009 年版，第 142 页。

[100] 同上书，第 122 页。

不仅是其国际技术贸易政策[101]的集中体现，而且是贸易政策与产业政策、科技政策、社会政策相互衔接和协调的结果。

当然，在不同的历史时期，一个国家的技术贸易政策也会不断发生变化，无论是管制目标、管制重点，抑或管制手段，都会随着经济社会的发展以及本国产业政策、科技政策、社会政策的变化而有所变化。因此，我们分析研究知识产权评议在国际技术贸易法律制度中的运用，必须与当前和今后一个时期我国的产业政策、科技政策、社会政策和外贸政策结合起来。

2. 技术引进管制与知识产权评议

根据国际贸易学的理论，引进国外先进技术，是发展中国家发展本国经济、提高本国科技水平的重要途径。但由于发展中国家企业在技术引进中往往处于劣势，为保证技术引进工作与本国发展目标相一致，提高本国企业在谈判中的地位，防止技术提供方在合同中施加各种不合理的限制，发展中国家普遍对技术引进工作实行政府管制。而无论采取何种管理方式，发展中国家对技术引进项目一般都实行审批制，由专门的审批管理机构负责审查、批准、监督技术引进工作，技术引进合同只有通过政府审批机构批准后才能生效。[102]

综观我国的技术引进政策，长期以来存在“重数量，轻质量”“重引进，轻消化”“重政绩，轻创新”等问题，造成我国在某些行业和技术领域高度

---

[101] 所谓国际技术贸易政策，是一定时期内一个国家或地区为了实现特定的经济增长、国际贸易和科技发展等目标而制定并实施的一系列方针、措施和原则的总和。它表现为一个国家或地区在一定时期内对国际技术贸易的鼓励、限制和禁止的政策内容，并对此制定一系列技术进出口法令、条例和规定等。参见陆蓓主编：《国际技术贸易》，立信会计出版社2010年版，第299页。

[102] 从发展中国家的相关法律规定和实践来看，技术引进项目一般要求符合三个方面的要求，即“技术上的先进性和通用性”“经济上的效益性和合理性”以及“法律上的可行性”。技术上的“先进性”，要求引进的技术不仅对引进国现有技术来讲是先进的，而且该专利技术在世界范围内也不是已过保护期或该技术秘密不是已被公开的。技术上的“适用性”，主要根据本国的具体需要、技术发展水平以及消化吸收能力来确定。经济上的“效益性”，要求既要考虑引进技术是否会给引进企业带来经济效益，又要分析引进技术对本国整个工业、经济、环保等方面的影响。判定引进技术的价格是否“合理”，一般综合几个方面的因素考虑，如技术的有效价值、产品的性能、市场的大小及技术受让方获得技术的程度等。法律上的“可行性”，指技术引进合同的内容必须符合引进国的法律，尤其要重点审查合同中是否包含有限制性商业条款。一些发展中国家还特别规定，技术引进合同只能适用技术引进国法律，墨西哥、印度等国甚至规定，因技术引进合同纠纷提交仲裁的，必须由技术引进国仲裁机构进行裁决。参见詹宏海：《知识产权贸易》，上海大学出版社2009年版，第120～121页。

依赖国外技术,自主创新动力不足。以装备工业为例,我国装备工业共有186个门类,规模以上装备制造企业5.5万家,但是在钢铁、石化、电力、纺织、建筑等15个行业,我国的装备技术水平落后世界先进水平5~10年,有的甚至落后20~30年。由于我国装备工业一直采用技术引进型模仿创新的发展模式,造成重要产品和工艺技术来源主要依靠从国外引进的状况。发电设备、轿车、仪器仪表、数控系统等主要产品的更新换代都离不开从国外引进技术。100%的光纤制造装备,80%以上的集成电路制造装备和石油化工装备,70%的轿车制造、纺织机械设备、数控机床都依靠进口。由于长期重硬件轻软件、重引进轻消化吸收,加之国内自主开发和创新能力弱,技术改造又往往强调技术装备的更新,而忽视引进技术的消化吸收、创新,片面追求技术的先进性和规模化,致使装备工业陷入了"引进—落后—引进"的恶性循环。[103]

基于这样一种整体性的战略考量,我国的技术引进政策必须加快实现从"市场换技术"到"自主创新"的转换——如学者所言,"自主创新"政策是一个系统性的政策,其核心目标在于增强自主创新能力、建设创新型国家,而技术引进政策则是整个"自主创新"政策系统的有机组成部分。[104]为此,我国应当尽快调整技术引进政策,将技术引进作为增强自主创新能力、建设创新型国家的有效手段和有益补充,尽快摆脱对技术进口的依赖,力求做到技术创新"以我为主"、技术进口"为我所用"。

为此,在今后一个时期,我国应当加强技术引进政策与产业政策、科技政策的协调,并且以知识产权评议为主要手段,实施更加精准化和科学化的技术引进政策:一方面,通过知识产权评议,定期评估和调整优化《中国禁止进口限制进口技术目录》,限制和禁止在国内已经成熟和落后的技术进口,避免重复引进和盲目引进,以保护和鼓励国内相关产业发展和科技创新;另一方面,也要通过知识产权评议,跟踪国际科技创新和产业发展的最前沿,选准相关产业发展的关键技术、国内外尚有明显差距的关键技术和关键领域的核心技术,加大政策支持力度,鼓励此类技术引进和消

---

[103] 参见陆蓓主编:《国际技术贸易》,立信会计出版社2010年版,第303页。

[104] 参见汪建新:《国际技术贸易》,格致出版社、上海人民出版社2011年版,第21~22页。

化吸收，以此带动国内战略性新兴产业和关键技术研发的快速发展。例如，有学者通过专利分析，发现我国清洁能源技术研发能力薄弱，技术水平较日、美、德等发达国家有一定的差距，进而建议我国通过技术引进（包括国际贸易、外商直接投资与专利许可等方式）来获取先进清洁能源技术。[105]

3. 技术出口管制与知识产权评议

长期以来，发达国家将技术贸易管制的重点放在技术出口方面，并且在管制目标上具有双重性特征：一方面，发达国家都把技术出口作为其拓宽和占领世界市场的重要手段，通过适当输出技术，营造国际市场，扩大其高技术产品的市场占有率；另一方面，又严格控制其关键技术、核心技术以及具有竞争力的高技术流向其他国家。与此同时，出于政治、经济目的的考虑，发达国家普遍注重对技术出口进行国别限制以及在技术出口问题上进行国际合作。[106]

例如，美国现行的技术出口限制政策主要分为"民用"和"军用"两部分：民用项目部分的重点是"军民两用"项目技术和产品的出口，主要依据《出口管理法》（*Export Administration Act*）制定的《出口管理条例》（*Export Administration Regulations*）；军用项目部分的重点是武器、军火和防务技术、产品和服务的输出，主要依据《军品出口控制法》（*Arms Export Control* Act）、《国际武器贩运条例》（*ITAR*）和《关于常规武器与两用产品和技术出口控制的瓦瑟纳尔协定》（*Wassennar Arrangement*）。以上述法规为依据，美国出台了一系列控制清单来划定所谓"关键技术"的范围。在此基础上，对于军用项目，美国政府严格禁止向外国人销售任何"美国军品清单"（United States Munitions List）所列物项，禁止销售《军品出口控制法》项下的任何防御物项、防御服务或设计和建设服务。而对于《出口管理条例》下的"商业控制清单"（Commerce Control List），则将出口目的地国分为 A、B、C、D、E 五组，分别采取不同严厉程度的管制。中国被列入 D 组，

---

[105] 参见沈克宇、吕苏榆：《浅析我国清洁能源技术引进》，载《科技管理研究》2015 年第 4 期。
[106] 参见詹宏海：《知识产权贸易》，上海大学出版社 2009 年版，第 122 页。

管制程度非常严厉。[107] 这也可以印证,美国既将技术出口作为开拓国际市场、促进本国产业发展和经济增长的重要手段,同时又对以军事安全为核心的国家安全保持高度的警惕,对关乎国家安全的技术出口进行严格管制。

在欧盟,第428/2009号条例是调整欧盟军民两用产品出口控制的基本法律,该条例自2009年8月生效,不仅针对军民两用产品,而且适用于两用软件和技术。条例的主要内容包括:(1)成员国出口控制清单。凡是清单中列举的产品必须事先经过成员国的授权才能出口;(2)对于那些在欧盟一般出口授权(EU GEA)框架下出口到低风险国家的某些产品可以免除成员国的出口授权。欧盟的一般出口授权是为出口到低风险国家并且贸易额较大的两用产品的出口提供便利的制度,该框架下的产品不需要成员国的事先授权即可出口;(3)在欧盟内部,产品已实现了自由流通,建立起共同市场,两用产品在欧盟内部的交易不受限制,除非条例附件四中列举的战略性两用产品,这些产品在欧盟内各国之间交易需要事先得到授权;(4)成员国可以基于公共安全或人权的考虑对不是成员国出口控制清单中的两用产品(包括软件和技术)实行出口授权管理,这被称作是"兜底条款"。总体来看,促进自由和公平贸易、维护欧盟经贸利益是欧盟对外贸易法的首要但并不是唯一宗旨,权衡贸易和安全的关系才是欧盟两用产品控制制度的核心。面对新的国际形势,欧盟正着手对两用产品出口控制制度进行改革,既要对这类产品实施统一的控制,又不能因为控制而阻碍这类产品参与国际竞争,这实际上是欧盟的对外贸易政策与安全政策的一次"碰撞"。[108]

反观我国的出口贸易政策,自改革开放以来,经历了由主要扩大初级产品和轻纺等劳动密集型产品出口,转向鼓励与扶植精加工机电产品和高新技术产品出口、优化出口商品结构的政策转变:国民经济"六五"计划期间(1981~1985年),我国提出重点发展矿产品和农副土特产品、劳动密

---

[107] 参见江山:《外资并购国家安全审查中的关键技术——基于美国CFIUS审查的分析》,载《国际经济合作》2012年第6期。

[108] 参见蒋小红:《欧盟贸易政策与安全政策的纠结与碰撞——以军民两用产品和技术出口控制立法为例》,载《中共中央党校学报》2015年第6期。

集型的轻纺工业品和工艺品、机电产品及有色金属、稀有金属加工品的出口。"七五"期间(1986～1990年)提出出口商品结构实现两个转变,即逐步由主要出口初级产品向主要出口制成品转变,由主要出口粗加工制成品向主要出口精加工制成品转变。同时,减少一些大宗原料性产品和工矿产品的出口,相应采取政策措施,支持和鼓励制成品和深加工品的出口。"八五"期间(1991～1995年),我国提出努力增加附加值高的机电产品、轻纺产品和高技术产品的出口,并提出"以质取胜"的出口战略方针。"九五"期间和"十五"期间提出继续扩大大宗传统产品和劳动密集型工业制成品出口,不断提高其技术含量和附加值,增加高新技术产品和高附加值产品出口。"十一五"期间提出以自有品牌、自主知识产权和自主营销为重点,引导企业增强综合竞争力。支持自主性高技术产品、机电产品和高附加值劳动密集型产品出口。"十二五"期间提出保持现有出口竞争优势,加快培育以技术、品牌、质量、服务为核心竞争力的新优势,提升劳动密集型出口产品质量和档次,扩大机电产品和高新技术产品出口,严格控制高耗能、高污染、资源性产品出口。[109]

虽然我国出口贸易政策随着经济社会发展而不断优化与升级,但是我们也必须清醒地看到,我国外贸出口仍未从根本上摆脱数量增加、规模扩张和粗放型的增长方式,出口的质量和效益都有待于进一步提高,贸易结构不平衡、不合理的问题比较突出。长期以来,我国货物贸易、服务贸易和技术贸易三部分不能同步发展,对外贸易仍然主要倚重货物贸易。这种贸易大国而非贸易强国的尴尬局面促使我们必须彻底转变外贸发展方式,优化贸易结构,大力发展包括技术贸易在内的服务贸易,在继续引进先进技术的同时,积极促进技术出口和高新技术产品出口,使我国对外贸易发展再跃上新的台阶。[110] 而在大力发展技术贸易的同时,把握好促进技术出口与保护关键技术、开拓国际市场与维护国家安全之间的关系,不仅至为重要,而且刻不容缓。

为此,我国应当以知识产权评议为核心,进一步优化和完善对于技术

---

[109] 参见孙莉莉主编:《国际贸易理论与政策》,北京理工大学出版社2017年版,第126页。

[110] 参见李虹:《后危机时代发展我国技术出口的思考》,载《财经问题研究》2010年第12期。

出口的管制措施，在贸易自由原则的前提下，更好地维护国家安全、本国技术创新能力与产业发展利益：一是要通过知识产权评议，定期评估和调整更新《中国禁止出口限制出口技术目录》，禁止与国防安全相关的技术出口，限制国内产业发展的关键技术和核心技术出口。二是通过知识产权评议，建立“军民两用技术清单”及出口控制制度。针对军民融合发展的趋势，我国必须更加重视和加强对军民两用技术的管理，建议国家有关部门运用知识产权评议的方法，尽快制定专门的“军民两用技术清单”，作为外商投资和技术贸易中重点关注和严格控制的技术。三是在技术出口活动中建立知识产权评议机制。建议将知识产权评议作为技术出口合同签订的前置环节，即对于任何一项技术出口，都应当先由专门的知识产权评议机构审查其中所涉及的知识产权问题（包括权利的合法性有效性、是否为相关技术领域的核心专利等），以及所涉技术是否在《中国禁止出口限制出口技术目录》之列。经知识产权评议无异议，中外双方才能签订技术出口合同。四是对于限制出口类技术，应当建立更加完善严密的知识产权审查评议机制。由于限制出口类技术可能对于国家安全和产业安全造成影响，故而知识产权审查评议无论从范围还是程度上都应更加严格。在审查内容上，不仅应当审查受让方的身份及其与外国政府的关系，而且应当审查受让方使用知识产权的正当性与合理性，还应当评估受让方是否对知识产权采取了合理的保护措施；在审查标准上，可以仿效美国与欧盟的做法，将技术出口目的地划分为若干组别，针对不同组别采取严厉程度不同的审查标准。

（三）与对外贸易有关的知识产权保护与知识产权评议

1. 与对外贸易有关的知识产权保护的概念与性质

随着科学技术的迅猛发展和知识经济、信息经济时代的到来，知识产权不仅已经成为国际贸易的主要内容之一，而且成为各个国家进行贸易竞争与产业竞争的重要手段。但是，与国际贸易日新月异的蓬勃发展之势相比较，我国在对外贸易领域的知识产权保护还存在一系列问题：第一，作为经济发展的动力，我国需要加强贸易领域的知识产权保护，以鼓励创新和引进先进技术。但是，我国知识产权立法提供的保护主要是对中国境内有关知识产权的授予程序和实体保护，对国际贸易中进口、出口环节的保护在立法上不够完善。第二，随着我国企业的研发能力日渐增强，拥有自主知识产权日益增多，知识产权侵权问题引起越来越多的关注，但我国知识产权立法对知识产权的国外保护，特别是利用政府力量进行的保护缺乏力度。第三，我国目前仍然主要处于技术受让人的地位，在一些产品的核心技术上仍然依赖国外，外国知识产权权利滥用的行为经常会对我国企业的利益和我国的对外贸易秩序造成损害，我国现有立法对知识产权转让、许可中的限制竞争和不正当竞争等也缺少具体的规定。第四，我国目前对知识产权保护强调的是对私权的保护，并未将公共利益纳入其中，作为行政措施，缺乏在贸易环节的禁止进出口等救济手段。[111]也正是从这个意义上说，与对外贸易有关的知识产权保护，作为一个区别于传统知识产权法的课题，越来越成为对外贸易法所面临的核心问题。

从学理上说，所谓“与对外贸易有关的知识产权保护”，是指针对在货物贸易、技术贸易和服务贸易中侵犯知识产权或者滥用知识产权，或者对知识产权保护给予歧视性待遇等损害我国对外贸易利益的行为采取符合世界贸易组织规则的贸易保护措施。[112]

从法律性质上看，与对外贸易有关的知识产权保护，首先是对知识产权权利内容的延伸以及知识产权保护方式的拓展。例如，美国《专利法》在相当长的时间内没有规定进口权，专利权人仅能依据 1930 年《关税法》第 337 条（“337 条款”）阻止专利产品的进口。直到 1996 年 1 月 1 日，美国才确立专利权人享有完整的进口权，而这一项权利内容的确立也是与 337 条款的修改密切相关的；[113]与此同时，对外贸易环节（或对外贸易活动中）的知识产权保护更是一个国家在其贸易利益遭受或可能遭受损害时

---

[111] 参见沈四宝、尚明等：《〈中华人民共和国对外贸易法〉规则解析》，对外经济贸易大学 2004 年版，第 39 页。

[112] 参见施延亮、龚建荣主编：《涉外经济法概论》，华东理工大学出版社 2008 年版，第 212 页。

[113] 参见李明德：《美国知识产权法》，法律出版社 2014 年版，第 116 ~ 117 页。

所采取的一种贸易救济措施,根本目的是保护本国国内产业。[114] 例如,有学者指出,"337 条款"是美国贸易法的一条独特条款,属于美国当地针对不公平贸易做法对本国产业的"行政救济"。从条文表述来看,"337 条款"完全是一项国内产业保护法,从长期实践来看,这一条款在实现保护国内产业目的的同时,也凸显了作为保护知识产权的行政制裁手段的功能。[115]

2. 美国对外贸易中的知识产权保护:"301 条款"与"337 条款"

针对国外侵犯美国知识产权的行为,美国建立了较为完善的预防与保护法律体系。这一体系包括两方面的内容:一是实行"泉源治理",即要求外国政府对美国的知识产权提供有效保护,防止侵权行为的发生。在这方面以"301 条款"为依托,或以贸易优惠为筹码,借助国家间的谈判,以及双边或多边协定、条约或国际公约等加以推进。二是实行"截流控制",即在美国进口与过境贸易中,对侵犯美国知识产权的私人厂商及其产品实施制裁。"337 条款"就是美国在这方面所倚重的法律武器。[116] 以下分别对"301 条款"与"337 条款"予以简要介绍:

(1)"301 条款"

在分析美国知识产权贸易保护的单边程序时所称的"301 条款",有时是指"一般 301 条款",而更多时候还包括"特别 301 条款"和"超级 301 条款"。

---

[114] 国际贸易救济(trade remedy)有广义和狭义之分,狭义的国际贸易救济措施是指一国采取 WTO 规则所允许的反倾销措施、反补贴措施和保障措施。该等措施是在国内产业受到损害的情况下可以合法采用的保护措施,目的是保护本国合法贸易利益和恢复本国正常经济秩序。其中反倾销、反补贴措施属于经济补偿性质,针对的是不公平贸易行为对进口国产业造成的损害,保障措施则纯粹是为了产业安全保护的需要,其实施条件并不需要以存在不公平贸易行为为前提。而广义的国际贸易救济措施还包括一国根据自身国内法律的规定,针对外国的不当进口限制、知识产权侵权、降低劳工标准、人为设置不合理贸易壁垒等行为而采取的单边贸易救济行为,例如,美国贸易法规定的"301 条款""特别 301 条款""超级 301 条款""337 条款",以及欧盟通过 3286/1994 号指令颁布的《贸易壁垒法规》(简称 TBR 规则,该法规的全称为《关于规定共同产业政策领域中的程序以确保欧盟根据国际规则尤其是世界贸易组织协议所享有的权利得到完全履行的(EC)3286/1994 号法规》)等,这种广义的国际贸易救济属于通过排除出口障碍的"主动攻击"式的贸易救济,因而更具有贸易防卫(trade defense)的性质。参见朱广东:《国际贸易救济法律问题研究》,东南大学出版社 2011 年版,第 1 ~ 2 页。

[115] 参见韩立余等:《美国对外贸易中的知识产权保护》,知识产权出版社 2006 年版,第 120 页。

[116] 同上书,第 118 页。

"一般 301 条款"是 1974 年《美国贸易法》第 301 ~ 309 条的统称,后来被收编于《美国联邦法》第 19 编。该条款的最初确立是因为美国国会认为根据当时的《关税与贸易总协定》(GATT)机制,美国的贸易得不到有效保护,因此希望通过该条款授权美国总统对从事不当贸易行为的国家进行制裁。其中,第 301 条第 1 节授权总统针对违反与美国共同参加的贸易协定的国家进行报复;第 2 节授权总统针对那些采取给美国商业增加负担和限制的措施的国家进行报复。

具体来说,"一般 301 条款"主要针对外国的以下两种做法:一是涉及有关的贸易协议,即外国否定了美国依据有关贸易协议所享有的权利。这里的贸易协议,既可以是指全球性的多边贸易协议,如 1995 年以前的关贸总协定和 1995 年以后的世界贸易组织的协议,也可以是美国所参加的区域性的贸易协议,如《北美自由贸易协议》,也可以是美国与其他贸易伙伴所缔结的双边贸易协议,如中美之间的贸易协议。二是涉及外国的法律、政策和做法。如果说上一种做法是从贸易协议的角度来说的,这种情况则是从外国政府的国内立法、政策和做法来说的。这又分为两种情况,第一种情况是外国政府的法律、政策和做法违背了有关的贸易协议或与贸易协议的规定不一致。或者说,外国政府的法律、政策和做法否定了美国依据有关贸易协议所享有的权益。第二种情况是指外国的法律、政策和做法是不公正的,而且对美国的商业造成了负担或限制。第二种情况下,可以不涉及有关的贸易协议。这样,当有问题的贸易伙伴即使没有参加有关的国际贸易协议,也没有与美国缔结贸易协议时,美国仍然可以要求该贸易伙伴改变它所认定的不公正的贸易做法。特别需要指出的是,在涉及外国的法律、政策和做法时,除了上述第二个标准中的"不公正"外,美国贸易代表还可以依据其自由裁量权,以"不合理"或"歧视性"为由来实施贸易制裁措施。具体做法是,当美国贸易代表确认,某一外国的法律、政策和做法是不合理的或歧视性的,对美国商业造成了负担或限制,而且美国的报复措施也是适当的,那么,美国贸易代表就可以对该国进行贸易制裁,以消除这些法律、政策和做法。在这里,自由裁量的标准有两个,一是有关的法律、政策和做法是不合理的或歧视性的,二是对美国商业造成了负担或限制。显然,这就为美国贸易代表处理有关贸易案件提供了充分的自由裁量余地,使它在没有明确法律依据的情况下,仍然可以用模糊的"不合理"或"歧视性"来处理有关的贸易案件。[117]

依据"一般301条款"提起的调查程序可因利害关系人针对某外国的特定行为向美国贸易代表提出请求而启动,也可由美国贸易代表自行启动。调查程序开始后,美国贸易代表必须与外国政府协商。一般来说,调查应在启动之后12个月内结束。如果调查涉及对某贸易协议的违背,则美国贸易代表必须根据该协议所确立的争端解决条款行事,并且该调查必须在调查程序启动后18个月内或在争端解决程序得出结论后30天内(以二者中最先到的日期为准)结束调查并将调查结论发布在《联邦公告》上。如果美国贸易代表认定被调查的国家的确违反了该条规定,则有权中止、撤回或阻止对该国授予根据贸易协定原应作出的关税减让等利益,对货物提高关税或施加其他进口限制以消除或逐步消除其行为、政策或实践,消除任何负担或限制,或为美国提供赔偿性的贸易利益。

此后,美国国内的跨国企业希望通过国内立法进一步要求发展中国家采取更多知识产权保护措施,他们迫使美国国会通过1988年《综合贸易与竞争法》对原来的"301条款"进行了修正,并将对总统的授权转给美国贸易代表。由于增加的内容与"301条款"有关,因此被称为"特别301条款"和"超级301条款"。

"特别301条款"是指经1988年《综合贸易与竞争法》第1303条修正后的1974年《美国贸易法》第182条,其正式内容是"确定那些拒绝为知识产权提供足够保护的国家",是用来保障美国的知识产权在国外市场上得到保护的主要法律依据。该条款要求每年4月30日之前美国贸易代表必须确定那些拒绝对知识产权提供充分有效保护的国家,以及那些对依赖于知识产权保护的美国商人拒绝给予公平平等的市场准入机会的国家。其行为、政策或实践严重影响了美国相关产品且没有参加相关谈判或者在谈判中没有取得实质性进展以对知识产权提供充分有效保护的那些国家将被美国贸易代表列为"重点国家"(priority foreign country)。一

---

[117] 参见李明德:《"特别301条款"与中美知识产权争端》,社会科学文献出版社2000年版,第12~15页。

旦某个国家被确定为“重点国家”，美国贸易代表必须在30天内提起“一般301调查”程序，并通过磋商和贸易制裁等手段迫使该国改变知识产权保护及市场准入方面有问题的法律、政策和做法。与普通的“301条款”不同，“特别301条款”要求美国贸易代表在6个月内完成调查，特殊情况下可能延长到9个月。如果调查结果是肯定的，则美国贸易代表可以采用普通“301条款”中规定的报复制截措施。除了确定“重点国家”外，该法还授权美国贸易代表确定另外三类国家，即“引起注意的国家”“列入观察名单的国家”和“列入重点观察名单的国家”，严重程度由轻至重，其目的是监测某国对美国知识产权进行保护的充分程度以作为衡量其是否可能符合被认定为“重点国家”的标准。

“超级301条款”则要求美国贸易代表审核美国的贸易重点并确定对美国出口形成主要壁垒的外国行为，具体是指经1988年《综合贸易与竞争法》第1302条修正后的1974年《贸易法》第310条。该条款要求美国贸易代表在两年内(1989～1990年)认定从事不当贸易行为和极大限制美国出口的“重点贸易行为”的“重点国家”，并对其展开有关这些贸易行为的“301调查”，主要目的是解决“一般301条款”没有提到的对美国出口的贸易壁垒。该条款失效后又经总统签署行政命令重新适用数次，于2001年失效后没有再被延长适用。

综上所述，“一般301条款”是针对美国对外贸易中的总体性贸易障碍，为美国的对外贸易制裁设定了一个总体的框架；而“特别301条款”和“超级301条款”则是在这个框架下针对具体某一方面的贸易障碍作出的规定，其中前者是针对知识产权保护和市场准入方面的规定，而后者是针对极大限制美国出口的外国贸易障碍的规定。因而，“一般301条款”是其他301条款的基础，而其他301条款是“一般301条款”的细化。20世纪80年代到90年代，美国曾对中国发起四次大规模的知识产权攻击，其法律依据均为“301条款”。[118]

2018年3月22日，美国贸易代表办公室发布《在301条款下对于中国与技术贸易、知识产权和创新有关的法律、政策与实践的调查报告》，为

---

[118] 参见孙南申等：《美国知识产权法律制度研究》，法律出版社2012年版，第139～142页。

规模空前的“中美贸易战”拉开了序幕。该报告将调查重点聚焦于以下四个方面：第一，中国政府为迫使美国公司将技术、知识产权转让给中国公司，利用不透明且自由裁量的行政审批程序、合资企业要求、外资股份比例限制、外商投资限制等途径来监管或干预美国公司在华业务。此外，美国公司还面临着模糊且不成文的国家政策与地方政策，中国政府有选择的以不透明的方式利用这些政策迫使美国公司进行技术转让。第二，中国法律、政策和实践使美国公司无法在技术许可及与技术相关的谈判中设置以市场为基础的条款，削弱了在华美国公司对其技术的控制力。以《中国技术进出口管理条例》为例，它在技术进口方面特别规定了改进进口技术的赔偿和所有权条款，其他措施还在许可证和技术合同方面规定了非市场条件。第三，中国政府直接指示或便利中国公司入股、收购美国公司，以使中国公司在中国产业政策优先发展的产业内获得尖端技术和知识产权，实现大规模技术转让。第四，调查还涉及中国政府是否实施或指导非法侵入美国商业计算机网络，以窃取知识产权、贸易秘密、商业秘密，以及该行为是否威胁美国公司或为中国公司及商业部门提供竞争优势。[119]

（2）“337 条款”

“337 条款”又叫“进口贸易中的不公平贸易行为条款”，是美国针对进口贸易中的不公平行为进行调查的立法，因最初规定于 1930 年《关税法》第 337 条而得名。该条款历经 1974 年、1979 年和 1988 年的三次修改，最后才在 1988 年《综合贸易与竞争法》中形成系统的主要管制外国厂商对美输入侵犯美国知识产权产品的法律规则。目前适用的“337 条款”是指经 1994 年《乌拉圭回合谈判协议法》修订后的 1988 年《综合贸易与竞争法》第 1342 条，在《美国法典》中为第 19 编第 1337 条。

“337 条款”主要用来反对进口贸易中的知识产权侵权和不公平竞争行为，特别是保护美国知识产权人的权益不受涉嫌侵权进口产品的侵害，并已经成为美国管制外国生产商向美国输入侵犯知识产权产品的重要法

---

[119] Office of the United States Trade Representative, “Findings of the Investigation into China's Acts, Policies, and Practices Related to Technology Transfer, Intellectual Property, and Innovation under Section 301 of the Trade Act of 1974”.

律规则和单边制裁措施。如果任何进口存在侵犯美国专利权或商标权等不公平行为并对美国产业可能造成抑制和垄断,则美国国际贸易委员会(International Trade Commission,ITC)可以应国内企业的申请而进行调查。ITC 是一个独立的联邦机构,由总统任命并经参议院确认的六位委员组成。一旦接到申请,ITC 必须在 30 天内决定是否启动调查程序。一般而言,ITC 决定不启动调查程序的情况少之又少。

调查程序一旦启动,将由一名行政法官(Administrative Law Judge)根据行政程序法律主持听证,听证程序与诉讼非常类似,申诉方、应诉方和 ITC 的调查律师都可以在听证会上出示证据("337 条款"中一个独特的方面是有 ITC 调查律师的参与)。为了证明某行为违反了"337 条款",申诉人必须证明以下三点:(1)不公平竞争和不公平行为的存在,如专利侵权的存在;(2)将问题产品进口到美国、为进口到美国进行销售或者在进口到美国后销售的事实;(3)在美国国内存在一个与问题产品相关的产业。如果申请调查的不公平行为不是对美国专利、注册商标、注册版权等的侵权,则申诉人还必须证明该不公平行为所带来的损害。根据"337 条款"而引发 ITC 调查的最常见的不公平行为是专利侵权和商标侵权,然而如侵犯版权、商业秘密权、普通法商标权、商品包装权或其他商业侵权行为也构成"337 条款"项下的不公平行为。尽管《乌拉圭回合谈判协议法》废除了"337 条款"关于调查时间的严格限制,但"337 调查"一般应在一年内完成,复杂的调查可能需要 18 个月。

行政法官作出最初决定后由 ITC 复审。如果 ITC 最终认定进口行为违反了"337 条款",可对侵权企业或产品进行处罚,也就是对申请人和美国产业实施救济。[120]

具体来说,"337 条款"所提供的救济措施包括发布排除令、发布制止令、发布扣押和没收产品令、罚款和临时救济措施。其中,排除令又分为"普遍排除令"和"有限排除令"两种类型:发布普遍排除令的前提是申请人能够证明侵害其专利或其他知识产权的行为普遍存在,且又有事实表明,除了被告以外的其他外国厂商也正在向美国出口侵害原告专利的产

---

[120] 参见孙南申等:《美国知识产权法律制度研究》,法律出版社 2012 年版,第 142 ~ 144 页。

品,因而普遍排除令是需要的。普遍排除令的具体做法是,授权海关在边界执行,禁止所有相同的侵权产品进口美国,而不管其所有人、进口人、收货人及其代理人是否为被诉人,也不区别原产地或生产商。普遍排除令具有明显的对物性,不针对人,多用于查证侵权产品来源困难的情形,因而涉及多个国家的厂商,还包括今后和目前尚未掌握的生产商和进口商,影响面极广;有限排除令具有对人性,即针对违反"337 条款"的特定被诉人的侵权产品由美国海关排除其进口。有限排除令排除的对象不仅包括被诉人涉案类型的进口产品,还包括侵权产品的下游产品,及其现在和今后生产的存在侵犯美国知识产权的所有类型的进口,使被诉人的侵权产品被全面排除到美国市场之外。"337 条款"立案调查多采用此种措施(有限排除令)。[121]

但是,ITC 无权授予金钱赔偿。申诉人要想得到金钱赔偿,必须向美国联邦地区法院提起单独的诉讼。申诉人也可以同时在联邦地区法院提起平行诉讼,如专利和商标侵权诉讼。然而,如果被告是根据"337 条款"进行调查中的应诉方,则有权要求联邦地区法院中止案件审理直到"337 调查"结束。一旦调查结束,ITC 的调查记录可以被传给联邦地区法院。ITC 在"337 调查"中作出的决定可以被上诉到联邦巡回上诉法院。

由于一个成功的"337 条款"申诉的结果是问题产品将被美国海关排除在其本国之外,这种救济非常强大而独特,在任何其他联邦或州法院都得不到这样的救济,基于"337 条款"的巨大威力,近年来美国针对我国企业发起的"337 调查"越来越多。受调查的中国企业大多是以自有品牌出口,其产品具有较大市场潜力,高附加值或高技术含量。竞争对手往往选择在我国企业的出口尚未形成规模时提起调查,企图以高昂的应诉代价迫使我国企业放弃或退出美国市场。[122]

有学者系统研究了中国企业遭遇美国"337 调查"的状况,研究结果表明,近年来针对中国企业的"337 调查"案件数量不断增加,被调查企业的产品结构不断升级,专利侵权成为中国企业被诉"337 调查"的主要原

[121] 参见韩立余等:《美国对外贸易中的知识产权保护》,知识产权出版社 2006 年版,第 136 ~ 139 页。

[122] 参见孙南申等:《美国知识产权法律制度研究》,法律出版社 2012 年版,第 144 ~ 146 页。

因,中国企业已经成为"337 调查"的最大受害者。第一,从涉华"337 调查"的数量来看,主要可以分为两个阶段:在 1972 ~ 1994 年的 23 年间,中国、日本、韩国和中国台湾地区累计遭受"337 调查"案件数分别为 2 起、90 起、31 起和 100 起,可见,日本和中国台湾地区是这一时期"337 调查"的主要对象。然而,在 1995 ~ 2013 年的 19 年间,情况发生了巨大变化,中国、日本、韩国和中国台湾地区累计遭受"337 调查"案件数分别是 200 起、110 起、81 起和 138 起,中国大陆涉案数远超日本、韩国和中国台湾地区,且从 2002 年起,每年都超过世界其他任何国家和地区,成为"337 调查"的最大对象国。第二,从中国被调查企业的产品结构来看,2000 年以前,"337 调查"涉及中国的产品主要是轻工产品和纺织服装,如刀具、衣服等,但 2000 年以后,调查产品主要涉及机电工业、轻工业、化学工业等,被调查产品包括计算机、半导体芯片产品等。据统计,2000 ~ 2013 年,在针对中国的 191 起"337 调查"案件中,电子工业涉案数量最多,达 147 起,占调查案件总数的 76.96%,其次是轻工业,涉及案件 21 起,占 10.99%,再次是涉及化学工业的案件有 8 起,占 4.19%。这反映了随着中国制造业生产技术水平的不断提高和出口产品技术含量的不断增加,国外企业限制中国产品进入的手段也随之转向高端。[123]

3. 我国对外贸易的知识产权保护与知识产权评议的运用

我国作为世界上最大的发展中国家和贸易大国,既面临着一些国家和地区(主要是发达国家)将知识产权保护作为贸易壁垒,从而影响和抑制我国出口贸易的问题;同时又必须应对一些国家和地区在对我国的出口贸易中(我国的进口贸易中)存在知识产权侵权或者知识产权滥用,以及在其国内对我国知识产权未给予充分有效保护或实施歧视性待遇的问题。为此,我国对外贸易中的知识产权保护,必须同时兼顾"知识产权贸易壁垒的应对"、"知识产权不公平贸易调查"和"知识产权域外保护"等多个方向。而知识产权评议同时在上述各个方面发挥着重要作用。以下分别述之。

---

[123] 参见王敏、田泽:《中美 337 调查贸易摩擦研究》,知识产权出版社 2014 年版,第 63 ~ 68 页。

(1)知识产权贸易壁垒的应对

所谓知识产权贸易壁垒,就是基于知识产权保护而采取的阻碍国际贸易自由发展的各种措施。我们可以从广义、中义和狭义三个角度来理解这一概念。广义的知识产权贸易壁垒是指一国政府、组织、企业或个人基于知识产权保护而采取或支持的对国际贸易(包括货物贸易、服务贸易和技术贸易)产生阻碍的各种政策或措施。在广义概念中,构成知识产权贸易壁垒的政策或措施既可能起到保护国内市场的作用,也可能用于开辟国际市场;既可能是合理合法的,也可能是不合理或违法的;既可能是对进口的限制,也可能是对出口的限制。中义的知识产权贸易壁垒是指一国政府、组织、企业或个人基于知识产权保护而采取或支持的对其他国家的货物、服务或技术的进口产生阻碍作用的政策或措施。与广义概念相比,中义的解释排除了对出口的限制措施。狭义的知识产权贸易壁垒是指一国政府基于知识产权保护采取或支持的对其他国家的货物、服务或技术的进口产生阻碍作用的不合理的政策或措施。与中义观点相比,狭义概念将贸易壁垒的设置主体限定为政府部门,并且强调构成贸易壁垒的政策或措施的不合理性。

需要特别指出的是,发达国家与发展中国家对知识产权贸易壁垒的认识存在显著差异(甚至可以说截然不同)。美国等发达国家的政府和企业认为,发展中国家知识产权保护水平低且知识产权执法存在问题,知识产权无法得到有效保护,导致知识产权假冒等侵权产品盛行,降低了发达国家通过投资研发而合法取得知识产权的产品的国际竞争力,阻碍含有知识产权的合法产品的出口,造成国际贸易的扭曲和障碍,是一种重要的国际贸易壁垒。正因如此,美国在其每年的《贸易投资壁垒国别报告》中都将他国的知识产权保护不足列为一项重要的贸易壁垒形式。

而发展中国家则更加关注知识产权过度保护和知识产权滥用所造成的贸易阻碍作用。由于知识产权过度保护或者知识产权滥用,使发展中国家企业获取知识产权的难度加大,成本上升,甚至难以获取,势必降低依靠模仿创新和廉价劳动力生产的产品的国际竞争力,从而阻碍发展中国家产品的出口。发展中国家的学者认为,随着知识经济和全球化的发展,知识产权已经从对创新的保护蜕变为发达国家企业瓜分市场、构筑贸易壁垒的工具。我国每年发布的《国别贸易投资环境报告》都把美国过度保护知识产权作为一种贸易壁垒并提出批评。例如,报告指出,美国“337条款”在很大程度上不符合《关税与贸易协定》第3条第4款和《与贸易有关的知识产权协定》的有关规定,“337调查”在实践中仍然存在歧视进口产品的情况。[124] 本部分所讨论的知识产权贸易壁垒,主要是指某些发达国家采取对知识产权过度保护或者歧视进口产品的政策和措施,从而影响和阻碍我国出口贸易的情形。

从这个意义上讲,我国应对知识产权贸易壁垒的主要措施,是建立知识产权贸易壁垒的预警与应急机制。我国应建立有关国家和地区知识产权壁垒的法律法规及技术标准的动态数据库,建立相应的信息咨询服务网络,如知识产权壁垒信息发布机制及产品出口知识产权壁垒预警机制,为出口企业提供可靠的经营决策信息来源。组建本行业或本专业的专利网,使企业能够及时了解本行业或本专业的专利研发情况,从编制的专利网中寻求突破口,有关部门应当及时发布专利预警,如出口预警和研发预警等。同时,我国应建立知识产权壁垒通报和快速反应机制,有关部门应积极主动地收集掌握主要国家贸易政策的发展变化,在获知贸易政策和措施的变化后,应当迅速评估该变化对我国有关产业和对外贸易产生的影响,并通知国内产业,适时采取调整和适应措施。[125]

由此可见,知识产权贸易壁垒预警与应急机制的核心是知识产权评议——通过知识产权评议,一是做好专利分析,对重点产业、重点技术领域和重点产品的专利布局进行分析,编制专利地图和专利网,从而对我国外贸出口的专利侵权风险进行预警;二是政策分析,即通过分析重点国家和地区与贸易有关的知识产权保护法律法规与政策,评价其知识产权保护状况以及是否有可能形成知识产权贸易壁垒,进而为我国制定和实施贸易政策乃至贸易救济措施提供重要依据。

(2)知识产权不公平贸易调查与知识产权域外保护

我国《对外贸易法》在2004年修订时,新设了第五章“与对外贸易有

---

[124] 参见徐元:《知识产权贸易壁垒研究》,中国社会科学出版社2012年版,第36~38页。

[125] 参见武长海:《涉外经济与法律前沿问题研究》,知识产权出版社2011年版,第116页。

关的知识产权保护”,对我国对外贸易中知识产权保护的原则、进口货物侵犯知识产权、知识产权滥用、其他国家或地区未对我国知识产权提供充分有效保护等问题作出了规定。笔者认为,从逻辑上讲,《对外贸易法》第五章所规定的“与对外贸易有关的知识产权保护”,可以划分为以下两个部分:一是知识产权不公平贸易调查。主要针对该法第 29 条第 2 款所规定的“进口货物侵犯知识产权”,[126]以及第 30 条所规定的“知识产权滥用”的情形。[127] 二是知识产权域外保护制度,主要体现在该法第 31 条。[128]

就以上两个部分的联系与区别而言,知识产权不公平贸易调查与知识产权域外保护制度之间的关系类似于美国的“337 条款”与“301 条款”:前者属于“截流控制”,关注的是我国本土的知识产权权利人和知识产权受让人的利益,即当外国公司及其产品在进口或过境贸易中侵犯我国知识产权或构成知识产权滥用时,对其实施制裁;后者属于“泉源治理”,主要目标是保护我国出口产品(包括货物、技术和服务)在国外市场的利益,即当其他国家或地区未对我国知识产权给予公平和充分有效的保护时,可以对与该国家或该地区的贸易采取必要措施。这两个部分结合在一起,共同构成我国对外贸易领域的知识产权保护制度。

而无论在知识产权不公平贸易调查制度或是知识产权域外保护制度中,知识产权评议都具有重要的作用:首先,进口货物侵犯知识产权是知识产权不公平贸易调查的重点。在知识产权侵权判断中,需要进行知识产权比对和专利分析,有时可能还需要为确定知识产权侵权所造成的损失而进行价值评估,而专利分析和知识产权价值评估都是知识产权评议

---

[126] 《对外贸易法》第 29 条规定:“国家依照有关知识产权的法律、行政法规,保护与对外贸易有关的知识产权。进口货物侵犯知识产权,并危害对外贸易秩序的,国务院对外贸易主管部门可以采取在一定期限内禁止侵权人生产、销售的有关货物进口等措施。”

[127] 我国《对外贸易法》将“知识产权滥用之规制”也纳入“与对外贸易有关的知识产权保护”。该法第 30 条规定:“知识产权权利人有阻止被许可人对许可合同中的知识产权的有效性提出质疑、进行强制性一揽子许可、在许可合同中规定排他性返授条件等行为之一,并危害对外贸易公平竞争秩序的,国务院对外贸易主管部门可以采取必要的措施消除危害。”

[128] 《对外贸易法》第 31 条规定:“其他国家或者地区在知识产权保护方面未给予中华人民共和国的法人、其他组织或者个人国民待遇,或者不能对来源于中华人民共和国的货物、技术或者服务提供充分有效的知识产权保护的,国务院对外贸易主管部门可以依照本法和其他有关法律、行政法规的规定,并根据中华人民共和国缔结或者参加的国际条约、协定,对与该国家或者该地区的贸易采取必要的措施。”

的基本方法。其次，除了进口货物侵犯知识产权的情形之外，知识产权不公平贸易调查还关注知识产权滥用行为。在当前我国的国际贸易中，比较突出的问题有知识产权许可中的限制性行为、专利联盟限制竞争、滥用技术标准、滥用知识产权诉权等。[129] 对于以上这些行为是否构成“滥用”知识产权，需要根据具体情况来分析研究其是否构成《反垄断法》所禁止的垄断行为。[130] 而分析经营者行使知识产权的行为是否具有排除限制竞争的影响，应综合考虑“经营者与交易相对人的市场地位”，“相关市场的竞争状况，进入或者退出相关市场的难易程度，产业技术经济特征与产业发展阶段”，“限制的目的、施加方式及其对促进创新和技术推广的影响”，“经营者的创新能力和技术变化的速度”等多种因素。[131] 而知识产权评议则可以为上述各种因素的判断与分析提供重要的分析工具与信息支撑，从而对“滥用知识产权行为”的定性产生实质性影响。最后，知识产权域外保护需要以其他国家和地区保护知识产权的法律、政策与实际做法为依据和出发点。为此，需要建立常态化的信息收集机制和动态更新的资料库，及时掌握各个国家和地区保护知识产权的法律、政策与实际做法；在此基础上，还需要通过政策分析，来评价这些国家和地区的法律、政策与实际做法是否对我国知识产权提供了充分有效的保护，是否存在歧视性待遇等。而以上这些，都是知识产权评议（政策分析）的题中之意。

---

[129] 参见高华：《国际贸易中的知识产权滥用及我国应对研究》，科学出版社2015年版，第68～88页。

[130] “滥用知识产权”这一概念是在《反垄断法》第55条中首次被使用的，而该法并未对其含义作出解释，更未明确滥用知识产权与垄断行为的关系。一般说来，经营者滥用知识产权根据具体情形可以构成不同性质的违法行为，包括但不限于知识产权法、反不正当竞争法和反垄断法禁止的违法行为，需要依照相应的法律、行政法规进行认定和处理。其中，经营者滥用知识产权排除、限制竞争的，依照反垄断法的规定进行认定和处理。经营者滥用知识产权，排除、限制竞争的行为，不是一种独立的垄断行为，根据行为的性质和表现形式，分别或同时构成《反垄断法》所规定的垄断行为，即垄断协议、滥用市场支配地位以及具有或可能具有排除、限制竞争效果的经营者集中。参见王先林：《反垄断法与创新发展——兼论反垄断与保护知识产权的协调发展》，载《法学》2016年第12期。

[131] 通常来说，分析认定经营者行使知识产权行为对竞争的排除、限制影响，主要应考虑下列因素：（1）经营者与交易相对人的市场地位。（2）相关市场的竞争状况，进入或者退出相关市场的难易程度，产业技术经济特征与产业发展阶段。（3）在产量、区域、消费者等方面进行限制的时间和效力范围。（4）限制的目的、施加方式及其对促进创新和技术推广的影响。（5）经营者的创新能力和技术变化的速度。（6）经营者之间的股权、业务和竞争关系。（7）与认定行使知识产权行为对竞争影响有关的其他因素。参见王先林：《反垄断法与创新发展——兼论反垄断与保护知识产权的协调发展》，载《法学》2016年第12期。

第六章 知识产权评议法律制度的构建

一、知识产权评议制度的整体性构造

如前所述，迄今为止，有关于知识产权评议制度的构建尚缺乏明确的法律依据与国家层面的统一规范，而各省市现行的知识产权评议在功能定位和制度设计上具有明显的差异性，且或多或少地存在一些不足之处（参见本书第二章第一部分“知识产权评议的发展历程”）。这固然是该项制度在探索和初创中所不可避免的阶段，但却也使该项制度的实际效用与《国家知识产权战略纲要》所赋予的国家知识产权战略层面的功能定位及其所应当发挥的作用相去甚远。为此，在深入研究知识产权评议在各个部门法中的功能定位与运用方法、比较分析国内各省市现行知识产权评议制度的基础之上，笔者对重大经济科技活动知识产权评议制度的整体性构造提出以下构想。

（一）知识产权评议的适用范围

在知识产权评议制度的整体性构造中，首要的问题就是要合理界定知识产权评议的适用范围：如前所述，知识产权评议是产业政策、科技政策、国际贸易政策、国际投资政策的重要组成部分，同时也是各类政策相互衔接和协调的重要沟通机制，在产业发展、科技进步与科技成果转化、国际贸易与国际投资等领域均具有重要的引领和保障功能。因此，知识产权评议适用范围之界定，就是要着眼于如何充分发挥知识产权评议的作用，将知识产权评议渗透到产业发展、科技进步与科技成果转化、国际贸易与国际投资等各个领域，使其能够切实为经济科技政策制定、项目审批、管理决策和科技研发等提供参考和依据。从本质上说，就是要主动运用和科学规范知识产权评议，“促进知识产权工作与经济发展和科技进步紧密融合”,“推动重大经济科技活动实现知识产权全过程管理”。[①]

具体来说,知识产权评议适用范围的框定,须经由两个步骤来完成:一是评议对象的类型化;二是为各类评议对象设置一定的“过滤机制”。以下分别述之。

1. 评议对象的类型化

所谓“评议对象的类型化”,就是指何种类型的经济科技活动需要纳入知识产权评议的适用范围。一方面,这需要考虑经济科技活动与知识产权的关联性,即只有当某种经济科技活动与知识产权具有较为明确的关联时,才有可能考虑将其纳入知识产权评议的适用范围;另一方面,还要基于知识产权评议自身的特点与作用机制,分析是否有可能通过知识产权评议来控制某种经济科技活动的知识产权风险,实现政策系统更新和行政活动优化,即将某种经济科技活动纳入知识产权评议的适用范围,是否符合制度设计的初衷。

如前所述,国内各省市现行的知识产权评议制度主要适用于“使用财政性资金或国有企业的重大投资行为”“重大科技项目及产业化项目”“各类涉外经济活动”“人才引进和人才资助项目”四类重大经济科技活动(参见本书第二章第一部分“知识产权评议的发展历程”)。对于这四类重大经济科技活动,原则上均应纳入知识产权评议的适用范围,这应当是没有争议的。但是,需要指出的是,国内各省市现行的知识产权评议制度,还仅限于对投资数额较大或具有重要影响的微观经济科技活动和具体项目(包括投资建设项目、科技项目、人才引进项目等)的知识产权审查和评议,而对于影响更深远、决策过程更复杂、风险更大的重大经济、科技和产业政策,区域、城市和行业发展规划等宏观层面的经济科技决策,则均未涉及。笔者认为,对于这些重大经济科技活动,在条件成熟时,也应当纳入知识产权评议的适用范围。

① 2012 年 8 月 23 日,国家知识产权局印发《重大经济科技活动知识产权评议试点工作管理暂行办法》。该暂行办法第 2 条规定:“试点工作坚持‘紧扣需求、分类评议、讲求实效’的原则,促进知识产权工作与经济发展和科技进步紧密融合,切实为政策制定、项目规划、管理决策和技术研发等提供参考依据,推动重大经济科技活动实现知识产权全过程管理。”第 3 条规定:“试点工作应重点围绕重大投资、重点科技研发、技术引进或产业化、人才引进、企业上市审查、技术标准制定、展览展示活动以及企业并购等重大经济科技活动开展。”

具体来说,纳入知识产权评议适用范围的重大经济科技活动可做如下分类表述:(1)重大经济科技发展战略和发展规划的决策;(2)重大经济科技政策和产业政策的制定与调整;(3)各类区域性(包括产业园区、高新技术开发区、经济技术开发区等)发展规划和投资计划的制定与调整;(4)重大政府投资项目;(5)重大装备和技术改造项目;(6)重大政府采购项目;(7)涉及国家安全与公共利益的外资并购;(8)涉及国家安全与公共利益或对经济社会发展有较大影响的进出口贸易(包括货物进出口和技术出口贸易);(9)高层次人才引进与评审;(10)国有及国有控股企业的重大经济科技活动;(11)重大经济科技项目的立项与过程管理;(12)重要科技奖励;(13)知识产权评议主体认为需要进行评议的其他重大经济科技活动。

2. 评议对象的"过滤机制"

"过滤(screening)机制"这一概念源自环境影响评价法律制度,系指在环境影响评估程序中,于每个个别事业,根据有关事业内容及其事业实施地区的特性,简易地推定环境影响的程度,关于事业是否有实施环境影响评估的必要,依关系机关的意见询问而判断的结构与程序。质言之,它是一个是否适用环评的"选拔、淘汰"机制。② 同理,基于行政效率与管制必要性的考虑,对于纳入知识产权评议适用范围的各种类型的经济科技活动,亦应当设置一定的"过滤机制"——事实上,所谓"重大经济科技活动知识产权评议制度"本身就蕴含着设置过滤机制的要求:对于"入选"评议对象的某种类型的经济科技活动,并非均须进行知识产权评议,只有当其构成"重大"经济科技活动时,才有适用知识产权评议的必要。③

从学理上说,所谓"重大经济科技活动",应当是指对国家安全与公共利益、一定区域内的经济社会发展有较大影响的经济科技活动,以及使用

---

② 参见唐明良:《环评行政程序的法理与技术——风险社会中决策理性的形成过程》,社会科学文献出版社 2012 年版,第 89 页。

③ 从各省市知识产权评议的实践来看,各地往往是通过综合考量各类经济活动的"强度"和"背景",来给出"重大经济活动"的界定标准:一方面,如果经济活动涉及国家财政资金的大量投入,达到一定的金额,可以反映出经济活动的重要性;另一方面,那些虽然没有达到规定的起点金额,却对国计民生和国家安全有重要影响力的经济活动也应包括在内。参见何炼红:《论我国重大经济活动知识产权审议机制的建构》,载《知识产权》2010 年第 1 期。

财政资金、公共资源、国有资本或者涉及国有资产数量较大的经济科技活动。根据此种原理，对于知识产权评议的各类评议对象，在制度设计上还须针对其特点而设置不同的过滤机制。

第一类过滤机制是经济科技活动的"规模标准"，即对于某些经济科技活动，只有当涉及财政资金、公共资源、国有资产数量达到一定规模时，才须进行知识产权评议。此种过滤机制主要适用于微观层面的经济科技活动和项目，例如，对于政府投资项目、政府采购项目、国有及国有控股企业的重大经济科技活动等，应当设置一定的起点金额，作为知识产权评议的过滤机制（例如，国家层面的知识产权评议可以以 5000 万元为起点金额）。

第二类过滤机制是经济科技活动的"影响力标准"，即某些经济科技活动虽然没有达到一定的数量规模，或者难以准确估算其所涉及的财政资金、公共资源、国有资产的数量规模，但由于此种经济科技活动对于国家安全与公共利益、一定区域内的经济社会发展具有较大影响，仍应进行知识产权评议。此种过滤机制主要适用于宏观层面的经济科技决策，例如，对于重大经济科技发展战略和发展规划的决策、重大经济科技政策和产业政策的制定与调整、各类区域性发展规划和投资计划的制定与调整等，可以以决策层级（如县级以上）、决策效力（如该项决策对于行政机关的后续行政行为产生重要影响）等作为知识产权评议的过滤机制。

第三类过滤机制是知识产权评议的"必要性标准"，即如果某些经济科技活动适用知识产权评议具有很强的必要性，则可无论其规模和影响力，一律适用于知识产权评议。这种过滤机制可以被视为前两种情形之外的补充和兜底规定，主要是针对以知识产权为直接客体和主要内容、与知识产权有着紧密联系或具有重大知识产权风险的某些经济科技活动。例如，对于外资并购、技术引进和装备进口、知识产权对外转让、科技项目（包括国际科技合作项目）的评审与立项、科技奖励等，由于这些经济科技活动以知识产权为主要内容和主要判断标准，甚至知识产权问题将直接影响这些经济科技活动的成败，因而不论其规模和层级等，均应适用知识产权评议。

需要说明的是，由于知识产权评议的各类评议对象（各类重大经济科技活动)具有复杂性和差异性,因此,立法上可授权经济科技活动的业务主管部门和知识产权评议主体通过综合运用上述三种过滤机制来制定评议对象的具体判断标准。也就是说,对于评议对象的"过滤",既可以单独运用上述某种过滤机制,也可以根据评议的需要而综合运用多种过滤机制。

(二)知识产权评议的评议内容

对于纳入知识产权评议适用范围的各类重大经济科技活动(各类评议对象),由于其中所蕴含的知识产权问题各不相同,知识产权问题在经济科技活动中的重要性及其对于国家安全、公共利益和经济社会发展的影响方式、影响程度亦不相同,故而,知识产权评议的评议内容也应当有所不同。也就是说,在知识产权评议的制度设计中,需要针对不同的评议对象,有针对性地设置不同的评议内容。

从实践中最为常见的知识产权评议来看,知识产权评议的评议内容主要包括以下四种类型:(1)所涉知识产权的权利合法性,主要是指所涉项目的知识产权在国内外的保护状况(包括权利类别、归属、数量、法律状态、保护期限)、已有知识产权权利主体的合法性与权利稳定性、知识产权转让或许可使用状况等;(2)所涉项目的知识产权风险,主要包括项目相关知识产权的权利是否稳定、权属是否清晰,权利人是否拥有对知识产权的处置权和执行权,权利实施是否依赖于其他人拥有的知识产权,是否存在侵权风险和合同违约风险等;④(3)从知识产权的角度评估所涉项目的投资价值和科技价值(以下简称项目价值评估),主要着眼于该项目研发获得自主知识产权的预期可能性和知识产权权利归属,以及预期获得的自主知识产权是否为支撑相关科技领域或产业发展的核心技术、关键技术等;(4)知识产权权利变动对于国防安全、产业安全、公共安全等(可统称为"国家安全")的影响,主要分析外资并购、技术出口及其他涉外经济活动所导致的知识产权对外转让或许可使用,是否有可能损害国家安全。

---

④ 参见贺化主编:《评议护航——经济科技活动知识产权分析评议案例启示录》,知识产权出版社2014年版,第264页。

在这四类评议内容中,除了“知识产权的权利合法性”作为判断所涉项目合法性的基础性条件,应当被作为各类重大经济科技活动中必须予以评议的评议内容以外,其他各项评议内容则分别对应于不同的评议对象。具体来说,对于“使用财政性资金或国有及国有控股企业的重大投资行为”,应当重在评议“所涉项目的知识产权风险”,以体现国家投资的前瞻性,降低投资风险,避免国家投资的重大项目因为知识产权问题而陷于失败;对于“重大科技项目及产业化项目”以及“境外人才引进和各类人才资助项目”,知识产权评议除了要评议“所涉项目的知识产权风险”之外,还应当“从知识产权的角度评估所涉项目的投资价值和科技价值”。因为对于这两类经济科技活动而言,除了要考虑降低投资风险以外,决策者往往还需要根据项目价值评估,来决定是否予以资助以及相应的资助额度和资助顺序。此时,知识产权评议就具有了项目可行性分析或投资价值分析的性质;而对于各类涉外经济活动(包括外资企业并购重组具有重要专利权的国内企业、重大国际科技合作项目、涉及重要专利权的技术出口等),知识产权评议应当特别关注“知识产权权利变动对于国家安全的影响”,以防止自主知识产权流失或外资方技术控制,危及产业安全、经济安全或国防安全。(知识产权评议的四类常用评议对象和评议内容之间的关系,如表6-1所示)

表6-1　常用的知识产权评议及其评议内容

评议内容＼评议对象	使用财政性资金或国有企业的重大投资行为	重大科技项目及产业化项目	各类涉外经济活动	人才引进和人才资助项目
权利合法性	√	√	√	√
知识产权风险	√	√	√	√
项目价值评估		√	√	√
对国家安全的影响			√	

当然,除了以上四类最为常用的评议内容之外,知识产权评议的评议内容还可以包括:技术路线分析、技术创新生命周期分析、技术创新预测、技术创新能力评价、知识产权布局和竞争力分析、知识产权政策分析(政

策内容分析)、知识产权保护、运用与管理的绩效评价等。这些评议内容多运用于重大经济、科技和产业政策,区域和行业发展规划,政府投资计划和科技计划等宏观层面的经济科技决策中,运用方法具有综合性和定制性,即评议主体需要根据不同的评议目的和评议对象而综合化、个性化地采用多种评议方法和评议内容。本书不再逐一介绍。

(三)知识产权评议的评议主体

知识产权评议的评议主体设置,是重大经济科技活动知识产权评议制度构建中的一大难点问题。这主要是因为,适用知识产权评议的各类重大经济科技活动都有其对应的"业务主管部门",各个业务主管部门在机构设置上相互独立,在职责划分上相互平行,并且对相关经济科技活动享有闭环的行政审批和决策权力,因而难以形成统一高效的知识产权评议主体。从国内各省市知识产权评议(或称知识产权审议、知识产权审查等)工作的实践来看,评议主体的设置大致有以下三种模式:一是由各类重大经济科技活动的业务主管部门(如发改委、商务厅、国资委、科技厅等),在项目审批过程中同时承担知识产权评议的职能;二是由知识产权行政主管部门(省市知识产权局)直接负责知识产权评议;三是设立专门的省(市)知识产权工作领导小组、知识产权协调领导小组或知识产权评议(审议)委员会,负责对重大经济科技活动实施知识产权评议。领导小组或评议委员会通常由主管各类重大经济科技活动及知识产权相关工作的各行政机关的负责人组成,下设办公室作为日常办公机构。

笔者认为,在以上三种评议主体的设置模式中,前两种方案虽然各有优势,但弊端也十分明显。

首先,由各类重大经济科技活动的行政主管部门(业务主管部门)负责知识产权评议,使行政主管部门在行政审批程序的早期阶段就能够考虑到知识产权问题及其可能产生的影响,有利于将知识产权评议及其评议结论纳入决策过程,与行政审批程序进行有效整合,提高审批和决策效率。但是,此种模式的弊端在于,各类重大经济科技活动的行政主管部门对于知识产权工作并不十分熟悉,很难保证知识产权评议的专业性和科学性,且多头设置评议主体也会造成行政资源的浪费。更重要的是,评议主体与审批主体合一,很难保证知识产权评议的独立性,尤其是在某些行政审批涉及主管部门自身利益或者领导意志时,知识产权评议是否还能保持其独立性,值得怀疑。

其次,由知识产权行政主管部门负责评议,固然比较有利于保证评议的独立性和专业性,但是问题在于,在现有行政体制下,知识产权行政主管部门主要承担专利和商标管理的职能,但却并不负责管理与知识产权有关的各类经济科技活动,更无法承担重大经济科技活动的决策职能。也就是说,知识产权行政主管部门对于评议对象(各类重大经济科技活动)往往缺乏全面的认识,对于经济科技活动相关领域的总体态势和实际情况以及国家的经济政策、产业政策、科技政策、外资政策和外贸政策等也难以做到全面准确的把握。而知识产权评议绝非仅仅是专利检索、专利分析、知识产权价值评估等技术性工作,而是需要将国家、区域或产业发展的宏观态势、政策法规与经济科技活动的实际情况相结合并作出综合判断,因此,由知识产权行政主管部门负责评议,将难以保证评议的全面性和综合性。

与前两种模式相比,设置独立的知识产权评议委员会并由其专职负责知识产权评议,是更为科学和稳妥的方案:一方面,知识产权评议委员会独立设置,不附属于任何一个行政机关,并且专职负责知识产权评议,这就使评议委员会具有超然的地位和清晰的职责,从而能够专注和忠实于评议的科学性与准确性,最终的目的,是确保评议的独立性和公正性;⑤另一方面,委员会制的架构方式可以保证评议主体组成人员的广泛性和评议的综合性。知识产权评议委员会的组成人员既包括管理各类经济科技活动的行政机关负责人及知识产权行政管理部门的负责人,又可吸纳专利检索、专利分析、知识产权价值评估以及相关技术领域的专家,必要时还可以委托专业中介机构出具分析报告,从而有利于确保知识产权评议的专业性和全面性。

就具体的制度设计而言,以省级知识产权评议主体设置为例,笔者建议,各省(自治区、直辖市)人民政府应当设立专门的知识产权评议委员

---

⑤ 诚如学者所言,评估机构的独立性对评估的有效性至关重要,专责机构除了保障其独立性外,还确保了评估所需要的资源。参见张占江:《中国法律竞争评估制度的建构》,载《法学》2015 年第 4 期。

会,并将其确立为省级知识产权评议的评议主体。省级知识产权评议委员会应当由分管知识产权工作的省政府领导担任主任,成员应当包括宏观经济政策和产业政策制定部门(省发改委)、政府投资项目主管部门(省发改委、省经信委)、科技行政主管部门(省科技厅)、外资外贸主管部门(省商务厅)、人力资源主管部门(省委人才办、省人力社保厅)、政府采购行政主管部门(省财政厅)、教育行政主管部门(省教育厅)、国有资产主管部门(省国资委)、市场监管部门(省市场监管局)、知识产权行政主管部门(省知识产权局、省版权局)等部门的负责人,同时邀请专利分析、知识产权价值评估、知识产权政策分析以及相关技术领域的若干专家参加。⑥ 评议委员会办公室设在知识产权行政主管部门(省知识产权局),并由其负责知识产权评议的日常工作。与此同时,在省级以下,各设区市根据实际工作的需要,可以设立市级知识产权评议委员会,市级知识产权评议委员会的组织结构可参照省级知识产权评议委员会。各级知识产权评议委员会作为法定的知识产权评议主体,负责实施重大经济科技活动的知识产权评议,并且统筹管理本行政区域内重大经济科技活动的知识产权评议工作,支持引导本行政区域内各级各类政府机关和企事业单位建立健全知识产权评议机制。

在此基础之上,还要厘清各类重大经济科技活动的业务主管部门与知识产权评议主体各自的职责及其相互间的关系,并且在各部门间建立起有效的沟通协作机制:一方面,知识产权评议主体与各类重大经济科技活动的业务主管部门相互之间并无隶属关系,而是相互独立和并列的行政主体;另一方面,知识产权评议服务于某类重大经济科技活动的决策,评议结论最终也必会落实到相关的项目审批或政策制定之中,因此,知识产权评议应当紧密地与相关项目管理、行政审批和政策制定结合起来。具体来说,业务主管部门在对某种重大经济科技活动作出决策(或者决定)之前,应当依法就该类经济科技活动中所涉及的知识产权问题提交知识产权评议委员会进行评议。知识产权评议委员会应当及时进行评议,

---

⑥ 由于地区差异,我国各省(自治区、直辖市)在省级机关的机构设置和职责划分上均有所不同,本书仅以Z省现有的省级机关机构设置为例,来阐释知识产权评议相关业务主管部门的职责划分,以及省级知识产权评议委员会的组建方案。

但评议内容只是对经济科技活动中的知识产权问题进行审查、论证和分析,而不能替代相关业务主管部门对该类经济科技活动进行决策。评议主体形成评议结论后应当及时反馈至业务主管部门,供其决策参考。(见表6-2)而至于评议结论具有何种法律效果、是否具有强制性约束力,则要视其内容而定,不可一概而论(关于知识产权评议的法律效果,下文还将进行详细论述)。

表6-2 与知识产权评议相关的业务主管部门及其分工(以Z省为例)

知识产权评议主体	业务主管部门(评议主体组成单位)	重大经济科技活动的类型
省知识产权评议委员会	省发改委	重大经济发展战略和发展规划的制定,重大经济政策和产业政策的制定与调整,区域发展规划和投资计划的制订与调整
	省发改委、省国资委	重大政府投资项目
	省经信委(经济和信息化委员会)	重大技术改造(含利用外资)项目,重大装备国产化和重大技术装备专项
	省财政厅	重大政府采购
	省科技厅	重大科技计划、科技项目和科技奖励
	省委人才办、省人社厅、省教育厅	高层次人才引进和评审
	省商务厅	涉及国家安全与公共利益的企业并购重组,技术引进,技术出口
	省国资委	国有或国有控股企业的重大经济科技活动
	省市场监管局	标准制定与修订

(四)知识产权评议的程序

虽然各种类型的知识产权评议在评议对象、评议内容等方面均不相同,但从制度构建的角度来看,重大经济科技活动知识产权评议的程序设计仍有其共性和规律可循。笔者认为,一般而言,知识产权评议程序可以划分为四个阶段:一是启动评议;二是实施评议;三是评议结论的执行;四是监督检查。以下分别述之。

1. 启动评议

重大经济科技活动知识产权评议的启动,可以有两种形式:一是依行政相对人申请而启动评议,即行政相对人在进行相关项目申请或申报之时,依据相关法律法规和程序,先行(或者同时)就项目申请中所涉及的知识产权问题提请知识产权评议。此时,由项目申请人直接提起知识产权评议,从而在项目申请人与知识产权评议委员会之间产生直接的行政关系。二是因业务主管部门的委托而启动评议,即重大经济科技活动的业务主管部门在履行行政审批程序或者在进行经济科技宏观决策(包括政策、战略、规划、计划的制定修订等,下同)的过程中,主动就项目审批和宏观决策中有关知识产权的问题,委托知识产权评议委员会实施评议。

在评议启动阶段,申请人(项目申请人,即行政相对人)或者委托人(业务主管部门)应当提交与知识产权评议有关的证明材料。必要时,评议委员会还可以要求项目申请人提交知识产权"自评报告",然后再由知识产权评议委员会进行评议。证明材料和自评报告的内容主要应当包括:(1)所涉项目或者相关产业、区域和技术领域的知识产权保护和分布状况,包括权利类别、数量、法律状态、保护期限、知识产权分布结构与权利稳定性等;(2)所涉项目或宏观决策的知识产权风险分析;(3)所涉项目或宏观决策预期实现的知识产权方面的目标;(4)所涉项目或宏观决策(包括经济科技政策、战略、规划、计划等)实施过程中拟采取的知识产权创造、运用、保护、管理方面的措施。当然,在各种类型的知识产权评议中,评议主体可以根据不同的评议目的而对所须提交的材料提出不同的要求。

2. 实施评议

在申请人(项目申请人)或者委托人(业务主管部门)提请知识产权评议以后即进入实施评议阶段。该阶段是知识产权评议的核心环节,可划分为以下程序和步骤:(1)评议委员会办公室接受评议申请或者委托,并根据形式审查的结果决定是否正式受理。(2)评议委员会根据评议对象、评议内容、评议目的等方面的具体情况,决定自行组织评议,或者先行委托技术咨询机构(包括具备资质的知识产权中介服务机构和专家组)开展知识产权分析评议。[⑦] (3)受托中介服务机构、专家组或者评议委员会内设评议机构按照评议委员会的要求实施知识产权分析评议,并提交分析评议报告。(4)评议委员会结合申请人和委托人提交的材料和自评报告、受托中介服务机构或专家组出具的分析评议报告,开展知识产权评议。对于只需进行形式审查或合法性审查的评议对象,评议委员会可以直接采信中介服务机构或专家组的分析评议报告。(5)评议委员会形成评议结论,并由评议委员会办公室送达申请人或委托人。

按照这一基本的程序设置思路,知识产权评议制度中须对评议委员会的受理期限、评议期限、技术咨询机构的产生办法和专家组的组成办法、评议委员会的评议办法以及评议结论的形成方式和内容等一系列问题作出明确规定。

首先,在受理期限和评议期限方面,评议委员会办公室应当在收到评议申请或者委托之日起 7 日内决定是否受理。评议委员会受理后,评议期间原则上不应超过 2 个月。如确有特殊情况,经评议委员会主任批准,可延长期限至 3 个月,但评议委员会应当向申请人或委托人作出书面说明。

其次,在技术咨询机构的产生与组成方面,评议委员会应当建立知识产权评议中介服务机构和专家的资质认证制度,在开展知识产权评议时,评议委员会应根据实际情况决定是否先行委托中介服务机构或专家组进行分析评议。委托专家组进行分析评议的,专家组原则上不少于 5 人,组

---

⑦ 特别需要说明的是,本书将技术咨询机构(包括具备资质的知识产权中介服务机构和专家组)依评议主体委托所作的专利检索、专利分析、知识产权价值评估或知识产权政策分析等一系列工作统称为"知识产权分析评议",以区别于"知识产权评议"。笔者认为,"知识产权分析评议"与"知识产权评议"的区别主要在于以下两个方面:首先,二者在性质上截然不同。知识产权分析评议由具备资质的知识产权中介服务机构和专家组作出,是知识产权评议程序中的一个中间环节,在性质上是技术咨询机构接受行政机关委托而作的一种技术服务。而知识产权评议则由评议主体(知识产权评议委员会)负责实施,在性质上是一种行政行为,评议结论一旦作出即具有法律效力。其次,二者在评议内容上有所不同。知识产权分析评议主要就一些技术性问题进行审查、分析、论证(包括所涉项目或者相关产业、区域、技术领域的知识产权保护和分布状况、已有知识产权权利主体的合法性与权利稳定性、相关经济科技项目预期获得自主知识产权的可能性、与他人知识产权发生权利冲突的风险、对经济科技活动开展后可能产生的知识产权问题所作的预测等),而知识产权评议则需要将技术咨询机构所提出的技术性问题与国家或本地区经济社会发展的客观情况、主要任务和迫切需求,乃至经济政策、科技政策和外资政策等因素相结合,并作出综合判断。相应地,本书将技术咨询机构所提交的报告称为"知识产权分析评议报告",而将知识产权评议主体所作的结论称为"评议结论",以示区别。

成人员应当涵盖相关领域的技术专家、法律专家和知识产权评议方面的专家,专家组内部可以根据各自的专业特点进行适当分工。受托进行知识产权分析评议的专家组和中介服务结构的主要职责,是对申请单位提交的证明材料和自评报告进行核实与论证,或者针对评议对象独立开展专利分析、知识产权价值评估或知识产权政策分析等,或者根据评议委员会的要求针对一些具体的知识产权问题进行分析评议,并出具分析评议报告。专家组和中介服务机构在进行知识产权分析评议时,必须确保独立性,避免受到有关单位和个人的干预和影响。

再次,在评议结论的形成方式方面,知识产权评议委员会应当根据法律法规、相关政策以及重大经济科技活动的实际情况,结合申请人和委托人提交的材料和自评报告、受托专家组或中介服务机构出具的分析评议报告,对相关评议对象进行知识产权评议,并最终形成评议结论。在评议过程中,必要时可邀请相关领域专家或者中介服务机构的代表参与讨论。

最后,关于评议结论的内容,针对不同类型的评议对象,评议结论既可以是对于项目所涉知识产权权利合法性与真实性的审查结论,也可以是针对重大经济科技活动的知识产权风险、知识产权价值、项目价值、所涉知识产权与国家安全的关联性进行评估,还可以针对重大经济科技活动中的其他知识产权问题进行专项性的分析评价,同时,评议结论可以提出防范知识产权风险、避免或减轻不良知识产权影响的对策建议,以及创造、运用、保护和管理知识产权的具体措施。

3. 评议结论的执行

评议结论形成以后,应当由知识产权评议委员会办公室送达相关业务主管部门以及知识产权行政主管部门(各级知识产权局),评议结论有可能在全国或本地区产生重大影响的,应当同时报送国务院或本地区人民政府。

然而,接下来的关键问题是,业务主管部门是否必须执行以及如何执行知识产权评议结论:一方面,基于知识产权问题的重要性与风险性,对于评议结论已经指出可能存在重大知识产权风险特别是可能构成知识产权侵权的项目,业务主管部门应当不予审批或核准,以免造成无法弥补的损失和严重后果;对于需要先获取知识产权(或知识产权授权或许可)然后才能投资建设或实施的项目，业务主管部门应要求项目申请人先获取相关的知识产权权利，并在其获得相关知识产权权利后再进行审批或核准；对于可以规避的知识产权风险，业务主管部门应要求项目申请人先采取适当的处置方案和规避措施，并在项目申请人采取有效处置方案和规避措施后再进行审批或核准。

但在另一方面，从知识产权评议在相关经济科技活动及其审批或决策过程中所发挥的作用来看，知识产权评议主要是针对相关项目所涉及的知识产权问题进行审查、分析和评估，从而为业务主管部门审批或决策提供参考和建议。故而如将其定位于相关项目审批中一个前置的行政审批程序，则非但与当前简化行政审批程序和审批手续的趋势有所冲突和违背，而且知识产权评议主体将有“绑架”或“取代”其他业务主管部门之嫌疑。

基于上述考虑，笔者认为，知识产权评议结论的执行应当兼具原则性与灵活性——从原则上说，知识产权评议结论应作为相关业务主管部门对重大经济科技活动进行管理与决策的重要依据，但最终是否执行、如何执行应当由业务主管部门决定。在程序设置上，业务主管部门原则上应当执行评议结论并将执行情况报备于评议委员会；评议结论的执行确有困难的，业务主管部门可以保留意见，但须向评议委员会做出书面说明。

4. 监督检查

除了由于知识产权问题而未予审批或核准的项目以外，在重大经济科技活动实施过程中及实施以后，知识产权评议主体还应当就评议结论的执行情况及相关知识产权问题进行事中和事后的监督检查。监督检查的内容主要应包括以下三个方面：一是知识产权评议结论中所提出的预防或减轻不良知识产权影响的对策和措施是否得到执行，这些措施对预防或减轻重大经济科技活动的不良知识产权影响是否充分、有效；二是重大经济科技活动实施后，其所实际产生的知识产权影响，是否与知识产权评议所预测的情况相一致，是否实际产生了知识产权违法行为或者重大不良知识产权影响；三是重大经济科技活动实施过程中是否产生了新的或未被预期的知识产权问题和影响，是否需要增加或者变更应对措施。

作为监督检查的制度保障，知识产权评议制度中应当明确知识产权评议的监督主体，设置专门的监督检查执行机构、相应的监督检查机制和监督检查手段:首先,知识产权评议委员会作为法定的评议主体,同时也应当是知识产权评议的监督主体,负责对评议结论的执行情况及重大经济科技活动相关的知识产权问题进行监督检查;其次,应当设置“知识产权评议监督检查办公室”,作为评议委员会内设机构(与“评议委员会办公室”相并列)和监督检查的执行机构,专职负责日常执行监督检查;最后,为了使监督主体(知识产权评议委员会)能够有效检查项目实施单位的知识产权管理状况、监督知识产权保护措施的贯彻执行状况,应当赋予其相应的调查权和行政处罚权。(综上所述,知识产权评议的评议程序以及行政相对人、业务主管部门、知识产权评议主体、技术咨询机构等四类主体之间的关系,如图 6-1 所示)

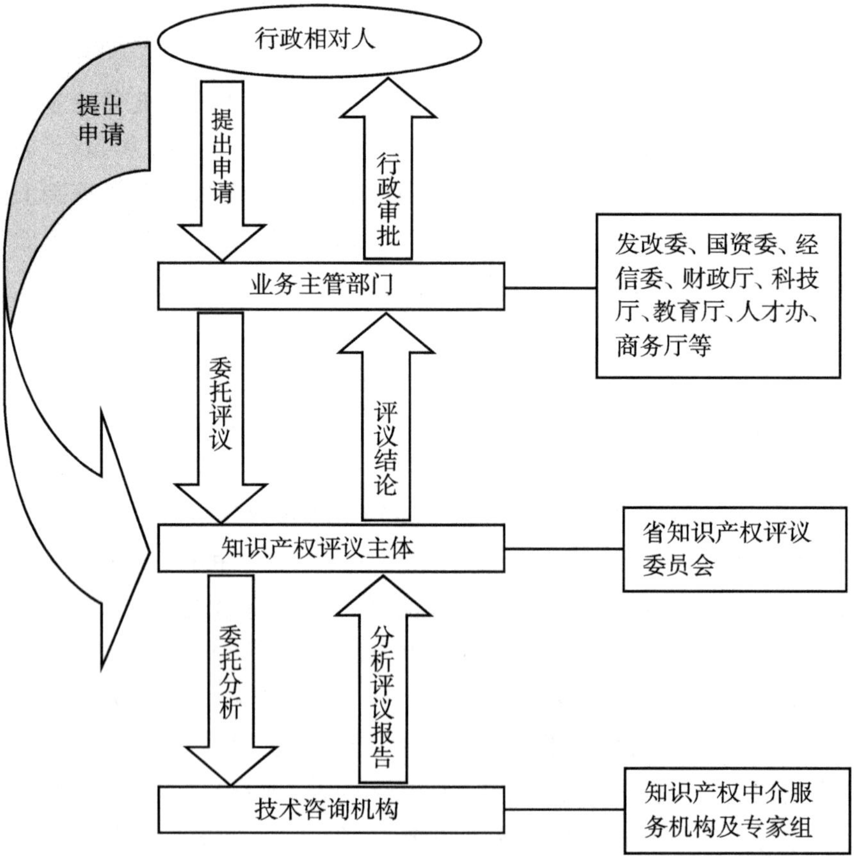

图 6-1 知识产权评议的程序(以 Z 省为例)

（五）知识产权评议的法律性质

如前所述，各种知识产权评议具有不同的程序设计，并且处于不同的法律关系之中，相应地，各种知识产权评议在法律性质方面亦不相同，大致可以划分为以下两种类型。

第一种类型的知识产权评议，是因行政相对人申请而启动的知识产权评议，即由行政相对人直接向知识产权评议主体提出申请，评议主体作出评议结论后，亦直接反馈给行政相对人。此时，由于评议依行政相对人之申请而发起，由评议主体依据其行政职权开展评议，但评议结论并不反馈至相关业务主管部门而对后续行政行为产生影响，亦不对行政相对人产生直接的法律效果，故笔者认为，此种类型的知识产权评议在法律性质上属于行政事实行为。[⑧] 根据评议内容和评议结论的不同，此类知识产权评议还可进一步划分为“建议性行政事实行为”和“服务性行政事实行为”。[⑨]

第二种类型的知识产权评议，是因其他行政机关委托而启动的知识产权评议，即评议主体依据重大经济科技活动宏观决策和微观管理的相关规定和程序，接受相关业务主管部门（包括政策制定部门、项目主管部门、行业主管部门等）的委托而开展，评议主体所作出的评议结论反馈至业务主管部门，并由其作出行政处理或制定相关政策等。此时，知识产权评议虽然由行政机关作出，但评议主体所作出的评议结论并非最终的行政决定，不直接对外部的行政相对人产生效力，而是反馈至相关业务主管部门，为业务主管部门作出行政处理、行政决定或者制定政策提供参考和依据，故笔者认为，此种类型的知识产权评议在法律性质上属于内部行政

⑧　所谓行政事实行为，是指行政主体运用行政权实现行政规制，但并未产生相应法律效果的行政作用。参见姜明安主编：《行政法与行政诉讼法》，北京大学出版社、高等教育出版社 2015 年版，第 151 页。

⑨　建议性行政事实行为是行政机关为避免行政相对人合法权益受到不必要的损失或者其他行政目的，根据自己所掌握的信息资料作出的判断，向行政相对人提出可以做或不要做某种行为的忠告、建议等。服务性行政事实行为是行政机关基于服务行政的法律精神，以行政职权为社会或者特定的行政相对人提供服务的行为。参见章剑生：《现代行政法基本理论》（上卷），法律出版社 2014 年版，第 350 ~ 351 页。

行为,[10]其实质是行政机关基于法定的行政职权和工作关系而进行的内部协作。[11]

(六)知识产权评议的法律效果

前述第一种类型的知识产权评议(因行政相对人申请而启动的知识产权评议)作为一种行政事实行为,并不产生直接的法律效果,其作用和意义主要在于:评议主体针对经济科技活动中的知识产权问题作出技术性结论或分析报告,或对行政相对人后续的投资、经营或者科技研发等提出意见建议,供行政相对人参考;对于一些将知识产权评议作为前置程序或必要条件的行政审批事项,行政相对人可以根据评议结论对经济科技活动进行改进和调整,防范知识产权风险和规避知识产权不良影响,从而便于其在后续的行政审批程序中获得批准。

然而,作为一种内部行政行为,前述第二种类型的知识产权评议(因其他行政机关委托而启动的知识产权评议)则具有非常重要而复杂的法律效果。在此种类型的知识产权评议中(为了论述方便,以下所称"知识产权评议",仅指"因其他行政机关委托而启动的知识产权评议",而不包括"因行政相对人申请而启动的知识产权评议"),知识产权评议主体所作出的评议结论虽然不直接对行政相对人产生法律效果,但却会对相关业务主管部门的行政处理、行政决定或政策制定产生实质性影响,进而经由后者的行政行为对行政相对人权益产生影响。尤其是在知识产权评议作出消极评价的情况下,业务主管部门有可能因此作出不予批准的决定,从而对行政相对人造成侵益性影响。对于知识产权评议的此种法律效果,可称为"内部行政行为效力的外部化"——现代行政法理论认为,"内部行政行为效力的外部化"是指行政机关的内部行政行为在某些特定情形下直接作用于外部行政相对人,从而产生外溢性效果的法律现象。[12] 在内部

---

⑩ 所谓内部行政行为,是指行政主体针对行政组织系统内部的机构或公务员所作的具体行政行为。参见姜明安主编:《行政法与行政诉讼法》,北京大学出版社、高等教育出版社2015年版,第194页。

⑪ 依通说,内部行政行为包括工作关系和人事关系两大类型:前者是上级行政机关或工作人员与下级行政机关或工作人员间的工作关系,如上级行政机关对下级行政机关的命令、指示、批复等;后者则是行政机关与行政机关工作人员间的人事管理关系,如行政机关对其工作人员的奖惩、任免、考核、调动、加薪等。参见应松年主编:《行政法与行政诉讼法学》,法律出版社2009年版,第116页。

⑫ 参见金成波:《内部行政行为纳入行政复议的妥当性考量》,载《法治研究》2013年第11期。

行政外部化论者看来，现代公共行政管理关系并非单一维度的闭合系统，它往往包含了多方主体的参与和博弈。虽然在通常情形中，国家的行政管理只会孤立地作用于上下级机关内部抑或行政机关与相对方外部，但在某些特定情形下，行政主体间的内部管理行为，会借由其自身或其他行政主体的外化表达，发生对外部行政相对方的外溢性影响，从而产生内部行政"遁入"外部关系的法律后果。⑬

具体来说，在不同的法律部门和法律关系中，作为一种内部行政行为的知识产权评议所产生的外化效力和法律效果亦有所不同，以下分别述之。

(1)作为行政处理要件的知识产权评议

所谓作为行政处理⑭要件的知识产权评议，就是行政机关(通常是重大经济科技活动的业务主管部门)将知识产权评议及评议结论明确作为行政处理的羁束性条件。行政机关可以直接依据知识产权评议及评议结论作出某种行政处理或行政决定，或者行政机关的行政处理或行政决定必须以某种知识产权评议结论为必要条件。

例如，科技奖励和科技项目管理法律制度中的知识产权评议，便具有"行政处理要件"的法律效果。具体来说，对于科技奖励拟获奖项目的知识产权评议，主要是对拟获奖项目相关知识产权的合法性进行审查，从而确保科技奖励的合法性与权威性；而对于科技计划申报项目的知识产权评议，主要是通过专利检索和专利分析，避免科技项目的关键技术、核心技术存在专利侵权风险，避免重大科技项目出现低水平重复立项。⑮ 在此基础上，科技行政主管部门可以直接依据知识产权评议及其评议结论作出行政决定。例如，针对存在知识产权合法性问题的科技奖励候选项目，

---

⑬　参见黄锡生、韩英夫：《环评区域限批制度的双阶构造及其立法完善》，载《法律科学》2016 年第 6 期。

⑭　行政处理，是指行政主体为实现相应法律、法规、规章等所确定的行政管理目标和任务，而依行政相对人申请或者依职权依法处理涉及特定行政相对人某种权利义务事项的行政行为，其在实定法上一般表现为"处理决定"或"行政决定"，包括行政许可决定、行政处罚决定、强制执行决定等。参见姜明安主编：《行政法与行政诉讼法》，北京大学出版社、高等教育出版社 2015 年版，第 214 页。

⑮　参见香小敏、侯小星、莎薇：《科技计划项目立项评审环节建立知识产权分析评议机制研究》，载《科技管理研究》2017 年第 14 期。

可以直接取消其获得奖励的资格,并取消行政相对人在未来一段时间内申报科技奖励的资格;而对于存在知识产权风险的科技计划申报项目,科技行政主管部门既可以直接决定不予立项,也可以要求行政相对人对技术方案进行修正或者提出防范知识产权风险的应对措施。

又如,政府投资项目管理法律制度中的知识产权评议亦具有类似的法律效果。如前所述,知识产权评议应当被作为政府投资项目审批程序的重要环节,通常是在政府投资项目“可行性研究报告审批”阶段,与其他若干审批事项相互“并联”。项目审批机关应当将知识产权评议结论与城乡规划行政主管部门出具的选址意见书、国土资源行政主管部门出具的用地预审意见、环境保护行政主管部门出具的环境影响评价审批文件等一起,作为审查和批准项目可行性研究报告的重要依据。此时的知识产权评议须对某一政府投资项目的知识产权风险进行分析预测,并提出处置方案或应对措施。而项目审批机关可以直接依据知识产权评议的评议结论(如认为投资项目存在重大知识产权风险)作出不予批准的决定,或者依据评议结论采取(或要求行政相对人采取)相应措施来防范和化解知识产权风险。

(2)作为行政裁量因素的知识产权评议

所谓行政裁量,是指行政机关在适用法律规范裁断个案时由于法律规范与案件事实之间的永恒张力而享有的由类推法律要件、补充法律要件而确定法律效果的自由。[16] 依行政法理论,行政裁量可以分为要件裁量和效果裁量——要件裁量是指行政机关在认定有待适用的法律要件时享有判断的空间;而效果裁量则是指行政机关认定法律要件之后在选择行为的效果上享有裁量的自由。[17] 而知识产权评议在行政机关的要件裁量和效果裁量这两个方面都能发挥重要的作用。

一方面,在要件裁量方面,知识产权评议及评议结论能够为法律要件的认定提供重要的解释方法与评价方法。由于行政机关在适用法律时,首先需要确定法律规范适用的要件,进而将已经确定的事实带入法律,即

---

⑯ 参见王贵松:《行政裁量的构造与审查》,中国人民大学出版社 2016 年版,第 54 页。

⑰ 同上书,第 40 页。

用法律涵摄事实。如果法律规范的要件十分清晰,行政机关便不需要解释要件,但是如果法律规范中的要件包含有不确定法律概念,行政机关则需要对不确定法律概念进行解释,即进行要件裁量。[18] 在产业发展、科技进步、国际投资和国际贸易领域,由于行政任务和规制措施的复杂性,法律规范中存在大量不确定性法律概念(尤其是价值性不确定法律概念[19]),行政机关在适用法律时需要对这些不确定性法律概念进行解释和衡量,此时,知识产权评议提供了重要的解释方法与评价方法。

例如,《科学技术进步法》第 15 条第 1 款规定:"国家建立科学技术奖励制度,对在科学技术进步活动中做出重要贡献的组织和个人给予奖励。"《国家科学技术奖励条例》第 9 ~ 11 条则分别对各类科技奖励的授予条件作出了规定。但是,各类科技奖励的授奖条件多为不确定性法律概念(如在科学技术进步活动中做出"重要贡献""重大技术发明""具有先进性和创造性"等[20]),此时,通过知识产权评议(如专利检索、专利分析、专利价值评估等),可以为这些授奖条件的认定提供重要的(当然并非是唯一的)评价方法。

又如,2011 年 2 月 3 日发布的国务院办公厅《关于建立外国投资者并购境内企业安全审查制度的通知》构建了外资并购国家安全审查制度的基本框架,对国家安全审查的审查范围、审查内容、工作机制和审查程序作了规定。在审查内容方面,该通知的规定兼具原则性与灵活性,但其具体内涵及审查思路、审查标准、评价指标等并不清晰。[21] 以作为审查内容

---

[18] 参见曹炜:《转基因食品风险规制中的行政裁量》,载《清华法学》2018 年第 2 期。

[19] 在要件裁量中,行政机关的主要任务是对意思不确定、具有多义性的不确定法律概念进行解释。而不确定法律概念又包括两种类型:经验性不确定法律概念,即纯粹以现实世界中原则上可以用感官或其他方式经验化的客体作为指称的对象,如黑暗、夜间、噪声等;价值性不确定法律概念,是指需要法律适用者补充评价的概念,如不可信赖性、公共利益、重大过失等。参见王贵松:《行政法上不确定法律概念的具体化》,载《政治与法律》2016 年第 1 期。

[20] 《国家科学技术奖励条例》第 10 条规定:"国家技术发明奖授予运用科学技术知识做出产品、工艺、材料及其系统等重大技术发明的公民。前款所称重大技术发明,应当具备下列条件:(一)前人尚未发明或者尚未公开;(二)具有先进性和创造性;(三)经实施,创造显著经济效益或者社会效益。"

[21] 根据国务院办公厅《关于建立外国投资者并购境内企业安全审查制度的通知》,并购安全审查的审查内容包括以下四个方面:一是并购交易对国防安全,包括对国防需要的国内产品生产能力、国内服务提供能力和有关设备设施的影响;二是并购交易对国家经济稳定运行的影响;三是并购交易对社会基本生活秩序的影响;四是并购交易对涉及国家安全关键技术研发能力的影响。

之一的"并购交易对涉及国家安全关键技术研发能力的影响"为例,通过专利分析(如分辨核心专利、评估专利价值、分析专利布局和技术发展路线),可以分析评估某项外资并购是否可能导致关键技术或技术研发主导权的转移,是否可能导致我国关键技术领域的研发能力下降,制约相关技术领域的自主创新与可持续发展,甚至使整个产业和技术发展受制于人。因此可以说,知识产权评议为评估某项外资并购"对于关键技术研发能力的影响"提供了具有可操作性的评价方法和具体化的技术指标,进而为国家安全审查制度适用的法律要件("并购交易对涉及国家安全关键技术研发能力的影响")以及行政机关作出后续行政决定和采取相应措施的法律要件(外资并购"对国家安全已经造成或可能造成重大影响")提供了重要的解释方法。

另一方面,在效果裁量方面,知识产权评议及评议结论能够直接影响行政决定的作出与措施的选择。通常来讲,行政机关适用法律,需要在涵摄的基础上确定法律效果,即决定是否采取措施;如果采取措施,则还要确定采取措施的方式、时间以及程序,这些均属于效果裁量的范畴。[22] 换言之,效果裁量应当包括决定裁量(是否采取措施)、选择裁量(采取何种措施)、时期裁量(何时决定、采取措施)以及程序裁量(如何决定、采取措施)。[23]

仍以外资并购国家安全审查制度为例,国务院办公厅《关于建立外国投资者并购境内企业安全审查制度的通知》规定:"外国投资者并购境内企业行为对国家安全已经造成或可能造成重大影响的,联席会议应要求商务部会同有关部门终止当事人的交易,或采取转让相关股权、资产或其他有效措施,消除该并购行为对国家安全的影响。"可见,如果某项外资并购被认定为"对国家安全已经造成或可能造成重大影响"(此为"要件裁量"的范畴),主管部门便应当采取相应措施以消除其对国家安全的影响,但是,究竟是采取"终止当事人的交易",还是"转让相关股权、资产"或"其他有效措施",则需要主管部门根据该项并购的实际情况来进行选择

[22] 参见曹炜:《转基因食品风险规制中的行政裁量》,载《清华法学》2018 年第 2 期。

[23] 参见王贵松:《行政裁量的构造与审查》,中国人民大学出版社 2016 年版,第 47 页。

(此为“效果裁量”)。此时,由于行政机关所采取的或者要求外国投资者采取的措施,往往与知识产权有着紧密关联(如可以要求并购交易将某些知识产权剔除在外,或者要求外资并购方在知识产权的归属、利用与转让等方面作出某些承诺),因此,此种措施是否能够匹配“消除该并购行为对国家安全的影响”的要求,以及在技术层面上是否具有合理性与可行性,均须通过知识产权评议来予以判断和评估。由此,知识产权评议及其评议结论便进入行政行为效果裁量的结构中,并对行政决定的作出与措施的选择产生直接影响。

(3)作为行政指导和制定行政规范性文件依据的知识产权评议

行政机关的行政指导[24]和制定行政规范性文件[25]的行为,虽在法律性质上分别属于行政事实行为和抽象行政行为,但均具有通过行政行为引导行政相对人和社会公众,以实现公共政策或者行政管理目的的重要功能。而由于知识产权评议在产业发展、科技进步与科技成果转化、国际贸易与国际投资等领域均具有重要的引领和保障功能,因此,知识产权评议及其评议结论往往渗透到产业政策、科技政策、外资政策和外贸政策的制定与实施过程中,成为行政机关进行行政指导和制定行政规范性文件的重要依据,并对后续的具体行政行为和社会公众行为产生重要影响。

在行政指导方面,在产业发展、科技进步与科技成果转化、国际贸易与国际投资等领域负有行政指导职能的行政机关通过知识产权评议,可以对相关经济科技活动进行评价(如进行分级、分类、赋分或者排序),进而对金融机构、中介机构、市场主体和社会公众的行为与选择进行引导。例如,有的地方通过知识产权评议(实践中通常称为“专利导航”,主要方法是专利检索、专利布局分析、专利地图分析等),评价备选投资项目(包括政府投资项目和企业投资项目)的技术先进性、成熟度和安全性,及其与本地区产业政策和科技政策的吻合度,以及项目投资方的技术创新能

---

[24] 行政指导,是行政机关基于国家的法律、政策的规定而作出的,旨在引导行政相对人自愿采取一定的作为或者不作为,以实现行政管理目的的一种非职权行为。参见姜明安主编:《行政法与行政诉讼法》,北京大学出版社、高等教育出版社 2015 年版,第 300 页。

[25] 行政规范性文件,是指行政主体为实施法律和执行政策,在法定权限内制定的除行政立法以外的决定、命令等普遍性行为规则的总称,俗称“红头文件”。它在法律文件中表现为“行政措施”“决定”“命令”“公告”“通告”或“报告”“会议纪要”“通知”等。同上书,第 174 页。

力和知识产权综合实力（包括是否拥有核心知识产权、知识产权布局状况、知识产权实施和转移转化状况、知识产权安全性等），从而为政府相关部门遴选投资项目与项目投资方提供重要依据，并且指导本地区金融机构选择金融支持的对象以及本地区企业选择合作伙伴。知识产权评议所具有的此种法律效果，与“行政评级”较为相似。[26]

在制定行政规范性文件方面，知识产权评议可以为产业政策、科技政策、外资政策和外贸政策的制定与修订提供重要依据，评议结论可以直接或间接地体现在相关行政规范性文件中，进而通过行政规范性文件来引导和规范行政机关后续的具体行政行为和社会公众行为。例如，在政府投资项目管理法律制度中，政府投资决策包括宏观决策和微观决策两个阶段，其中，宏观决策主要是在全国或某一地区范围内，政府对投资方向、投资规模、投资结构、投资布局等全局性、长期性重大问题所做的决策，一般表现为政府投资的中长期规划。[27] 而通过宏观决策阶段的知识产权评议，可以明确本地区产业发展和政府投资的重点，防范和避免产业发展和政府投资的知识产权风险，从而形成科学合理的政府投资计划和政府投资项目目录（法律性质上属于行政规范性文件）；[28]而通过制定此种行政规范性文件，又对业务主管部门后续的具体行政行为（政府投资项目的微观决策，即政府投资项目审批）和企业投资起到重要的规范和引导作用。

又如，知识产权评议对于产业技术政策同样具有重要的支撑作用：通过知识产权评议，既可以分析评估某一技术领域研究开发的总体态势、关

---

[26] 有学者研究指出，行政主体将行政评级结果作为行政指导依据的情形主要体现在：第一，行政主体将行政评级结果及其对应的情形和建议的处理方式通告商业银行、证券期货经营机构、保险公司等金融机构，建议金融机构对等级较高的主体予以金融支持，对等级较低的主体予以金融限制；第二，行政主体将行政评级结果及其对应的情形和建议处理方式通告行业协会，建议行业协会采取奖励、行业内通报表扬与批评、警告、不予接纳、劝退等措施；第三，行政主体将行政评级结果及其对应的情形和建议处理方式向全社会公开，建议被评级主体的上下游关联企业、潜在的商业合作者和消费者作出理性选择。参见王瑞雪：《论行政评级及其法律控制》，载《法商研究》2018 年第 3 期。

[27] 参见张国平：《政府投资决策权研究》，中国法制出版社 2012 年版，第 13 ~ 14 页。

[28] 中共中央、国务院《关于深化投融资体制改革的意见》第（七）部分（规范政府投资管理）规定：“依据国民经济和社会发展规划及国家宏观调控总体要求，编制三年滚动政府投资计划，明确计划期内的重大项目，并与中期财政规划相衔接，统筹安排、规范使用各类政府投资资金。依据三年滚动政府投资计划及国家宏观调控政策，编制政府投资年度计划，合理安排政府投资。”

键技术和技术发展路线，预测可能的技术创新，从而为制订研发计划、研发重点、技术路线图等提供依据，又可以及时发现产业技术政策中的知识产权风险，避免重复研发和重复投资，维护产业技术安全。例如，在国务院《关于印发节能与新能源汽车产业发展规划（2012—2020年）的通知》中，在"加强新能源汽车关键核心技术研究""加大节能汽车技术研发力度"等部分均以很大的篇幅详细阐述了技术路线图。而这些技术路线图的制定均须以知识产权评议为前提和重要依据。因此可以说，知识产权评议及其评议结论通过产业技术政策的形式，成为行政规范性文件制定与实施的重要依据并直接进入行政规范性文件中。

特别需要说明的是，对于不同类型的知识产权评议而言，由于在评议对象、评议内容、功能定位及所归属的法律部门等方面的区别，其所产生的法律效果亦呈现出差异性，并且有其规律可循：以实践中最常见的四种类型的知识产权评议为例，"知识产权合法性审查"通常是相关项目审批的前置性资格审查，也就是说，如果不通过知识产权合法性审查，则行政相对人无法进入后续的行政审批程序，但另外，即使通过了知识产权合法性审查，也并不对后续的行政审批（项目是否获得批准）产生决定性影响，因而此种类型的知识产权评议实质上是相关行政审批程序中的前置性否定装置，其对于业务主管部门的行政处理构成羁束性条件，但并不构成业务主管部门作出行政决定时的裁量因素；"知识产权风险评估"和"项目价值评估"则更适宜被界定为一种决策咨询，重在为相关业务主管部门的项目审批、行政指导和政策制定提供参考信息和对策建议，但业务主管部门是否采信和执行评议结论，以及如何在行政处理、行政指导和政策制定中体现知识产权评议的评议结论，则属于其行政裁量的范围。因而此时知识产权评议是业务主管部门的一种行政裁量因素，或者是行政指导和制定行政规范性文件的重要依据；而"与国家安全有关的知识产权审查"则是在外商投资和对外贸易法律制度的管制体系、审查对象、审查内容中融入知识产权因素，业务主管部门在进行项目审批和采取管制措施时必须将知识产权评议的评议结论作为重要的考量因素。而至于业务主管部门最终如何作出行政决定，以及如何在管制措施中体现知识产权评议的评议结论，则仍属其行政裁量的范围。（各类知识产权评议的法律效果，如

表6－3所示。)

表6－3　知识产权评议的法律效果

评议类型	法律效果	效力类型
知识产权合法性审查	作为相关项目审批的资格审查和前置性否定装置	作为行政处理要件
知识产权风险评估	为相关项目审批、行政指导和政策制定提供参考信息和对策建议	作为行政裁量因素，或者作为行政指导和制定行政规范性文件的依据
项目价值评估		
与国家安全有关的知识产权审查	在外商投资和对外贸易法律制度的管制体系、审查对象、审查内容中融入知识产权因素，业务主管部门在进行项目审批和采取管制措施时必须将知识产权评议的评议结论作为重要考量因素	作为行政裁量因素

（七）知识产权评议的救济机制

知识产权评议本身并无授益或侵益属性，但评议结论却有可能对行政相对人的合法权益产生重要影响。与行政评级的法律效果相类似，一方面，它在很多情境下与行政许可、认证认可等行政行为一样，相当于设置了“准入门槛”，没有达到一定等级的相对人无法从事相应的活动或获得相应的行政资源；另一方面，它成为行政主体作出行政决定、行政裁量、行政指导等活动的事实依据。[29] 因此，知识产权评议的制度设计中必须为行政相对人提供通畅的救济渠道。

1. 行政复议

行政复议是指行政相对人认为行政机关的具体行政行为侵犯其合法权益，依法向行政复议机关提出复查该具体行政行为的申请，行政复议机关依照法定程序对被申请的具体行政行为进行合法性、适当性审查，并作

[29] 参见王瑞雪：《论行政评级及其法律控制》，载《法商研究》2018年第3期。

出行政复议决定的一种法律制度。[30]

虽然从原则上讲，内部行政行为属于排除行政复议的事项，但是，并非所有的内部行政行为都不可以申请行政复议——如果内部行政行为“效力外部化”，受其影响的行政相对人可以对其申请行政复议。[31] 易言之，我国行政复议的适用范围主要是行政机关的具体行政行为，[32]而内部行政行为本身即为一种特殊的具体行政行为，[33]因此，当内部行政行为符合《行政复议法》第6条所规定之适用条件时，将其适用于行政复议并无不妥。

而如前所述，作为一种内部行政行为的知识产权评议虽然本身并无侵益属性，但却可以作为相关经济科技活动的业务主管部门进行行政处理的要件和行政裁量的裁量因素，从而对行政相对人的财产权益、经营自主权或其他合法权益产生重要影响，使“内部行政行为效力外部化”。因此，笔者认为，当行政相对人不服知识产权评议的评议结论，并且认为知识产权评议侵犯其合法权益时，可以依据《行政复议法》第6条第5项、第11项等相关规定，对知识产权评议申请行政复议。（需要说明的是，如果行政相对人仅仅是不服知识产权评议结论，但评议结论并未导致行政相对人合法权益受到损失，则应当认为内部行政行为并未发生“效力外部化”，因而不能对其提起行政复议。）

与此同时，在经济科技活动的业务主管部门依据知识产权评议结论所作出的后续具体行政行为属于《行政复议法》所规定的行政复议范围的情况下，行政相对人也可以选择对该后续具体行政行为申请行

---

[30] 参见姜明安主编：《行政法与行政诉讼法》，北京大学出版社、高等教育出版社2015年版，第366页。

[31] 同上书，第383页。

[32] 《行政复议法》第2条规定：“公民、法人或者其他组织认为具体行政行为侵犯其合法权益，向行政机关提出行政复议申请，行政机关受理行政复议申请、作出行政复议决定，适用本法。”

[33] 所谓内部行政行为，是指行政主体针对行政组织系统内部的机构或公务员所作的具体行政行为。参见姜明安主编：《行政法与行政诉讼法》，北京大学出版社、高等教育出版社2015年版，第194页。

政复议。[34]

根据《行政复议法》第 12 条和第 14 条关于行政复议管辖的规定,行政相对人对县级以上地方各级人民政府知识产权评议机关的知识产权评议不服的,由申请人选择,可以向本级人民政府申请行政复议,也可以向上一级主管部门申请行政复议。对国务院知识产权评议机关的知识产权评议不服的,应当向该机关申请行政复议。

2. 行政诉讼

行政机关内部行政行为的可诉性问题,是行政诉讼法理论与实践中的难点问题之一。就此问题,我国《行政诉讼法》并未作出完整清晰的规定,仅在第 13 条规定,行政机关的内部人事管理行为不属于行政诉讼的受案范围。[35] 2018 年 2 月 6 日发布的最高人民法院《关于适用〈中华人民共和国行政诉讼法〉的解释》则进一步明确规定:"行政机关作出的不产生外部法律效力的行为""行政机关为作出行政行为而实施的准备、论证、研究、层报、咨询等过程性行为""对公民、法人或者其他组织权利义务不产

---

[34] 《行政复议法》第 6 条规定:"有下列情形之一的,公民、法人或者其他组织可以依照本法申请行政复议:(一)对行政机关作出的警告、罚款、没收违法所得、没收非法财物、责令停产停业、暂扣或者吊销许可证、暂扣或者吊销执照、行政拘留等行政处罚决定不服的;(二)对行政机关作出的限制人身自由或者查封、扣押、冻结财产等行政强制措施决定不服的;(三)对行政机关作出的有关许可证、执照、资质证、资格证等证书变更、中止、撤销的决定不服的;(四)对行政机关作出的关于确认土地、矿藏、水流、森林、山岭、草原、荒地、滩涂、海域等自然资源的所有权或者使用权的决定不服的;(五)认为行政机关侵犯合法的经营自主权的;(六)认为行政机关变更或者废止农业承包合同,侵犯其合法权益的;(七)认为行政机关违法集资、征收财物、摊派费用或者违法要求履行其他义务的;(八)认为符合法定条件,申请行政机关颁发许可证、执照、资质证、资格证等证书,或者申请行政机关审批、登记有关事项,行政机关没有依法办理的;(九)申请行政机关履行保护人身权利、财产权利、受教育权利的法定职责,行政机关没有依法履行的;(十)申请行政机关依法发放抚恤金、社会保险金或者最低生活保障费,行政机关没有依法发放的;(十一)认为行政机关的其他具体行政行为侵犯其合法权益的。"

[35] 《行政诉讼法》第 13 条规定:"人民法院不受理公民、法人或者其他组织对下列事项提起的诉讼:(一)国防、外交等国家行为;(二)行政法规、规章或者行政机关制定、发布的具有普遍约束力的决定、命令;(三)行政机关对行政机关工作人员的奖惩、任免等决定;(四)法律规定由行政机关最终裁决的行政行为。"

生实际影响的行为”等不属于行政诉讼的受案范围。[36] 可见,我国行政诉讼法通过“列举 + 概括”的方式,将部分内部行政行为排除出行政诉讼的受案范围,但却并未一概否定内部行政行为的可诉性。而从学理上说,与纯粹的内部行政行为相比,发生外化效力的内部行政行为借由行政机关某一独立的职权行为表达于外,从而对外部相对人的权利因素产生切实的侵益性影响,并具有司法上的可诉性。[37]

根据现行法律规定和理论通说,笔者认为,作为一种内部行政行为,知识产权评议在符合下列条件时,可以被纳入行政诉讼的受案范围:一是知识产权评议已经完成并形成评议结论;二是知识产权评议经由其他行政行为而产生了一定的外部法律效果;三是知识产权评议对公民、法人或者其他组织的权利义务产生了实际影响。进一步而言,在符合上述条件的情况下,公民、法人或者其他组织不服知识产权评议及其评议结论而提起行政诉讼的,应当属于《行政诉讼法》第 12 条第 12 项所规定的“认为行政机关侵犯其他人身权、财产权等合法权益”的范畴,人民法院应予以受理。

与此同时,由于知识产权评议必然是经由其他行政机关(通常是业务主管部门)的后续行政行为而产生外部法律效果,因此,在后续行政行为属于《行政诉讼法》第 12 条所规定之行政诉讼受案范围(例如,对行政处罚不服、对行政强制措施不服、对有关行政许可的决定不服、认为行政机关侵犯经营自主权、认为行政机关滥用行政权力排除或者限制竞争等)的情况下,行政相对人也可以直接对该后续行政行为提起行政诉讼。

此外,如果由于知识产权评议的合法性或适当性存在瑕疵、存在明显

---

[36] 最高人民法院《关于适用〈中华人民共和国行政诉讼法〉的解释》第 1 条第 2 款规定:“下列行为不属于人民法院行政诉讼的受案范围:(一)公安、国家安全等机关依照刑事诉讼法的明确授权实施的行为;(二)调解行为以及法律规定的仲裁行为;(三)行政指导行为;(四)驳回当事人对行政行为提起申诉的重复处理行为;(五)行政机关作出的不产生外部法律效力的行为;(六)行政机关为作出行政行为而实施的准备、论证、研究、层报、咨询等过程性行为;(七)行政机关根据人民法院的生效裁判、协助执行通知书作出的执行行为,但行政机关扩大执行范围或者采取违法方式实施的除外;(八)上级行政机关基于内部层级监督关系对下级行政机关作出的听取报告、执法检查、督促履责等行为;(九)行政机关针对信访事项作出的登记、受理、交办、转送、复查、复核意见等行为;(十)对公民、法人或者其他组织权利义务不产生实际影响的行为。”

[37] 参见章剑生:《现代行政法总论》,法律出版社 2014 年版,第 144 ~ 145 页。

错误或者其他问题而致使行政相对人遭受损失(例如,因评议结论错误而使得相对人失去招投标机会、失去行政奖励或科技项目、人才项目的入选资格等),此时,行政相对人能否获得行政赔偿?根据《国家赔偿法》第36条第8项关于"赔偿直接财产损失"的规定,行政主体对于相对人的间接损失并不承担赔偿责任。[38] 因此,基于评议结论存在瑕疵或错误而要求行政赔偿的请求在现行法律框架下尚难以得到支持。

(八)知识产权评议的法律责任

为了确保知识产权评议的严肃性与实施效果,评议制度中必须对相关主体的法律责任作出明确规定,包括评议主体(各级知识产权评议委员会)的法律责任、项目主体(各类重大经济科技项目的申请者和承担者,包括公民、企业、事业单位和其他组织)的法律责任和技术咨询机构(知识产权中介服务机构和专家组)的法律责任。以下分别对这三类主体的法律责任进行简要分析。

1. 评议主体的法律责任

知识产权评议主体(各级知识产权评议委员会)有下列行为之一的,应当依法撤销其违法行为或责令限期改正,并对负责的领导人员和其他直接责任人员给予行政处分:(1)违反知识产权评议的相关规定或程序出具知识产权评议结论的;(2)授意或强令项目主体违反知识产权评议相关规定或程序的;(3)违反保密义务,泄露知识产权评议、作为评议对象的经济科技活动或相关项目的信息的;(4)因故意或者重大过失,造成知识产权评议结论具有重大错误的;(5)因故意或者重大过失,造成作为评议对象的经济科技活动或相关项目的重大损失,或者严重损害公民、法人和其他组织合法权益的。

知识产权评议主体的工作人员在评议工作中玩忽职守、滥用职权、徇私舞弊、索贿受贿的,应当依法给予行政处分;构成犯罪的,依法追究刑事责任。

2. 项目主体的法律责任

项目主体是指重大经济科技项目的申请者和承担者,包括公民、企

[38] 参见王瑞雪:《论行政评级及其法律控制》,载《法商研究》2018年第3期。

业、事业单位和其他组织（如高校、科研机构等），而不是指重大经济科技活动的业务主管部门。导致项目主体承担法律责任的主要有以下 3 种情形：一是项目主体通过隐瞒信息或提供虚假信息等方式逃避知识产权评议的；二是以欺骗、贿赂等不正当手段取得知识产权评议结论的；三是无正当理由，拒不执行知识产权评议结论或拒不根据评议结论进行整改的。

具体来说，依法应当进行知识产权评议的项目，项目主体未依照相关规定将项目信息告知业务主管部门或知识产权评议主体，或者向业务主管部门或知识产权评议主体提供虚假信息以逃避知识产权评议的，应由业务主管部门责令限期改正并履行知识产权评议，对项目主体处项目总额 1‰以上 5‰以下的罚款，对项目主体直接负责的主管人员和其他直接责任人员处 2 万元以上 5 万元以下的罚款，属于国家工作人员的，依法给予行政处分。

项目主体以欺骗、贿赂等不正当手段取得知识产权评议结论的，项目尚未实施的，应由业务主管部门撤销审批或核准，追回政府资金，并对项目主体处项目总额 1‰以上 5‰以下的罚款，对项目主体直接负责的主管人员和其他直接责任人员处 2 万元以上 5 万元以下的罚款，属于国家工作人员的，依法给予行政处分；项目已经实施的，应依照前述规定从重予以处罚；构成犯罪的，依法追究刑事责任。

知识产权评议主体出具评议结论以后，项目主体无正当理由而拒不执行评议结论或拒不根据评议结论进行整改的，应由业务主管部门责令停止项目实施，或者责令停止项目实施并恢复原状，并对项目主体处项目总额 5‰以上 10‰以下的罚款，对项目主体直接负责的主管人员和其他直接责任人员处 2 万元以上 5 万元以下的罚款，属于国家工作人员的，依法给予行政处分。

3. 技术咨询机构的法律责任

技术咨询机构（包括知识产权中介服务机构和专家组）在受托进行知识产权分析评议（包括专利检索、专利分析、知识产权价值评估和知识产权政策分析等）时，弄虚作假、咨询意见严重失实的，应当发现知识产权问题而未发现的，或已发现知识产权问题但未及时提出的，应由知识产权评议主体和行业主管部门将其纳入不良信用记录，并根据情节轻重，给予警告、停业整顿、降低资质等级或撤销资质等处罚，并处罚款；技术咨询机构的违法行为情节严重的，或者由于技术咨询机构的故意和重大过失而导致经济科技活动重大损失的，应由知识产权评议主体和行业主管部门撤销直接责任人员的从业资质，并对直接责任人员处罚款；构成犯罪的，依法追究刑事责任。

二、知识产权评议法律体系之构造

在论述了重大经济科技活动知识产权评议的制度框架和体制机制以后，接下来的问题在于，法律法规如何对该项制度作出规定（在哪部法律中规定、如何规定等），即如何通过科学合理的法律法规体系来确保知识产权评议“落地”。以下就此问题展开论述。

（一）建立健全知识产权评议制度的立法策略

1. 知识产权评议专项立法与相关立法的相互协调

重大经济科技活动中的知识产权评议，实际上并不是具有准确制度内涵的“一种评议”，而是“与知识产权有关的各种评议”的统称。而由于知识产权评议总是依托于重大经济科技活动的项目管理、行政审批和决策程序，因此从总体上说，建立健全知识产权评议制度较为可行的立法策略，是在相关项目管理和行政审批制度中，增加或融入关于知识产权的评议内容，以及知识产权评议的体制机制。例如，对于各类涉外经济活动，知识产权评议主要关注“所涉知识产权与国家安全的关联性”，因此，此种知识产权评议完全可以纳入“国家安全审查”的制度框架中，并在国家安全审查相关立法中作出统一规定。而其他诸如财政性资金或国有企业重大投资行为的知识产权评议、重大科技项目及产业化项目的知识产权评议、人才引进和人才资助项目的知识产权评议，也都可以依照此种原理，纳入投资管理、科技项目管理和人事管理的相关法律法规。通过将知识产权评议“化整为零”，融入相关法律法规以及相关的行政审批程序中，不仅可以切实提高评议的效率，也可以避免知识产权评议与相关行政审批的交叉重合，更重要的是，还可以以最便捷高效的方式，加快我国知识产权评议制度的建立健全和落地实施。

当然,由于关于各类重大经济科技活动的法律法规(知识产权评议的相关立法)需要对项目管理、行政审批或决策的总体框架和体制机制进行全面规范,而知识产权评议仅是其中一个环节,故而相关立法不可能(也没有必要)对于知识产权评议(包括评议主体、评议对象、评议内容、评议程序等)作出详尽的规定,而只须规定知识产权评议在某种经济科技活动中的适用即可。同时,如果知识产权评议制度仅仅是分散规定于各部相关法律法规,也不利于把握该项制度的整体框架、功能定位,以及知识产权评议活动内在的规律性与共性要求。也正因如此,在相关法律法规对各类重大经济科技活动中的知识产权评议作出规范的基础上,关于知识产权评议的专项立法仍然是客观需要的。知识产权评议专项立法的主要任务,是明确知识产权评议的功能定位、法律性质与法律效力,并对知识产权评议的评议主体、适用范围(评议对象)、评议内容、评议的体制机制和评议程序等作出统一规定(关于知识产权评议专项立法的必要性、内容结构及其与相关立法的协调,下文还将详细论述,此不赘述)。

需要说明的是,所谓知识产权评议专项立法与相关立法的相互协调,既存在于中央立法的层面(法律、行政法规、部委规章、其他规范性文件之间的相互协调),也存在于地方立法层面。例如,各省市相继出台的"专利条例"作为适用于本行政区域内专利创造、运用、保护、管理及相关活动的地方性法规,就涉及与知识产权评议专项立法的协调问题。就此问题,2011 年 4 月 1 日起施行的《天津市专利促进与保护条例》第五章(专利管理)第 35 条规定:"市和区、县人民政府应当建立重大经济活动的专利审查制度,避免专利技术的盲目引进、重复研发、流失和侵害他人专利权。"此种立法例的意义在于,一方面,正式确立了知识产权评议制度的法律地位,从而为地方政府出台知识产权评议专项立法提供了法规依据(因为知识产权评议的专项立法往往由地方政府出台,从性质上说属于地方政府规章,需要有相关的上位法为其提供合法性依据。而《条例》由地方人大通过,从性质上说属于地方性法规,恰好作为上位法为其提供合法性依据)。另一方面,也有利于明确知识产权评议的功能定位,同时明确知识产权评议制度与专利预警等相关制度,以及其他知识产权管理制度的联系与区别。

2. 中央层面立法与地方立法的相互配合

在我国,各地区之间不仅在经济社会发展水平上差距巨大,而且在知识产权意识、知识产权保护水平、知识产权行政执法工作的开展情况等各个方面,也都存在很大的差异性。因此,有必要赋予地方政府以适当的立法裁量权,使其能够针对本地区的实际情况和知识产权保护所面临的突出问题,来构建差异化的知识产权评议制度。对此问题,国家知识产权局于2010年10月26日印发的《全国专利事业发展战略(2011—2020年)》(以下简称《发展战略》)已经有所考虑。《发展战略》明确提出,在今后一个时期内,既要推动建立国家层面的重大经济活动知识产权评议机制,又要开展地方知识产权评议试点工作:一方面,开展国家层面重大经济活动的以专利评议为核心的知识产权评议机制研究,提出具体方案及政策建议。与相关单位和部门合作,选择若干对专利分析需求突出的重点领域,启动试点工作,适时推动建立国家层面的知识产权评议机制。另一方面,开展以专利评议为核心的地方知识产权评议试点工作,制定出台与地方性重大经济活动知识产权评议相关的政策规章。应当看到,《发展战略》所提出的中央与地方分工协作,共同推进知识产权评议工作的总体思路无疑是正确的,但由于其法律位阶较低,在内容上主要是布置具体工作,而对于知识产权评议立法的内容与结构、中央立法与地方立法的分工配合,则未作全面阐述。

就知识产权评议的中央立法与地方立法的分工原则而言,笔者认为,中央立法与地方立法的调整范围与规范内容,既要符合中央与地方各自的立法权,又要与中央政府与地方政府的事权划分保持一致。

具体来说,中央层面关于知识产权评议的立法,可进一步划分为两个部分:一是由国务院出台行政法规或规范性文件,就知识产权评议制度的整体构造、知识产权评议的功能定位、性质与效力、知识产权评议制度与其他相关法律制度的对接与协调等问题作出统一规定;二是国务院各部委在各自职权范围内,对于在相关重大经济科技活动中建立健全知识产权评议制度作出规定。例如,相关行政部门可针对外资并购和重大投资行为、全国范围的重大基础设施建设、国家级的科研项目和科技奖励,以及重大经济、科技和产业政策、区域和行业发展规划等宏观层面的经济决策，建立专门性的知识产权评议制度（当然，就立法形式而言，各部委既可以出台专门规范知识产权评议的部门规章或规范性文件，也可以在相关部门规章或规范性文件中增加知识产权评议的内容）。

地方性知识产权评议立法的结构与中央立法相似，也可以划分为两部分，即地方政府可以通过制定地方政府规章，对本地区的知识产权评议进行整体性制度构建，而地方政府的各个职能部门则可在其职权范围内，对于在相关经济科技活动中建立健全知识产权评议的体制机制作出规定。就调整范围而言，地方性立法可以对本地区知识产权评议的评议主体、评议对象、评议内容、评议程序等进行制度构建，亦即除了由中央政府集中统一管理的重大经济科技活动以外，对于其他各类重大经济科技活动的知识产权评议，均可以通过地方立法予以规范，包括各类知识产权评议的评议主体、评议对象、评议内容、评议程序等，都可由地方政府自行规定，以尊重和体现地区间的差异性。

（二）知识产权评议专项立法之构思

1. 出台知识产权评议专项立法的必要性

截至目前，我国尚未出台专门规范知识产权评议的法律或行政法规，也没有在国家层面建立起统一、完善和具有可操作性的知识产权评议制度，现有知识产权评议专项立法的典型体例，是国内一些省市相继出台的“关于加强重大经济活动知识产权评议工作的意见”（或类似名称的文件，以下简称“意见”）。“意见”往往是由省（市）政府颁布，但又不具备政府规章的形式，因而从性质上说属于地方政府的规范性文件。“意见”不仅对重大经济科技活动知识产权评议的制度构建作出明确规定，同时也对于建立健全重大经济科技活动知识产权评议制度的工作措施进行全面的部署安排。

从实践效果来看，地方政府关于知识产权评议的规范性文件（“意见”或类似文件）的出台，不仅起到了“制度构建”的作用，而且也同时发挥着“提高认识”“凝聚共识”“明确任务”“布置工作”的作用，对于各地建立健全重大经济科技活动知识产权评议制度具有基础性的、不可或缺的重要意义。这是因为，如前所述，重大经济科技活动中的知识产权评议，实际上并不是具有准确制度内涵的“一种评议”，而是“与知识产权有关的各种评议”的统称，该项制度不仅在内容和制度设计上具有复杂性，而且更重要的是,该项制度的构建牵涉多个方面体制机制的变动与完善,需要多个行政部门的分工与协作;故而,通过一部专门性立法(包括规范性文件),明确重大经济科技活动中知识产权评议的重要意义、功能定位、性质与效力,并界定知识产权评议的评议对象和评议内容,是极为必要的。唯有如此,才能整合各个层面的体制机制,形成重大经济科技活动知识产权评议的完整制度体系,并且在相关行政部门之间明确职责分工,形成合力,避免各个行政部门之间的相互推诿。

然而需要指出的是,虽然地方性知识产权评议专项立法在实践中发挥着非常重要的作用,但是,各地在知识产权评议的功能定位以及具体制度设计(如评议主体、评议对象、评议内容、评议程序)等方面存在较大的差异,更重要的是,受到地方政府立法权与事权的限制,地方性立法对于知识产权评议的评议对象和评议内容往往规定的不够全面,对于知识产权评议的法律性质、法律效力、法律责任等无法作出明确规定。而要解决以上这些问题,迫切需要中央层面对于知识产权评议作出"顶层设计"。为此,笔者认为,在中央层面出台知识产权评议的专项立法是极有必要的。中央层面知识产权评议专项立法的主要内容,应当是对于知识产权评议的功能定位、性质与效力、知识产权评议制度的整体构造、知识产权评议制度与其他相关法律制度的对接与协调等问题作出统一规定,并对如何在全国范围内加快建立健全知识产权评议制度进行全面部署。

2. 中央层面知识产权评议专项立法的形式与内容

由于知识产权评议制度横跨产业政策法、科技法、国际投资法、国际贸易法等多个部门法,各类知识产权评议的评议对象、评议内容、法律性质、法律效力具有较大的差异性,且知识产权评议制度的建立与实施具有明显的政策性和灵活性;故而,中央层面知识产权评议的专项立法恐怕难以整合为一部形式严谨的法律或行政法规,而通过国务院规范性文件的形式来作出规定,是较为合适的。基于地方性知识产权评议专项立法的经验,笔者建议,国务院应当尽快出台"关于建立健全重大经济科技活动知识产权评议制度的意见"(或类似名称的规范性文件),对知识产权评议制度进行整体性构造,并对相关工作进行全面部署。

具体来说,中央层面的知识产权评议专项立法("关于建立健全重大经济科技活动知识产权评议制度的意见”或类似名称的规范性文件)应当明确规定以下几个方面的重要内容:(1)建立健全重大经济科技活动知识产权评议制度的重要意义,以及知识产权评议制度的功能定位。(2)重大经济科技活动知识产权评议的整体制度构建。主要包括三个方面的内容,一是重大经济科技活动的概念界定(实际上也是对评议对象的定性描述),二是评议对象的类型化(对何种重大经济科技活动须实施知识产权评议),三是评议内容的确定(针对各种评议对象,分别从哪些方面对其进行评议)。(3)重大经济科技活动知识产权评议的实施主体。这里需要明确规定知识产权评议的评议主体及其构成、评议主体与各相关业务主管部门的职责分工、专业评价机构(包括知识产权中介服务机构和临时专家组)的遴选和产生办法及其所承担的职能。(4)重大经济科技活动知识产权评议的体制机制。主要包括知识产权评议的程序,专业评价机构(包括知识产权中介服务机构和临时专家组)的工作流程及其评价报告的效力,评议结论的法律效力,评议结论的执行和监督检查机制等。(5)重大经济科技活动知识产权评议的保障措施。主要包括知识产权评议工作的经费来源、人员和组织保障以及违反相关规定的法律责任等。(6)知识产权评议制度与其他相关法律制度的对接与协调。(7)建立健全知识产权评议制度的总体部署、工作安排与职责分工。

当然,由于上述各方面的内容已经在本书前文各个部分予以分别阐释,故而此处不再展开论述。

(三)知识产权评议专项立法与相关立法之协调:以外资并购知识产权评议制度为例

1.外资并购审查的法律适用

近年来,随着经济全球化的深入发展和我国对外开放的进一步扩大,外国投资者以并购方式在我国进行的直接投资迅猛增加,从而促进了我国利用外资方式多样化,在优化资源配置、推动技术进步、提高企业管理水平等方面发挥了积极作用。但与此同时,外资并购所蕴含的风险(包括知识产权风险)也在逐渐增多,甚至威胁到国家经济安全和国防安全。

我国现有的关于外资并购审查的法律制度,主要是《反垄断法》上的经营者集中控制制度以及外资并购国家安全审查制度。二者虽然都对外资并购进行审查和控制,但功能定位和审查内容有着明显的差异性。

具体来说,《反垄断法》上的经营者集中控制制度作为竞争政策法律化的产物,其根本价值取向应在于创造和维护自由竞争、公平竞争的市场环境。与欧盟和美国竞争法的审查标准相似,我国《反垄断法》将“具有或者可能具有排除、限制竞争效果”作为禁止经营者集中的实体条件。根据《反垄断法》第 27 条,反垄断执法机构审查经营者集中,应当考虑下列因素:(1)参与集中的经营者在相关市场的市场份额及其对市场的控制力;(2)相关市场的市场集中度;(3)经营者集中对市场进入、技术进步的影响;(4)经营者集中对消费者和其他有关经营者的影响;(5)经营者集中对国民经济发展的影响;(6)国务院反垄断执法机构认为应当考虑的影响市场竞争的其他因素。由此可见,外资并购所引发的知识产权风险,虽然与经营者集中“是否具有或者可能具有排除、限制竞争效果”的判断具有一定的关联性,但并非经营者集中控制制度的直接审查内容。

不仅如此,《反垄断法》保护竞争,但一般不应基于竞争者的特定身份(如其属于内资企业抑或外资企业)而对其给予特殊保护或歧视待遇。企业集中乃是自由竞争、公平竞争的必然结果,因此,除非企业集中可能造成严重限制竞争的结果,否则《反垄断法》不应予以限制和禁止。对于外资并购和内资并购,原则上亦不应设置双重审查标准。因为外资企业在并购中的强势地位,正是其竞争优势的表现,是自由竞争、公平竞争的必然结果和客观反映。从长远眼光上看,国内企业要想发展壮大、走向世界,就必须适应与外资企业的公平竞争,而不能依赖于国家的倾斜性保护,而且,外资并购的大量涌现,在一定程度上也有利于实现资源的高效配置——这才是竞争政策的本意。质言之,基于自身的立法宗旨与功能定位,《反垄断法》上的经营者集中控制制度并不能完全承担起防范外资并购的知识产权风险、保障产业安全的重任。[39]

---

[39] 当然,由于竞争政策乃是产业政策中产业组织政策之一种,而各个国家在各自经济发展的不同阶段往往采取不同的产业组织政策,即在促进竞争和促进企业规模化之间有所侧重,这就会直接影响到《反垄断法》企业集中事前申报制度中的实质性审查标准。也就是说,《反垄断法》在一定程度上能够对本国的产业政策予以回应、并与之协调。这在日本和欧盟的反垄断法上均有所体现。可参见孟雁北:《论产业政策与反垄断法的冲突与协调》,载《社会科学研究》2005 年第 2 期。

值得注意的是,《反垄断法》第 31 条规定:“对外资并购境内企业或者以其他方式参与经营者集中,涉及国家安全的,除依照本法规定进行经营者集中审查外,还应当按照国家有关规定进行国家安全审查。”由此正式确定了国家安全审查制度与经营者集中控制制度是两种不同性质的外资并购审查制度,并且宣示了另行建立国家安全审查制度的必要性。

2011 年 2 月 3 日,国务院办公厅下发《关于建立外国投资者并购境内企业安全审查制度的通知》(以下简称“2011 通知”)。根据“2011 通知”,并购安全审查的范围为:外国投资者并购境内军工及军工配套企业,重点、敏感军事设施周边企业,以及关系国防安全的其他单位;外国投资者并购境内关系国家安全的重要农产品、重要能源和资源、重要基础设施、重要运输服务、关键技术、重大装备制造等企业,且实际控制权可能被外国投资者取得。并购安全审查的审查内容包括:(1)并购交易对国防安全,包括对国防需要的国内产品生产能力、国内服务提供能力和有关设备设施的影响;(2)并购交易对国家经济稳定运行的影响;(3)并购交易对社会基本生活秩序的影响;(4)并购交易对涉及国家安全关键技术研发能力的影响。

由此可见,外资并购安全审查的根本目标是保障国家安全,而国家安全则涵盖了产业安全、国防安全、技术安全等多个层面。进一步而言,根据产业控制理论,“外资产业控制力”(外资方对东道国产业的控制能力,以及对东道国企业对本国产业控制力的削弱能力,进而由此影响产业安全的程度)乃是衡量外商直接投资对东道国产业安全影响程度的关键指标。[40] 而外资产业控制力形成的途径包括外资方的市场控制、股权控制、技术控制和品牌控制等多种方式。[41] 其中,外资市场控制和股权控制固然是主要着眼于外资在相关市场上的市场份额以及外资对单个企业(尤其是行业龙头企业)的实际控制权,但除此以外,外资品牌控制和技术控制对于产业安全的威胁同样不容小觑。与此同时,外资并购所引发的技术转移、技术控制对于东道国技术安全的影响(包括对涉及国家安全的关键

---

[40] 参见李孟刚:《产业安全理论研究》,经济科学出版社 2006 年版,第 193 页。

[41] 参见乔颖、彭纪生、孙文祥:《FDI 对我国产业风险的实证分析》,载《当代经济研究》2005 年第 9 期。

技术研发能力的影响)则更是显而易见。

综上所述,在外资并购的国家安全审查中,审查内容不应局限于该起并购对于市场竞争和市场份额的影响,而是应当包括外资并购所引发的技术转移或技术控制是否会威胁国家安全。因此,将“外资并购所引发的知识产权转移是否威胁国家安全”纳入国家安全审查的审查内容之中,是完全符合国家安全审查制度的制度逻辑的,而这也正是外资并购知识产权评议的题中之意。

2. 外资并购国家安全审查制度中知识产权评议的融入

根据“2011 通知”,外资并购安全审查的工作机制主要包括以下几个层面:(1)建立外国投资者并购境内企业安全审查部际联席会议(以下简称联席会议)制度,具体承担并购安全审查工作。(2)联席会议在国务院领导下,由发展改革委、商务部牵头,根据外资并购所涉及的行业和领域,会同相关部门开展并购安全审查。(3)联席会议的主要职责是:分析外国投资者并购境内企业对国家安全的影响;研究、协调外国投资者并购境内企业安全审查工作中的重大问题;对需要进行安全审查的外国投资者并购境内企业交易进行安全审查并作出决定。

在程序设计上,外资并购安全审查因投资者申请,或者国务院有关部门、全国性行业协会、同业企业及上下游企业的建议而启动。并购安全审查启动以后,联席会议首先进行“一般性审查”,一般性审查采取书面征求意见的方式进行。联席会议收到商务部提请安全审查的并购交易申请后,在 5 个工作日内,书面征求有关部门的意见。有关部门在收到书面征求意见函后,应在 20 个工作日内提出书面意见。如有关部门均认为并购交易不影响国家安全,则由联席会议在收到全部书面意见后 5 个工作日内提出审查意见,并书面通知商务部。如有部门认为并购交易可能对国家安全造成影响,联席会议应在收到书面意见后 5 个工作日内启动“特别审查程序”。启动特别审查程序后,联席会议组织对并购交易的安全评估,并结合评估意见对并购交易进行审查,意见基本一致的,由联席会议提出审查意见;存在重大分歧的,由联席会议报请国务院决定。联席会议自启动特别审查程序之日起 60 个工作日内完成特别审查,或报请国务院决定。[42]

笔者认为,现有外资并购安全审查的体制机制及程序设计,为知识产权评议的融入提供了充足的空间:首先,联席会议所进行的一般性审查(书面征求有关部门的意见),应当包括向知识产权评议主体(如前所述,本书建议设立知识产权评议委员会,并将其作为知识产权评议主体)征求意见。在此阶段,知识产权评议的内容主要是外资并购引起的知识产权权利变动的安全性。其次,一旦启动特别审查程序,联席会议应当再次征求知识产权评议主体的意见。而此时知识产权评议的内容应当更为广泛,除了知识产权权利变动的安全性以外,评议主体还可以应联席会议的要求,对整个产业或者技术领域的知识产权布局与技术创新态势、外资并购的知识产权风险、知识产权权利变动可能产生的效果与风险、预防或减轻不良知识产权影响的对策措施等提出意见。最后,联席会议在并购安全审查中所作出的决定和采取的措施,应当以知识产权评议结论作为重要参考依据:一方面,无论是一般性审查还是特别审查,联席会议都应当将知识产权评议结论作为最终做出审查意见的重要依据和考量因素。另一方面,外国投资者并购境内企业行为对国家安全已经造成或可能造成

---

[42] 根据"2011 通知",并购安全审查的程序下:"(一)外国投资者并购境内企业,应按照本通知规定,由投资者向商务部提出申请。对属于安全审查范围内的并购交易,商务部应在 5 个工作日内提请联席会议进行审查。(二)外国投资者并购境内企业,国务院有关部门、全国性行业协会、同业企业及上下游企业认为需要进行并购安全审查的,可以通过商务部提出进行并购安全审查的建议。联席会议认为确有必要进行并购安全审查的,可以决定进行审查。(三)联席会议对商务部提请安全审查的并购交易,首先进行一般性审查,对未能通过一般性审查的,进行特别审查。并购交易当事人应配合联席会议的安全审查工作,提供安全审查需要的材料、信息,接受有关询问。一般性审查采取书面征求意见的方式进行。联席会议收到商务部提请安全审查的并购交易申请后,在 5 个工作日内,书面征求有关部门的意见。有关部门在收到书面征求意见函后,应在 20 个工作日内提出书面意见。如有关部门均认为并购交易不影响国家安全,则不再进行特别审查,由联席会议在收到全部书面意见后 5 个工作日内提出审查意见,并书面通知商务部。如有部门认为并购交易可能对国家安全造成影响,联席会议应在收到书面意见后 5 个工作日内启动特别审查程序。启动特别审查程序后,联席会议组织对并购交易的安全评估,并结合评估意见对并购交易进行审查,意见基本一致的,由联席会议提出审查意见;存在重大分歧的,由联席会议报请国务院决定。联席会议自启动特别审查程序之日起 60 个工作日内完成特别审查,或报请国务院决定。审查意见由联席会议书面通知商务部。(四)在并购安全审查过程中,申请人可向商务部申请修改交易方案或撤销并购交易。(五)并购安全审查意见由商务部书面通知申请人。(六)外国投资者并购境内企业行为对国家安全已经造成或可能造成重大影响的,联席会议应要求商务部会同有关部门终止当事人的交易,或采取转让相关股权、资产或其他有效措施,消除该并购行为对国家安全的影响。"

重大影响的，联席会议可以采取有效措施，消除该并购行为对国家安全的影响。此时，联席会议所采取的措施（如要求并购交易将某些知识产权剔除在外，或者要求外资并购方在知识产权的归属、利用与转让等方面作出某些承诺等），也应当以知识产权评议结论为主要依据。

外资并购国家安全审查制度中知识产权评议的融入，其实质，是在国家安全审查的制度框架、审查内容和审查程序中融入知识产权问题，将知识产权问题作为外资并购国家安全审查的重要议题和重要考量因素，进而使知识产权评议成为外资并购国家安全审查的科学手段和重要依据，发挥知识产权评议对于重大经济科技活动的规范和保障作用。

3. 知识产权评议专项立法与国家安全审查法律法规的对接

关于外资并购知识产权评议制度，既不可能通过知识产权评议专项立法（如前所述，本书建议国务院出台"关于建立健全重大经济科技活动知识产权评议制度的意见"或类似名称的规范性文件）一蹴而就，也不可能在国家安全审查的法律法规中作出全面而具体的规定，而是需要通过二者的协调配合，实现"无缝对接"：

一方面，知识产权评议专项立法应当将外资并购知识产权评议纳入知识产权评议制度的整体框架：首先，在知识产权评议的评议对象中，应当纳入"外资并购"这一类型，并在适用范围的具体界定上与国家安全审查法律法规保持一致。[43] 其次，在知识产权评议的评议内容中，也应当明确纳入"知识产权权利变动对于国家安全的影响"这一项内容。

另一方面，在国家安全审查法律法规中，也应当将知识产权评议纳入外资并购安全审查的工作机制和审查程序：首先，在外资并购安全审查的工作机制中，应当增加知识产权评议主体的参与。可以对国家安全审查法律法规的相关规定进行修改，明确规定："联席会议由发展改革委、商务部牵头，根据外资并购所涉及的行业和领域，会同相关业务部门和知识产权评议委员会等评估机构，开展并购安全审查。"其次，在外资并购安全审

---

[43] 例如，"2011 通知"将并购安全审查的范围界定为："外国投资者并购境内军工及军工配套企业，重点、敏感军事设施周边企业，以及关系国防安全的其他单位；外国投资者并购境内关系国家安全的重要农产品、重要能源和资源、重要基础设施、重要运输服务、关键技术、重大装备制造等企业，且实际控制权可能被外国投资者取得。"

查的程序设置中,应当增加知识产权评议的环节。相关法规可以规定:"在一般性审查和特别审查程序中,联席会议应当将外资并购交易提交知识产权评议。"

以外资并购知识产权评议制度为例,足以说明,某一类型重大经济科技活动的知识产权评议制度,必须经由知识产权评议专项立法与相关立法的分工协作、相互配合,才能得以建立健全以至落地实施。而知识产权评议专项立法与国家安全审查法律法规的对接,也可为其他重大经济科技活动知识产权评议的立法策略与具体方案,提供借鉴。

三、建立健全知识产权评议制度的配套措施

(一)建立知识产权基础信息库和信息共享平台

知识产权基础信息库是实施知识产权评议的基础性条件——因为如果没有完整准确的知识产权基础信息,就难以对重大经济科技活动进行科学的知识产权评议,更提不出有价值的意见与建议。为此,我国应当建设高质量的统一的专利、商标、版权、集成电路设计、植物新品种、地理标志等知识产权基础信息库,建立世界各国特别是发达国家知识产权政策法规和动态资料库,及时掌握各国知识产权政策及其调整变化情况。同时,要加强与国际知识产权组织、其他国家和地区知识产权数据库的对接,实现专利、商标、版权、软件、集成电路布图设计、植物新品种、地理标识、法律法规等信息数据库的资源整合和系统集成。

在建立知识产权基础信息库的基础之上,我国还应当加快建立健全知识产权信息共享平台。知识产权行政主管部门和知识产权评议委员会应当指导和鼓励各地区、各有关行业,充分利用网络技术、大数据和人工智能技术,整合现有的知识产权信息资源,建成布局合理、功能完善、体系健全、共享高效的知识产权信息共享平台,向有关政府部门、行业组织、企业、高校、科研机构和知识产权中介服务机构开放。

现阶段,在全产业知识产权信息共享平台尚难以一蹴而就的客观条件下,各级政府应当结合本地产业发展的实际情况与现实需要,率先在若干优势产业、战略性新兴产业或重点产业建立知识产权基础信息库和信息共享平台,实现知识产权信息检索与分析、风险预警、产业知识产权战

略制定与企业知识产权管理的信息共享与资源整合，从而将知识产权基础信息、知识产权评议与重点产业和行业发展紧密结合起来。[44]

从更为长远的视角来看，知识产权信息共享平台还应当与其他经济、科技信息库甚至商业信息库（如上市公司的商业信息和财务信息数据库）实现“横向打通”，彻底打破知识产权信息的“信息孤岛”，形成大数据分析的良性互动，从而真正将知识产权信息、知识产权评议运用到重大经济科技活动的各个层面。

（二）加强知识产权人才队伍建设

与其他各项知识产权工作一样，重大经济科技活动知识产权评议制度的建立健全与有效实施，归根结底，要依靠一大批知识产权专业人才。但长期以来，我国的知识产权人才队伍无论在数量还是质量方面都存在明显的不足，甚至已经成为制约我国知识产权事业发展的瓶颈。[45] 为此，我国必须加强知识产权人才队伍建设的统筹规划和宏观指导，通过实施知识产权人才培养工程，培养一大批精通知识产权法律法规、熟悉知识产权国际规则、具有较高知识产权评议专业水平和实务技能的高层次人才。

为了确保评议结论的科学性和权威性，知识产权评议必须是由精通本领域本行业的专家来负责实施，尤其是负责论证和评价工作的知识产权专家组成员则必须符合更高的专业要求。为此，各级知识产权评议委员会应当有计划地建立知识产权评议专家库，一旦需要，即可根据评议的具体情况快速反应组成专家组。知识产权评议专家库成员应来自不同的行业和领域，具有知识产权、科技、贸易、投资、法律等知识背景，既可以是

㊹ 例如，2012 年 3 月，深圳市知识产权局印发《深圳市知识产权专项资金管理办法——知识产权分析预警及版权备案公共服务项目资助操作规程的通知》（以下简称《通知》）。从《通知》的内容来看，知识产权分析预警公共服务项目主要包括市政府重点发展的战略性新兴产业专利分析预警、行业知识产权数据库及其分析系统、知识产权资源运用与转化平台的建立与完善、影响我市企业和产业核心竞争利益的知识产权开发系统、我市其他重大知识产权项目的分析预警等。

㊺ 例如，有学者研究指出，我国的知识产权人才队伍建设虽然取得了巨大的成绩，但依然存在许多问题：知识产权人才总量相对不足，人才占人口和人力资源的比例低于发达国家，特别是高层次人才和复合型人才缺乏；知识产权人才的结构布局不够合理，人才区域分布不均衡；知识产权人才使用效能有待提高；知识产权人才培养结构与经济社会发展需求不相适应；等等。参见陈泽欣：《知识产权强国建设文化、人才保障研究》，载《科技促进发展》2016 年第 4 期。

专门从事科研工作的专家学者，也可以是具有实践经验的政府官员，但无论如何，都必须具备相关领域较高的专业知识、宏观决策能力和职业道德素养。

（三）发展知识产权中介服务与交易平台

知识产权中介服务机构在知识产权评议中（如在专利分析和专利价值评估等方面）发挥着重要的作用，并且还有进一步拓宽其作用领域的广阔空间。我国应当大力促进知识产权中介服务机构的发展，更好地发挥知识产权中介服务机构的人才优势和专业技能优势，引导知识产权中介服务机构加强对国内外知识产权状况的动态跟踪和信息分析，建立知识产权中介服务机构与重大经济科技活动实施主体之间的沟通与合作机制，鼓励知识产权中介服务机构为重大经济科技活动实施主体提供知识产权法律咨询与培训、专利信息检索与利用、专利商标等知识产权代理、知识产权管理，以及知识产权战略制定和运用等方面的服务，构建知识产权中介服务机构与重大经济科技活动实施主体互利双赢、共同发展的合作模式。

知识产权交易平台（包括各类技术市场和网络技术市场）不仅是科技成果转化的主要载体，同时，通过交易平台形成的大量知识产权信息，客观准确且极具时效性地反映着相关产业和科技领域的技术发展、供需状况与价值评估，从而为知识产权评议以及相应的政策制定提供了极具价值的资料。为此，我国应当进一步加强对知识产权交易平台与技术市场的规范管理和政策鼓励：一是在相关法律中明确规定知识产权交易平台与技术市场的法律地位，构建更加科学完善的管理体制；二是逐步开放知识产权服务市场，吸引国际知名的技术转移服务机构来华开展业务，构建功能完善、高效运转、辐射全球的知识产权交易平台与技术市场；三是对于通过知识产权交易平台与技术市场实现的技术转让给予所得税优惠政策，从而促使知识产权交易平台与技术市场得到更好的利用。

（四）提升知识产权评议的业务能力与技术水平

知识产权评议对于重大经济科技活动的指导意义与保障作用，从根本上说，来源于评议的科学性、准确性与前瞻性。然而就目前来看，知识产权评议仍处在初创阶段，无论是就专利分析、知识产权价值评估、知识产权政策分析等知识产权评议的基本方法而言，还是就如何将知识产权评议结论与重大经济科技活动决策相结合而言，都还面临着许多理论和实践的难题，存在许多不成熟、不完善之处。

为此，我国应当采取有效措施，提升知识产权评议的业务能力与技术水平：一是要加强知识产权评议的理论研究，结合人工智能、大数据、云计算等最新科技发展，对于专利分析、知识产权价值评估、知识产权政策分析的基础理论、基本方法、应用领域与应用方法等展开深入研究，对于一些新兴的、前沿性的理论问题与技术问题（如高价值专利的评估与培育），应当组织开展专项性的研究，从而不断提升知识产权评议在方法论上的科学性与完善性；二是要继续开展和加强知识产权评议的试点工作，积极探索如何将知识产权评议运用于重大经济科技活动，并及时总结经验，上升到法律制度之中，从而提升知识产权评议在实践层面的规范性与合理性。[46]

（五）完善知识产权评议工作的保障机制

在组织和人员保障方面，各级政府应当设立知识产权评议委员会。知识产权评议委员会由本级政府分管知识产权工作的政府领导担任主任，成员应当包括发展改革、国资、科技、商务、人力资源、教育、市场监管、版权、知识产权等相关业务主管部门的负责人，同时邀请专利分析、知识产权价值评估、知识产权政策分析以及相关技术领域的若干专家参加。知识产权评议委员会下设办公室和监督检查办公室（必要时还可增设其他部门），并根据评议工作实际开展情况配备一定数量的专职行政人员，从而保证知识产权评议工作的独立性和专业性。

在经费保障方面，可以考虑的思路主要有以下两种：一是将知识产权评议经费纳入本级政府年度预算，作为知识产权评议委员会或知识产权行政主管部门的专项经费；二是在重大经济科技活动的项目经费（或管理

㊻ 例如，2012 年 8 月 23 日，国家知识产权局印发《知识产权评议试点暂行办法》，明确规定：试点工作坚持“紧扣需求、分类评议、讲求实效”的原则，促进知识产权工作与经济发展和科技进步紧密融合，切实为政策制定、项目规划、管理决策和技术研发等提供参考依据，推动重大经济科技活动实现知识产权全过程管理。试点工作应重点围绕重大投资、重点科技研发、技术引进或产业化、人才引进、企业上市审查、技术标准制定、展览展示活动以及企业并购等重大经济科技活动开展。

费)中按一定比例提取评议经费,用于知识产权评议的管理和服务工作。无论采用何种方法,都应当保证充足的知识产权评议经费,从而切实保障知识产权评议工作的有序开展。

附录：知识产权评议的实际运用

浙江、江苏、广东三省技术创新发展态势比较研究
——基于近30年的专利分析

一、研究思路与研究方法

专利作为技术信息最有效的载体，囊括了全球90%以上的最新技术情报，且其内容翔实准确。而专利分析，是指对专利信息进行科学的加工、整理与分析，经过深度挖掘与缜密剖析，转化为具有较高技术与商业价值的可利用信息。①

专利分析在许多方面有着重要的应用。首先，专利分析可以帮助企业评估技术研发状况以及竞争对手的研发动向，发现商业机会；②其次，在产业政策层面，专利分析能够客观反映技术发展的总体态势和技术发展路线，为创新战略和产业技术政策的制定提供支撑；③最后，基于区域创新系统的视角，专利分析可以为评价一个国家或地区的创新能力和研发产出能力提供关键性指标。④

本文尝试在较大的时间跨度和地域范围内展开专利分析，并试图通

---

① 参见杨铁军主编：《专利分析实务手册》，知识产权出版社2012年版，第3页。

② Bernd Fabry, Holger Ernst, Jens Langholz, Martin Ko. Ster, "Patent Portfolio Analysis as a Useful Tool for Identifying R&D and Business Opportunities-an Empirical Application in the Nutrition and Health Industry", *World Patent Information*, 2006, 28(3): pp. 215 – 225.

③ Godin R., "Research and the Practice of Publication in Industries", *Research Policy*, 1996(25): pp. 587 – 606.

④ Griliches Z., "Patent Statistics as Economic Indicators: A Survey", *Journal of Economic Literature*, 1990, 28(4): pp. 1661 – 1707.

过专利分析（结合其他指标和方法）对区域技术创新的宏观态势进行研究：通过检索分析浙江、江苏、广东三省（以下简称三省）近30年来的专利数据，旨在评估三省技术创新的能力变化与结构演变，并对三省未来如何进一步提升技术创新能力、全面推进创新驱动发展提出建议。而三省作为我国经济最为发达、技术创新最为活跃的区域，对其所作的专利分析，无论在方法论或是实体结论的层面，都具有一定程度的范本价值。

为此，笔者以国际专利分类法（IPC分类号）为依据，选取能够覆盖国民经济主要部门和战略性新兴产业的23个技术领域（见表1），利用patsnap专利数据库进行专利检索与分析。除有特殊说明的以外，本文检索分析的对象是发明专利和实用新型专利，⑤检索分析的起止时间是1985年4月1日至2015年12月31日。⑥

表1　23个技术领域及其主要技术内涵

序号	技术领域名称	领域界定
1	机械工程	发动机、液体变容式机械、流体泵、液压技术、气动技术等，工程元件或部件
2	汽车及零部件	一般车辆的动力装置、控制系统、车轮、配件等；机动车辆；车辆的测试及汽车锁等
3	交通运输设备（除汽车）	除汽车外的交通运输设备，如铁路、船舶、自行车、飞行器等；铁路车辆的测试
4	建筑工程	指各类房屋建筑及其附属设施和与其配套的线路、管道、设备的安装工程，如给水排水系统，住宅供热系统，建筑物构造、材料、装修工程等，锁具、门窗等
5	基础化学	有机化学、无机化学等相关基础研究

⑤　我国专利包括发明、实用新型和外观设计三种类型，但由于外观设计在领域分布上有很大的局限性，且难以准确反映技术创新的质量，故而笔者检索分析的对象仅限于发明专利和实用新型专利。

⑥　之所以作这样的时间界定，是因为：《专利法》于1984年3月12日由第六届全国人大常委会第四次会议通过、并自1985年4月1日起正式施行，同日，有了中国最早的专利申请；与此同时，由于专利申请的信息公开在时间上具有滞后性（根据《专利法》第34条，我国发明专利申请实行“早期公开、延迟审查”制度，一般情况下，发明专利在专利申请之日起满18个月以后公开），在本文写作过程中，2016年的专利申请信息大都尚未公开，故而，笔者将数据检索的截止日期选定为2015年12月31日。

续表

序号	技术领域名称	领域界定
6	树脂、橡胶和涂料	橡胶、染料、涂料、树脂、黏合剂等化工材料
7	制药和药品	指医用配制品和药物制剂等
8	医疗器械及用品	医疗相关器械,如诊断、外科、牙科、消毒、兽医用仪器工具,理疗装置,支架,病人运输设备、手术台,医用容器等
9	食品、饮料	各类食品,食料的加工处理,饮料、厨房调料的加工等
10	农林牧渔	农业、林业、畜牧业、狩猎、烟草种植及制备,饲料和肥料等
11	纺织品和服装	纺纱、织造、缝纫、服装以及织物的处理洗涤等
12	造纸、印刷	造纸工业,印刷、打字机等,纸品的加工制作等
13	新能源	风能、太阳能、核能、生物质能等
14	电器设备和组件	指家用电器,如制冷制热设备(空调、冰箱等),洗衣机,厨房电器,清洁电器(如吹风机、吸尘器等);电视机、收音机等涉及通信相关技术的划分至通信设备领域
15	木制品、家具和相关产品	木材加工或保存,桌、椅,儿童专用家具,家庭或餐桌用具,门窗装饰品等
16	冶金与金属材料	冶金,金属材料的加工处理,金属加工、冲压等
17	环境保护与资源利用	金属尾矿的回收利用,废气、废水、废物的回收利用,污染土壤的再生,燃料的改进和净化,放电灯管的回收和再生等
18	非金属矿物制品	玻璃、陶瓷、矿棉、水泥、黏土、石料等
19	办公用品	此处办公用品特指文具事务用品,办公家具划入木制品、家具及相关产品类别,办公设备和耗材划入造纸、印刷类别
20	计算机及其外围设备	指电脑主机、键盘、显示器、鼠标等相关设备;以及计算机控制系统、数据处理方法等

续表

序号	技术领域名称	领域界定
21	通信设备及方法	指各类通信(如广播通信、电话通信、图像通信、无线通信等)的方法和设备,以及相关的装置系统(如扩音系统、立体声系统等)
22	半导体和电子元件	指基本电气元件,如电阻、电容、电感、变压器、半导体等
23	导航、测量设备	指相关测量、测试产品或方法,包括对距离、角度、速度、面积、重量、光、力、声、平衡、电量、磁量、气象等方面的测量

二、三省技术创新的总体状况

(一)三省专利申请总量与结构

笔者利用 patsnap 数据库对 23 个技术领域的专利申请量分别进行检索,在对检索结果进行去重处理后,得出 1985 ~ 2015 年三省在 23 个技术领域的专利申请总量(见图 1),以及各技术领域的专利申请量(参见附件表 1)。

在 1985 ~ 2015 年,浙江在 23 个技术领域的专利申请量由 272 件增至 126,897 件,增长 466.53 倍,年均增长 22.71%;江苏专利申请量由 454 件增至 167,752 件,增长 369.50 倍,年均增长 21.78%;广东专利申请量由 254 件猛增至 155,209 件,增长 611.06 倍,年均增长 23.84%。

从专利申请量的变化趋势来看,三省专利申请量均非匀速增长,而是呈现出"前慢后快"的增长态势,并且在 2000 年左右有一个重要的时间拐点:在 1985 ~ 1999 年,浙江专利申请量增长 8.16 倍,年均增长 16.18%,江苏专利申请量增长 6.72 倍,年均增长 14.58%,广东专利申请量增长 14.50 倍,年均增长 21.05%;而从 2000 年开始,三省的专利申请量开始起飞,在此后的 15 年内,浙江的专利申请增长 42.16 倍,增速为年均 28.73%,江苏专利申请量增长 48.42 倍,增速为年均 29.52%,广东专利申请量增长 31.54 倍,增速为年均 25.87%。而之所以在 2000 年左右出现专利增长的拐点,无疑与我国(于2001年11月)加入世界贸易组织有关。⑦

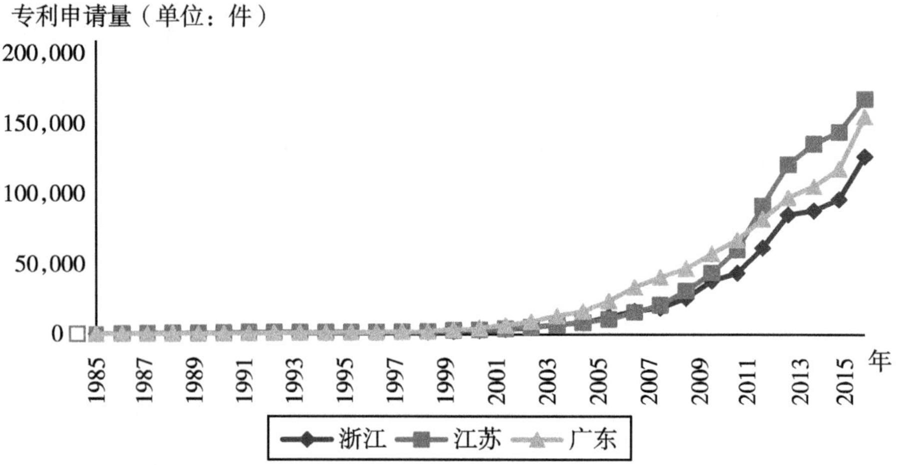

图1　浙江、江苏和广东23个技术领域专利申请总量(1985~2015年)

从专利申请的分布结构来看,近30年来,浙江专利申请量排名前五位的技术领域依次为:机械工程、半导体和电子元件、建筑工程、导航和测量设备、木制品家具及相关产品,前五位技术领域的专利申请量占同期23个技术领域专利申请总量的比例为44.89%;江苏专利申请量排名前五位的技术领域依次为:半导体和电子元件、机械工程、导航和测量设备、冶金与金属材料、纺织品和服装,前五位技术领域的专利申请量占同期23个技术领域专利申请总量的比例为43.88%;而广东的技术创新则主要集中在以下五个领域:通信设备及方法、计算机及其外围设备、半导体和电子元件、导航和测量设备、电器设备和组件,这5个技术领域的专利申请量在23个技术领域专利申请总量中的比例高达57.50%。

⑦　笔者认为,三省之所以在2000年左右出现专利增长的拐点,除了产业发展和科技创新自身的规律以外,最重要的因素是我国即将于2001年11月加入世界贸易组织;入世以后,大量的国外商品(尤其是高科技商品,如汽车、通信产品、电子产品等)涌入国内市场,其所具有的技术优势给国内企业造成了极大的压力,与此同时,根据入世承诺,我国实行严格的知识产权保护制度,国内企业对于国外商品的仿制行为将面临侵权风险。所有这些,都强烈地刺激和激发着国内企业的危机意识和竞争意识,国内企业不得不加大科技创新的力度,提前寻求自有专利的积累和布局,从而导致专利快速增长。

（二）三省专利申请的演变趋势

为了更好地分析在长达30年的时间跨度内三省专利申请的数量与结构变化，笔者参照国民经济和社会发展“五年计划”，以5年为一个阶段，对1985～2015年的专利申请数据进行分阶段统计，对每个阶段各技术领域的专利申请量分别予以检索（参见附件表2～表4），并且整理出三省在每个阶段专利申请量排名前五的技术领域（如附件表2～表4所示）和各技术领域专利申请量的完整排名（参见附件表5～表7）。[8]

表2　浙江专利申请量前五位的技术领域（1985～2015年分阶段统计）

排名	1985～1990年	1991～1995年	1996～2000年	2001～2005年	2006～2010年	2011～2015年
1	机械工程	机械工程	机械工程	机械工程	机械工程	机械工程
2	导航、测量设备	建筑工程	建筑工程	建筑工程	半导体和电子元件	半导体和电子元件
3	建筑工程	医疗器械及用品	半导体和电子元件	半导体和电子元件	建筑工程	导航、测量设备
4	医疗器械及用品	半导体和电子元件	医疗器械及用品	医疗器械及用品	导航、测量设备	建筑工程
5	半导体和电子元件	木制品、家具及相关产品	木制品、家具及相关产品	导航、测量设备	木制品、家具及相关产品	木制品、家具及相关产品

表3　江苏专利申请量前五位的技术领域（1985～2015年分阶段统计）

排名	1985～1990年	1991～1995年	1996～2000年	2001～2005年	2006～2010年	2011～2015年
1	机械工程	机械工程	半导体和电子元件	半导体和电子元件	半导体和电子元件	机械工程
2	导航、测量设备	建筑工程	机械工程	机械工程	机械工程	半导体和电子元件
3	半导体和电子元件	半导体和电子元件	建筑工程	医疗器械及用品	导航、测量设备	导航、测量设备

---

⑧　国家“七五”计划所对应的时间阶段是1986～1990年，但中国《专利法》自1985年4月1日开始实施，且1985年各技术领域的专利数量极少，为了便于统计分析，笔者将1985～1990年作为一个阶段进行分析。

续表

排名	1985～1990年	1991～1995年	1996～2000年	2001～2005年	2006～2010年	2011～2015年
4	建筑工程	导航、测量设备	医疗器械及用品	导航、测量设备	冶金与金属材料	冶金与金属材料
5	医疗器械及用品	医疗器械及用品	导航、测量设备	建筑工程	纺织品和服装	纺织品和服装

表4　广东专利申请量前五位的技术领域(1985～2015年分阶段统计)

排名	1985～1990年	1991～1995年	1996～2000年	2001～2005年	2006～2010年	2011～2015年
1	机械工程	医疗器械及用品	建筑工程	通信设备及方法	通信设备及方法	通信设备及方法
2	医疗器械及用品	建筑工程	电器设备和组件	半导体和电子元件	半导体和电子元件	计算机及其外围设备
3	电器设备和组件	电器设备和组件	通信设备及方法	计算机及其外围设备	计算机及其外围设备	半导体和电子元件
4	半导体和电子元件	机械工程	医疗器械及用品	建筑工程	导航、测量设备	导航、测量设备
5	木制品、家具及相关产品	木制品、家具及相关产品	半导体和电子元件	电器设备和组件	机械工程	电器设备和组件

需要说明的是,导航、测量设备的专利申请量在三省都排名靠前,但从专利分布来看,导航、测量设备并非是一个独立的技术领域,而是对应于许多技术领域和产业,包括生物医药(如DNA检测)、电器设备(如电路故障检测)、食品饮料(如食品安全检测)、汽车及零部件(如安全性检测)、通信设备(如导航技术)、建筑工程等(参见附件图1)。因此,虽然导航测量设备具有独立的专利分类号,但本文不再将其作为一个独立的技术领域进行分析研究。

三、各领域技术创新的发展态势

(一)近30年各领域技术创新的发展态势

为了更好地分析三省在各个技术领域专利申请和技术创新的发展态势,笔者选取了"专利申请量"(1985~2015年)和"专利申请量的相对增长率"⑨这两个关键指标,并利用"专利申请量—相对增长率"模型来展开研究。笔者分别检索和计算了23个技术领域的专利申请量和相对增长率,并统计了增长率排名(参见附件表8~表10)。在此基础上,制作了"主要技术领域专利申请量—相对增长率模型图"——以23个技术领域专利申请量的平均值作为纵向分隔线,以相对增长率1作为横向分隔线,将模型图划分为四个象限,分别为:"高总量—高增长象限"(该技术领域的专利申请量大于平均值,且增长率高于平均值,以此类推)、"低总量—高增长象限"、"高总量—低增长象限"和"低总量—低增长象限"。23个技术领域根据其专利申请量和相对增长率分别落入四个象限之中(如图2~图4所示)。

对于分析技术创新态势而言,"专利申请量—相对增长率模型图"的意义在于,通过描述和比较各技术领域的专利申请量和相对增长率,可以反映各技术领域的创新积累和创新活力,进而可以研判该技术领域在较长时间跨度内的演变态势、在技术创新生命周期中所处的阶段及其未来发展趋势。因此,模型图所划分的"高总量—高增长""低总量—高增长""高总量—低增长""低总量—低增长"四个象限可以分别对应于四类不同的技术创新发展态势,即"主导—成长型""新兴—成长型""主导—成熟型""萌芽或衰退型"技术领域。

从近30年专利数据的分析结果来看,三省在23个技术领域的技术创新发展态势分类如下:

浙江高总量—高增长象限(主导—成长型技术领域)共有4个技术领

⑨ 所谓"相对增长率",是指每个技术领域内专利申请量的复合增长率与所有23个技术领域专利申请量的复合增长率平均值的比值。如果某个技术领域专利申请量的相对增长率大于1,说明该技术领域的专利申请量增速快于本地区所有技术领域的平均增速,反之,则表明其慢于所有技术领域的平均增速。

域,分别是汽车及零件,农林牧渔,纺织品和服装,冶金与金属材料;低总量—高增长象限(新兴—成长型)共有5个技术领域,分别是树脂、橡胶和涂料,新能源,环境保护与资源利用,计算机及其外围设备,通信设备及方法;高总量—低增长象限(主导—成熟型)共有7个技术领域,分别是机械工程,建筑工程,医疗器械及用品,电器设备和组件,木制品、家具及相关产品,半导体和电子元件,导航、测量设备;低总量—低增长象限(萌芽或衰退型)共有7个技术领域,分别是交通运输设备(除汽车),基础化学,制药和药品,食品、饮料,造纸、印刷,非金属矿物制品,办公用品。(如图2所示)

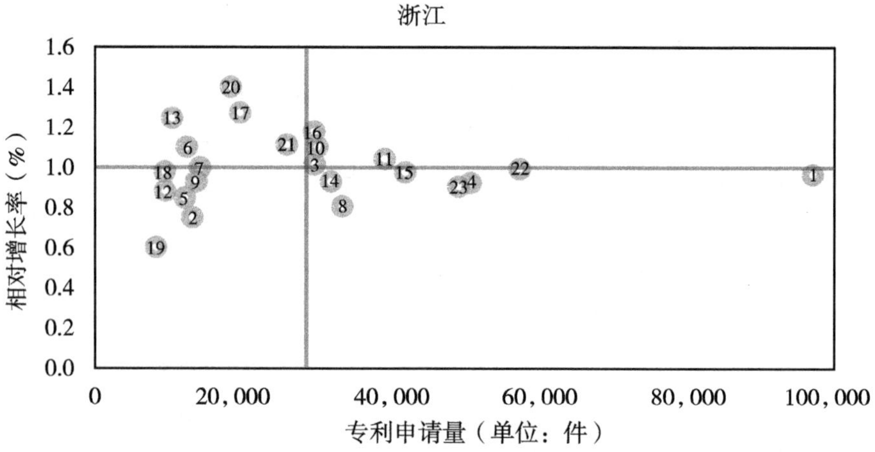

图2　浙江主要技术领域专利申请量——相对增长率模型图(1985~2015年)

江苏高总量—高增长象限(主导—成长型)共有3个技术领域,分别是纺织品和服装,冶金与金属材料,半导体和电子元件;低总量—高增长象限(新兴—成长型)共有9个技术领域,分别是树脂、橡胶和涂料,制药和药品,食品、饮料,造纸、印刷,新能源,环境保护与资源利用,非金属矿物制品,计算机及其外围设备,通信设备及方法;高总量—低增长象限(主导—成熟型)共有4个技术领域,分别是建筑工程,机械工程,农林牧渔,导航、测量设备;低总量—低增长象限(萌芽或衰退型)共有7个技术领域,分别是交通运输设备(除汽车),医疗器械及用品,汽车及零件,电器设备和组件,木制品、家具及相关产品,办公用品。(如图3所示)

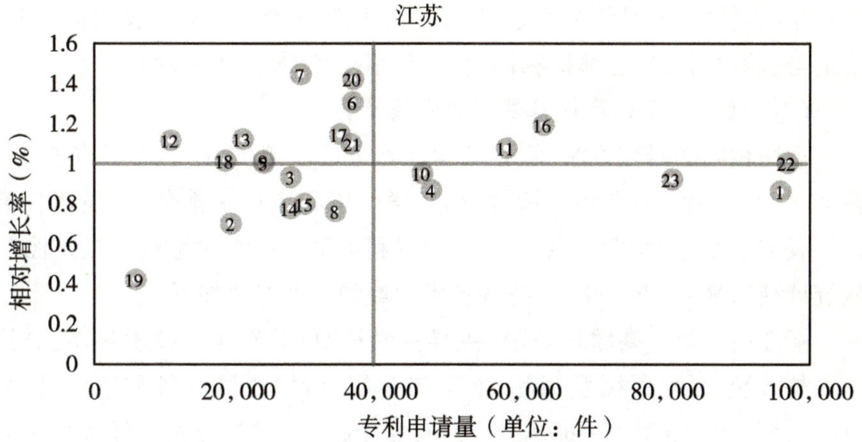

图3　江苏主要技术领域专利申请量——相对增长率模型图(1985～2015年)

广东高总量—高增长(主导—成长型)象限有5个技术领域,分别是电器设备和组件,计算机及其外围设备,通信设备及方法,半导体和电子元件,导航、测量设备;低总量—高增长(新兴—成长型)象限有4个技术领域,分别是制药和药品,树脂、橡胶和涂料,纺织品和服装,新能源;高总量—低增长(主导—成熟型)象限有3个技术领域,分别是机械工程,建筑工程,医疗器械及用品;低总量—低增长(萌芽或衰退型)象限有11个技术领域,分别是交通运输设备(除汽车),汽车及零件,基础化学,医疗器械

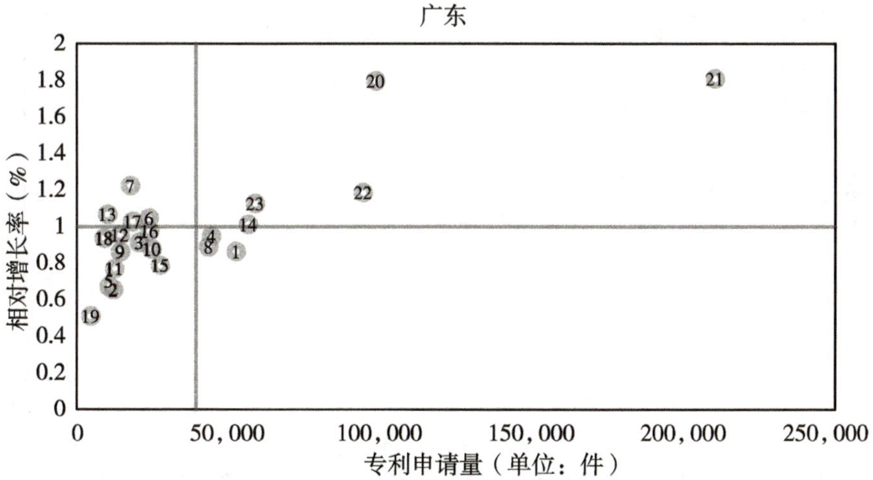

图4　广东主要技术领域专利申请量——相对增长率模型图(1985～2015年)

及用品,农林牧渔,纺织品和服装,造纸、印刷,木制品、家具及相关产品,冶金与金属材料,非金属矿物制品,办公用品。(如图4所示)

（二）近5年各领域技术创新的发展态势

运用相同的研究方法,笔者检索计算了近5年(2011～2015年)三省在23个技术领域的专利申请量、相对增长率和增长率排名(参见附件表11～表13),并制作了"主要技术领域专利申请量—相对增长率模型图"。从统计结果来看,近5年,三省各技术领域的发展态势如下:

浙江高总量—高增长象限(主导—成长型)共有4个技术领域,分别是农林牧渔,医疗器械及用品,冶金与金属材料,电器设备和组件;低总量—高增长象限(新兴—成长型)共有8个技术领域,分别是环境保护与资源利用,食品、饮料,造纸、印刷,交通运输设备(除汽车),制药和药品,树脂、橡胶和涂料,非金属矿物制品,计算机及其外围设备;高总量—低增长象限(主导—成熟型)共有7个技术领域,分别是机械工程,半导体和电子元件,导航、测量设备,建筑工程,纺织品和服装,木制品、家具和相关产品,汽车及零部件;低总量—低增长象限(萌芽或衰退型)共有4个技术领域,分别是通信设备及方法,基础化学,新能源,办公用品。(如图5所示)

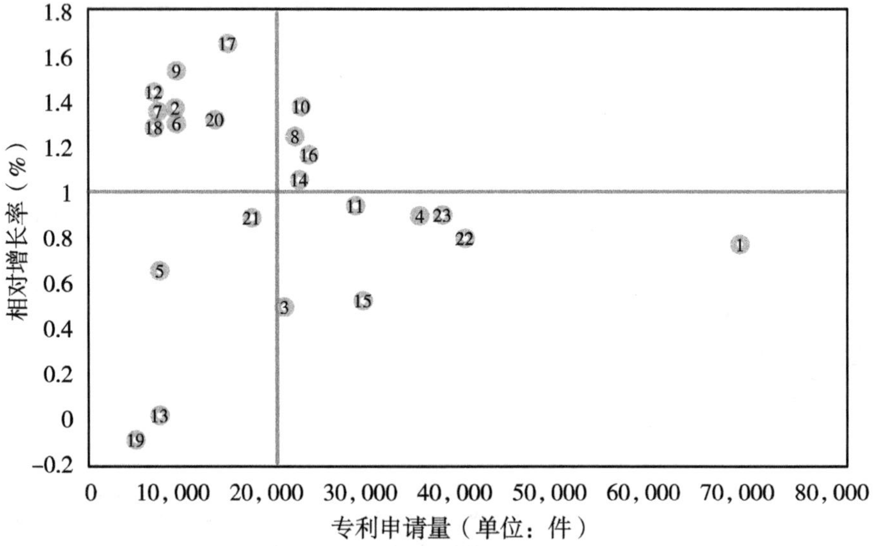

图5　浙江主要技术领域专利申请量——相对增长率模型图(2011～2015年)

江苏高总量—高增长象限(主导—成长型)共有5个技术领域,分别是树脂、橡胶和涂料,农林牧渔,建筑工程,冶金与金属材料,导航、测量设备;低总量—高增长象限(新兴—成长型)共有8个技术领域,分别是环境保护与资源利用,医疗器械及用品,制药和药品,汽车及零部件,电器设备和组件,非金属矿物制品,交通运输设备(除汽车),计算机及外围设备;高总量—低增长象限(主导—成熟型)共有3个技术领域,分别是机械工程,纺织品和服装,半导体和电子元件;低总量—低增长象限(萌芽或衰退型)共有7个技术领域,分别是食品、饮料,基础化学,造纸、印刷,通信设备及方法,木制品、家具和相关产品,新能源,办公用品。(如图6所示)

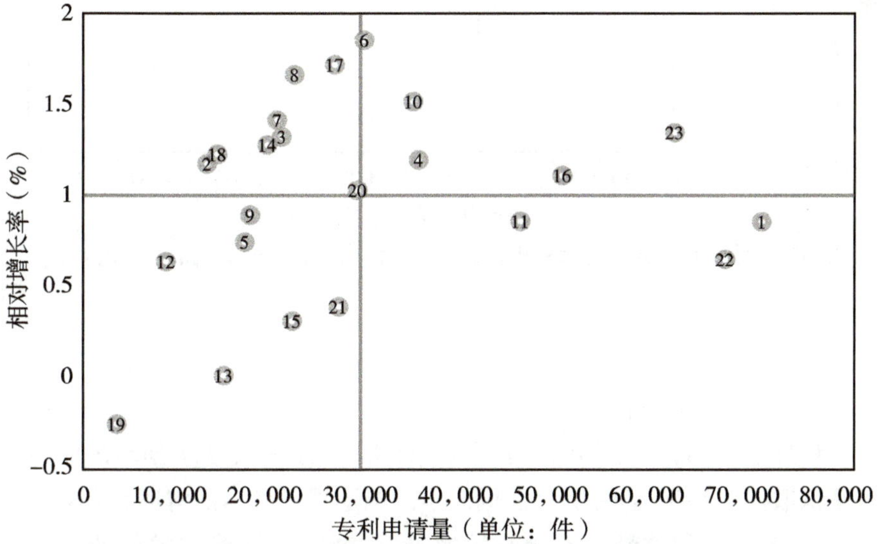

图6 江苏主要技术领域专利申请量——相对增长率模型图(2011~2015年)

广东高总量—高增长(主导—成长型)象限有4个技术领域,分别是电器设备和组件,医疗器械及用品,计算机及其外围设备,导航、测量设备;低总量—高增长(新兴—成长型)象限有6个技术领域,分别是制药和药品,交通运输设备(除汽车),环境保护与资源利用,农林牧渔,汽车及零部件,纺织品和服装;高总量—低增长(主导—成熟型)象限有4个技术领域,分别是通信设备及方法,半导体和电子元件,机械工程,建筑工程;低总量—低增长(萌芽或衰退型)象限有9个技术领域,分别是冶金与金属材料，树脂、橡胶和涂料，木制品、家具和相关产品，食品、饮料，基础化学，办公用品，非金属矿物制品，造纸、印刷，新能源。（如图7所示）

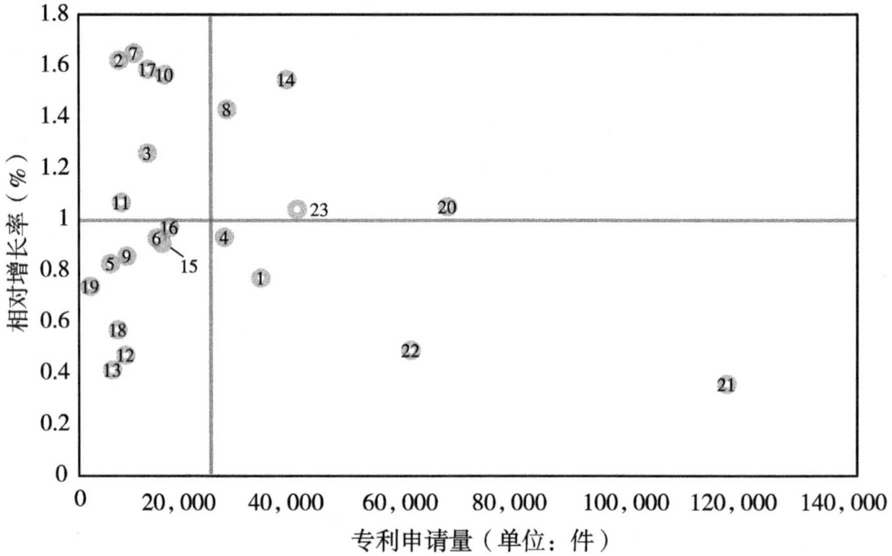

图7 广东主要技术领域专利申请量——相对增长率模型图（2011～2015年）

四、三省技术创新的主要特征及其形成机理

（一）三省技术创新的主要特征

从近30年的专利分析来看，浙江、江苏、广东三省技术创新的能力与水平都取得了突飞猛进的发展，同时也逐渐形成了各自的鲜明特征：

首先，从专利数量及其分布领域来看，浙江与江苏技术创新呈现出“信息化、工业化、农业现代化齐头并进”的格局，而广东的技术创新则主要集中于“信息化”相关产业。一方面，信息产业迅速崛起，成为三省专利申请和技术创新的主要领域。在浙江，半导体和电子元件的专利申请量一直位居前列，且排名逐级提高，从2006～2010年起位居第二。在江苏，计算机及其外围设备、通信设备及方法的专利申请量排名一直保持上升趋势，并在2011～2015年双双进入前10。而在广东，通信设备及方法的专利申请量自2001～2005年以后就一直稳居榜首，计算机及其外围设备的排名也在迅猛攀升，从最初的第21位跃居第2位，最终形成专利申请量排名前三位的技术领域均与信息产业相关的格局。另一方面,三省在工业、制造业领域的专利申请呈现明显的差异化发展。在浙江,除了机械工程和建筑工程的专利申请量始终保持领先之外,木制品家具及相关产品、纺织品和服装、冶金与金属材料、汽车及零部件等技术领域的排名逐渐上升,并在2011~2015年排名靠前;同处长三角的江苏与浙江的情况较为相似;而在广东,除了电器设备及组件的专利申请量稳定维持在排名靠前的位置以外,机械工程、建筑工程、木制品家具和相关产业、汽车及零部件、交通运输设备(除汽车)、基础化学等技术领域的排名都呈现不同程度的下滑趋势。

其次,从各技术领域专利数量及其发展变化的态势来看,浙江与江苏技术创新的领域分布比较广泛,各技术领域发展相对均衡,而广东的技术创新则具有较高的集中度和非均衡性。笔者统计了1985~2015年的每个年度,三省前五位技术领域的专利申请量占23个技术领域专利申请总量的比例。统计结果显示,浙江和江苏前五位技术领域的专利申请量占比呈现逐步降低的趋势——已从1985年的57.72%和48.68%,逐步下降到2015年的42.68%和42.36%;相反,广东前五位技术领域的专利申请量占比则呈现高位运行、稳中有升的趋势——从1985年的49.21%,快速上升到2007年的64.57%,此后下降到2015年的54.46%(如图8~图10所示)。这就从整体上表明,浙江、江苏专利申请和技术创新的领域分布与数量结构呈现均衡化的发展趋势,前五位技术领域在专利申请数量上的优势并不突出,与其他技术领域的差距逐渐减小;相反,广东专利申请和技术创新则趋于集中化,大部分专利申请集中于前五位的技术领域,优势技术领域十分突出,与其他技术领域的差距明显。

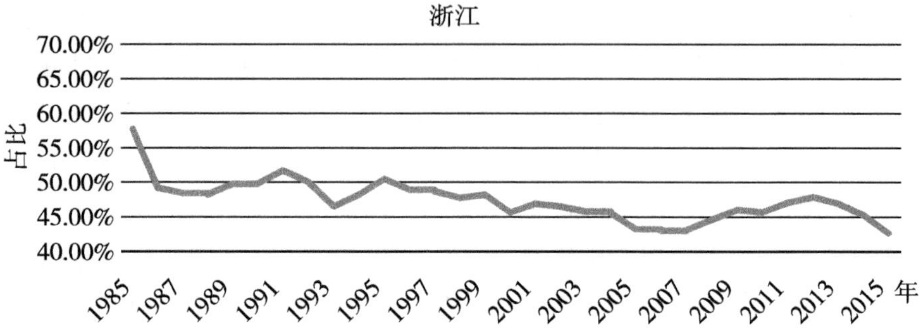

图 8　浙江前五位技术领域专利申请量占比(1985～2015 年)

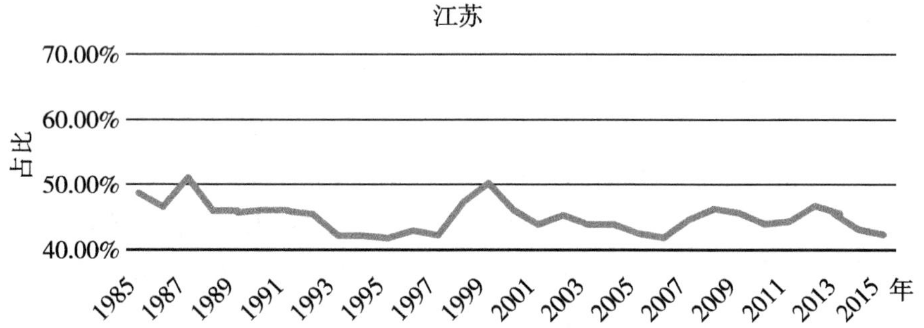

图 9　江苏前五位技术领域专利申请量占比(1985～2015 年)

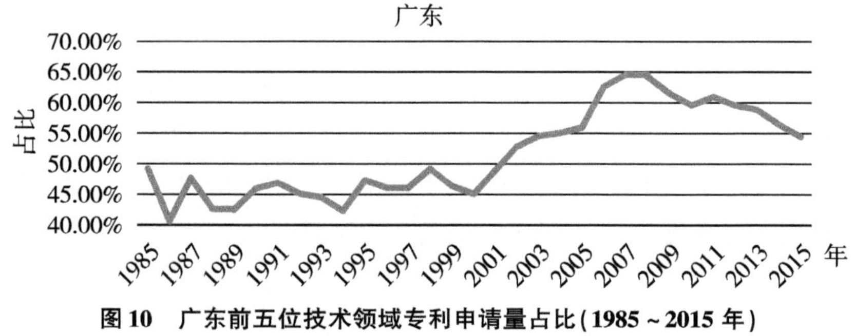

图 10　广东前五位技术领域专利申请量占比(1985～2015 年)

与此同时,笔者还根据前文的统计结果,计算了在 30 年的时间跨度内三省 23 个技术领域的专利申请量和复合增长率的“标准差系数”(见

表5)。[10] 结果显示,在专利申请量和复合增长率方面,广东省的标准差系数均显著大于浙江和江苏。这就说明,在广东,各技术领域的专利申请量与增长率(实则表征着各技术领域的创新能力与发展速度)相互间差异较大,优势领域与其他领域之间差距十分明显;而浙江和江苏各领域技术创新能力与发展速度相对比较均衡,其中,浙江23个技术领域的发展速度在三省中最为均衡,而江苏则在各领域专利数量方面最为均衡。

表5 三省专利申请数量与复合增长率的标准差系数(1985~2015年)

标准差系数	专利数量	复合增长率
浙江	0.725797062	0.176381926
江苏	0.633307691	0.233063597
广东	1.157501818	0.300084367

最后,从专利申请和技术创新的主体来看,浙江和江苏呈现出高校、科研机构、企业多元主体协同创新的特征,而广东技术创新则以企业为主导。根据历年的科技统计年鉴,从有相关统计资料的2009年至2015年,浙江、江苏规模以上工业企业的发明专利申请量在本地区发明专利申请总量中所占比例分别为35.45%和26.01%,规上企业三种专利申请量所占的比例更低一些,仅为28.63%和21.28%;而在广东,上述两个指标分别高达68.73%和36.39%(参见附件表14、表15)。与此同时,在2009~2015年,浙江和江苏高校的R&D经费中,平均每年有35.3%和40.7%来自于企业,而在广东高校的R&D经费中,企业资金占比仅为年均23.9%;同期,在规模以上工业企业对国内高校支出占外部支出的比例方面,浙江为年均17.6%,江苏为年均20.1%,而广东仅为11.2%(参见附件表16、表17)。[11] 这就表明,与广东相比,浙江和江苏的创新主体更加多元化,企业、高校和科研机构都在技术创新中发挥着重要作用,而且企业与高校、

---

⑩ 标准差系数,又称为均方差系数、离散系数,是用来考察一组数据的离散程度和差异程度的重要指标,计算方法为标准差/均值。标准差系数越大,说明数据相互之间差异较大,分布较离散,反之则说明分布较为均匀。

⑪ 数据来源为2010~2016年的《中国科技统计年鉴》(历年均由国家统计局、科学技术部编写,中国统计出版社出版)。

科研机构之间具有较为密切的协同关系。

专利分析的结果也可以进一步印证上述分析——笔者选取机械工程、通信设备及方法、树脂橡胶和涂料等三个技术领域,对排名前10位的专利申请人进行统计分析(参见附件图2~图4)。⑫ 统计结果显示,在广东,各个技术领域内排名前10位的专利申请人均以企业占据绝大多数,企业是专利申请和技术创新的绝对主力,而在浙江和江苏,高校(包括科研机构)在专利申请和技术创新中所发挥的作用则要大得多。(如表6所示)。

表6 各技术领域排名前10位的专利申请人结构

	机械工程		通信设备及方法		树脂、橡胶和涂料	
	企业	高校	企业	高校	企业	高校
浙江	5	5	6	4	2	8
江苏	5	5	5	5	3	7
广东	9	1	10	0	7	3

当然,三省技术创新的发展态势也有相似之处。近5年(2011~2015年),环境保护与资源利用、制药和药品、交通运输设备在三省都处于"新兴—成长型"技术领域,树脂橡胶和涂料技术领域的专利申请量增速也较快(在江苏甚至位居第一)。究其原因,除了经济社会发展和科技进步自身的需求与规律以外,更重要的则是国家产业政策和本地区产业结构调整的影响——根据国务院于2010年10月发布的《关于加快培育和发展战略性新兴产业的决定》,节能环保、新一代信息技术、生物(包括生物医药)、高端装备制造、新能源、新材料、新能源汽车等被列为重点培育和发展的战略性新兴产业,相关技术领域因而成为三省技术创新的主攻方向。可以预见,这些技术领域也将成为未来一个时期专利申请、技术创新乃至区域竞争的主战场。

---

⑫ 笔者之所以选择这三个技术领域进行分析,是因为机械工程是浙江和江苏专利申请量最多的技术领域,通信设备及方法则是广东专利申请量最多的技术领域;而树脂、橡胶和涂料则是战略性新兴产业的代表,近年来出现的新材料科技浪潮使得树脂、橡胶和涂料可以更加广泛地应用到工业和生活的各个方面,如航空航天、汽车、化工、纺织、机械制造、医学器械、建筑工程等,从而成为一个新兴的热点技术领域。因此,以上三个技术领域具有一定的代表性。

(二)三省技术创新模式的形成机理

浙江、江苏、广东在技术创新中所形成的各自的鲜明特征,首先与三省不同的产业结构与发展路径有着密切关系。广东地处珠三角,产业结构从20世纪90年代开始,经历了由"三来一补"的出口加工产业向"轻、智、终端"为特色的高科技产业的转型升级;而长三角地区则由于历史原因形成了以制造业为主要支撑的产业结构。[13] 上海的钢铁、汽车、石油化工、装备制造,江苏的电子及通信设备制造、纺织、普通机械制造,浙江的块状经济和产业集群(如宁波的石化产业与服装业、杭州装备制造业与茶产业、绍兴纺织业与黄酒业、嵊州领带业等)都具有较强的产业优势。[14] 产业结构的多元化在客观上使浙江、江苏的技术创新呈现出"信息化、工业化、农业现代化齐头并进"的特征。

在此基础之上,更重要的是,从区域创新系统的角度来看,三省也有着明显的差异性:如果说广东在20世纪90年代所创造的经济奇迹由低成本生产要素启动,那么其持续发展和升级的动力更多地来自区域内企业的创新能力。广东企业具有灵活应对市场的能力和渐进式产品创新的能力。[15] 广东绝大部分的技术研发由企业发起和主导,并在企业内部完成,表现为从生产实践反馈至企业管理、设计、开发、研究的过程。[16] 正是由于广东的技术创新主要是在市场需求驱动下的企业内部创新,高校和科研机构的作用并不突出,故而技术创新的线性范式比较明显,技术创新比较集中于少数几个优势产业和技术领域,并且呈现出"渐进式创新"的显著特征;与广东相比,浙江和江苏的创新主体更加广泛和多元化,企业、高校和科研机构都在技术创新中发挥着重要作用,而且企业与高校、科研机构之间具有较为密切的协同关系。相应地,浙江和江苏的技术创新便呈现

---

⑬ 参见洪江涛、黄沛:《长三角地区制造业创新现状及对策研究》,载《研究与发展管理》2010年第3期。

⑭ 参见克罗吉、顾庆良:《长三角区域科技创新体系的特点及其启示》,载《华东经济管理》2009年第2期。

⑮ 参见符文颖、李郇:《企业创新与产业升级——珠江三角洲(广州、东莞)电子企业问卷调查报告》,载《南方经济》2010年第1期。

⑯ 参见丘晴、丘海雄:《珠三角创新的比较优势分析——基于制度嵌入性的视角》,载《南方经济》2016年第3期。

出系统性和开放性特征，在技术创新的动力机制方面，除了市场需求以外，科学研究自身的发展规律与导向也具有重要的推动作用，从而使技术创新的领域分布比较广泛和均衡。

五、三省技术创新的主要问题及对策

（一）三省技术创新所面临的主要问题

1. 浙江传统产业技术改造升级的压力较大。从图 5 可以看出，在 2011 ~ 2015 年，浙江专利申请量排名靠前的几个技术领域，专利申请的增速都不快——机械工程、半导体和电子元件、建筑工程、木制品及家具等既是浙江的传统优势产业，也是技术创新的主要领域，然而，这些技术领域在经历多年发展以后，技术创新的增速明显放缓（以上四个技术领域的专利申请量在 23 个技术领域中分别位居第 1 位、第 2 位、第 4 位、第 5 位，但专利申请增速则分别位居第 18 位、第 17 位、第 15 位、第 20 位）。这与江苏和广东形成了较为明显的反差——从图 6 和图 7 可以看出，2011 ~ 2015 年，江苏和广东专利申请量排名靠前的技术领域中，有相当一部分仍然保持着较快增速。

以浙江专利申请量第一位的机械工程为例，通过分析该技术领域内各个主要技术分支在 2000 ~ 2015 年的专利申请量，可以发现，家电、发动机、液压气动及其控制这三个主要技术分支的专利申请量在 2012 年和 2013 年之后开始出现下降，石油化工的专利申请增速也有所放缓（如图 11 所示）。尤其是最近几年，除了专利申请量增速放缓以外，浙江在机械工程领域的专利申请人数量的增长也同时减缓（如图 12 所示）。这就说明，作为浙江传统优势产业，机械工程领域的创新活力有所下降，技术创新正面临着增长“瓶颈”甚至下滑的风险，而对于传统产业的技术改造和新技术的应用推广总体上进展不快。

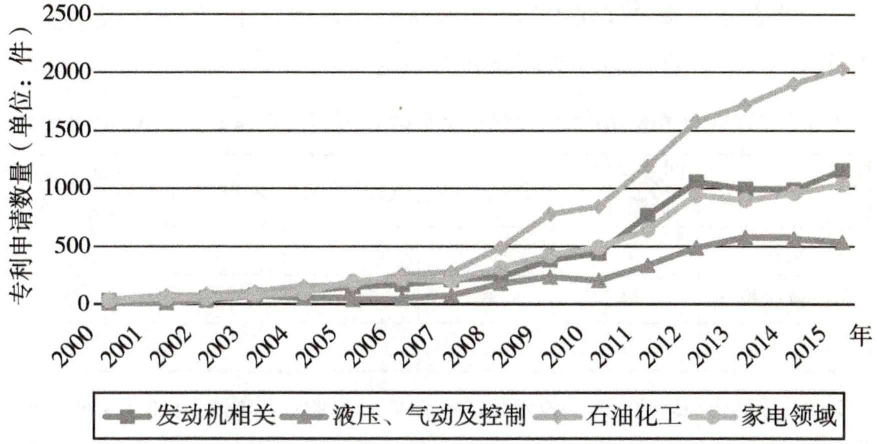

图 11　浙江省机械工程各技术分支专利申请趋势图(2000 ~ 2015 年)

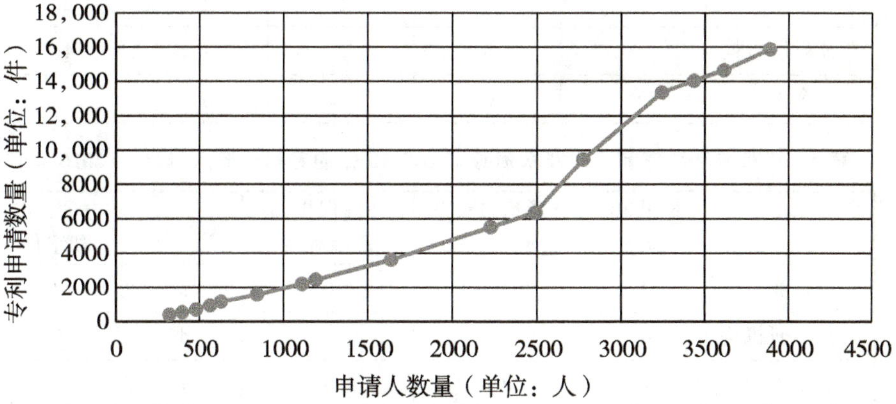

图 12　浙江省机械工程领域专利申请量和专利申请人数量(2000 ~ 2015 年)

2. 浙江和江苏企业在技术创新中的主导和引领作用不够突出。笔者针对三省在 2011 ~2015 年专利申请增速最快的 5 个技术领域,分别统计了各技术领域内前 10 位的专利申请人。统计结果表明,在浙江专利申请增速最快的 5 个技术领域,除了造纸印刷以外,其余 4 个技术领域均由高校科研机构引领;江苏的情况与浙江较为接近,除了医疗器械及用品,其余 4 个增速最快的技术领域均由高校科研机构引领;而广东的情况则恰恰相反,在增速最快的 5 个技术领域中,除了制药和药品以外,企业在其余 4 个技术领域发挥了主导作用(见表 7 ~ 表 9)。这就从整体上说明,浙江、江苏企业在技术创新中的作用与优势还不够突出，在一些新兴技术领域和技术前沿，企业的技术创新能力不足。

表7　浙江专利增速前五的技术领域排名前10位的专利申请人(2011～2015年)

	环境保护与资源利用	食品饮料	造纸印刷	农林牧渔	交通运输设备(除汽车)
企业	2	3	8	1	3
高校科研机构	8	6	2	9	5
个人	0	1	0	0	2

表8　江苏专利增速前五的技术领域排名前10位的专利申请人(2011～2015年)

	树脂橡胶和涂料	环境保护与资源利用	医疗器械及用品	农林牧渔	制药和药品
企业	4	2	6	3	2
高校科研机构	6	8	2	7	4
个人	0	0	2	0	4

表9　广东专利增速前五的技术领域排名前10位的专利申请人(2011～2015年)

	制药和药品	交通运输设备(除汽车)	环境保护与资源利用	农林牧渔	电器设备和组件
企业	3	9	6	5	10
高校科研机构	6	1	4	4	0
个人	1	0	0	1	0

3.广东技术创新的相对优势正在缩小。从有统计资料的2009年至今，广东省"三种专利申请量占全国的比重"和"发明专利申请量占全国的比重"均呈明显下降，已由2009年的14.32%和14.08%，分别下降至2015年的13.49%和10.73%(参见附件表18、表19)。这一方面是因为，广东技术创新具有各领域发展不均衡的特点，2011～2015年，在笔者统计分析的23个技术领域中，广东有多达9个技术领域处于萌芽或衰退状态，即位于"低总量—低增长"象限(如图7所示)，而在浙江，仅有4个技术领域位于该象限(如图5所示)；另一方面，作为广东传统的优势产业和技术领域，通信设备及方法、半导体和电子元件在2011～2015年的专利申请量

虽然仍居前列(分别位居第 1 位和第 3 位),但专利申请的增长速度十分缓慢,仅位居第 23 位和第 20 位(参见附件表 7、表 13)。在最具优势的通信设备及方法技术领域,广东省专利授权量占全国专利授权量的比重也呈现出明显的下降趋势,已由 2007 年最高峰的 32.5%,下降至 2015 年的 27.8%(如图 13 所示)。主导领域的优势缩小,而其余多数领域仍处于萌芽或衰退状态,从而导致广东技术创新的整体优势缩小。

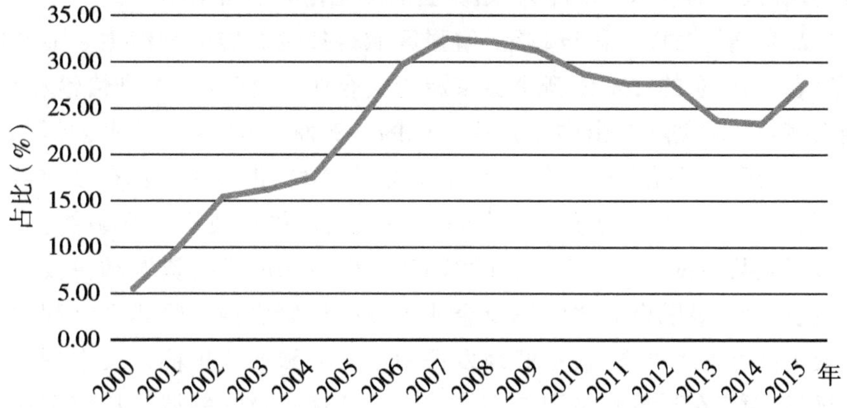

图 13 广东通信设备及方法专利授权量占全国专利授权量的比重

4. 三省高校和科研机构科技成果转化率低。根据统计,2009 ~ 2015 年,浙江高校和科研机构共进行专利转让及实施许可 1278 件,江苏、广东高校和科研机构所进行的专利转让及实施许可分别为 5463 件和 913 件(参见附件表 20)。结合同期三省高校和科研机构有效发明专利的数量统计(参见附件表 21),可以粗略估算,浙江高校科研机构的专利转化率为年均 1.3%,江苏为 3.2%,广东则为 1.6%。无论从专利转让及实施许可的数量还是比例来看,三省高校科研机构的成果转化能力及其对于产业发展和技术创新的支撑力度都是严重不足的。

(二)进一步发挥三省科创优势、提升三省技术创新能力的对策建议

1. 构建各具特色的区域创新系统,促进科技资源的合理配置和高效利用。广东技术创新的显著特征是技术研发与生产制造纵向一体化,而在浙江和江苏,高校、科研机构技术创新的能力更强,作用更为突出,从而导致技术研发与生产制造在多数情况下是分离的。因此,在未来一个时

期,浙江和江苏应当着力构建多元主体协同互动的开放式创新系统,重点做好产学研结合和协同创新工作,建设国际领先的技术交易市场和科技成果转化基地,同时加快培育具有突出优势的企业创新主体;而广东则应当构建以龙头企业为中心和创新源的区域创新系统,在重点产业和重点企业建设技术创新平台和示范推广中心,增强区域创新系统中各主体的便捷联系,带动相关产业和产业集群的技术创新,与此同时,应当加强高校、科研机构的技术创新能力,培养更加多元化的创新主体。

2. 实施针对性的科技政策,增强区域科技创新能力与潜力。前文的研究表明,广东的技术创新主要来源于大企业,浙江和江苏则恰恰相反,绝大多数技术创新是由中小企业完成的。然而,中小企业技术创新正面临着创新资源不足和分散化的巨大挑战。[⑰] 因此,浙江和江苏科技政策的主要着力点,应当是为规模庞大的中小企业提供科技服务和组织协调。通过建立共性技术研发平台,鼓励高校科研机构的科技资源和科技服务向企业开放,鼓励企业之间以及企业与高校科研机构之间建立专利联盟和交叉许可等多种方式,更好地发挥中小企业和产业集群在技术创新中的优势;而广东科技政策则应当侧重于发挥优势技术领域的扩散带动作用,增强技术创新的发展后劲。应当鼓励和推动龙头企业积极参与制定标准,建立优势产业、优势企业的科技成果扩散机制,完善新技术新工艺新产品的应用推广机制,增强本地区技术创新的比较优势。与此同时,应当改进科研经费的投入结构,逐步降低试验发展经费的比例,大幅度增加基础性研究经费,从而增强本地区原始创新能力和技术创新的后劲。[⑱]

3. 加强产业政策与科技政策的对接,实现技术创新与产业转型升级的双向互动。技术创新为产业结构转型升级提供了重要的契机和引领;而产业结构转型升级则是促进技术创新的动力源和根本保障。为此,一方面,对于近年来技术创新最为活跃、专利申请数量和专利申请人数量增

---

⑰ 参见解学梅、刘丝雨:《协同创新模式对协同效应与创新绩效的影响机理》,载《管理科学》2015年第2期。

⑱ 长期以来,在广东研发经费投入中,试验发展经费占到了总经费的90%以上,基础研究经费则一直在5%以下。而在经济结构较为相似的意大利,基础研究的经费比例达到25%以上。这就从一个侧面说明了,广东过于注重产品端的技术,而忽视原创性技术研发。参见中国科技发展战略研究小组:《中国区域创新能力报告2012》,科学出版社2013年版,第95~100页。

长最快的一些新兴技术领域,如树脂橡胶和涂料、环境保护与资源利用等,应当出台更加强有力的产业政策,鼓励更多的社会资本和创新主体进入这些领域,尽快将其培育成新的主干产业和优势产业,加快和引领本地区产业结构转型升级;另一方面,对于技术创新整体趋缓的一些领域,如机械工程、建筑工程、基础化学、木制品家具和相关产品、办公用品等,应当以产业转型升级为倒逼机制,积极寻找新的技术增长点,更新技术创新和产业发展的主攻方向,而对于产能过剩和技术创新停滞的一些产业,则应当有计划地予以淘汰或转移。

4. 提升高校科研机构的专利质量,加强知识产权运营和成果转化能力。在新一轮科技革命方兴未艾的时代背景下,高校科研机构已经成为技术创新的重要策源地与主力军。据统计,2009~2015年,浙江、江苏、广东三省的高校科研机构分别申请专利达79,943件、157,832件和48,134件(参见附件表22),但与此同时,前文的研究表明,高校科研机构的专利转化率低,对技术创新与产业升级的引领作用尚未完全发挥。为此,一方面应当改进高校科研机构的考核评价和激励机制,提升其专利质量,既要促使重要技术创新尽快申请专利,又要避免出现过多的垃圾专利;另一方面,应当加快完善高校科研机构的知识产权运营和成果转化机制,加大专门化知识产权运营(成果转化)机构的建设力度和专业化人才的培育力度,健全知识产权创造、评估、转移转化与运用的全过程管理机制,增加知识产权运营的资本供给,打造科技成果转化的服务链条,促进高校科研机构知识产权与科技成果转移转化。

5. 在方法论的层面上,应当更加重视专利分析评议在产业政策、科技政策制定与修订中的运用。对于重点或新兴产业和技术领域,应当运用专利分析的理论与方法,评价其专利质量和技术创新能力,进而评估产业政策和科技政策的合理性与实施绩效,并且以促进知识产权创造与运用为核心,进行后续的政策修订。

附件

表1　浙江、江苏、广东各技术领域专利申请量(1985～2015年)

单位:件

序号	产业名称	浙江	江苏	广东
1	机械工程技术	96,997	95,870	52,228
2	交通运输设备(除汽车外)	13,343	19,042	11,989
3	汽车及零件	29,874	27,395	20,421
4	建筑工程	50,954	47,142	44,136
5	基础化学	12,328	23,635	10,482
6	树脂、橡胶和涂料等	12,598	36,120	22,939
7	制药和药品	14,410	28,798	17,497
8	医疗器械及用品	33,647	33,647	43,202
9	食品、饮料	13,908	23,591	14,216
10	农林牧渔	30,264	45,867	22,834
11	纺织品及服装等	39,304	57,647	12,387
12	造纸、印刷	9646	10,632	14,112
13	新能源	10,613	20,729	10,057
14	电器设备、器具和组件	32,093	27,361	56,240
15	木制品、家具及相关产品	42,094	29,305	27,316
16	冶金与金属材料	29,831	62,768	23,774
17	环境保护与资源利用	19,917	34,298	18,902
18	非金属矿物制品	9632	18,307	11,571
19	办公用品	8433	5739	4574
20	计算机及其外围设备	18,619	36,180	98,455
21	通信设备及方法	26,154	35,882	210,238
22	半导体和电子元件	57,607	96,860	94,295
23	导航、测量设备	49,289	80,691	58,504

表 2　浙江各技术领域专利申请量的分阶段统计(1985~2015 年)

单位:件

专利数量(件)	1985~1990 年	1991~1995 年	1996~2000 年	2001~2005 年	2006~2010 年	2011~2015 年
机械工程	631	956	1553	4943	20,132	68,782
交通运输设备(除汽车外)	172	288	364	874	2529	9116
汽车及零件	161	282	519	1553	6838	20,521
建筑工程	365	714	962	3078	10,960	34,875
基础化学	99	94	143	1013	3587	7392
树脂、橡胶和涂料等	56	58	103	592	2574	9215
制药和药品	60	188	357	2284	4242	7279
医疗器械及用品	336	593	752	2867	7384	21,715
食品、饮料	95	196	260	1274	2818	9265
农林牧渔	136	245	472	1523	5452	22,436
纺织品及服装等	203	325	469	1779	8399	28,129
造纸、印刷	83	98	175	490	1859	6941
新能源	30	29	93	439	2622	7400
电器设备、器具和组件	227	333	591	1570	7239	22,133
木制品、家具及相关产品	256	460	655	1983	9823	28,917
冶金与金属材料	113	127	207	882	5300	23,202
环境保护与资源利用	55	155	252	925	3937	14,593
非金属矿物制品	60	104	145	384	2106	6833
办公用品	161	229	265	660	2303	4815
计算机及其外围设备	36	62	152	1161	3980	13,228
通信设备及方法	101	154	224	1418	7066	17,191
半导体和电子元件	334	546	891	3059	13,131	39,646
导航、测量设备	389	427	543	2501	10,472	34,957

表 3　江苏各技术领域专利申请量的分阶段统计(1985～2015 年)

单位:件

专利数量(件)	1985～1990 年	1991～1995 年	1996～2000 年	2001～2005 年	2006～2010 年	2011～2015 年
机械工程	760	1147	1592	3616	18,595	70,160
交通运输设备(除汽车外)	252	491	499	1113	3768	12,919
汽车及零件	174	331	584	1346	4617	20,343
建筑工程	370	700	895	2269	8144	34,764
基础化学	113	188	278	1151	5304	16,601
树脂、橡胶和涂料等	83	126	171	768	5848	29,124
制药和药品	40	260	327	1745	6439	19,987
医疗器械及用品	336	593	752	2867	7384	21,715
食品、饮料	114	273	314	880	4795	17,215
农林牧渔	275	399	670	1731	8599	34,193
纺织品及服装等	245	420	543	1892	9379	45,168
造纸、印刷	41	122	177	287	1538	8467
新能源	69	111	284	838	4911	14,516
电器设备、器具和组件	280	437	616	1438	5491	19,099
木制品、家具及相关产品	292	428	508	1096	5448	21,533
冶金与金属材料	192	225	319	1195	11,199	49,638
环境保护与资源利用	115	242	381	1234	6311	26,015
非金属矿物制品	91	154	203	621	3457	13,781
办公用品	229	301	239	272	1237	3461
计算机及其外围设备	60	123	389	1409	5822	28,377
通信设备及方法	134	244	271	1621	7361	26,251
半导体和电子元件	452	682	1752	4850	22,838	66,286
导航、测量设备	544	628	714	2417	15,057	61,331

表4　广东各技术领域专利申请量的分阶段统计(1985～2015年)

单位:件

专利数量(件)	1985～1990年	1991～1995年	1996～2000年	2001～2005年	2006～2010年	2011～2015年
机械工程	314	503	1072	3872	13,210	33,257
交通运输设备(除汽车外)	138	268	492	1160	2543	7388
汽车及零件	101	217	517	1986	4945	12,655
建筑工程	189	604	1597	4836	10,436	26,474
基础化学	104	91	175	1023	3114	5975
树脂、橡胶和涂料等	84	102	267	1560	6398	14,528
制药和药品	31	342	447	2511	4084	10,082
医疗器械及用品	235	694	1185	4069	9818	27,201
食品、饮料	75	244	339	1134	3671	8753
农林牧渔	130	249	489	1820	4977	15,169
纺织品及服装等	92	165	332	1152	2952	7694
造纸、印刷	60	84	219	1249	3874	8626
新能源	31	58	110	488	2992	6378
电器设备、器具和组件	217	544	1333	4284	12,280	37,582
木制品、家具及相关产品	190	458	1085	3082	7251	15,250
冶金与金属材料	106	126	258	1248	5752	16,284
环境保护与资源利用	76	158	338	1240	4223	12,867
非金属矿物制品	53	132	229	958	3018	7181
办公用品	85	179	231	637	1281	2161
计算机及其外围设备	51	174	843	6559	24,101	66,727
通信设备及方法	87	290	1253	15,536	76,329	116,743
半导体和电子元件	205	430	1165	6941	25,493	60,061
导航、测量设备	161	297	621	3129	14,675	39,621

表 5　浙江省各领域专利申请量完整排名(1985～2015 年分阶段)

排名	1985～1990 年	1991～1995 年	1996～2000 年	2001～2005 年	2006～2010 年	2011～2015 年
1	1－机械工程	1－机械工程	1－机械工程	1－机械工程	1－机械工程	1－机械工程
2	23－导航、测量设备	4－建筑工程	4－建筑工程	4－建筑工程	22－半导体和电子元件	22－半导体和电子元件
3	4－建筑工程	8－医疗器械及用品	22－半导体和电子元件	22－半导体和电子元件	4－建筑工程	23－导航、测量设备
4	8－医疗器械及用品	22－半导体和电子元件	8－医疗器械及用品	8－医疗器械及用品	23－导航、测量设备	4－建筑工程
5	22－半导体和电子元件	15－木制品、家具及相关产品	15－木制品、家具及相关产品	23－导航、测量设备	15－木制品、家具及相关产品	15－木制品、家具及相关产品
6	15－木制品、家具及相关产品	23－导航、测量设备	14－电器设备、器具和组件	7－制药和药品	11－纺织品及服装等	11－纺织品及服装等
7	14－电器设备、器具和组件	14－电器设备、器具和组件	23－导航、测量设备	15－木制品、家具及相关产品	8－医疗器械及用品	16－冶金与金属材料
8	11－纺织品及服装等	11－纺织品及服装等	3－汽车及零件	11－纺织品及服装等	14－电器设备、器具和组件	10－农林牧渔
9	2－交通运输设备(除汽车外)	2－交通运输设备(除汽车外)	10－农林牧渔	14－电器设备、器具和组件	21－通信设备及方法	14－电器设备、器具和组件
10	3－汽车及零件	3－汽车及零件	11－纺织品及服装等	3－汽车及零件	3－汽车及零件	8－医疗器械及用品
11	19－办公用品	10－农林牧渔	2－交通运输设备(除汽车外)	10－农林牧渔	10－农林牧渔	3－汽车及零件
12	10－农林牧渔	19－办公用品	7－制药和药品	21－通信设备及方法	16－冶金与金属材料	21－通信设备及方法

续表

排名	1985～1990年	1991～1995年	1996～2000年	2001～2005年	2006～2010年	2011～2015年
13	16－冶金与金属材料	9－食品、饮料	19－办公用品	9－食品、饮料	7－制药和药品	17－环境保护与资源利用
14	21－通信设备及方法	7－制药和药品	9－食品、饮料	20－计算机及其外围设备	20－计算机及其外围设备	20－计算机及其外围设备
15	5－基础化学	17－环境保护与资源利用	17－环境保护与资源利用	5－基础化学	17－环境保护与资源利用	9－食品、饮料
16	9－食品、饮料	21－通信设备及方法	21－通信设备及方法	17－环境保护与资源利用	5－基础化学	6－树脂、橡胶和涂料等
17	12－造纸、印刷	16－冶金与金属材料	16－冶金与金属材料	16－冶金与金属材料	9－食品、饮料	2－交通运输设备(除汽车外)
18	7－制药和药品	18－非金属矿物制品	12－造纸、印刷	2－交通运输设备(除汽车外)	13－新能源	13－新能源
19	18－非金属矿物制品	12－造纸、印刷	20－计算机及其外围设备	19－办公用品	6－树脂、橡胶和涂料等	5－基础化学
20	6－树脂、橡胶和涂料等	5－基础化学	18－非金属矿物制品	6－树脂、橡胶和涂料等	2－交通运输设备(除汽车外)	7－制药和药品
21	17－环境保护与资源利用	20－计算机及其外围设备	5－基础化学	12－造纸、印刷	19－办公用品	12－造纸、印刷
22	20－计算机及其外围设备	6－树脂、橡胶和涂料等	6－树脂、橡胶和涂料等	13－新能源	18－非金属矿物制品	18－非金属矿物制品
23	13－新能源	13－新能源	13－新能源	18－非金属矿物制品	12－造纸、印刷	19－办公用品

表6 江苏省各领域专利申请量完整排名(1985～2015年分阶段)

排名	1985～1990年	1991～1995年	1996～2000年	2001～2005年	2006～2010年	2011～2015年
1	1－机械工程	1－机械工程	22－半导体和电子元件	22－半导体和电子元件	22－半导体和电子元件	1－机械工程
2	23－导航、测量设备	4－建筑工程	1－机械工程	1－机械工程	1－机械工程	22－半导体和电子元件
3	22－半导体和电子元件	22－半导体和电子元件	4－建筑工程	8－医疗器械及用品	23－导航、测量设备	23－导航、测量设备
4	4－建筑工程	23－导航、测量设备	8－医疗器械及用品	23－导航、测量设备	16－冶金与金属材料	16－冶金与金属材料
5	8－医疗器械及用品	8－医疗器械及用品	23－导航、测量设备	4－建筑工程	11－纺织品及服装等	11－纺织品及服装等
6	15－木制品、家具及相关产品	2－交通运输设备(除汽车外)	10－农林牧渔	11－纺织品及服装等	10－农林牧渔	4－建筑工程
7	14－电器设备、器具和组件	14－电器设备、器具和组件	14－电器设备、器具和组件	7－制药和药品	4－建筑工程	10－农林牧渔
8	10－农林牧渔	15－木制品、家具及相关产品	3－汽车及零件	10－农林牧渔	8－医疗器械及用品	6－树脂、橡胶和涂料等
9	2－交通运输设备(除汽车外)	11－纺织品及服装等	11－纺织品及服装等	21－通信设备及方法	21－通信设备及方法	20－计算机及其外围设备
10	11－纺织品及服装等	10－农林牧渔	15－木制品、家具及相关产品	14－电器设备、器具和组件	7－制药和药品	21－通信设备及方法
11	19－办公用品	3－汽车及零件	2－交通运输设备(除汽车外)	20－计算机及其外围设备	17－环境保护与资源利用	17－环境保护与资源利用

续表

排名	1985～1990年	1991～1995年	1996～2000年	2001～2005年	2006～2010年	2011～2015年
12	16－冶金与金属材料	19－办公用品	20－计算机及其外围设备	3－汽车及零件	6－树脂、橡胶和涂料等	8－医疗器械及用品
13	3－汽车及零件	9－食品、饮料	17－环境保护与资源利用	17－环境保护与资源利用	20－计算机及其外围设备	15－木制品、家具及相关产品
14	21－通信设备及方法	7－制药和药品	7－制药和药品	16－冶金与金属材料	14－电器设备、器具和组件	3－汽车及零件
15	17－环境保护与资源利用	21－通信设备及方法	16－冶金与金属材料	5－基础化学	15－木制品、家具及相关产品	7－制药和药品
16	9－食品、饮料	17－环境保护与资源利用	9－食品、饮料	2－交通运输设备（除汽车外）	5－基础化学	14－电器设备、器具和组件
17	5－基础化学	16－冶金与金属材料	13－新能源	15－木制品、家具及相关产品	13－新能源	9－食品、饮料
18	18－非金属矿物制品	5－基础化学	5－基础化学	9－食品、饮料	9－食品、饮料	5－基础化学
19	6－树脂、橡胶和涂料等	18－非金属矿物制品	21－通信设备及方法	13－新能源	3－汽车及零件	13－新能源
20	13－新能源	6－树脂、橡胶和涂料等	19－办公用品	6－树脂、橡胶和涂料等	2－交通运输设备（除汽车外）	18－非金属矿物制品
21	20－计算机及其外围设备	20－计算机及其外围设备	18－非金属矿物制品	18－非金属矿物制品	18－非金属矿物制品	2－交通运输设备（除汽车外）
22	12－造纸、印刷	12－造纸、印刷	12－造纸、印刷	12－造纸、印刷	12－造纸、印刷	12－造纸、印刷
23	7－制药和药品	13－新能源	6－树脂、橡胶和涂料等	19－办公用品	19－办公用品	19－办公用品

表7 广东省各领域专利申请量完整排名(1985~2015年分阶段)

排名	1985~1990年	1991~1995年	1996~2000年	2001~2005年	2006~2010年	2011~2015年
1	1-机械工程	8-医疗器械及用品	4-建筑工程	21-通信设备及方法	21-通信设备及方法	21-通信设备及方法
2	8-医疗器械及用品	4-建筑工程	14-电器设备、器具和组件	22-半导体和电子元件	22-半导体和电子元件	20-计算机及其外围设备
3	14-电器设备、器具和组件	14-电器设备、器具和组件	21-通信设备及方法	20-计算机及其外围设备	20-计算机及其外围设备	22-半导体和电子元件
4	22-半导体和电子元件	1-机械工程	8-医疗器械及用品	4-建筑工程	23-导航、测量设备	23-导航、测量设备
5	15-木制品、家具及相关产品	15-木制品、家具及相关产品	22-半导体和电子元件	14-电器设备、器具和组件	1-机械工程	14-电器设备、器具和组件
6	4-建筑工程	22-半导体和电子元件	15-木制品、家具及相关产品	8-医疗器械及用品	14-电器设备、器具和组件	1-机械工程
7	23-导航、测量设备	7-制药和药品	1-机械工程	1-机械工程	4-建筑工程	8-医疗器械及用品
8	2-交通运输设备(除汽车外)	23-导航、测量设备	20-计算机及其外围设备	23-导航、测量设备	8-医疗器械及用品	4-建筑工程
9	10-农林牧渔	21-通信设备及方法	23-导航、测量设备	15-木制品、家具及相关产品	15-木制品、家具及相关产品	16-冶金与金属材料
10	16-冶金与金属材料	2-交通运输设备(除汽车外)	3-汽车及零件	7-制药和药品	6-树脂、橡胶和涂料等	15-木制品、家具及相关产品
11	5-基础化学	10-农林牧渔	2-交通运输设备(除汽车外)	3-汽车及零件	16-冶金与金属材料	10-农林牧渔

续表

排名	1985～1990年	1991～1995年	1996～2000年	2001～2005年	2006～2010年	2011～2015年
12	3－汽车及零件	9－食品、饮料	10－农林牧渔	10－农林牧渔	10－农林牧渔	6－树脂、橡胶和涂料等
13	11－纺织品及服装等	3－汽车及零件	7－制药和药品	6－树脂、橡胶和涂料等	3－汽车及零件	17－环境保护与资源利用
14	21－通信设备及方法	19－办公用品	9－食品、饮料	12－造纸、印刷	17－环境保护与资源利用	3－汽车及零件
15	19－办公用品	20－计算机及其外围设备	17－环境保护与资源利用	16－冶金与金属材料	7－制药和药品	7－制药和药品
16	6－树脂、橡胶和涂料等	11－纺织品及服装等	11－纺织品及服装等	17－环境保护与资源利用	12－造纸、印刷	9－食品、饮料
17	17－环境保护与资源利用	17－环境保护与资源利用	6－树脂、橡胶和涂料等	2－交通运输设备（除汽车外）	9－食品、饮料	12－造纸、印刷
18	9－食品、饮料	18－非金属矿物制品	16－冶金与金属材料	11－纺织品及服装等	5－基础化学	11－纺织品及服装等
19	12－造纸、印刷	16－冶金与金属材料	19－办公用品	9－食品、饮料	18－非金属矿物制品	2－交通运输设备（除汽车外）
20	18－非金属矿物制品	6－树脂、橡胶和涂料等	18－非金属矿物制品	5－基础化学	13－新能源	18－非金属矿物制品
21	20－计算机及其外围设备	5－基础化学	12－造纸、印刷	18－非金属矿物制品	11－纺织品及服装等	13－新能源
22	7－制药和药品	12－造纸、印刷	5－基础化学	19－办公用品	2－交通运输设备（除汽车外）	5－基础化学
23	13－新能源	13－新能源	13－新能源	13－新能源	19－办公用品	19－办公用品

表 8　浙江各技术领域专利申请量和相对增长率(1985～2015 年)

序号	技术领域	专利申请量	相对增长率	增长率排名
1	机械工程	96,997	0.9662164	14
2	交通运输设备(除汽车)	13,343	0.7530316	22
3	汽车及零部件	29,874	1.0166560	9
4	建筑工程	50,954	0.9249320	17
5	基础化学	12,328	0.8505317	20
6	树脂、橡胶和涂料	12,598	1.1025002	7
7	制药和药品	14,410	1.0005559	10
8	医疗器械及用品	33,647	0.8086418	21
9	食品、饮料	13,908	0.9312820	15
10	农林牧渔	30,264	1.1033730	6
11	纺织品和服装	39,304	1.0442536	8
12	造纸、印刷	9646	0.8842683	19
13	新能源	10,613	1.2478504	3
14	电器设备和组件	32,093	0.9312052	16
15	木制品、家具和相关产品	42,094	0.9775638	13
16	冶金与金属材料	29,831	1.1805267	4
17	环境保护与资源利用	19,917	1.2753097	2
18	非金属矿物制品	9632	0.9801772	12
19	办公用品	8433	0.6044360	23
20	计算机及其外围设备	18,619	1.4029189	1
21	通信设备及方法	26,154	1.1141861	5
22	半导体和电子元件	57,607	0.9935007	11
23	导航、测量设备	49,289	0.9060828	18

表9 江苏各技术领域专利申请量和相对增长率(1985~2015年)

序号	技术领域	专利申请量	相对增长率	增长率排名
1	机械工程	95,870	0.9662164	18
2	交通运输设备(除汽车)	19,042	0.7530316	22
3	汽车及零部件	27,395	1.0166560	15
4	建筑工程	47,142	0.9249320	17
5	基础化学	23,635	0.8505317	12
6	树脂、橡胶和涂料	36,120	1.1025002	3
7	制药和药品	28,798	1.0005559	1
8	医疗器械及用品	33,647	0.8086418	21
9	食品、饮料	23,591	0.9312820	11
10	农林牧渔	45,867	1.1033730	14
11	纺织品和服装	57,647	1.0442536	9
12	造纸、印刷	10,632	0.8842683	7
13	新能源	20,729	1.2478504	6
14	电器设备和组件	27,361	0.9312052	20
15	木制品、家具和相关产品	29,305	0.9775638	19
16	冶金与金属材料	62,768	1.1805267	4
17	环境保护与资源利用	34,298	1.2753097	5
18	非金属矿物制品	18,307	0.9801772	10
19	办公用品	5739	0.6044360	23
20	计算机及其外围设备	36,180	1.4029189	2
21	通信设备及方法	35,882	1.1141861	8
22	半导体和电子元件	96,860	0.9935007	13
23	导航、测量设备	80,691	0.9060828	16

表 10　广东各技术领域专利申请量和相对增长率(1985 ~ 2015 年)

序号	技术领域	专利申请量	相对增长率	增长率排名
1	机械工程	52,228	0.8653119	18
2	交通运输设备(除汽车)	11,989	0.6833101	22
3	汽车及零部件	20,421	0.9140867	14
4	建筑工程	44,136	0.9473585	12
5	基础化学	10,482	0.7010097	21
6	树脂、橡胶和涂料	22,939	1.0123485	8
7	制药和药品	17,497	1.2242327	3
8	医疗器械及用品	43,202	0.8908782	17
9	食品、饮料	14,216	0.8932739	15
10	农林牧渔	22,834	0.8932189	16
11	纺织品和服装	12,387	0.7994685	19
12	造纸、印刷	14,112	0.9552314	11
13	新能源	10,057	1.0679563	6
14	电器设备和组件	56,240	1.0127788	7
15	木制品、家具和相关产品	27,316	0.7883276	20
16	冶金与金属材料	23,774	0.9754803	10
17	环境保护与资源利用	18,902	1.0056490	9
18	非金属矿物制品	11,571	0.9373517	13
19	办公用品	4574	0.5110500	23
20	计算机及其外围设备	98,455	1.7975060	2
21	通信设备及方法	210,238	1.8094649	1
22	半导体和电子元件	94,295	1.1873272	4
23	导航、测量设备	58,504	1.1273792	5

表 11 浙江各技术领域专利申请量和相对增长率(2011～2015 年)

序号	技术领域	专利申请量	相对增长率	增长率排名
1	机械工程	68,782	0.7683580	18
2	交通运输设备(除汽车)	9116	1.3594389	5
3	汽车及零部件	20,521	0.4907968	21
4	建筑工程	34,875	0.8893902	15
5	基础化学	7392	0.6541017	19
6	树脂、橡胶和涂料	9215	1.3012376	8
7	制药和药品	7279	1.3514584	6
8	医疗器械及用品	21,715	1.2411062	10
9	食品、饮料	9265	1.5245178	2
10	农林牧渔	22,436	1.3618276	4
11	纺织品和服装	28,129	0.9369189	13
12	造纸、印刷	6941	1.4328984	3
13	新能源	7400	0.0173253	22
14	电器设备和组件	22,133	1.0468303	12
15	木制品、家具和相关产品	28,917	0.5225785	20
16	冶金与金属材料	23,202	1.1567715	11
17	环境保护与资源利用	14,593	1.6411148	1
18	非金属矿物制品	6833	1.2841335	9
19	办公用品	4815	-0.0850147	23
20	计算机及其外围设备	13,228	1.3025041	7
21	通信设备及方法	17,191	0.8849466	16
22	半导体和电子元件	39,646	0.7915141	17
23	导航、测量设备	34,957	0.8936036	14

表 12 江苏各技术领域专利申请量和相对增长率(2011 ~ 2015 年)

序号	技术领域	专利申请量	相对增长率	增长率排名
1	机械工程	70,160	0.8578506	15
2	交通运输设备(除汽车)	12,919	1.1806930	11
3	汽车及零部件	20,343	1.3341202	7
4	建筑工程	34,764	1.2018904	10
5	基础化学	16,601	0.7423271	17
6	树脂、橡胶和涂料	29,124	1.8584501	1
7	制药和药品	19,987	1.4142778	5
8	医疗器械及用品	21,715	1.6638352	3
9	食品、饮料	17,215	0.8994170	14
10	农林牧渔	34,193	1.5197003	4
11	纺织品和服装	45,168	0.8546340	16
12	造纸、印刷	8467	0.6407166	19
13	新能源	14,516	0.0085151	22
14	电器设备和组件	19,099	1.2822073	8
15	木制品、家具和相关产品	21,533	0.3214156	21
16	冶金与金属材料	49,638	1.1123276	12
17	环境保护与资源利用	26,015	1.7184581	2
18	非金属矿物制品	13,781	1.2253253	9
19	办公用品	3461	-0.2548295	23
20	计算机及其外围设备	28,377	1.0274012	13
21	通信设备及方法	26,251	0.3908869	20
22	半导体和电子元件	66,286	0.6515171	18
23	导航、测量设备	61,331	1.3488629	6

表13 广东各技术领域专利申请量和相对增长率(2011~2015年)

序号	技术领域	专利申请量	相对增长率	增长率排名
1	机械工程	33,257	0.7713501	17
2	交通运输设备(除汽车)	7388	1.6220572	2
3	汽车及零部件	12,655	1.2580859	7
4	建筑工程	26,474	0.9318764	12
5	基础化学	5975	0.8255420	16
6	树脂、橡胶和涂料	14,528	0.9252751	13
7	制药和药品	10,082	1.6460827	1
8	医疗器械及用品	27,201	1.4262308	6
9	食品、饮料	8753	0.8559351	15
10	农林牧渔	15,169	1.5649248	4
11	纺织品和服装	7694	1.0677871	8
12	造纸、印刷	8626	0.4637579	21
13	新能源	6378	0.4122005	22
14	电器设备和组件	37,582	1.5467257	5
15	木制品、家具和相关产品	15,250	0.9070794	14
16	冶金与金属材料	16,284	0.9628670	11
17	环境保护与资源利用	12,867	1.5810802	3
18	非金属矿物制品	7181	0.5692893	19
19	办公用品	2161	0.7409132	18
20	计算机及其外围设备	66,727	1.0435671	9
21	通信设备及方法	116,743	0.3585706	23
22	半导体和电子元件	60,061	0.4871491	20
23	导航、测量设备	39,621	1.0316526	10

表 14　各地区发明专利申请总数及规上企业申请数

单位：件

	2015 年		2014 年		2013 年		2012 年		2011 年		2010 年		2009 年	
	全部	规上企业	全部	规上企业	全部	规上企业	全部	规上企业	全部	规上企业	全部	规上企业	全部	规上企业
上海	46,976	10,740	39,133	12,524	39,157	11,377	37,139	9901	32,142	8176	26,165	4568	22,012	6246
江苏	154,608	41,744	146,660	39,858	141,259	33,090	110,091	27,820	84,678	21,649	50,298	8194	31,779	11,920
浙江	67,674	17,242	52,406	16,824	42,744	15,036	33,265	12,844	24,745	9335	18,027	4241	15,646	8692
安徽	68,314	19,967	49,960	15,701	34,857	10,866	19,391	8147	10,982	5385	6396	1967	4465	2407
广东	103,941	51,672	75,147	55,624	68,990	47,213	60,448	44,200	52,012	36,053	40,866	24,675	32,247	27,768

表 15　各地区三种专利申请总数及规上企业申请数

单位：件

	2015 年		2014 年		2013 年		2012 年		2011 年		2010 年		2009 年	
	全部	规上企业	全部	规上企业	全部	规上企业	全部	规上企业	全部	规上企业	全部	规上企业	全部	规上企业
上海	100,006	21,725	81,664	26,848	86,450	25,738	82,682	24,873	80,215	19,365	71,196	10,378	62,241	15,472
江苏	428,337	119,927	421,907	115,616	504,500	93,518	472,656	84,876	34,8381	72,763	235,873	31,132	174,329	40,043
浙江	307,264	80,512	261,435	77,135	294,014	77,067	249,373	68,003	177,066	52,207	120,742	22,859	108,482	46,402
安徽	127,709	45,598	99,160	40,244	93,353	32,909	74,888	26,665	48,556	19,214	47,128	7676	16,386	8504
广东	355,939	106,038	278,358	114,447	264,265	96,646	229,514	87,143	196,272	72,520	152,907	43,776	125,673	54,922

表 16　各地区高校 R&D 经费内部支出及企业资金占比(2009～2015 年)

单位:万元

	R&D 经费内部支出							企业资金						
	2015 年	2014 年	2013 年	2012 年	2011 年	2010 年	2009 年	2015 年	2014 年	2013 年	2012 年	2011 年	2010 年	2009 年
上海	866,479	716,015	714,958	616,955	548,264	457,951	402,285	272,630	258,468	226,995	194,047	182,673	154,640	136,841
江苏	913,873	884,383	807,411	730,438	611,320	556,570	441,989	339,805	339,846	328,030	298,122	276,532	214,942	193,574
浙江	561,427	497,563	472,812	447,182	408,071	345,508	239,064	188,927	176,452	167,642	153,554	148,357	109,909	94,852
安徽	272,859	265,836	299,400	243,774	187,315	156,806	135,025	48,299	50,759	62,820	49,669	39,942	38,805	34,837
广东	629,667	498,188	458,300	440,082	390,051	285,790	239,879	123,720	138,044	121,717	95,379	91,065	68,237	58,527

表 17　各地区规上工业企业 R&D 经费支出(2009～2015 年)

单位:万元

	R&D 经费外部支出							外部支出中对国内高校支出						
	2015 年	2014 年	2013 年	2012 年	2011 年	2010 年	2009 年	2015 年	2014 年	2013 年	2012 年	2011 年	2010 年	2009 年
上海	606,621	387,917	492,074	385,245	244,552	203,876	239,003	21,188	19,227	26,708	21,027	17,801	25,013	28,059
江苏	555,569	687,446	394,035	368,325	436,058	231,230	353,494	107,350	96,322	84,824	78,202	91,606	49,236	78,000
浙江	314,308	235,996	258,481	297,583	266,072	188,935	210,485	40,232	40,721	47,475	49,074	49,007	27,787	53,349
安徽	174,073	191,411	172,207	190,889	143,185	93,174	84,070	31,989	30,476	34,198	34,238	24,526	21,582	18,628
广东	921,331	498,505	538,662	476,917	546,238	186,885	289,936	27,222	24,977	50,320	45,415	112,379	24,161	52,122

表 18　广东三种专利申请占全国的比重

	2015 年	2014 年	2013 年	2012 年	2011 年	2010 年	2009 年	2015 年	2014 年	2013 年	2012 年	2011 年	2010 年	2009 年
全国	2,639,446	2,210,616	2,234,560	1,912,151	1,504,670	1,109,428	877,611							
广东	355,939	278,358	264,265	229,514	196,272	152,907	125,673	13.49	12.59	11.83	12	13.04	13.78	14.32

表 19　广东发明专利申请占全国的比重

	发明专利申请数							占全国比重(%)						
	2015 年	2014 年	2013 年	2012 年	2011 年	2010 年	2009 年	2015 年	2014 年	2013 年	2012 年	2011 年	2010 年	2009 年
全国	968,251	801,135	704,936	535,313	415,829	293,066	229,096							
广东	103,941	75,147	68,990	60,448	52,012	40,866	32,247	10.73	9.38	9.79	11.29	12.51	13.94	14.08

表 20　三省高校和科研机构专利转让及许可的数量

单位:件

		2015 年	2014 年	2013 年	2012 年	2011 年	2010 年	2009 年
浙江	高校	203	112	76	67	245	164	140
	科研机构	68	97	39	31	15	12	9
	总计	271	209	115	98	260	176	149
江苏	高校	691	479	431	507	256	244	187
	科研机构	2511	43	30	31	31	11	11
	总计	3202	522	461	538	287	255	198

续表

		2015 年	2014 年	2013 年	2012 年	2011 年	2010 年	2009 年
广东	高校	107	73	80	52	81	73	153
	科研机构	49	49	23	44	39	58	32
	总计	156	122	103	96	120	131	185

表 21　三省高校和科研机构有效发明专利的数量

单位:件

		2015 年	2014 年	2013 年	2012 年	2011 年	2010 年	2009 年
浙江	高校	16,624	13,222	11,831	9902	17,075	13,086	7437
	科研机构	2635	1746	1332	1065	589	484	442
	总计	19,259	14,968	13,163	10,967	17,664	13,570	7879
江苏	高校	25,682	19,653	20,523	17,650	18,151	13,483	9828
	科研机构	5557	4086	2885	1973	1340	712	422
	总计	31,239	23,739	23,408	19,623	19,491	14,195	10,250
广东	高校	9759	7884	6890	5680	6911	5253	4102
	科研机构	6107	2898	2211	3105	1266	1054	809
	总计	15,866	10,782	9101	8785	8177	6757	4911

表 22　三省高校和科研机构专利申请数量(2009～2015 年)

单位:件

		2015 年	2014 年	2013 年	2012 年	2011 年	2010 年	2009 年
浙江	高校	15,949	12,488	12,085	10,750	9053	7950	5860
	科研机构	1261	1347	757	823	712	540	368
	总计	17,210	13,835	12,842	11,573	9765	8490	6228
江苏	高校	29,665	26,291	22,721	24,340	19,413	12,694	9445
	科研机构	3016	2740	2262	1878	1373	1166	828
	总计	32,681	29,031	24,983	26,218	20,786	13,860	10,273
广东	高校	9441	6819	6895	4682	3930	3427	2588
	科研机构	2301	2147	2214	1467	993	591	639
	总计	11,742	8966	9109	6149	4923	4018	3227

图1 “导航、测量设备”技术领域的专利分布情况（从上至下依次为浙江、江苏、广东）

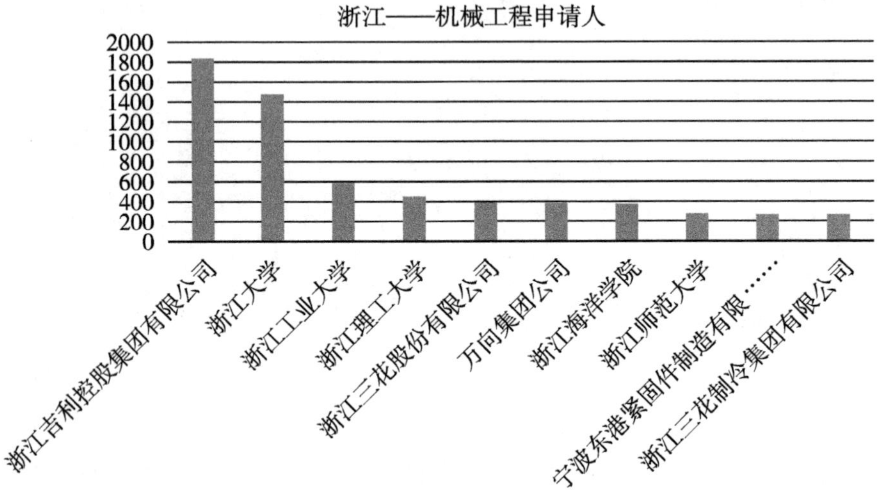
浙江——机械工程申请人
2000
1800
1600
1400
1200
1000
800
600
400
200
0
浙江吉利控股集团有限公司
浙江大学
浙江工业大学
浙江理工大学
浙江三花股份有限公司
万向集团公司
浙江海洋学院
浙江师范大学
宁波东港紧固件制造有限……
浙江三花制冷集团有限公司

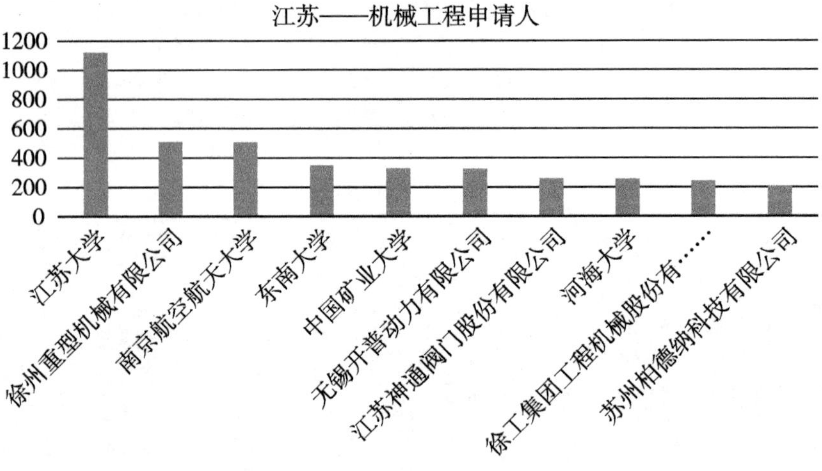
江苏——机械工程申请人
1200
1000
800
600
400
200
0
江苏大学
徐州重型机械有限公司
南京航空航天大学
东南大学
中国矿业大学
无锡开普动力有限公司
江苏神通阀门股份有限公司
河海大学
徐工集团工程机械股份有……
苏州柏德纳科技有限公司

图2

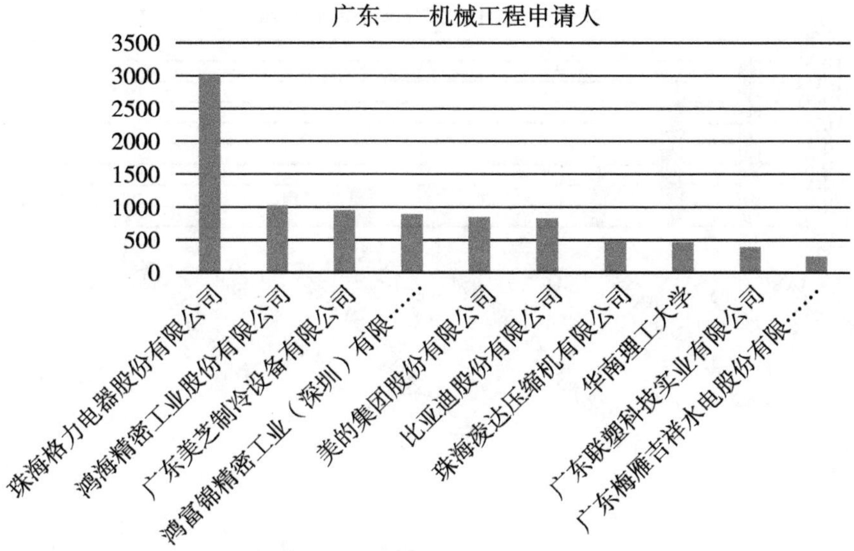

图 2　机械工程技术领域专利权人排名（由上至下依次为浙江、江苏、广东）

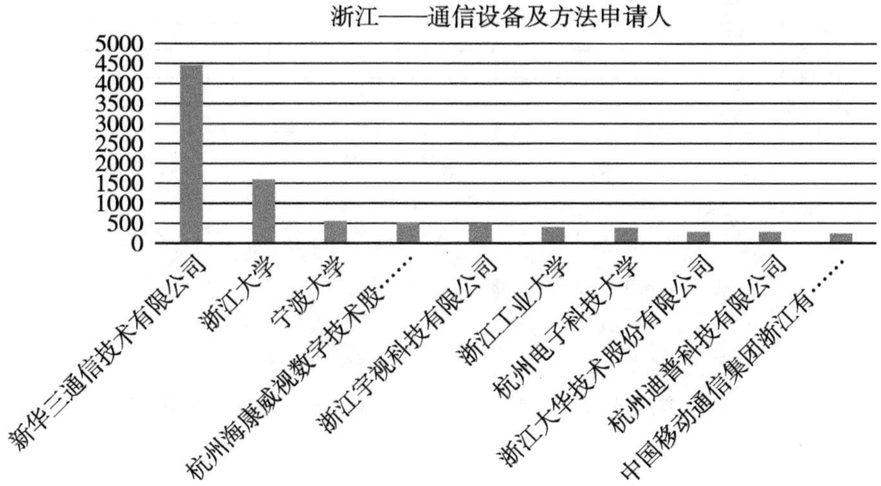

图 3

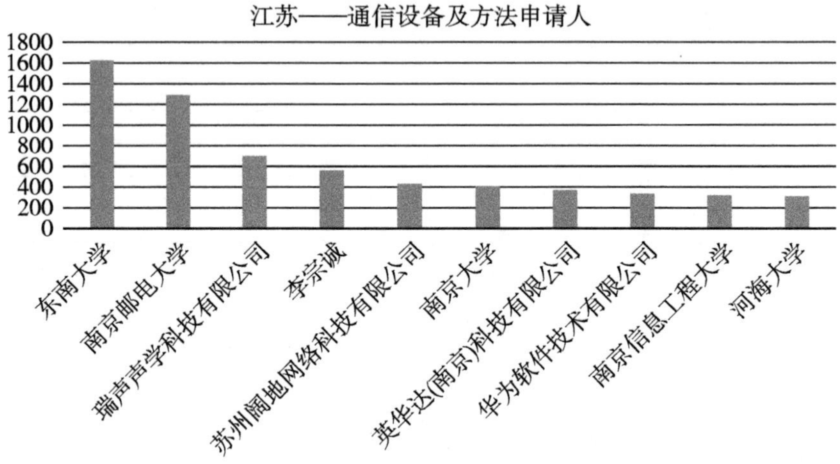

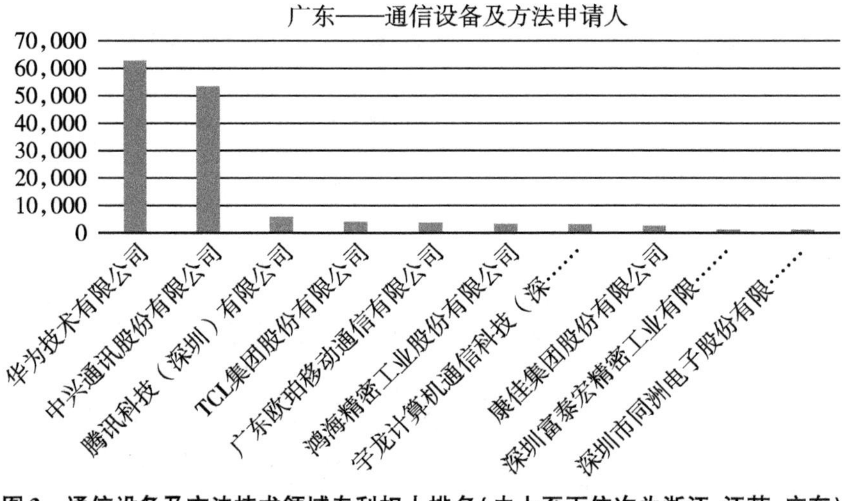

图3　通信设备及方法技术领域专利权人排名(由上至下依次为浙江、江苏、广东)

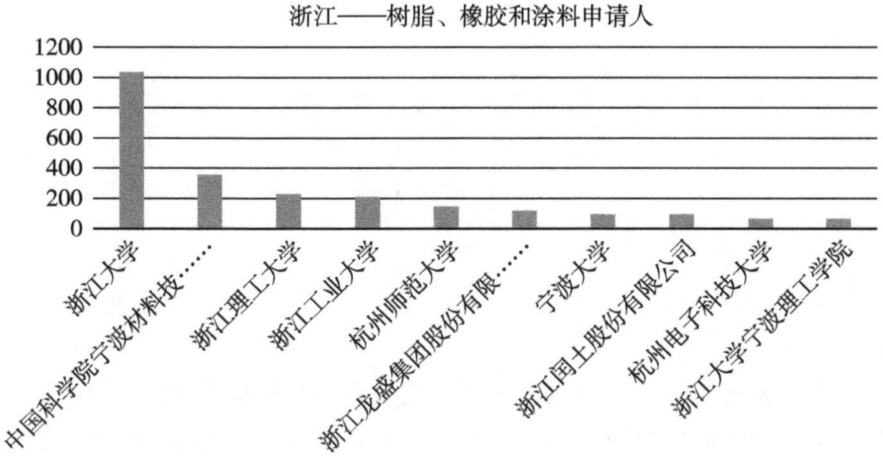

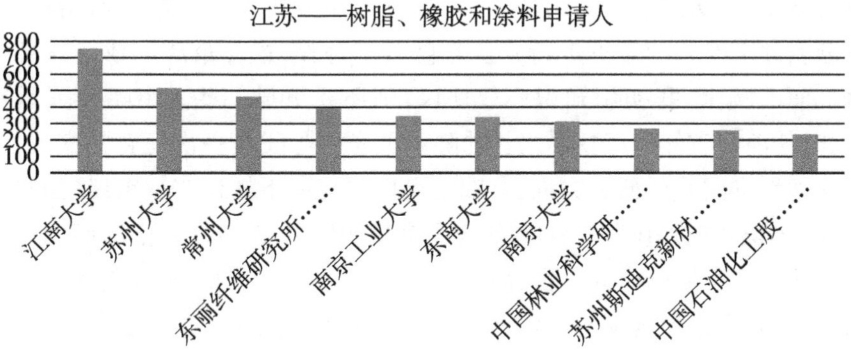

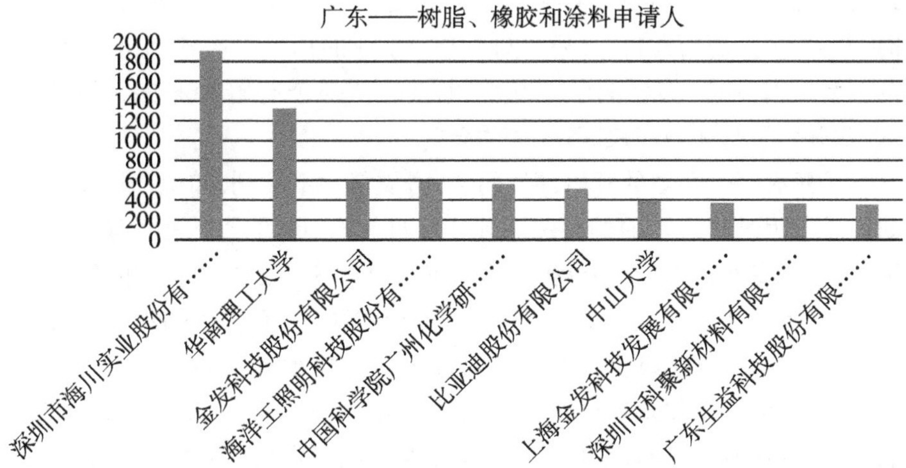

图 4　树脂、橡胶和涂料技术领域专利权人排名(由上至下依次为浙江、江苏、广东)

后　记

本书是在2012年度国家社科基金青年项目“重大经济活动知识产权审议的原理与制度研究”(12CFX086)的结题成果的基础上修改而成的。课题立项后，历经5年多的探索形成初稿，并且在课题结题以后，我又根据匿名评审专家的意见进行了认真修改与补充，这才最终完成了这部专著。而事实上，我初识知识产权评议，则还要更早一些。2011年元旦刚过，时任浙江省知识产权局局长的陈志军先生与我有一次短暂的交流，陈局关切地询问我的研究方向，并嘱咐可以研究一下知识产权审议(当时还不叫“知识产权评议”)。那时的我完全是初生牛犊，花了一点时间做了一份自认为还不错的研究报告，便发给了陈局。2月14日，陈局与我详谈了研究计划，决定把这项研究作为省局当年的调研课题来予以支持，并在后续研究过程中一直给予指导和无私的帮助。虽然时间已过去很久，但那时的场景依然历历在目，陈局对知识产权事业的担当与执着，对年轻后辈的关爱提携，让我感念至今。当然，也就是从那个有着特殊含义的日子起，我开始了与知识产权评议的“约会”。

虽然有一个美妙的开始，但“约会”进展得并不顺利，知识产权评议的研究难度远远超过之前的想象。现在回过头看，困难之处大概有三个方面。首先，专利检索、专利分析作为知识产权评议的主要工具，都属于“技术活”。如果脱离专利检索、专利分析的应用技巧，而去谈知识产权评议的制度构建，无异于纸上谈兵。这对没有任何技术背景的我提出了极大的挑战。其次，虽然知识产权评议已广为实践，但迄今为止，我国尚未出台专门规范知识产权评议的法律法规，也未在国家层面建立起统一和完善的知识产权评议制度，这就使本项研究缺乏一个明确的研究对象和稳固的研究基础,许多概念需要自行界定,许多理论论证需要"从零开始",许多法律制度的设计需要"平地起高楼"。最后,知识产权评议在产业发展、科技进步、国际投资与国际贸易等许多领域有着极为广泛的运用,相应地,本项研究就需要综合运用多学科的理论与方法,即使仅就法学理论与知识而言,也横跨知识产权法、经济法、科技法、国际经济法、行政法等多个部门法。其中不乏有许多领域,于我而言是陌生或不熟悉的,需要花大力气"补课"。

虽然研究面临许多困难,甚至一度陷于停滞,但幸运的是,有许多朋友在关键时刻伸出援手,或提供一手资料和调研学习的机会,使我加深了对知识产权评议的认识;或指导我如何进行专利检索与专利分析,帮我补齐各方面理论知识的短板;或对课题研究中的具体问题和写作技巧提出意见建议。我想,如果没有大家的支持与帮助,本书是难以完成的。在此,请允许我向这些可亲可敬的师长与好友致以诚挚的谢意,他们是吴坚、陈柳裕、李友根、鲁文革、包海波、沈丽飞、陶伯进、夏昶祺、唐晋伟、孟德玖、沈芳英、王华、姜毅、李永明、郑万青、王健、程华、唐明良、王立军、宋亚辉、冀瑜、王晓军、彭飞荣、姚帅、卓广平、张海华、刘丹丹、石旭,这个名单应当还有很长。

感谢学校领导长期以来的关心、指导和勉励。感谢周泛海、陶丽琴、刘文献、王斐弘、陈永强等学院领导,感谢朝夕相处的同事们,你们的关爱、帮助和包容,陪伴我度过一些艰难的日子,使我逐渐地成长成熟,并且能够顺利地完成这部专著。感谢图书馆和科技处的同事们提供的最大限度的"方便"和无微不至的帮助。我指导的研究生段洋、吴晓冬、赵凌燕、徐楠楠、高天翼、崔龙飞也以他们的方式提供了各种各样的帮助,在此一并致谢。

不敢轻易言谢的是父母和妻子。他们常年忍受着一个近乎"隐形"的儿子和丈夫,一边还要默默地牵挂和付出。我常常觉得,家人承担的实在太多,而我做的实在太少。对于他们,与其说感谢,不如说是深深的亏欠和内疚。

由于近年来我承担着学院的行政工作,故而本书的写作大部分是在休息时间完成的。在集中写作的近两年时间内,我极少享受假期,连续作战,期间曾两次病倒、挂水,这是在写博士论文时都不曾有过的。在攻坚阶段,更是把所有能控制的时间都“贡献”给了写作,常常为了争取中午休息的两个小时而躲在办公室啃几块饼干了事;有时写到关键部分已是半夜,于是靠咖啡和茶水坚持,转而又要承受失眠的苦恼。

天若有情天亦老,人间正道是沧桑。专著的写作是一个极其耗时耗力的过程,甚至难免痛苦,而支撑我完成本书的动力,不仅是对于学术研究的热爱,还有我们这一代人在青葱岁月就曾面临的拷问——“什么是你的贡献”? 如果说人是“会思想的芦苇”,那么,一切思考的原点,就是他所站立的这片土地。如同近几年我持续关注的科技成果转化问题(这也是知识产权评议重要的运用领域)一样,希望也相信本书能够对于知识产权评议的理论研究与制度构建,乃至对于我国的知识产权事业有所助益,于我而言,这又何尝不是一种“科技成果转化”呢。

朱一飞

2018 年 11 月 15 日

于中国计量大学　格致南楼

图书在版编目(CIP)数据

知识产权评议的原理与制度研究 / 朱一飞著. -- 北京：法律出版社, 2019
ISBN 978-7-5197-3526-5

Ⅰ. ①知… Ⅱ. ①朱… Ⅲ. ①知识产权-研究 Ⅳ. ①D913.404

中国版本图书馆 CIP 数据核字(2019)第 101666 号

知识产权评议的原理与制度研究
ZHISHI CHANQUAN PINGYI DE YUANLI YU ZHIDU YANJIU

朱一飞 著

策划编辑 王 扬
责任编辑 王 扬
装帧设计 乔智炜

出版 法律出版社
总发行 中国法律图书有限公司
经销 新华书店
印刷 北京虎彩文化传播有限公司
责任校对 晁明慧
责任印制 张建伟

编辑统筹 独立项目策划部
开本 710 毫米×1000 毫米 1/16
印张 21.75
字数 302 千
版本 2019 年 6 月第 1 版
印次 2019 年 6 月第 1 次印刷

法律出版社/北京市丰台区莲花池西里 7 号(100073)
网址/www.lawpress.com.cn
投稿邮箱/info@lawpress.com.cn
举报维权邮箱/jbwq@lawpress.com.cn
销售热线/010-83938336
咨询电话/010-63939796

中国法律图书有限公司/北京市丰台区莲花池西里 7 号(100073)
全国各地中法图分、子公司销售电话:
统一销售客服/400-660-6393
第一法律书店/010-83938334/8335
西安分公司/029-85330678
重庆分公司/023-67453036
上海分公司/021-62071639/1636
深圳分公司/0755-83072995

书号:ISBN 978-7-5197-3526-5
定价:78.00 元
(如有缺页或倒装,中国法律图书有限公司负责退换)